本书是国家社科基金重大项目"抗战大后方文学史料数据库建设研究"（项目批准号：16ZDA191）、2019年重庆市教育委员会人文社会科学研究基地项目"艾芜抗战时期集外文及有关文献考录"（19JD028）的阶段性成果之一，获重庆师范大学2018年度校级学术专著出版基金资助。

艾芜抗战
文献考录

熊飞宇 著

中国社会科学出版社

图书在版编目（CIP）数据

艾芜抗战文献考录/熊飞宇著. —北京：中国社会科学出版社，2020.6

ISBN 978-7-5203-6431-7

Ⅰ.①艾… Ⅱ.①熊… Ⅲ.①艾芜(1904-1992)—人物研究 ②艾芜(1904-1992)—文学研究 Ⅳ.①K825.6 ②I206.7

中国版本图书馆 CIP 数据核字(2020)第 072700 号

出 版 人	赵剑英
责任编辑	郭晓鸿
特约编辑	张金涛
责任校对	刘 娟
责任印制	戴 宽

出　　版	中国社会科学出版社
社　　址	北京鼓楼西大街甲 158 号
邮　　编	100720
网　　址	http://www.csspw.cn
发 行 部	010-84083685
门 市 部	010-84029450
经　　销	新华书店及其他书店
印　　刷	北京明恒达印务有限公司
装　　订	廊坊市广阳区广增装订厂
版　　次	2020 年 6 月第 1 版
印　　次	2020 年 6 月第 1 次印刷
开　　本	710×1000　1/16
印　　张	23.25
插　　页	2
字　　数	318 千字
定　　价	118.00 元

凡购买中国社会科学出版社图书，如有质量问题请与本社营销中心联系调换
电话：010-84083683
版权所有　侵权必究

序

张叹凤

  熊飞宇是四川大学送出去的一名博士生，专业方向为抗战时期文学研究，他师从靳明全教授，我在其面试录入及至答辩毕业，可称"一条龙""保驾护航"，忝列教师团队中一员，见证了他学习过程与学术追求的"春华"时期。毕业出去不过忽忽数年（十年不到吧），飞宇于重庆市图书馆与大学研究室工作中沉潜用心，突飞猛进，左采右撷，集腋成裘，其"秋实"不仅史料充盈，考证详切，连其文笔也淬炼出来，仿佛图书馆里的大师"还魂附体"，令其"少年老成"。如果要作一个比喻的话，公孙大娘舞剑器浑脱，明全教授是也；飞宇则如李十二娘，"壮其蔚跂，问其所师"，所谓"晚有弟子传芬芳"，不独明全教授一人欣慰也！如《深隐的风景线——巴蜀人物散记》一书中《现代作家任教四川大学摭谈》一篇写道：

  四川大学亭峙岳立，已历百余年，其间古木苍郁，自有历史的盘结和文化的氤氲。中国现代作家流入四川大学，多因西方文化背景而在外文系任教；而中文系，仍以传统文化为核心。大学之于作家，乃居息论道之所。作家之于大学，则参与了人文精神的酿造。他们的进场与退场，带入与遗留，无不给予这所学校深细绵长的影响。

  他列举的饶孟侃、陈炜谟等名家，虽未必尽数，但花木扶疏，自成一道久别的风景线，如其《后记》云："连点成线，呈现的是别样的人文景观。"

飞宇在校只是一名博士生，出去以后，既是一名史料学者，也成为一名作家。所谓寄情江海，没有了在校论文体例的束缚，飞宇在文采方面更能"放胆""雕龙"。他出版的《重庆时期冰心的创作与活动研究》，我在昆明冰心文学国际研讨会上亲耳听到大家交口赞誉，称他是冰心研究史料新发现的有功之臣。他还推出了一部《郑宾于文存》，纪念重庆籍被湮没的杰出怪才文学家。另在杜甫研究（抗战时代不少学者研写杜甫）、徐蔚南著作等多方面，飞宇都有惊喜带给大家。面对图书馆这座矿藏，仅仅用力是不行的，还得用情，否则，谁能耐得那"绛唇珠袖两寂寞"？

飞宇值得肯定的正是这处慧心与坚守。他在校攻博时，体形微胖，戴高度近视眼镜，往往大家聚谈到赏心乐事时，他两眼鼓鼓总因破颜朗笑而精光四射，那时平常特别谦逊的态度才变得豪放，似乎使人看到他智慧的积累。学者自有学者的快乐，这是万丈红尘中不一定都能享受到的。

眼下，飞宇又要推出这部《艾芜抗战文献考录》，他在电话中讲书成与我有比较直接的关系，所以请我作序。其实我当初鼓动他研究艾芜，也是受了龚明德先生的怂恿（龚教授担纲了一项艾芜研究的横向课题），当然我们都是艾芜先生的"粉丝"以及"乡党"，这"共同语言"基础是毋庸置疑的。我没料到飞宇再次捧出一枚硕果，可以说，这就是一部抗战时期艾芜创作研究的学术论文专著。虽然不是论文专著体裁，但其呈现的学术视野价值与文献史料价值，堪称研究领域的新发现、新收获。书中有些辑录固然是专门搞研究的才读的（如版本校勘），有些则雅俗共赏，可以津津乐道，既是美文，也是独到、精辟的评论。如《文人小记·记艾芜》，收集的遗作精彩纷呈，不妨拈取几段以事分享：

> 四川一省，似乎是出产文人最多的地方，过去的如司马相如，扬雄，李白，苏轼，杨慎等，都可算是一代大家。当代据我所知道的，则有郭沫若，巴金，赵景深，康白情，金满成，李劼人，阳翰笙，沈起予，艾芜，沙汀等。而目前最显得出的，当推艾芜和沙汀两位。沙汀最近写作不多，艾芜则仍本着擅长乡村描写的作风写出了许多动人的小说。

......

他的创作我读得很多，都是结实、平稳、冲淡和富人情味的。他的作风，我认为只有显克微支差可比拟。战时写下的《春天》《纺车复活的时候》等，很得大后方人士的传诵。我最欢喜他早年所写的一篇《山峡中》，里面写一个野女孩，又妩媚，又健康，又泼剌，又可爱。这篇作品，听说已译有英日两国的文字，友人张友松也读过这篇小说，赞不绝口，以为其艺术上的技巧，不下于俄国高尔基。

《南行记》使艾芜在文坛上成了传奇人物，自说当过工役的人竟写出这么秀丽的文字；《芭蕉谷》是更传奇的故事，也更洗炼、深厚，使他成为沈从文之外的最好的游记家；而《故乡》那样庞大而真切的素绘更发展了他的冷静的观察力与平衡的心灵，使我们知道我们已经有了一个广阔的平面画的天才。《人生哲学的一课》只是朴素的报告，但给我们打开了中国地理上的一角，最被文坛所漠视的西南角。《山峡中》与《松岭上》带给我们两个传奇的人物：野猫子与老醉鬼，都是完整而虎虎有生气的，野猫子身上尤有奇幻的美的光辉，仿佛东欧的吉卜西女人。

想象得出飞宇在图书馆的"泰坦尼克号"里打捞擦拭这些晶莹剔透的精品时，他的辛苦与快乐，似乎都充实与洋溢在书中字里行间了。

江山、人文、典章、胜事，司马迁年轻时候访问孔宅"低徊不忍去"，收集并移录司马相如赋文入《太史公书》以"存之名山，留待后世"，皆可见一颗赤子之心。吾辈不敢比先贤，唯仰止之心世代相传。飞宇以我早年有《文苑星辰文苑风》等爬梳稽沉行文，又有学校教学切磋忘年之交，嘱序于我，我观其行文，"壮其蔚跂"，不辞六十衰朽迂腐，草行小文如上，见笑于大方之家云。

2017.6.12

于四川大学南门太守井观室

目 录

辑一　作品集及有关评论　　1
《春天》的早期版本及有关书评　　1
《南国之夜》及其评论　　24
艾芜短篇小说集《爱》及其广告一则——附说"大地文丛"　　42
艾芜短篇小说集《秋收》与陈白尘三幕剧《秋收》　　50
艾芜《翻译小说选》杂谈　　75
艾芜《文学手册》及其批评　　92
艾芜与永安《现代文艺》——也谈《杂草集》　　119
《小说》月刊对艾芜小说的评论两篇　　126
艾芜评论拾遗两篇　　137

辑二　集外文拾补　　142
抗战诗歌五首及诗论一则　　142
抗战文论六篇　　154
艾芜论中国古典文学名著的三篇文章　　172
《救亡日报》所刊艾芜作品拾零　　180
《新华日报》刊文五篇及报道一则　　195
"渝郊散记"二篇　　211

《桂林文化大事记》序一：《桂林回忆》 …………………………… 222
关于《〈中国抗日战争时期大后方文学书系·小说〉序》 …………… 225

辑三　人物与事件 ……………………………………………………… 230

艾芜纪念鲁迅的集外文三篇 …………………………………… 230
关于《谈周作人》，兼及《风下》与中外文艺联络社 ………… 245
艾芜贺茅盾"五十寿辰暨创作二十五周年"的集外文 ………… 254
艾芜与陶行知的交谊 …………………………………………… 260
艾芜与洪深被辱事件 …………………………………………… 268
《高尔基的小说》始末 ………………………………………… 282
艾芜与二十世纪八十年代的抗战文学研究
　　——一次访问记与两次会议 …………………………… 287

辑四　书信绎读 ………………………………………………………… 305

艾芜与彭桂蕊的文字交 ………………………………………… 305
从黄绰卿谈到《阿黄》与《一封无法投递的信》
　　——也说《冬夜》和《艾芜创作集》 ………………… 314
再谈艾芜致"苏联友人"书 …………………………………… 325
《致范用》三简 ………………………………………………… 331
《当代作家书简》"致艾芜"的三封书简考释 ……………… 334

辑五　他人笔下的艾芜 ………………………………………………… 344

黄果夫《艾芜与沙汀》 ………………………………………… 344
从《文人小记：记艾芜》说开去 ……………………………… 354

后记 ……………………………………………………………………… 363

辑一　作品集及有关评论

《春天》的早期版本及有关书评

　　《春天》是"丰饶的原野"的第一部。艾芜最初的设计，其后还将有《夏天》《秋天》与《冬天》，如左拉的"四福音书"，通过四个相互联系的系列中篇，"历史地展示川西坝农民的命运"。这是作家"精心构思"的一部作品，"开手于一九三六年春"①，结尾时所署时间为"一九三六，十二月，一日"。1937 年 1 月，该书由上海良友复兴图书公司出版。《中国现代文学总书目·小说卷》提供了如下信息："丰饶的原野（第一部：春天），艾芜，中篇创作新集。"② 这即是《春天》的第一个版本。

　　《春天》的问世，很快引起读者的关注，立波（即周立波）与茅盾先后发表书评，指陈得失。张效民对此有过大致的总结：

　　　　1936 年，《丰饶的原野》第一部《春天》出版。周立波撰文介绍，认为"艾芜的中篇小说《春天》是南国田舍的新歌，是平静的农村里面并不平静的农民心理的申告"，"作品没有展开农村的正面斗争，却处处

---

　　① 谭兴国：《艾芜评传》，重庆出版社 1994 年版，第 112 页。
　　② 甘振虎、刘莲珍、阮文兵等：《中国现代文学总书目·小说卷》，知识产权出版社 2010 年版，第 153 页。

暗示农民和地主之间的不可妥协的对立关系"。向秀对《丰饶的原野》思想的分析近于周立波。他还指出"作者本人具有深厚的农民气质，充满了对农民的感情"，"才能创造出农民的典型"。他结合我国历史来分析人物的思想内涵，并引用茅盾的话说，作品虽"只是数万字的中篇而已，但它展开给我们看的，却是众多人物的面相以及农村各阶层复杂的关系。这一切，作者都能加以充分的形象化；人物是活人，故事是自然浑成，不露斧凿的痕迹"。艺术表现上，周立波指出"心理描写的成功，成了《春天》的一个特质"。向秀指出艾芜与俄国作家屠格涅夫的联系："屠氏在那部乡村小说（指《猎人日记》）中各种的表现手法，几乎不露丝毫痕迹地融合在《丰饶的原野》里了。"[①]

其中立波的书评发表于《希望》一卷一期[②]（第55—56页），"民国廿六年三月十日出版"。茅盾的书评发表于《原野》[③]（第181—192页），1937年3月25日出版。此为"工作与学习丛刊"之二。毛文、黄莉如编《中国当代文学研究资料：艾芜研究专集》曾收录两文，但文字小异。现据原刊原文予以移录。整理时如遇明显的错讹，则以脚注说明，其余文字，以保存原貌为主。

立波：《春天》

艾芜的中篇小说《春天》，是南国田舍的新歌，是平静的农村里面并不平静的农民心理的申告；作者用了他所深深熟悉的南方的土话和农民惯有的戏谑，描绘了几个各有特色的南方人，又用着画家取景一样的静穆的神情，绘出了春天乡野的许多"绮丽"的景色。

"绮丽"的自然景色，灰黯的人生，斑驳的被涂染在这块画布之上；

[①] 张效民：《艾芜研究概述》，《温江师专学报》1985年第2期（总第5期），第42—43页。该期于10月出版。此文后作为附录二，收入张效民著《艾芜评传》（西南财经大学出版社1988年版）。

[②] 编辑人：徐懋庸、王淑明；发行者：希望出版社；总经售：中国图书杂志公司（上海福州路三八〇号）。

[③] 发行者：工作与学习丛刊社；总经售：生活书店（上海福州路第三八四号）。

作者和过去一样，非常之爱好自然的景色，却并没有沉醉在大自然的温暾的怀抱里，而忘怀了人事。相反的，在他的画笔下面，大自然常常是充满了感性的东西。原野，天空；竹林和棲木树，车房和草屋的迷濛的阴影；苍白的星子；以及不止一次描写的夜雾和朝露，常常做了他所申诉的幽凄阴暗的人生的有效的衬托。

小说是描写"淘堰"期间的南方农家的日常生活的。"淘堰"，依据作者的描写，是农家在春天把灌田的水沟沟底的烂泥渣草苔衣挖起，倾倒到岸上去的各家合作的工作。作者并不注重故事的情节；显然，他是想在普普通通的田舍的春工中，描绘几个农民和田主小像的。在这点上，他是相当成功了。田主汪二爷的雇农刘老九，赵长生，邵安娃三个人，各有特色，各有不同的遭遇和性格，却又有黑暗时代黑暗地域的农民的共同的情性，那就是不安、阴郁和凄寂。赵长生时时刻刻想着离开农村去吃粮的心思，差不多是南方农民最普遍的心思；而他的爱嘲骂人，爱占点小便宜的性格和刘老九的严肃的负重的脾气又截然两样。同是不惜劳苦，同是有着一种婚姻上的凄味的回忆的刘老九和邵安娃，又各有不同的性格，刘老九处处显露着精明，而邵安娃是一个有些傻气的被踩蹦的人物。如果有斗争爆发，刘老九将是一个勇敢沉着的领袖，赵长生是一个追随者，而邵安娃却是一个不大有用的人物。

作者没有展开农村的正面的斗争，却处处暗示了农民和田主之间的不可妥协的对立关系。在男女的纠葛上，在日常生活的动作和口气上，农民和田主之间被划了一条不能逾越，不能合拢的长大的鸿沟。这条鸿沟不是抽象的笔直的，而是微妙的曲折的东西。农民中有最初拥护农民利益，以后拥护田主利益的汪四麻子，田主中有最初打算袒护自己的农民，终于和另外一个田主结合在一起的汪二爷。作者描写农民和农民之间的关系也很具体，他们之中的阶级利害虽然大体一致，却并不是没有小的纠葛和小的相互的讥嘲的，看赵长生对于邵安娃的捉弄和嘲笑吧，这是农民中的惯有的事实，这事实似乎要妨碍农民的阶级利害的一致，然而没有，到了邵安娃受了田主易老喜的家人的殴打时，一向捉弄和嘲笑邵安娃的农民，都动了公愤，平常的嘲弄，到阶级冲突的时候，化为了物伤其类的愤慨。这是小农的真实情景。

作者不只是描写了农民生活的外表的姿态，而且也表露了农民们的悲愁寂寞的心灵。邵安娃和刘老九都有一段悲伤的心史。刘老九的未婚妻被逼作了阔人的"小"，邵安娃的爱妻被劣绅冯七爷奸宿，使他们两个遭受着不能消遣的寂寞和忧愁。这是作者对于农民被压迫事实，描写得非常深刻的地方。工农劳苦群众在我们这个社会的被压迫，归根结柢①，当然都是经济的压迫，但在方式上是多种多样的。工农的妻女的被强夺，被奸宿，也是这多种多样的方式之中的一种。尤其是在封建的农村，农民所遭受的这种压迫更为普遍。《春天》没有描写农民和田主之间的直接的经济的争斗，却暴露了田主们给与农民的这种精神的伤害，我以为这是作者对于农民生活观察深刻的地方。

心理描写的成功，成了《春天》的一个特质。邵安娃的被侮辱的寂寞的心理，刘老九的悲愁心理，赵长生的恋爱心理，甚至于汪二爷教训仆人时指桑骂槐的心理，都描绘得非常的出色。

作者对于乡村压迫者的接触，怕没有对于农民的亲切。他所描绘的田主和劣绅的形象，有些是抽象，有些是模糊。易老喜进攻赵长生的恋人锯子的方式是不大合于田主的性格的。以易老喜的家产和势力，要爱锯子，我以为一定不用那种方式；他可以利诱，他可用暴力，他还可以用奸计，他用不着那样拙笨的对锯子说明他的情敌的比不上他；他的情敌，赵长生是一个雇农，又是一个鬎鬁②头，他的比不上他，是明明白白的用不着说明的事实。而且，在描写田主的时候，就是需要说明的地方，最好也写得他蛮不讲理，这样可以更接近田主的性格和身份，而且也更容易给与读者一种反抗田主的效果。

---

① "归根结柢"，或作"归根结底""归根结蒂"。
② "鬎鬁"，应作"瘌痢"，下同。

农民中间遭受迫害最深的人，是邵安娃，不只是他的老婆被人奸宿，自己被人不断的嘲弄，而且最后引起了农民的公愤的事，也是由于他被易老喜的家人的无故的殴打了；这样一个被蹂躏的人，作者却把他写成了一个傻瓜，在这里，很容易引起读者下面这种推理：他的灾难，他的不幸，都是由于他自己的傻气，这是他个人性格的悲剧，不是社会制度的罪恶。我们试设想，如果傻瓜邵安娃的最后一次的被殴打移在刘老九的身上，那不是更容易引起人对被打者的同情，而对乡村压迫者的更深的憎恨吗？"以刘老九那样精明的人也还要遭受那样的无妄，在这个社会，穷人谁有办法呢？"人会这样的想。"邵安娃的倒霉，是他自己太傻了，怪不得人家，更怪不得社会。"照作者现在的安排，人也许会这样的想着的。

茅盾：《春天》（艾芜作，良友图书公司出版，二角五分）

这是五六万字的一个中篇，背景是西南边远省区内一个小小的农村。跟作者其他的短篇小说一样，这里是富有"地方色彩"的；然而这里的人物——可憎恨，可爱的，可笑的，而作者寄予了虽颇含蓄，但十分显明真挚的敬爱与同情，嘲笑与诅咒的，却是我们到处可以遇见。

这里有一群的被损害者。刘老九，地主汪二爷的长工，因为"穷得来连一条好裤子也没穿的"，便被未婚妻的父母——其实就是舅父母，所凌辱，"逼着解除了婚约"，眼看着一个情投意合，背着人有说有笑的未婚妻，被嫁给一个有钱人"做小"去了。邵安娃，也是地主汪二爷的长工，他的老婆是童养媳出身，"小时候就同一般放牛孩子放浪惯了，长大来，又更加出落得分外惹人"，他用尽心力讨好这个不羁的老婆，但老婆终于和土劣冯七爷通奸，他自己成了无家可归。第三位是女性，"她嫁过三两个锯木匠，都是嫁一个，死一个，所以人家说她就像锯子一样，将每个丈夫如用锯木头那么锯了的"，人家给她题个绰号，就是"锯子"。她的前夫受了刻薄吝啬的富农易老喜的压迫，呕血死的，而阴狠的易老喜却又来转这"未亡人"的念头。

这未登场的"锯子"的丈夫,实在是书中所有被损害的小自耕农们的代表。因为易老喜不但每年侵占河身,并且暗暗将全村水源的大堰下的泉眼塞了几个,好使自己的田地里水多些。

因此,作者给了生命的三个被损害的人中间,"锯子"的情形一方面是特殊,另一方面又是一般的。

在个人的特殊情形上,刘老九,邵安娃,和"锯子",多少有点相同;他们的被损害,作者都借了两性关系给以具体的形象的。然而这三位的不同的个性,作者也从他们各自的遭遇中给明晰地表现出来。

对于刘老九,作者这样写:"去年他表妹出嫁时,他躲在稻草堆里,整整睡了一天一夜,第二天爬起来,也不同人讲话,也不看人,只死劲捏紧锄头,将一大块菜地,半天就挖完了。这在别人,差不多要挖一两天的。此后脾气也改变了,对人冷淡而且固执。"(页七三)

但是刘老九那颗心却始终是热蓬蓬的。当易老喜因为妒奸而将邵安娃误打伤了以后,刘老九义愤的说:"打着别人都不要紧!邵安娃,我是不甘心的!"他和村里其他的农民都将堰里挑起来的泥土朝易老喜田里直倒下去。他对于和他一样的被损害者——邵安娃或"锯子",表面上虽似冷淡(和他对其他的人一样),然而在他的沉静朴直的举动中,他深蕴着不同等闲的关切。他刚强,然而沉着;不轻于举动,然而下了决心以后没人能够阻拦。他这种性格,作者用了许多平凡的小节目这里那里点逗着,终于蔚成了个活生生的人物。

作者这样的写法,差不多运用在书中每个重要人物的身上。

邵安娃是一个弱者。作者对这位角色的同情是伟大的。他不放过每个小节目,都用了仔细的笔触描画出这位情弱[①]的好人;但邵安娃虽然弱,却决非卑鄙,虽然怯,又决非麻木和无耻。作者从邵安娃和老婆的关系上这样写他的性格:"原来邵安娃的老婆是童养媳出身,小时候就同

[①] "情弱",原文如此。《艾芜研究专集》(毛文、黄莉如编,四川文艺出版社1986年版)收入此文时,改作"怯弱"(第409页)。据后文,以"怯"为宜。

一般放牛孩子放浪惯了，长大来，又更加出落得分外惹人。自然这不是邵安娃所能驾御得住的，而她也一向不把邵安娃放在眼里。但邵安娃却十分怕她爱她，每一回家，总把衣袋里装的工钱兜底地全倒给出来，对她傻头傻脑地发笑，想讨她的欢心，她在这个时候，也用极好的脸色，把钱一个一个地数好收起。直到去年冬天的一个夜里，邵安娃照例送钱回去，发现了冯七爷正躺在他床上，跟他老婆面对面烧鸦片烟时，才一下子改变了对老婆的心肠。当夜转回主人家去，他迎着北风，一路走，一路把钱丢在麦田胡豆田里面。此后他的工钱也让老婆向汪二爷讨去，但他却不回去了。而招财和来宾同他做朋友的日子，也就是这个时候开始的"（页七七）。招财和来宾是两条狗的名字，邵安娃每次吃饭总"爱把碗里剩下的饭粒，捏成小团子"，给它们吃（页二〇）；他的损伤的心需要慰安，他的率真的爱也需要寄托，他的性格使他怯于对人申诉和寄托，只好寄托在哑巴朋友身上。

第三位，"锯子"，却又是一种性格。她也是刚强的，但不像刘老九似的冷淡而固执；她是海阔天空的胸襟，泼辣而豪迈。她不怕和油嘴滑脸的男人接近（例如那个无聊而可笑的赵长生），但她不是轻易被此种男子抓得住的。她勇敢地和小小的女孩子独居生活在孤立的小岛似的草棚里。当她家里找不出一点油盐和米的时候，她还是有说有笑，生气勃然。当易老喜倚势去调戏她的时候（而那时她正断炊），她给他一顿痛快的恶骂（页一〇九）。而最后，易老喜疑心她和赵长生有关系，指使他的两个儿子和长年去"捉奸"而把凑巧在那里的邵安娃打伤并抢了她所有的鱼的时候，她用一口厨刀保护了自己（页一二九）。她痛快地驳覆了赵长生说的"告官"道，"衙门大大开，有理无钱莫进来"；而当刘老九和赵长生（他们和邵安娃是应"锯子"之邀请来吃鱼的，这些鱼是开堰时所得，"锯子"因非自己的私物，故请他们三个来共享，但易老喜窥见有人在夜晚走进"锯子"的草棚，便以为是情人赴约了），把受伤的邵安娃扶起去时，问她一人在家怕不怕，她把嘴巴一撇，说道："我怕啥子？（眼睛看

着呻吟的邵安娃）难道我也像他一样，只白给人打么？"（页一三四）

同时也有丑角。上面提到咸①的赵长生，本质上并不是坏人，但他的气味实在不好。作者对于这个人物，用了同情的调刺②，出力地描写着。

赵长生也是汪二爷家的长工，他对于村中的权力者，如汪二爷，冯七爷，以及易老喜，都怀着愤恨，对于那个蔑片③身份的汪二爷的远房侄儿（但也是小小自耕农的）四麻子，虽然在搭裆④着恶作剧时似乎气味相投，可是也常存着鄙夷之心；然而赵长生既属浮滑，又实在卑怯，贪懒，又喜欢说大话。他常常自说要去当兵，"那时候，你看，多少人都要吃炮兜子的"（页二三）。但正像刘老九给他的评价："叫喊的麻雀，没四两肉"，赵长生的"大志"永远只是嘴巴上的大话罢了。

挨了责骂时，赵长生是不能忍受的；自然他的胆量只许他在背地里发泄。但即使他"一路骂着春圆子（汪二爷的绰号），凡是一个下流中国人爱骂的丑话，他都一一使用到了"，然而"起初一阵，倒全是为了出气，隔一会，便成了兴趣：娱乐旁人和自己了"（页二〇）。有机会，他就躲懒，但在主人面前又装模做样"表示他做事的紧张和热心"。他是个鬎鬁头，终年头上包着帕子，并且由于长久小心造成的习惯，一停息下来时，便会摸摸头上缠的那条黑不黑白不白的帕子，看他那不体面的鬎鬁头，是不是又乘其不备，出来丢丑了。（页七）

他讨厌那个有一双"耗子眼睛"的易老喜，"一看见就生气"，然而也只敢低声骂。并且劈面相见时，他又"做出笑脸招呼道：请早，易大爷！"（页四二）在淘堰时，人们发现了沟身的一年年地窄起来，原来是有人与河争地，而这人猜来显然是易老喜，于是赵长生又充好汉："我们把泥巴还他好了，通给他倒在菜田里！"可是他自己并没去。直到后来听得汪四麻子（他先怂恿邵安娃去倒，邵安娃不理，他就骂他不中用，待

---

① "咸"，当作"过"。
② "调刺"，《艾芜研究专集》作"讽刺"（第411页）。
③ "蔑片"，应作"篾片"。指旧时豪富人家专门帮闲凑趣，图取余润的门客。
④ "搭裆"，应作"搭档"，或作"搭当""搭挡"。

到众人笑他也没有胆子，他这才偷偷地倒了几畚箕，一面却又做出鄙夷众人的样子，"大伙儿全是老鼠"）在那里逞能，赵长生这才大声拍着胸口道，"妈的，你不要充狠！"他却不管有人看见没有，只顾照着易老喜的菜田边倒下去（页九七）。仗着人多，赵长生有时是会"勇敢"的。

在偷懒，油腔滑调，爱摆架子，嘴硬骨头软，这几点上，赵长生和汪四麻子这两个性格，原是颇相近似的；但做长工的赵长生跟蔑片①身份的汪四麻子无论如何气质相近，却总有不同之处。作者对于这一点，也没有疏忽，很仔细地在赵长生的浮薄的表皮下揭露出他的属于他那一伙人的共同的根底的好处。当淘堰的人们发现了沟底泉眼被人用桐油石灰塞了许多，而且断定是易老喜做的手脚时，便大动了公愤，要打到易老喜家里去，其时汪四麻子因为先已知道他的"二爸"——汪二爷，已经和易老喜反仇为友，便竭力劝阻，用冠冕堂皇的话欺骗群众，但躲在高处树下偷懒的赵长生同时却也远远望见汪二爷和冯七爷在路上与易老喜周旋，并且一同走进易家大院，就恍然大悟，急急地朝草地吐一口痰骂道："入娘的，你们现在又搅在一块了！"他这一回不把咒骂当成了娱人兼自娱的兴趣了，他明白了前几天汪二爷"慰问"被打的邵安娃时那些和易老喜不两立的表示是怎么个把戏，他重重地吐口唾沫道："呸，老子再不相信他妈的了！"（页一五二—四）

地主汪二爷和富农易老喜的冲突就是全书故事的枢纽。汪二爷需要现款周转他的商业，但吝啬的易老喜不肯借给他，这是两人中间不和的原因。但在故事的结尾，汪二爷终于如愿—②偿，因为他利用了邵安娃被打以及河身被侵占等等要挟了易老喜。邵安娃以及村里贫穷的自耕农的利益可就做了汪二爷的"猫脚爪"了！

《春天》只是五六万字的中篇而已，但它展开给我们看的，却是众多

---

① "蔑片"，应作"篾片"。
② "一"，"以"之误。

人物的面相以及农村中各阶层的复杂的关系。这一切，作者都能络①以充分的形象化；人物是活人，故事是自然浑成，不露斧凿的痕迹。

读罢这本书，我的喜悦使我写了上面那些话。

三月二十日

对两人的批评，艾芜一直感念不已。1979年10月3日，艾芜在《回忆周立波同志》一文中，曾忆及此事。1981年4月17日，又在《回忆茅盾同志》中有所回顾。同年4月20日，艾芜更有《〈春天〉书评读后》，向茅盾再次致谢。该文原载《青年作家》1981年第6期，《艾芜研究专集》和《艾芜全集》第十四卷均收录，兹不再引述。

后来，本书有了两次改排。一是"一九四〇年十一月改排本初版"，封面署"春天，艾芜创作，良友复兴图书公司印行"。正文计69页，每册实价国币五角。二是"中华民国卅一年一月桂初版"，封面作"丰饶的原野：春天"，内封为楷体手书"春天：艾芜"；扉页有题词："献给我的父亲"。据其版权页，编辑者：今日文艺社；发行者：林清良；发行所：今日文艺社（桂林訾洲六十三号）；印刷者：今日印刷所；总经售：三户图书社。该版正文90页，加上改版后记，计95页。定价国币二元。《春天》是"今日文艺丛书"第四种，编者有言："限于人力财力，一切的计划都无从实现。本丛书也不知能够出到几本，不敢向读者预开支票，也不敢向作者多方约书，出了一本便算一本。"丛书前三种分别为《离散集》（随笔），塞先艾著；《一百一十户》（短篇），曹卣著；《今之普罗蜜修士②》（诗集），严杰人著。每本书都有简洁的推介，文字精到，隽永可读，如《离散集》："塞先艾先生的作品以简朴很少文饰著称，着眼又全是平凡的故事。本书是塞先生战时散文的结集，写下作者流亡以来的经过，写下作者对抗战的信心和愤慨，及强烈的对土地的爱恋。本书计容廿篇散文，每篇全是那末平淡素描，可是作者的心情和境遇却

---

① "络"，"给"之误。
② "普罗蜜修士"，今译作"普罗米修斯"。以下同。

活跃纸上；如果我们对那些失去了的河山要来一番温习，这书便是最好的课程。"又如《一百一十户》："本书是曹卣先生的处女结集，内容短篇凡十四篇，是抗战以来大后方各种人物生活的写照。作者是正在读书的学生，他的创作活动特别吸惹着同时代人。尤其表现学校生活。文笔轻松放纵；眼光犀利入微；感情丰富充溢。独立一格的报告式小说优秀的创造者。"再如《今之普罗蜜修士》："作者并不是诗坛上的闻人，文章也并不铿锵作响，然而从这薄薄的小书中可以看出一位十多岁的少年对这时代的控诉与歌颂，给同时代的朋友以一点激励和鼓舞。这不过是起程碑，作者自有其辉煌的前程，因他非常年青。倘使作者日后不满意这小册时，本社愿先做推碑的工作，让他跨踏过去。"丛书在后续的出版过程中，对《春天》也许会有类似的介绍，但惜乎目前尚未能见到。不过，据《艾芜研究专集·艾芜著作系年（1931—1983）》，1942年10月，今日文艺社曾再版《春天》。1945年5月，又有自强出版社的渝初版。①

《〈春天〉改版后记》是1941年12月20日作于桂林。其间曾单独发表在《力报副刊：半月文艺②》第十七、十八期合刊（第7—9页），1942年1月20日出版，但文字、标点略有不同，错讹较多，且有脱漏、增衍。"后记"对于《春天》的构思立意，有着翔实的说明；对于版本的流变，也曾道明原委，其文献价值，无可替代。《艾芜研究专集》所标此文出处为"原载《春天》桂林自强出版社，1942年版"③，难以坐实，恐有误。现据今日文艺社初版本，录之于后：

艾芜：《春天》改版后记

  一九二五年夏天离开我四川的故乡，从云南写封信给我的父亲，说我要在他乡异国流浪十年之后，才能转回家去。不料到了一九三六年的

---

① 毛文、黄莉如编：《艾芜研究专集》，四川文艺出版社1986年版，第614页。
② 此处的"半月文艺"并非艾芜后来主编的重庆《大公报·半月文艺》。
③ 毛文、黄莉如编：《艾芜研究专集》，四川文艺出版社1986年版，第122页。

秋天了，我还没有如约归家。因在国外国内，混了十年，觉得一事无成，仿佛项羽败退乌江那样的心情似的，"有何面目去见江东父老"。到不如墩①在容易接近世界文化的上海，再在文艺方面，埋头苦苦用些年功夫。

虽是这样决定了，但对故乡的思念，却没有静息下来。于是，便决定把那位在岷沱流域的景色人物，移到纸上，也宛如自己真的回到故乡去一般。我先前写作时候，所取的题材，大都是出于云南，滇缅界中，仰光，新加坡，以及今天正被日本帝国主义进攻的槟榔屿，我的故乡还不曾展在我的笔下一次。

我的故乡，正是诸葛亮说的沃野千里天富之国②的一部份③。我便定一个总题目，叫做④"丰饶的原野"。另外分成"春天"，"夏天"，"秋天"，"冬天"四个小题目，来分写它，并使每个小题目，都可以单独成为一部作品。刚好那年约在八月间的光景，赵家璧君要我给良友图书公司写部中篇小说，便动手把《春天》写成。论篇幅虽然寥寥几万字，也算我到一九三六年止写作期中，最长的一篇小说了。

《春天》里面那条小河，对我是有着最愉快的回忆。二、三月间，日暖风和，家家妇女都到田野里面去摘龙须菜的时候，祖父却要我在半暗半明的屋子，苦读四书五经，那种闷气，真是令人难受。好在他老人家喂有一些鸭子，常常放在小河里面，怕它们浮游去远，总每天上午叫我出去看视一次。在读了诘屈聱牙的《书经》或者讨厌的《礼记》之后，走在青草蒙茸的河边，呼吸着水上清鲜凉润的空气，晴光朗人的原野，开花发绿的，又展开面前，真使人快乐得想学树林中的小鸟一般，飞了起来。作了《春天》五年后的今天，重新再翻来读的时候，儿时亲切过的景物，又一度展现在眼前了。我感到，我读这部《春天》一次，很像重归故乡一次似的喜悦。

---

① "墩"，四川方言。"墩在"意为"待在"。
② "天富之国"，多作"天府之国"。
③ "部份"，多作"部分"。下文中"安份守己""本本份份"等词的"份"，今均作"分"。
④ "做"，此处宜用"作"。存原貌。

里面每一个人物，写到的时候，差不多都有一个熟悉的影子，晃在我的眼前。尤其是邵安娃同他认识最久，《春天》里面每个人物，都改名换姓，只有他我使用了他原来的名字。我对他印象太深了，他的名字和他的样子，他的性情，几乎连在一道，仿佛另换一个名字，就会分散他的印象似的。赵长生是个活泼的小孩子，夏天晚上没事的时候，曾拿板凳当人，唱戏给我们小孩子看过。刘老九则比较庄重，不大容易使人接近他，我最记得他的，是夏末秋初，涨大水的时候，淹坏了他的茅屋，他气急了，向不断落着细雨的天空，拿丑话骂玉皇大帝。这玉皇大帝在我们那边，原是一位顶受尊敬的神明，谁也不敢对他讲半句坏话的。

这三个农人，写进作品的时候，也拿别人和他们相合的性格来补充过的，而且即使有些话，他们没有说过，有些事，他们没有作①过，但按照他们的性格，再参照和他们性格相同的人所说的话，所作的事，我觉得在他们也是可能说那样的话，作那样的事的。因此，我在作品中，就渐渐感到我不是替这三个熟人，记他们的生活言行，而是把我们五千年来以农立国的奠基石——最劳苦的农民，拿来一刀一刀的解剖，分析。我在邵安娃身上看出了奴性的服从，在刘老九身上，看出了坚决的反抗，在赵长生身上看出反抗和服从的二重性格。

我看见邵安娃这类的农民，太安份守己了，仿佛驮着石牌的赑屃一样，只在千斤的重压下无声无息地忍受着自己的运命。我很想像《春天》里面的陈家么店老板娘一样嘲骂他："没出息的东西，我不可怜你。"但到底对他的身世感到深深悲哀了，也许因为他是我小时候喜欢亲近的熟人，自始至终，不忍说出一句责备的话吧？

刘老九这类的农民，正直，不自私，对强暴，不妥协，对弱者，富同情心。知道他之后，我读历史，我就更能懂得李自成李秀成他们了。在明史上，看见李自成曾在米脂县替大地主放过羊，后来造反称王，把掠夺到手的东西，总是给与农民，自己则不好酒色，能和部下共甘苦。

---

① "作"，今用"做"。存原貌。以下同。

在太平天国史上，看见李秀成纯是一个穷苦的农民，洪秀全起事的时候，他还在家，帮人种田，佣工度日，后来做到了忠王，拿他为人的正直，待人的宽大，做事的能干，竟将太平天国的残局，支持了好几年。起初颇使我惊异，觉得他们实是一种特出的人物，不可多得，等我把他们和儿童熟识的刘老九一比，才深切地认出，在我们这个民族的农民中，一脉相传，是有这种优良的传统的。李自成李秀成这类农民，实在为数不少，只不过他们没有得着适当的境遇，适当的机会，来发展自己，表现自己吧了，正如刘老九这个名字所影射的那个农民一样，一直是埋没在田野里面。

赵长生这类农民，在佃农中，我觉得更占得多些。他们想讨地主的好，在佃田佃租上讨些便宜；讨不到的时候，又在背后诅咒痛骂。诅咒痛骂，没有出路，还是再去讨好。这就是生活使他们变成矛盾的人，过着可笑又可怜的日子。这类人，可以一呼百应的，跟着刘老九去摇旗呐喊，反之，又可以学邵安娃一样，本本份份去做人，甚至当人家的鹰犬，拿拳头去打刘老九那样的人。历史之所以进步得慢，总爱走纡曲的道路，赵长生这类型的人，我疑心他们是不能不负一部份责任的。

《春天》这本书出版后不数月，即遇到七七事变，在虹口区内的良友图书公司，受到日本帝国主义的炮火之灾，《春天》第一版本，差不多损失完了。回到内地，我自己想存一本，那知①在各家书店内，也简直无法觅得。目前始找着一九四〇年十一月良友复兴图书公司的改版本，心里为之一快。惟近日敌人占领上海，恐改版的《春天》，定又不能运来内地，因此一面去函良友复兴图书公司收回版权，一面交今日文艺社另印成书。并趁此次三版机会提明此书，是献给我的父亲的。又《春天》初版的那年，承茅盾先生立波先生，特为文给以鼓励的批评，今特在此致谢。

1942年3月25日，福建永安《现代文艺》第四卷第六期发表谷虹的书

---

① "那知"，今作"哪知"。

评：《关于〈春天〉及其他》（第247—249页）。谷虹，即陈大远。不过，据《艾芜研究专集·评论文章目录索引》，此文曾发表于"《文学批评》（桂林）2号，1943年3月"①，今检该期，未见有刊，故此说当误。其全文如下：

谷虹：关于《春天》及其他（艾芜著，今日文艺社发行，定价二元）

四川，这是诸葛孔明所谓的：沃野千里天富之国，在那丰饶的原野里，生存着众多浑实朴厚的人民。

艾芜的这部中篇创作，《丰饶的原野》第一部《春天》，便是以他的故乡岷沱流域作为背景，而展开了一幅农民们生活的史诗。

（一）

在这仅只五六万字的篇幅里，作者很经济地描绘出农村的各阶层——地主、富农、土劣，以及劳苦的农民相互间的复杂关系。这是本书的主题。

作者对于这个主题的处理，是毫不勉强的。

春天到了，大地等待着耕耘，这里的农民们为了要灌溉农田，举行了一年一度的淘堰工程。

在工程的进行中，农民们发觉当地的富农易老喜有侵占河身、扩展农田的举动，这引起了大家的不满，便有意无意地把疏浚下来的泥土倒在他的菜田里。

易老喜自然不甘心，便借捉奸为名，在寡妇"锯子"家中，将老实安分的农民邵安娃毒打了一顿。

作为堰长的地主汪二爷，因为和易老喜有一宗银钱上的交涉，不能如愿，便怂恿农民们反对易老喜，一面又借此机会挽霸占邵安娃老婆的土劣冯七爷出来作中，和易老喜交涉借款的条件。

邵安娃的被打，引起了农民们极大的愤恨，加以又发现了易老喜堵

---

① 毛文、黄莉如编：《艾芜研究专集》，四川文艺出版社1986年版，第683页。

塞了泉塘，引水灌溉自己的田地，以致堰水减少，众怒所归，一部份人便主张要打他。这时他们却发现了汪二爷和易老喜已搅在一起，这才知道是被出卖了。

故事的结局，是邵安娃被汪二爷辞退了。

作者很巧妙地使赵长生、刘老九、邵安娃等因淘堰而与"锯子"合伙捞鱼，因捞鱼而相约晚上到她家里吃鱼；而易老喜因为要打"锯子"的主意，但"锯子"因为他是伪造文书，逼死她丈夫的人，根本不领他的情，他于是老羞成怒，认为她跟赵长生有了暧昧，再加赵长生又倒泥土在他田里，于是火上添油，连夜叫他的儿子和长年到她家里去"捉奸"，刚好赵长生和刘老九到陈家幺店子里买油，这便将邵安娃打了一顿，以致造成这个事件。这一连串的事情，使故事的进展呵成一气，一点也不做作，而从那里显示了众多人物的性格。

（二）

《春天》里农民的性格，可以分作三个典型，正如作者在改版后记里写着的："我在邵安娃身上看出了奴性的服从，在刘老九身上，看出了坚决的反抗，在赵长生身上看出了反抗和服从的二重性格。"

邵安娃这种人，"太安份守己了，仿佛驮着石碑的赑屃一样，只在千金重压下无声无息地忍受着自己的运命"。作者赋与他以一个特有的形象："爸妈把他制造得太马虎了：腰身长，足干短，人家三两步就可以走完的路，他总要摇摆它四五下。"这特征使这一人物的典型更为凸出了。

他爱着又怕着自己的老婆，"每一回家，总把衣袋里装的工钱兜底全给倒出来，对她傻头傻脑地发笑想讨她的欢心，……直到去年冬天的一个夜里，邵安娃照例送钱回去，发现了冯七爷正躺在他床上，跟他老婆面对面烧鸦片烟时，才一下子改变了对他老婆的心肠。当夜转回主人家去，他迎着北风一路走，一路把钱丢在麦田胡豆田里面。此后他的工钱也让老婆向汪二爷讨去，但他却不回去了，而招财和来宾同他做朋友的日子，也就是这个时候开始的"。但当赵长生在众人面前讥笑他戴绿帽子的时候,"他便破例地生气了,对赵长生骂了一声'妈的!'就挑起冤兜上岸去了"。

一辈子的牛马生活,造成了他这种逆来顺受的性格。作者对他是颇为同情的,但也不禁借着陈家幺店老板娘的嘴,骂他一句:"没出息的东西!……我不可怜你。"

刘老九的性格与邵安娃刚好相反。虽然他和邵安娃同样地生活在高压之下,但这却养成了他的反抗性。他父母生前替他定下一门亲事,对方是他的表妹,后来他的舅父母嫌他穷苦,把他的表妹另外嫁给一个有钱人做小去了,"他躲在稻草堆里,整整睡了一天一夜,第二天爬起来,也不同人讲话,也不看人,只死劲捏紧锄头,将一大块菜地,半天就挖完了。……此后脾气也改变了,对人冷淡而且固执"!

他正直,不自私,做事卖劲,在淘堰时,大家争先抢轻松的工作做,而他"就去摸着扁挑,拉下嘴角说道:'这不过多出点气力吧了①!'"对于和他同命运的弱者,他给予了极大的同情心,当邵安娃遭了毒打之后,他背着他回去,一路上"只要一听见邵安娃在背上呻吟,就沉痛地自责道:'唉!我不该拉他来的!'"他平素不大讲话,有一次赵长生因为和易老喜打招呼,对方不睬理,而在背后咒骂着,他说:"这是你自讨没趣!我么,要理他,就不要背后骂,要背后骂,就不要理他!"对于强暴,他绝不妥协,对于邵安娃的挨打,他气冲冲骂道:"打着别人都不要紧!邵安娃,我是不甘心的!"他极力怂恿大家要打易老喜;后来,在陈家幺店,"他听见老板娘在背正向别人夸奖冯七爷的本事,说是汪二爷没借成的钱,只消他打几句总成,就帮他拿到手了,他心下一怔,但立刻就明白了:为啥子今天汪二爷突然到易老喜那里去做客,而且也明白了汪四麻子为什么今天会忽地改变了态度。便像一个受骗了的人似的,大大生气起来,拿拳头使劲捶桌子一下。……"

作者在改版后记里说他在刘老九身上看出了李自成李秀成他们的性

---

① "吧了",今作"罢了"。下同。

格来:"……在我们这个民族的农民中,一脉相传,是有这种优良的传统的。……只不过他们没有得着适当的环境,适当的机会,来发展自己,表现自己吧了,……"我也同样觉得:作者在本书里也未给刘老九以适当的环境和机会,不能使他在作品里占一更重要的地位。

在本书里作者对于赵长生这个双重性格的人物,写得最多,也最深刻。这也许是因为作者对他怀着憎恶,而加以无情的解剖的缘故。在后记里他说:"历史之所以进步得慢,总爱走纡曲的道路,赵长生这类型的人,我疑心他们是不能不负一部分责任的。"

他有点小聪明,不像邵安娃那样逆来顺受,又不能像刘老九那样敢于反抗;他想讨地主的一些小便宜,讨不到时又在背后咒骂,图个嘴里痛快——这使他练成了满口油腔滑调,没有出路时,又再去讨好,"这就是生活使他们变成矛盾的人,过着可笑而又可怜的日子"。作者在他的形象上给他一头鬎鬁疮,缠上一条黑不黑白不白的帕子,他随时要"把头上的布帕子摸了一下",看它"是不是又乘其不备,出来丢丑了",这更把他那种双重性格衬托了出来。

汪四麻子也可以归入赵长生这一型里,不过他已经讨到了便宜,而以地主的爪牙的姿态出现在作品里。

(三)

这一部作品虽然以描写农民为中心,——在故事的进展中,地主、富农和土劣们只是被当作一种反衬,但是对于这些人的典型,也极其生动。

地主汪二爷是村里的体面人,老爱拿公益事业做幌子。当淘堰开始的那一天,他本想叫佃户们去挑粮食,赵长生为了要讨好说道:"还早,还早,去挑粮食吧。……公众的事,那忙啥子?"作者描写他当时的心情:"在汪二爷看来,赵长生的话,是刚刚合着了心意,但这么当面说穿了,却是不行的。因为无论那一个都要顾到面子,何况一向爱做公益事的汪二爷呢？便将恼怒刘老九的心情，直对赵长（生①）发泻②了：'公众的事不忙，还忙啥人的！这真是……邵安娃，放着，你同他们去！'"邵安娃被打时他说着："就是一条狗，一块鸡，也不能轻易动一动指头的！何况一个人？哼！"但是和易老喜借款成功时，他又把邵安娃辞退了。

富农易老喜，是世俗所谓"刻薄成家"的那种人物，他整天提着检③狗粪的冤兜，在田埂上寻觅沿路的狗屎，人家给他起个绰号叫"狗夹夹"。"他老是这么样的，远远的就打量你，盘算一通。等你要走拢身边了，他却顺下眼睛去，仿佛不曾看见一样。就是同他对面谈话时，他也不多看你的。只在紧要的关头，始望你一下，但这一瞥的眼光，是含着多种多样的意思：比如明明先前听见他答允了，现在才觉出那是有点靠不住的。其实，他答允过的话，倒并不翻悔，只不过他那眼睛，老是使人感到疑虑，惊惶，或者迷眩罢了。"

冯七爷，这个土劣，"他是个鸦片烟鬼，庄稼生意全不在行，也不爱管的，但一谈到打官司告状，那就冲能极了，无论怎样不在理的事情，总是拿长指甲搔一搔头发，很冷静的说道：'我有办法的！'乡里的民团和学校，也揽在手里不肯让别人办，但他自己却常对人诉苦：'这些事麻烦透顶哪，要是哪个来接办，我才谢谢他呢！'如果别个真来接办，那又一点也办不起走了，因为第一个掣肘的，便是他"。"他那上瘾的灰白脸上，对人总是很庄严……"

（四）

在本书里，作者对于农村景物的描写，极其生动。他朴质地描绘着自然的景象，全书充溢着春天的气氛，农民们即在这个氛里④生存着，忙碌着。在开头的第一段里，作者写着："大门外的原野，笼着薄雾，平平

---

① "生"字脱落。
② "发泻"，宜作"发泄"。
③ "检"，拾取。用法同"捡"。
④ "氛"，一般不单用。"氛里"，据前文疑当作"气氛里"。

的，摊在天底下，潮湿而且带着渴睡。远处车房、草屋，竹林子的阴影，东一下，西一下，散缀起，迷迷濛濛，仿佛沉在梦中。通过田野的沟渠，两旁排有矮小楼木树①的，绕院墙的南边，一路微语着，低吟着，好像耐不住黎明的清冷和寂寞似的。东边天空，接近地平线的地方，已经亮了，现出微紫嫩黄；高一点，则呈鸭蛋壳的绿色；再上去，便全是半暗半蓝的了，只有一些苍白的星子，在霎着迷濛的眼睛。"这是一幅动人的春之晨的写生画。甚至对于农村里的鸡狗骡牛的形象，作者也都描绘得极其生动。

作者的风格是浑朴写实的。他不堆砌词藻，不矫柔②做作，而用简炼③的笔粗线条地把一幅农村图画显示在读者面前。他不坠入心理描写的牛角尖里去，而借人物的动作和对话来显示他的性格，结果更具象化了。

我们希望能够早日看到这《丰饶的原野》的几个续篇。

（五）

这里，我想顺便谈到作品中方言使用的问题。

看过艾芜作品的人，都知道他常常用"偕"字代替"还"字（在《春天》里倒未用过），用"默倒"代替"以为"，以及旁的一些不容易看得懂的方言。

我们并不反对使用方言，而且认为使用方言在创作上是应该的，因为它可以表现地方色彩，而增强作品的现实性与形象性。但是我认为应该注意多多采用可以表现当地的风土人情的——如俗语民谣——以及人民生活思想行动的特点的方言；对于那种注音的字眼（方音），却未敢赞同，这将要把读者对象限制住了，而减低作品的普遍性，除了少数懂得当地方音的读者之外，在其他地域的读者看来，随你声调表现得如何恰到好处，但他们根本就不能理解，更不能从中体会到什么风味了。我们

---

① "楼木树"，宜作"桤木树"。
② "矫柔"，应作"矫揉"。
③ "简炼"，今作"简练"，简要精练。

常常看到有些优良的译作，虽然译者并不注出原音，但是我们仍然可以体会到浓厚的地方色彩。

其次，在对话上不妨多用方言，在叙述里还是应该避免（《春天》里就有这种手法），因为这是作者在对读者讲述，尽可不必用那些生硬难懂的字眼来妨碍读者的感受性。但是我们也不否认我们在写作上的字汇不够，有许多形容词和动词得不到适当的字眼来表现，这是每个作者都感到苦恼的，假如万不得已要采用方言表现时，要注意用得适当，而字面上所表现的意义也要顾到，不要相去太远，使读者难于理解——实在没有更好的表现法时，也要加以相当的注释。

最后，采用方言要注意到共通性与普遍性，以及有可能使读者接受的。

不过，《文学批评》第二号①（"民国三十二年三月一日出版"，第60页）的确发表过关于《春天》的一篇书评。其文如下：

冷火：《春天》（新书评介）

据艾芜先生在《再版后记》里说："我先前缅②写作时候，所取的题材，大都是出于云南，滇③界中，仰光，新加坡，以及今天正被日本帝国主义进攻的槟榔屿，我的故乡还不曾展现在我的笔下一次"，而第一次展④在艾芜先生笔下以故乡为题材的小说，正是这篇五万字左右的《春天》。

《春天》在"沃野千里，天富之国"的泥⑤沱流域里出现，原是万花似锦，碧草如茵的世界，若加上一个绮丽香艳的故事，那才真是锦上添

---

① 编辑人：王郁天；发行人：史蒂安；总经售：大地图书公司（桂林中北路西一里二号）；印刷者：三户印刷社（桂林观音山一号）。
② 排印有误。
③ 原文作"滇缅"，其中"缅"被误植于前行。
④ 此处或有"现"字脱落。
⑤ "泥"，"岷"之误。

花的好布置呢！可是，当我读着《春天》，我就被书中的故事转移了自己的心境，每一页每一行甚至每一句，作者似乎在重复又重复地说，这里没有春天。

原来，出现在《春天》里的男性人物是一些穷苦，①佃农佣工和三个老年的吸血鬼；女性是嫁过三个丈夫而"寡"了的"锯子"，很和鲁迅先生《阿Q正传》里咸亨酒店那样相像的一家酒店里的老板娘，以及锯子的女儿，四岁，拖着两条清鼻涕的小姑娘。无论男的女的，没有一个人被作者形容得有些面貌清秀和漂亮，就是由他们集体扮演着的淘堰工程，也并不显得怎样伟大。

平凡的人，平凡的事，按理吸不住读者的心眼，但，由于作者塑造人物典型的成功，我们却看清楚了那些人物而引出兴趣来了，像刘老九的正直，助人，无欺的个性，赵长生的刁滑，无耻，邵安娃的懦怯，良善，汪四麻子的诙媚，迎拍，锯子的勇敢，老板娘的噜嗦和贪利，四岁小娃儿呆蠢的可怜相，都使我们留有深刻的印象，至于那三个剥削为生的吸血鬼，也以"放高利""包打官司""收租而兼做经营商业"的不同，各各赋予了某方面特殊的"贪"而让他们的丑相各不相同的，活现在纸上。

在写作技巧的另一方面，说口头语和地方性的俚语引用得很多，这是促使书中人物凸出和明显的一个有力要素，作者在这方面的成功，我觉得不但对新文学的建设上有功绩，而且值得我们去学习。

对于邵安娃，刘老九，锯子的身世，假使略加铺张的写出而不用叙述，那末，篇幅最少可以扩充到一倍以上，可是，作者对付每一个人，只要二百字左右的简单追叙也足够了，这样的简朴的省笔，可以说是恰到好处。

关于赵长生，作者是用来和刘老九衬托对比的，在《后记》里，作者认为刘老九这样的农民正是历史上李自成李秀成的身影，而赵长生呢，

---

① 逗号处当作"的"。

厌恶的认为"历史之所以进步得慢,总爱走纡曲的道路,赵长生这类型的人,我疑心他们是不能不负一部份责任的",这意见,我也同意,不过,像本书中作者笔下的赵长生,是不是真具有"反抗和服从的二重性格"者呢?未必吧!那是和汪四麻子完全相同的十足奴性的蠢材(虽然,作者似乎把赵长生描写得有些小聪明),在邵安娃身上,我却只看到善良和懦怯,绝没有像赵长生汪四麻子之流的奴相,和奴性的服从。

不想把自己的意见,完全提出,只写下这一点,至于写景也很有引人入胜的地方,所以,我必须感谢。"我读这部《春天》一次",虽不是如作者的"很像重归故乡一次似的喜悦",却也有类似的感觉,因为中国广大农村所在的空间和在这种空间所存在的人物,是和《春天》里所写下的怎样相像。

一九四二,十,二十六日穿山村

该文题下有:"艾芜作 中篇小说 今日文艺社出版"。"冷火"是王知伊的笔名。王知伊(1917—1989),江苏无锡人。1942年肄业于浙江大学史地系。后赴桂林,入开明书店编辑部。曾任书店《中学生》杂志编辑、外版部主任。解放后,历任中国图书发行公司上海分公司经理室秘书、上海新华书店华东总分店秘书、上海市出版事业管理处和上海市出版局审读编辑、中华书局上海编辑所编审、上海辞书出版社编审。从1987年开始,参加《中国近代文学大系》的编辑工作。著有短篇小说集《死亡的拥抱》、文学传记集《尼采传》。另有大量篇什散见各种报刊。散木在《由怀人旧文忆及"开明书店"前辈王知伊》中称:王知伊肄业后,"经人介绍,于1944年远赴广西桂林,参加开明书店编辑部的工作"[①]。据上文末署的写作时间和地点来看,此说有误。穿山村位于今之桂林市七星区,换言之,即王知伊1942年10月16日,已经到了桂林。

《丰饶的原野》1946年又曾再版发行。其发行者:自强出版社(重庆临

[①] 散木:《由怀人旧文忆及"开明书店"前辈王知伊》,《中华读书报》2016年12月14日07版。

江顺城街二十二号）；总经售：上海吴江路七十一号。"中华民国三十五年元月初版（沪）"。此版包括两部：第一部《春天》，第二部《落花时节》。正文计257页，《春天》112页。1978年12月13日，艾芜在《丰饶的原野》四川人民出版社版的《前言》中，有过回忆："大约在一九四五年，我住在重庆南温泉乡下，算是和位在岷沱流域的家乡隔得不远了，一种怀念家乡的心情，油然而生，刘老九他们和周围的自然景色，又像梦似的显现出来。再加上抗日战争结束了，笔可以暂时转换一个方向，我便写了《落花时节》，成为《春天》的续篇。读书出版社要去一道出版，我就取个总的名字，叫《丰饶的原野》，一九四六年元月在上海印了一次，同年四月又在北平印了一次。"[①]《落花时节》即《夏天》。其一至五节，发表于桂林《青年文艺》第一卷第六期[②]（第20—39页），"民国三十三年七月十日出版"。小说在末尾注明："本节完，全篇待续"。其一、二节后来又发表于《文坛月报》创刊号[③]（第111—123页），"卅五年一月二十日"出版。三至五节，发表于《文坛月报》第一卷第二期（第102—116页），"中华民国三十五年四月十日出版"。向秀的《艾芜的〈丰饶的原野〉》即是在此版面世之后，发表于1946年5月22日浙江《东南日报》，可参见《艾芜研究专集》。

最后，请容我再回头略作题解。所谓"早期"，是指1949年之前，此后的版本与批评，则未叙及。同时也只是对出版的基本信息有所介绍，至于文本内容的变迁，还有待进一步深入比读。

《南国之夜》及其评论

艾芜的短篇小说集《南国之夜》，上海良友图书印刷公司（总公司位于上

[①] 艾芜：《艾芜全集》第2卷，四川文艺出版社、成都时代出版社2014年版，第231页。
[②] 主编人：葛琴；发行人：罗洛汀；发行者：白虹书店（桂林体育场美仁路十六号）；印刷者：三户印刷社。
[③] 编辑者：联华图书公司编辑部（上海宁波路四七〇弄四号）；主编人：魏金枝；发行人：陆守伦；出版者：联华图书公司；经售处：五洲书报社及各地书店。

海北四川路八五一号,并在北平、南京、厦门、汉口、重庆、广州、梧州、纽约设分公司)印行,1935年1月15日付排,3月1日初版,印数为"三〇〇〇"册。此为"良友文库"之三。封面作"南国之夜:艾芜创作"。收《南国之夜》《咆哮的许家屯》《左手行礼的兵士》《伙伴》《强与弱》《欧洲的风》,共六篇。正文计一百六十四页。令人遗憾的是,《艾芜全集》第七卷"短篇小说"录入时,在"南国之夜"题下,仅收五篇,漏掉了《左手行礼的兵士》,并重新排序为:《伙伴》《咆哮的许家屯》《欧洲的风》《南国之夜》《强与弱》。

一 《南国之夜》六篇小说的发表情况

《南国之夜》,作于"一九三三年夏"。发表于《现代》第四卷第三期①(总第512—518页),民国"二十三年一月一日"出版。"全集"录入时无写作时间。

《咆哮的许家屯》,"一九三二年冬作"。发表于《文学》创刊号②(第91—104页),"民国二十二年七月一日出版"。关于此文,艾芜在《回忆茅盾同志》中有过说明:"一九三三年三月,我被国民党控以危害民国的罪名,关在苏州第三监狱,即江苏伪高等法院的拘留所,写了一篇《咆哮的许家屯》,寄交茅盾同志,蒙他编在《文学》上发表。后来鲁迅先生和茅盾同志为外国编选的《草鞋脚》篇目和题材,是由茅盾执笔的,其中推荐了《咆哮的许家屯》。虽然外国人没有翻译,但可以看出茅盾同志对青年作者的作品是给予重视的。"③《草鞋脚》是鲁迅应美国人伊罗生之约,和茅盾共同编选的中国现代短篇小说集,共收作品26篇,由伊罗生等译成英文,当时未能出版,后经

---

① 编辑人:施蛰存、杜衡;发行人:洪雪帆;印刷所:现代印刷公司;发行所:现代书局(上海四马路)。
② 编辑者:文学社(上海拉都路敦和里十一号);发行人:徐伯昕(上海陶尔斐司路);发行所:生活书店(上海陶尔斐司路);印刷者:中国科学公司(上海福煦路)。
③ 艾芜:《艾芜全集》第13卷,四川文艺出版社、成都时代出版社2014年版,第144页。

重编，于 1974 年由美国麻省理工学院出版社印行。该文后又收入《残冬》①，"中华民国二十三年十月初版"。

《左手行礼的兵士》，发表于《社会月报》第一卷第二期②（第 63—66 页），"民国二十三年七月十五日出版"。

《伙伴》，"一九三一年冬作"。发表于《正路》月刊创刊号③（第 135—149 页），1933 年 6 月 1 日出版。"全集"末署"一九三一年冬，上海"。

《强与弱》，发表于《春光》第一卷第三号④（第 385—399 页），"民国二十三年五月一日出版"。

《欧洲的风》，发表于《文学》第四卷第一号·新年号（总第十九号，第 75—88 页），"民国二十四年一月一日出版"。"全集"末署"一九三四年秋，上海"。该文后收入《中国文艺年鉴》⑤，杨晋豪编著，北新书局 1936 年 5 月初版。

艾芜后来又有《〈欧洲的风〉序》一文，作于"一九四四年三月九日"。其中说，作者"以报纸编辑的身份，被逐回国来"，但是，"我们对于南国的同情"，却"凝聚在笔下，化为文字，变成一篇篇的作品"。"其中用散文写的收在《漂泊杂记》内了，第一人称'我'来做主人写的，收集在《南行记》那本小说集内（在桂林文化生活社重新排印）。用第三人称'他'（或'她'）的，即是别的有名有姓的人物来写的，就收在这部新编的集子内（其中只有一篇用第一人称写的）。""集子内的文章"，之所以"由散失而得到集

---

① 编辑者：生活书店编译所；发行者：生活书店（上海福州路第三八四号）；印刷者：生活印刷所。收《残冬》（茅盾），《多收了三五斗》（圣陶），《女儿心》（落华生），《安舍》（鲁彦），《咆哮的许家屯》（艾芜），《禾场上》（征农），《猴子栓》（臧克家），《父子》（王统照）等 14 篇小说。此系"文学创作选之二"。

② 编辑者：陈灵犀；理事编辑：冯若梅；图画编辑：江栋良；发行者：胡雄飞；总发行所：社会出版社（上海广西路宁波路口）。

③ 该刊由张耀华主编，湖风书局发行（上海靶子路一六三号）。

④ 编辑人：庄启东、陈君冶；发行人：高鹏天；发行所：春光书店（上海棋盘街交通路通裕里七号）；门市部：春光书店（上海棋盘街一八〇号汇文书局内）。

⑤ 全书分四辑：第一辑"廿四年度中国文坛考察"，第二辑"廿四年度的中国文艺理论"，第三辑"廿四年度的中国创作选集"，第四部（按："辑"之误）"廿四年度文艺新书要目"。《欧洲的风》收入第三辑第一部"短篇小说"（第 306—336 页）。

在一块",得力于"广西容县薛俊琼君,把他保存的《文学》和《现代》上,撕下《欧洲的风》和《南国之夜》两篇作品寄来,随后云南缅宁彭桂蕊君又从他保存的《南国之夜》那本小说集(这是先前的一本集子,现在只取出三篇收在本集内),请人抄来《伙伴》一篇小说"①。以此观之,短篇小说集《欧洲的风》似乎仅收录三篇:《欧洲的风》《南国之夜》及《伙伴》,不过,毛文、黄莉如编《艾芜研究专集·艾芜著作系年(1931—1983)》未见记载,即便是甘振虎、刘莲珍、阮文兵等所编的《中国现代文学总书目·小说卷》也遍寻无着,或许该书最终并没能够出版。

二 有关《南国之夜》的批评

《南国之夜》出版后,收获了不少批评,张效民曾作梳理:

> 对《南国之夜》(1935.3),最早发表长文评价的是胡风。他指出,"集中《南国之夜》《咆哮的许家屯》《欧洲的风》这三篇底主题是类似的——自发的反帝国主义斗争"。伍蠡甫先生则认为作者"只顾情热,却不会怎样影响读者"。周立波针对伍蠡甫的观点,反驳说这"分明是对反帝作品的轻蔑",指出:"这样的反帝作品,都值得高的评价"。1939年,周扬结合当时形势,又一次肯定了《南国之夜》一类作品的反帝主题。艺术上,胡风指出,艾芜"能够把南国底风景和他的悲剧溶合,把外表的魅力从风景描写里面剔去,使他的悲剧底进展更加鲜明有力"。而人物描写,除个别外,"都是模糊的","没有显示出有个性的面貌"。伍蠡甫亦有同感。②

胡风、伍蠡甫、周立波的评论

首先来看胡风的《〈南国之夜〉》。

---

① 艾芜:《艾芜全集》第13卷,四川文艺出版社、成都时代出版社2014年版,第224—225页。
② 张效民:《艾芜研究概述》,《温江师专学报》1985年第2期,第42页。

该文作于 1935 年 4 月 12 日。发表于《文学》第四卷第六号（总第二十四号）①的"书报述评"（总第 949—958 页）。"民国二十四年六月一日出版"。题下有简介："艾芜作，良友文库之三（一九三五年三月一日出版）。上海良友公司出版，定价五角。"《艾芜研究专集·评论文章选辑》录其全文（第 367—382 页）。

该文的主要观点如下：《南国之夜》《咆哮的许家屯》《欧洲的风》，"这三篇底主题是类似的——自发的反帝国主义斗争"。其中，"《南国之夜》底背景在英国统治下的缅甸，《欧洲的风》底背景在缅甸和中国交界地方，《咆哮的许家屯》底背景在日本统治下的满洲"。不过，"这三篇能够得到的评价却是彼此不同"。首先来看《南国之夜》。"作者用清新跳跃的写法""绘出了'南国'底夜景"，"在那繁重的色采和浓郁的香气底交织里面，缅甸民众底血的斗争感动了（甚至可以说是诱惑了）读者"。但"这个反抗底现实生活根据反映得"却"不够"。其次是《咆哮的许家屯》。"较之《南国之夜》，作者对于这一篇底题材是很生疏的"。一是"主题底分裂"；二是在人物描写上，未能"创造出更有力而富于特性的形象"。相较而言，《欧洲的风》则是"比较成功的"。第一，故事的内容能够"暗示我们一幅大的必然而又真实的社会动景"；第二，"几个主要的人物"，"都被作者绘出了生动的面貌"；第三，对于南国风景的描绘，"不但没有掩没他底主题"，"作为背景"，"反而"成为"作品底艺术力量的不可少的要素"。但小说也有"松懈"之处：第一，"里面夹有几个面貌不明的人物"，"使得这作品减弱了内容上以及结构上的谐和"；第二，林福生的堕岩，虽于主题的发展非常重要，但因人物与读者缺少"一面之缘"，故其惨死难以引起"强的感应"；第三，"斗争勃发时的氛围不够"。其余三篇：《左手行礼的兵士》《伙伴》《强与弱》，作者都"成功地完成了他底主题，给了读者一种情绪浓郁的隽永的感动"。总的来说，《南国之夜》和《咆哮的许家屯》，"作者底笔墨是较多地用来描写环

---

① 编辑人：傅东华、郑振铎；发行人：徐伯昕（上海福州路三八四号）；发行所：生活书店（上海福州路三八四号）；印刷者：生活印刷所。

境或事件";《左手行礼的兵士》和《伙伴》,"却是偏重地用在描写人物上面";"《欧洲的风》已经相当地克服了这个缺陷,《强与弱》却达到了谐和的地步"。

伍蠡甫的观点,主要体现在《一年来的中国文学界》。该文发表于《文化建设》月刊第二卷第三期①,末署"一九三五,一一,二六,于上海"。其中谈到《南国之夜》的文字如下:

>第二项"对外关系"的小说中,觉得艾芜先生的《南国之夜》(《良友文库》本)值得注意。这一篇以英属缅甸作背景,末了一段:"于是,在这儿奴服苟安的村庄,便一吓子跌入大动乱的漩涡中,爬不起来了。""每一个男子,每一个女人,每一个孩子,就从此伸直了腰干,抬起了头,挣断了一切的锁练。""缅甸一定不再是英国人的缅甸了。""缅甸一定要翻个身了。"诸如此类的还有不少;然而作者自家只顾情热,却不会怎样影响读者,因为他所致力的不过是架空的描写,和浮夸的浪漫主义,字面虽像有力,实在仍是运输着抽象物事,而"每一个"等等更觉得"公性"太强,"个性"太弱,至多也只是鼓吹的文字,不是小说里的文章。又如同书《咆哮的许家屯》一篇尾上:"满洲平原的地雷炸裂了。""许家屯在黑暗中咆哮着。""各处涌着被压迫者怨怒的吼声。"——也同样空洞;我们试想报馆的号外如果得不到前线真消息,便不妨如此落笔,倘若再语体化了,就成这末一个腔调。作者着眼"对外关系"一类题目,可惜太过直接地处理,结果仅仅表现一些观念,而内里缺少激发性的形象,不能打动读者也是意中事了。但从民族主义文学的观点上讲,艾芜先生的动机是很不错的。②

立波的回应,则见于《一九三五年中国文坛的回顾》。该文发表在《读书

---

① 编辑者兼发行者:文化建设月刊社(上海辣斐德路五百号);发行者:各地大书局;印刷者:新民印刷所(上海山海关路宝兴邨)。
② 伍蠡甫:《一年来的中国文学界》,《文化建设》第2卷第3期,1935年12月10日,第66页。

生活》第三卷第五期①，其"三 少量的反帝作品"论及《南国之夜》：

> 中国的主要侵略国，不只是东方的强盗。还有"印度洋边的白人远征队"，《欧洲的风》描写了中国南部边疆，欧洲帝国主义的侵略和劳苦大众的反帝的情景。"土著的野人房屋也渐添上了枪弹击穿的小洞，刀耕火种的旱谷岗上，也留下马蹄践踏的遗痕。"这是给野人带来了灾难的欧洲的风，是应当隔绝的。
>
> 艾芜先生除了《欧洲的风》以外，在今年出版的《南国之夜》的集子里，还有《咆哮的许家屯》和《南国之夜》两篇反帝的作品，都值得高的评价。伍蠡甫先生说他"只顾情热，却不会怎样影响读者"。分明是对于反帝作品的轻蔑，有了"情热"的作品，难道不能够"影响读者"吗？关于这点，以后打算再来详细讨论，现在是停止在这里。②

1939年3月16日，《文艺战线》一卷二号③刊登了周扬的《从民族解放运动中来看新文学的发展》，指出"华北事变以后，文学上开始了一个新的局面。这不单是表现在反帝作品的数量的激增上，而且也表现在这些作品内容的新的特征上"④。这些"新的特征"，首先是"反帝的主题集中于反日的主题"；"另一个特征是爱国主义与国际主义的结合"；"再一个特征，是工农大众的阶级立场与民族立场的一致"⑤。在对第一个特征的分析中，涉及艾芜：

> 自从"九一八"，日本帝国主义暴露了它是中国民族最凶狠的敌人以

---

① 主编兼发行人：李公朴；编辑：柳湜、艾思奇；出版者：读书生活社（上海静安寺路斜桥弄七一号）；总代售：上海杂志公司（四马路三二四号）；印刷者：中国科学公司（上海福煦路六四九号）。

② 立波：《一九三五年中国文坛的回顾》，《读书生活》第3卷第5期，1936年1月10日，总第222—223页。

③ 主编：周扬；编辑委员会：丁玲、成仿吾、艾思奇、沙克夫、沙汀、李伯钊、何其芳、周扬、柯仲平、荒煤、刘白羽、夏衍、陈学昭、卞之琳、周文、冯乃超；出版者：文艺战线社；发行人：夏衍；代售处：各地生活书店；通讯处：延安文化界救亡协会转文艺战线社。"每逢十六日发行"。

④ 周扬：《从民族解放运动中来看新文学的发展》，《文艺战线》第1卷第2期，1939年3月16日，第12页。

⑤ 同上。

后，它就成了全中国人民反对的最主要的目标。这就是反日主题盛行的社会的根源。虽然也产生了一般的反帝的作品，如像艾芜，就描写了英帝国主义的如何蹂躏南国的同胞，在那热带的土地上染下斑斓的血痕；同时由于民族革命新的高潮的刺激，作家创作的视野伸展到了民族解放斗争的过去，一部分作家写了含有反帝意义的历史的作品；但是中心的主题却是反日。①

此外，还有部分篇章尚未引起研究者的关注，现再作移录。

飒飒：《南国之夜》

该文发表于《清华周刊》第四十三卷第四期②的"书报评介"（第83页）。"二十四年六月五日"出版。题下有"艾芜作，良友文库"。《艾芜研究专集·评论文章目录索引》存目（第682页）。

  这是一本只有一百六十余页的小册子；包有六个短篇——《南国之夜》，《咆哮的许家屯》，《左手行礼的军士》，《伙伴》，《强与弱》和《欧洲的风》。夜，南国的夜该是多么的美丽，幽柔可爱，但是这本命名《南国之夜》的小册子里，写着的却是些跳动着的故事，呼吁着的人群。

  除了《咆哮的许家屯》，《强与弱》和《左手行礼的军士》外，其余的三篇都是以缅甸作背景；《南国之夜》是写着英国人的压迫和缅人的反抗。《欧洲的风》是写一队伕子，为了替英人运输军备，在一个只看见钱同洋人的脸的老板，和洋兵们的威吓之下，深夜中，在悬崖绝壁，时刻有抛掉性命可能的山中走着，马夫们终于因为有同伴丧命崖下，再不能忍受老板同英兵的欺骗，和他们燃烧着的愤怒而"叛变"了！《伙伴》是以两个往来于云南缅甸的轿夫为主角，一个是安分的份子，一个却是

---

① 周扬：《从民族解放运动中来看新文学的发展》，《文艺战线》第1卷第2期，1939年3月16日，第12页。

② 编辑者：国立清华大学清华周刊社编辑部；发行者：国立清华大学清华周刊社经理部；印刷者：大学出版社（北平景山大石作）。

在缅甸兵严厉的检查之下,私带些鸦片换白卢布作本钱的嗜赌者。《咆哮的许家屯》,描画着在日人奸淫抢掠,百般压榨之下的许家屯,咆哮着了!《强与弱》是以监狱为背景,这篇东西暴露着监狱中,我们所意想不到的层层黑幕。写着一个懦弱的犯人,备受陵辱①,为了交公司钱(旧犯人之有力者称大亨,常向新到的犯人逼要金钱共同公享,叫作开公司)而卖掉女儿的悲剧,同时又有一个蛮强的角色,两者相映深深的渲染出"强"与"弱"的色彩。《左手行礼的军士》是写一个右手受伤的兵士,祈望着能退伍回家,但终于因家乡为战争所毁,而流为街头行乞的残废者。

作者的笔风是很轻快的,因为太轻快了,倒使读者感不到一点儿压迫,而且作者没有把人物的情绪抓紧,如《咆哮的许家屯》中,"咆哮"着的是一群拿棒子掷菜刀的人们,这是太简单了,这只是"骚动"而不足以说是"咆哮"吧?这更不能说是"炸裂了的关东平原的地雷",在《伙伴》中,作者只写了一个嗜赌的苦力,却忽略了这以血汗和性命换来的钱,要掷在赌场的苦力的心情,而且作者以他受了同伴的感动而誓不再赌为结局,不免减色的很。这几篇东西都是速写,总是因为篇幅太短了,而没有更深刻的,更生动的使故事展开,甚至有的好像大材小用了,这是最令人不满意的。

到处是"强"与"弱","黑暗"与潜伏着的"咆哮"!读了这小册子时,是深深的这样感到。

作者"飒飒",不详。经翻检,其所发表文章有:《杂感几则》,载《明德季刊》1929 年第[二]期;《〈中国的一日〉》(书评),载《清华周刊》第四十五卷第一期(1936 年 11 月 1 日出版);《在山涧里》(散文),载《清华周刊》第四十五卷第二期(1936 年 11 月 8 日出版);《这一日的静斋》(附图),载《清华副刊》第四十五卷第五、六期合刊(1936 年 11 月 11 日);

---

① "陵辱",欺凌侮辱。

《〈伊特勒共和国〉》（书评），载《清华周刊》第四十五卷第三期（1936年11月15日出版）；《苏联五年计划的本质和意义》，"沈志远先生讲，飒飒笔记"，载《清华周刊》第四十五卷第四期（1936年11月22日出版）；《无题》（诗），载《清华周刊》第四十五卷第四期（1936年11月22日出版）；《跋涉：到固安的琐记》（散文），载《清华周刊》第四十五卷第五期（1936年11月29日出版）；《风雪》（讲演小说之一），普式庚原著，飒飒编，载《天风》（*The Christian Weekly*）周刊第二十三期（1945年11月19日出版）。

杜谈：关于艾芜的《强与弱》

该文发表于《新语林》第三期①（第34—35页），"民国二十三年八月五日出版"。

这算不得批评，只是读后感。

在所谓"新人"的作品里边，我喜欢读的，那便是这作者的一些短篇和小品游记了。从他的"处女作"《人生哲学的一课》到最近的《强与弱》，差不多我都读过，以至将来的更多的不知名的新作，假如是能够，我还打算读下去。

这篇，《强与弱》，在它出现的当时我就想写一点意见，但为了别的事一岔，没做到。后来见《动向》上羊枣君同朱荃君关于这篇东西的论战，我虽同羊枣君的意见差不多，但也没有出来打帮捶。又一个后来，听说某女士作了批评，自己的读后感也就不想再写了，等至最近，那批评尚未见发表（想是不发表了吧?），于是写读后感的意识便又抬了头，索性就来这末几句：

不过，难题就随着来了，决不是提笔时想的那末容易；从前同作者不认识，说好说坏都极自由。现在，就有点不同，同作者熟识了，作者，

---

① 该刊为半月刊，每月"五日廿日出版"。主编人：徐懋庸；发行者：光华书局（上海福州路二八一号）；印刷者：太平洋印刷所（上海白克路群寿里）。

也如他的作品那末可爱，有人说他像母亲，我则曰：他像大哥，我们每次见时，他总是谈着他的过去生活，他的创造方法及材料的选择，有时竟是一下午。在这种情景下，说话就有点难：说他的作品好，便有标榜求吹牛的嫌疑，虽然我并不打算封他为一九三四年的代表作家或代表作的企图。硬说它坏，但"货色"是证明，所以困难，困难，第三个又是的。

有人说小说中的阿三与阿牛是代表两个农民的典型，我不敢十分同意，阿三，只要看他那副土头土脑的形容，说他是农民典型，我没有异议，但阿牛，我就不敢十分信他是农民，或者他祖先是的，或者他若干年前是的，作者没有说，我不大敢推测，但在脚上带有双镣的他的今日，我决不敢附和他是"农民典型"。

有人说小说结尾时的那场面太动人了，会使读者无条件的同情"弱"者！本来，"弱"者是应该同情的，试问那个囚徒不是度日如年（大亨也在内），强烈的期待着光明和自由，我不是死刑废止论者，决不那样迷信，上帝会"良心"发现，无条件的释放或宽刑，但我们大声疾呼争取（在人的立场上）犯人不自由的自由是必要的，因为凡是一个有文化的民族纵犯虐待其他犯人的事是应该马上使它绝迹的。所以阿三女人卖子的惨剧是作者用最大的同情心（或者他自己也在内），向一般有良心人们作有力的呼吁！据作者自己说他写到这里是流着泪完篇的，我想也只有一般形式主义的洋八股批评家才会抹杀人类真的悲哀的真实性，及它的可能性。

以上是作为暴露的作品来说的。

显然地，这小说并不是什么新写实主义的作品，同时就作者的其他作品来说，也都不是新写实主义的，但他的形式和内容的多样的尝试，却是值得注意的。同时他的作品和另一小说家沙汀君是不同的，沙汀君的小说只注意到故事的进展，却忽略了他作品中人物的个性，艾芜君，这种毛病是没有的。

我还要说，自然主义的手法作为暴露社会的制度及它的某一部分是绰绰有余，但它的坏处是单调，有时会把活泼的材料弄成呆板的映像，这我拿一个读者的资格向《强与弱》的作者要求（真诚的，苛刻的）望他能够将他旧的写实主义的手法摆脱，向新写实主义走去！

作者杜谈（1911—1986），河南内乡人。原名杜兴顺，别名杜英夫，笔名窦隐夫、隐夫、白特、朱彭。1983年7月14日，艾芜作《记诗人杜谈》[1]，忆及两人在上海的相处。范泉《记艾芜——一个苦了一辈子、写了一辈子的作家》也说：1933年，"经诗人杜谈介绍"，艾芜"与左联盟员、中国诗歌会会员、女诗人王蕾嘉认识。她原名王显葵，湖南宁远人，国立上海商学院毕业。他们在1934年8月结为连理"[2]。

文中提到羊枣与朱荃在《动向》上针对这篇小说发起的论战。羊枣即杨潮，民国时期的新闻巨子。《动向》，当指《中国日报》的副刊"动向"。另有《动向》为综合性月刊。据《百年中文文学期刊图典》（上），该刊创始于民国二十八年（一九三九）七月二十五日。张瑞清编辑，出版地上海。同年十月终刊，共出四期。创刊号有《卷头语》云："世界上只有一件事情是不变的，那就是变化。举凡人类社会的一切事物：政治，经济，学术，思想，无一不在永恒的变动中，蜕化中……我们今后的努力，就是要应用着唯物辩证论的方法，试指出当今世界一切社会现象变化的动向。"[3] 两人论战的具体内容，因资料所限，暂不可知。

耶夫：艾芜创作评介——《南国之夜》里的四篇小说

该文发表于《东亚联盟》第二卷第六期（第81—85页），"中华民国三十年十二月一日出版"[4]。据丁守和、马勇、左玉河、刘丽主编的《抗战时期

---

[1] 该文发表于《新文学史料》1983年第4期，后收入《艾芜全集》第13卷的"回忆与悼念"。
[2] 范泉：《记艾芜——一个苦了一辈子、写了一辈子的作家》，《新文学史料》1995年第4期，第18页。
[3] 陈建功主编：《百年中文文学期刊图典》（上），文化艺术出版社2009年版，第75页。
[4] 其内封作"一日"，版权页却作"十日"，又云"每月十日出版"。

期刊介绍》,《东亚联盟》共有三种:其一,"(1941.7—1942.1)/袁殊总编辑,(南京)东亚联盟中国总会宣传委员会出版;政治刊物/总1:1—2:1";其二,"(1940.6—1945.1)/中国东亚联盟协会编;综合性社科刊物/总Z1:1—8:6";其三,"(1940.11;1941.1—1944.12)/(广东广州)中华东亚联盟协会该刊出版社编;时事政治刊物/总创刊号;1:1—4:12"①。不过,据此期出版信息,该刊编辑兼发行处:东亚联盟月刊社(北京西城区北魏胡同二十一号);印刷者:慈成印刷工厂(北京宣外上斜街西口路南)。其编辑宗旨:"一、本刊为谋中国民族之复兴,对内主张建树革新体制,对外确认民族独立之立场。二、本刊主张东亚联盟运动应形成为国民运动,其运动目标有四,即:政治独立,军事同盟,经济提携,文化沟通。三、本刊赞成王道理想,而主张研究其实现方策,以期达到世界和平之确立。""耶夫"其人,亦不详。

艾芜是这些年来很努力的一个作家,在战前写过不少以南洋一带作背景的故事,给读者介绍了许多生动的事实,同时也使我们明白了好些生活的情形。他那严肃的写作态度,他那进步的速度,都是我们所应当注意的。读过他的集子,或是他任何一篇作品的人,对于他写作的态度,恐怕都会称赞的。在这个作家的作品里,哪些成分是应当学取的,哪些成分是有毒害的,对于我们,想都是很有趣味的问题。现在,把所读到他在《南国之夜》集子里面的小说,做一个简单的评介。但这都已经是好些年前的作品了。不知道他近来可曾又有什么新的作品问世?

一:咆哮的许家屯

艾芜的小说中最使读者感动的是《咆哮的许家屯》。主题是写在外力的压迫下,所引起的人民情绪。由这里,可以知道作者抓取了怎样有意义的题材。

---

① 丁守和、马勇、左玉河、刘丽主编:《抗战时期期刊介绍》,社会科学文献出版社2009年版,第193页。

若单只是抓取了这样的题材,也并不一定就能写得怎样感动读者,这篇作品所以有这样大的感动力量,也由于作者的有力的创作方法。

在第二节里,作者抓住了一般流氓的几个最普遍的特征,所以虽然只是很简单的几段文字,却把一个流氓活现的描绘出来;我们读过这篇作品后,脑中留下的"马老么"这个流氓的影子,就和我们读过《阿Q正传》时候所留下的阿Q的影子那样清晰。用一个术语来说,就是作者写出了"典型的"人物,而且写了"典型的"性格。

技巧方面的又一优点,是事物的"形象化"。在第三节里,作者写对外旗子的侮辱,狗的残害……一些事件,都是非常具体的。所以用来表现市面由"有生气"转为"荒凉"的关键,就异常生动,叫人觉得就活像是在眼前。一般青年的文学者在表现什么的场合往往流于概念化的说教,对于艾芜的这些地方,是应该加以注意的。

此外,在第六节中,写争斗开始的时候,两个市民的老板出来阻止,也增加了作品的现实性不少。因为任何事情决不是单纯的,总有些错综复杂的关系。写出了这错综复杂的各面,作品才能活跃动人。这篇小说最大的优点是任何部份的描写或叙述,都是有用处的。如第一第二两节所写的都是民众心理的恐怖,第五节写蔡屠户的惨酷遭遇和周铁匠家里的谈话,都是为了加重民众的情绪的。至于其它,与主题有密切的关系,更是极其明显的事。

这篇小说虽有着以上各种优点,但同时它也自有其缺点存在。

最大的缺点,是对题材把握的错误。作者所写的几个"英雄",大多只是一般的人民。所以写得非常模糊,我们所看到的,只是概念化的几个木偶,不是活生生的血肉人物。所以,这些人物的行动,也写得那样偶然,那样牵强,以至使人简直不能相信会真有这样的事情。很明显的,这是由于作者对于这样的事件,缺乏实际体验的原故。

作者笔下的马老么这个流氓,确是写得成功了。至于别的几个人物,尤其是铁匠伙计,我们都不能不说是几个浮雕。第七节里写争斗的扩大,所以写得那么无力，甚至有点像读《七侠五义》，也正是由于这种原因。

二：南国之夜

和《咆哮的许家屯》主题相像，而浪漫主义成分比较浓重的，是《南国之夜》这一篇。《南国之夜》的主题，是写英国人对缅甸人民的待遇不平，所引起的结果。这个主题本身原很有意义，只是因为作者的认识和观念都过于模糊，仅一味的夸张，以致完全失去了真实性，成了一个夸大的谎话，没有了感染人的力量。

我们且看这个故事的原委：一个醉酒的大块头英国人，想在夜中找一个缅甸女儿来寻乐，错寻了个睡在树下的老头儿来侮辱了一顿，在抗拒下，老头儿被枪杀了。于是老头儿的正在寻乐的女儿，从树林里跑出来痛哭起来，一群寻乐的青年，聚拢来打了那大块（头）一顿。这时候，作者写着"发泄了数十年来积下的怨气"。

这是件极荒唐的事。毒打了一个英国人一顿，就算是发泄了数十年来积下的怨气？那英国的大块头，是个什么样的人物呢？商人还是水兵？流浪汉还是小公务员？而这场争斗是由于这样一个浪漫的事件，而发动的人物又是一群月夜里在树林中伴着年轻女儿们寻乐的青年人，更是荒唐得很。

倘若作者能在争斗发生以后，从"质"的方面很适当的把它转变过来，也未尝不可。但是事实并不如此。作者没有作到这一步。要想这样作，有两点是应该注意的：第一点是预先安排下一般人对于那个大块头的厌恶和痛恨，以后写争斗的转变才不突兀。第二点是抓住事象的现实性，使它发展开来。但这两点，作者都没有做到。而所有的一点——像第二节里和第三节的故事——却又很生硬，只要和上下文对照看起来，就可以看出像是硬填进去的，而不是自然发展的。至于那场争斗始终是不明显的进行着。然而作者却写着："每一个男子，每一个女人，每一个孩子，就从此伸直了腰干，抬起了头"，"缅甸一定要翻个身了"。好像那场争斗，打了那个大块头一顿，就是民族革命的样子。这是多么荒唐啊！

至于文字方面，作者力求华丽，致丧失了朴实的美。如"年岁是苦恼的"，"坚实的农民的胸中，燃起了希望的火了。江水也不能冲没的，海涛也不能打熄的"。这样的句子，很像是牧歌的诗的句子。但是，用在表现争斗的场面上，却不很合宜，因为它们表现不出力量来。从这里，也可以证明文艺的形式是应该由内容来决定；然后，二者才能有统一的美。

不过，若说这篇小说完全没有价值也是不对的，它也自有它底优点。那就是充满着热情，这情感洋溢在每一段每一节里，尤其是结尾的地方。它很生动的打击着每一个读者的心。在写实主义的作品里，渗进进步的浪漫主义的成分，渗进向前的热情，这篇作品倒是一个很好的例证。

三：欧洲的风

《欧洲的风》是很可注意的一篇短篇小说。写的是"走洋脚"的人们的艰苦生活，和为生存而发生的争斗。

关于这篇小说，首先要注意的就是这个故事的意义。在这里所写的故事，于不知不觉之间就会使读者愤怒，同情。尤其是写出了那要钱不要命的龙虎扳来，说明了他的利害关系，是极深刻的认识。

其次，应该注意的是，写一般人民反抗意识由模糊而明显，也非常自然。最初是老板为了高价的报酬，催促那些已经疲倦了的脚夫们，不准他们停止。天黑了下来，已经看不见山路了，因为怕耽误了征服山中原始人民的事情，仍不准他们休息，并用枪声来恫吓；于是咒骂的怨声从整个的队伍中传开去。直到有人滚下山底去了，才准他们歇了下来。夜间却又装作野人兵骗他们出发。第二天，他们还不得休息，又发觉了昨夜的骗局，这教他们再也不能够忍受，于是冲突爆发了。作者真真实实的把故事一层比一层深刻，一般比一般紧张的发展下去，最后写出了一个必然的结果来。这是一件不容易的事情。因为这是要靠亲身的经验和深刻的观察的。若只是流于概念化，便难于生动了。《欧洲的风》能够脱出这白巢①，把冲突的发展写得这样自然，确是很难得的。

第三，应当注意的是，风景描写和主题相溶合。风景描写搀比②作品中，原是很普通的手法。但是，一般的都很难写得好，多半只能使作品底情节起一点变幻，很少能够加重主题的力量的。《欧洲的风》里的风景描写，与主题的发展调协着，造成一个主题发展的环境，增加作品故事的真实成分。使对风景的描写和主题相溶合，这是可以注意和学习的一点。

第四，应该注意的，是《欧洲的风》的文字修饰得很美丽，有些地方使人起一些闲适的感觉。但这对于故事的情绪却不能助长，反而减削了一些。写一个热情的故事，是需要简捷明快的文字，与紧张的情节，结构，因为这样的笔法才能够提高读者的情绪。《欧洲的风》里文字过于雕琢，就破坏了紧张的情绪的统一美。

有一段话，说这些地方，连地图上也只画了根虚线，没有确定是中国的或缅甸的；可是"欧洲人"却要去占领，深入原始的山林，即使自夸有轮船火车的欧洲人，也一时毫没有办法，终于还得求助于中国人驼货的马队。虽然这段话的用意是在解释"走洋脚"这个名词的产生，但是，以作者的身分③和口气突地跳出来解释的方式，却多少有害于作品的感染力，因为这太抽象，太概念化了。作者半路上跳出来说话的笔法，在严整的作品中，我们是不希望它出现的。

其它，《欧洲的风》这篇小说故事紧张生动，题材新鲜，地方色彩鲜明，以及描绘人物成熟，也都是它的特点。

四：强与弱

《强与弱》的故事，是写一个老实的乡下人（阿三），因为一件冤屈的事情，被关到了监狱里去，在狱里备受了同居的强狠囚犯的种种虐待。

---

① "巢"，"窠"之误。
② "搀比"，原文如此。
③ "身分"，今作"身份"。

可是，同他一起到监狱里去的一个强梁人（阿牛），作了许多犯规的事情，而受到的待遇却比那老实的乡下人好得多。

从这简短的叙述里，也就可以知道《强与弱》的主题，是在表现弱者在黑暗的监狱里所过的非人的生活；同时也揭开了一层幕，使读者见到那森严的法网下，一些执法的人所作的违法的事。

首先，我们要给这主题一个估价。这篇小说没有给我们什么积极的启示，但是在消极方面却暴露了监狱里的黑暗，证明了法律也不见得是完全公平的。所以，《强与弱》虽然没有抓住社会上的主要题材，但是它本身的意义，也是不容否认的。

说到这里，使我们不能不惊喜的是作者非常真实的写出了狱中囚犯的生活。作者观察到了囚犯以所受的刑罚重为荣辛①的事，这篇真是窥到了一些虚荣的犯人心底里去。写"放风"时的情形，更非常逼真。又如强梁的囚犯对新来的囚犯"开公司"（要钱给强者共同享受），这在一般读者看来，是会觉得像读侠义小说里的贼窟一样神奇。作者在这方面却写得很自然，能使读的时候不会觉得是虚构。这里，作者的描述手法，是多么圆熟啊。

两三个主要的人物，是写得很生动的：阿三的卑谦奉迎，向"大亨"和他的爪牙买好，讨他们的欢心，会使读者从心里挤出酸泪来。尹大老板的强梁霸道，会使读者紧紧的咬起牙齿来。尹大老板的爪牙李兴的仗势欺人，和阿牛的妄自尊大，对别人逞能，也都使得读者鄙夷和腻烦。作者把这些人物都各描出了他们的性格来，加上其他对环境的描写，就像一部显明的影片在读者的眼前映过。

倘若作者只是纯客观的写出狱中弱者所身受的痛苦，而不加进他自己的感情进去，那对于读者的感动力也是有限度的。现在，作者赋与阿三无限的同情，写出他因为受强者的勒索，他的老婆不得不卖掉自己心爱的儿子，来供给丈夫使用。这里，作者是太残酷了，他的这一段描写，

---

① "辛"，"幸"之误。

简直敲碎了阿三的心,敲碎了阿三老婆的心,也敲碎了所有的读者的心。然而,这残酷是应当感谢的,是应当歌颂的,因为它把作者自己的悲哀与愤怒,转变成阿三同他的老婆的悲哀与愤怒了。这一段是这篇小说的最高峰,作者的热情流露得最多的地方,也是感动人的场面。

作者写到最末尾,阿三的心痛着,几次想把所受的痛苦,伴着泉涌的眼泪发泄出来,但是有李兴和阿牛两个恶鬼跟随着他,他感到了自己日后生活的危险,他终于又连苦痛带眼泪一起咽到吐①里去。妻子拿出了三十块钱来,并且叫两个孩子喊爸爸,阿三忽然反而难过起来,因为他知道自己是穷人,这三十块钱一定是另外的灾难换来的,问起他的大孩子来,他老婆立刻痛苦的底②下头去,泪滴下来。而他的暴怒也就发做③了,简直发了狂。

这种以激动人心的情感结尾的小说,《强与弱》是很成功的一篇。

艾芜短篇小说集《爱》及其广告一则——附说"大地文丛"

一 关于《爱》与《黄昏》

《爱》是艾芜的短篇小说集。其发行者:顾轶伦,发行所:大地图书公司(桂林中北路西一里二号),"民国三十二年五月初版","实价国币十七元"。收文二十篇:《突围后》(一九四一,十二,三〇)、《轭下》《黄昏》《亭》《疏散中》《猎》《挟阄》《河边》《爱》《收容所内》(一九三七年八月于上海)、《马路上》(一九三七年九月于上海)、《医院中》(一九三七年九月于上

---

① "吐","肚"之误。
② "底","低"之误。
③ "发做",宜作"发作"。

海);《意大利的飞机师》《伙铺》《旅途上——由湘省宁远赴永州道中》(一九四一年)、《凉亭》《车夫——北国素描之一》(一九三六年二月,济南)、《渔夫:北国素描之二》(一九三六年六月青岛)、《悭吝人——边地人物小纪》(一九三六年十月上海)、《幼年时候的逃难》(一九三五年,上海)。正文加《编后记》,计174页。现将其《编后记》录于后:

  这个集子里面,一共收了二十篇文章。前十二篇是从《黄昏》那本书内取来的,经作者加以一番增订,把不妥洽的地方,印错的字句,都一一改过了。后面的文章,则是从报章杂志上搜集来的,而且其中的几篇,先前在上海《申报·文艺周刊》发表的时候,完全是用别的笔名,现在请友人在广西省立图书馆内抄出,算是物归原主了。

  《黄昏》的板权①,已从文献出版社收回来了,本可定名为"黄昏增订本"的,但因大地图书公司负责人,要求另换一个书名,以便再为出版。好在先前"黄昏"的名字,是随便拿集子中的一篇文章《黄昏》取名的,换一换也未尝不可。如今也不格外想名字了,只再依照原例,把集中一篇的名字的"爱"的②作为这本新编集子的名字,同时,一并在此申明,先前用《黄昏》与乎现在用《爱》,都不是因为这两篇文章特别好,可以作代表,而只是我欢喜它们的名字吧了。

一九四三年一月二十二日桂林

由此可以得知,《爱》实际上应是《黄昏》的增订本。那么,且再看看《黄昏》的出版:

《黄昏》,"中华民国三十一年五月初版","每册定价国币三元"。发行人:夏雪清;发行者:文献出版社(桂林府前街十四号);经售处:各大书店;印刷者:中国[科]学公司。收录:《突围后》《轭下》《黄昏》《亭》《疏散中》《猎》《挟阄》《河边》《爱》《收容所内》《马路上》《医院中》。

---

① "板权",应为"版权。"
② "的"或系衍字。

正文共计124页。此为"文艺生活丛书"第三种，司马文森主编。

同样使人惊讶的是：《艾芜全集》第7卷"短篇小说"，将两书合题为"爱·黄昏"，但所录者，仅有十一篇，分别是：《突围后》《轭下》《黄昏》《疏散中》《猎》《挟阉》《爱》《马路上》《车夫》《渔夫》《北国速写》。与《爱》相较，"全集"失收者，竟达十篇之多。此外，尚有如下疑问：

一是《北国速写》原未入集，"全集"恐系编者临时起意，随性所加，并在文后注明"选自一九三五年三月二十日《太白》第二卷第一期①"。《北国速写》属于文学上的速写，纪实性较强，而《爱》则是短篇小说集，两者在性质上并非同一类型。

二是《黄昏》之后，"全集"补充了写作的时间与地点："一九四一年桂林"。今查，《黄昏》发表于《中学生：战时月刊》第五十期②（第76—79、87页），"民国三十年十一月五日出版"。《黄昏》发表时未署时间地点，"全集"所注，虽大体相当，但不知其所本何自。

三是《车夫》与《渔夫》的写作时间均改作"一九三五年"，与原书不符。

另外，《爱》之《编后记》也被径直删去，且未归入第十三卷的"序跋"内，幸而《艾芜研究专集·艾芜的生平和创作》有收录。

二 "大地文丛"及其广告语

《爱》的封底，有"大地文丛"的书目，包括：张天翼《未结集》（文艺论文集）、艾芜《爱》（创作短篇小说集）、王西彦《海底呼啸》（创作短篇小说集）、易巩《杉寮村》（创作中篇小说）、吴天《四姊妹》（创作四幕剧），

---

① 编辑人：陈望道（上海拉都路二八六弄五九号）；发行人：徐伯昕（上海福州路三八四号）；发行所：生活书店；印刷所：生活印刷所。

② 社长：叶圣陶；编辑委员（以姓氏笔画多寡为序，原文系繁体）：王鲁彦、宋云彬、胡愈之、唐锡光、张梓生、傅彬然、贾祖璋、丰子恺；出版者：中学生杂志社（桂林环湖北路十七号）；代负发行责任：陆联棠；发行所：开明书店（桂林：环湖北路十七号，成都：陕西街一三八号，重庆：保安路一三二号，昆明：武成路二二五号，贵阳：独狮子三十三号，衡阳：五桂芳陕西巷，金华：文昌巷十五号，曲江：河西二段二四号）。"每月五（日）出版，全年十二期。"

共五种。

"文丛"自出版伊始，便广而告之。据目前所知，有两种刊物曾刊登过它的广告。一是《文学批评》。第二号（"民国三十二年三月一日出版"）的封底，曾推出"大地文从①"的三部作品：《爱》《海底呼啸》《杉寮村》。其中《爱》的广告语为：

——……在苦难的世界上，在这日本帝国主义者迫害的天空下面，无论如何是要生活下去的。而其，无疑地能够生活下去的，因为她们有着人世间最雄大的资本，那便是爱！……——

爱 艾芜著 短篇小说 定价十元

"在苦难的世界上，在这日本帝国主义者迫害的天空下面"，作者辛劳的步子，个个嵌落在这片广漠呐喊地痉挛地大地，在烽烟的"突围后"；在挣扎的"辄下"，在孤寞悲凉的"黄昏"，"马路上"，在轰炸摧残的"疏散中"，"旅途上"，"河边"；在呼吸着悲苦与热爱空气的"伙铺"，"收容所内"，"医院中"，"凉亭"里……沉重的行脚，深沉的抒情，寄予着你，我，大家的，烙印的爱；寄予着对"车夫"，对"渔夫"，对"意大利飞机师"，对"悭吝人"……以及对生与死底搏斗在生活线上的人们的控诉与歌赞……这里：有着你，我，大家底憎；你，我，大家底爱！

作者说：

——劳作是可赞美的，它把生活显得热爱，同时更把人的存在显得充实。

好，让我们好好儿地坚定地生活下去罢，让我们深深地来体味，来学养，来认认，来领悟："人世间最雄人的资本，那便是爱！"

《文学批评》创刊于"民国三十一年九月一日"。同年5月，文学批评社

---

① "从"，"丛"之误。

曾拟定《文学批评月刊征稿简约》（见创刊号卷末），第一条即宣告："本刊为文学理论杂志。性质是研究的，介绍的，批判的，参考的。凡对当前创作的检讨，基本理论的介绍，写作技巧的研究，作家与作品的品评，以及其他文学上的论著或评述，均欢迎赐稿。"最后说明："来稿请挂号寄至桂林中北路一一九号之二十大地图书公司转《文学批评》。"第二号出版之后，即终刊。

该刊编辑人为王郁天。关于此人，1983年9月21日，艾芜在《〈山野〉再印后记》中有过追忆："一九四七年夏天，我把家留在重庆，只身到了上海，没法租到住处，便到浦东那面的南汇县鲁家汇去住。这是在桂林认识的王郁天同志，帮我找到的地方。他是南汇县人，正在鲁家汇大江中学任校长，何家槐也在那里任教员。王郁天找他认识的熟人，让了楼上半间屋子给我。"①

二是《文学杂志》。其创刊号（民国"三十二年七月一日出版"）的封底，亦有"大地文丛"的广告，包括了全部五种。吴俊、李今、刘晓丽、王彬彬主编的《中国现代文学期刊目录新编》认为："刊物1、2期封底均有《大地文丛》的广告"②，但检第二期，未见有此广告（该书同页还将《杉寮村》错作《衫寮村》）。其中《爱》的广告语为：

爱 艾芜著 短篇小说 定价十七元

"在苦难的世界上，在这日本帝国主义者迫害的天空下面"，作者辛劳的步子，个个嵌落在这片广漠呐喊地痉挛地大地，在烽烟的"突围后"；在挣扎的"轭下"，在孤寞悲凉的"黄昏"、"马路上"，在轰炸摧残的"疏散中"、"旅途上"、"河边"；在呼吸着悲苦与热爱空气的"伙铺"、"收容所内"、"医院中"、"凉亭"里……沉重的行脚，深沉的抒情，寄予着你、我、大家的，烙印的仇恨，烙印的爱；寄予着对"车夫"，对"渔夫"，对"意大利飞机师"，对"悭吝人"……以及对生与死底搏斗在生活线上的人们的控诉与歌赞……这里：有着你、我、大家

---

① 艾芜：《艾芜全集》第2卷，四川文艺出版社、成都时代出版社2014年版，第227—228页
② 吴俊、李今、刘晓丽、王彬彬主编：《中国现代文学期刊目录新编》下册，上海人民出版社2010年版，第2052页。

底憎；你、我、大家底爱！

作者说：

——劳作是可赞美的，它把生活显得热爱，同时更把人的存在显得充实。

好，让我们好好儿地坚定地生活下去罢，让我们深深地来体味，来修养，来认识，来领悟："人世间最雄大的资本，那便是爱！"

引文中的着重号系笔者所加，以凸显二者文字上的差异。相较而言，《文学批评》的失误更多。《文学杂志》为孙陵编辑，代负发行责者：顾轶伦，发行所：大地图书公司（桂林桂西路八十九号），印刷者：青年印刷所（桂林交通路二十四号）。民国"三十二年十一月五日"终刊，共出两期。

这些广告语，实则是些精短而佳妙的书评文字。现综合两刊，将其余四部的广告语补足如下：

海底呼啸 王西彦著 短篇小说 定价二十五元[①]

本书包括悬崖，或人手记，遭遇，涡河的黄昏，山村，希腊主义者，炉烬，手[②]持稻穗的人，沼池，海底呼啸等十个短篇，都是作者在抗战时期的力作。作者在题记里说："我有的只是一颗诚实的心，在我的笔下没有那些可羡慕的天仙一样的人物。……但是对于自己作品里的人物，纵然是不足道，我还是具有着深厚的爱。"可以说，这本书是用作者的真挚的热爱凝结成的艺术之果。

杉寮村 易巩著 中篇小说 定价十二元

抗战以来，如果我们感觉到长篇和中篇的创作小说诞生得太少了的话，如果我们又感觉到比较结实的文学作品更是稀少的话，那么这部易巩先生的中篇小说《杉寮村》，是值得我们重视的一部。

---

① 《文学批评》作十五元。
② 《文学杂志》作"主"，有误。

这里不但告诉了我们生活在韩江河岸的人民是怎样纯朴、克苦①、斗争,怀着冒险挣扎想望的生活过来的,而且描绘出这里的人民的习养、风貌、黎明的憧憬和信心,有山谷、村落、激流、旷野里的人民对生命的歌颂,有静静的韩江埋②藏着起伏万丈的浪波,浪波,可歌可泣,有血有肉的浪波。

如果我们认为《伙伴们》是部珍贵的长篇创作,那么这部中篇创作的《杉③寮村》,是不可不读的佳作。

四姊妹 吴天著

本剧系吴天先生新作,以沦陷后的孤岛——上海为背景,以一个读书人家的父母子女们做要角,描绘整个孤岛在敌寇的蹂躏之下我们的无数的同胞茹苦含辛,度日如年,等待国军胜利的情形。全剧分四幕写成,剧情紧张,表演着力,诚为不可多得之佳作。现已付印,不日出版。

未结集 张天翼著

张天翼先生是当代中国著名的小说家,同时也是一个特出的文艺评论家,其近著论阿Q正传、谈儒林外史、贾宝玉的出家、谈人物描写等篇,因其体裁的别致,见闻的深刻,在中国文坛下不免激起了巨大的影响,而来成为"小说的论文"的示范了,这,对于"看理论书总感头痛"的读者应该是无上的宝物。本书即集上述诸篇及论哈孟雷特、且听下回分解及其他等文而编成,可以说是一本奇书,爱好文艺读者,不可不读,本书已付印,不日出版。

以上四书,其中《杉寮村》由桂林大地图书公司1943年4月出版,其目次为:前景|杉寮村|后记(1940年8月1日)。《海底呼啸》出版于1943年5月,有《题记》作于1942年6月28日。《四姊妹》虽有出版,但据萧凌、邵华编《中国现代文学总书目·戏剧卷》,却是"方君逸著。上海光明书

---

① "克苦",今作"刻苦"。
② 《文学杂志》作"理",有误。
③ 《文学批评》与《文学杂志》此处均作"衫",有误。

局1943年3月初版。五幕剧"①。再检周勇、王志昆主编的《中国抗战大后方历史文献联合目录》，吴天《四姊妹》与张天翼《未结集》均不见录，是则此两书最终恐未能面世。

不过，今之读者，对于易巩、吴天二人，似乎了解不多。现略作介绍。

易巩（1915—2001），原名梁植涛。字溢功。曾用名梁韵松、梁亦拱。笔名有韵松、虞弓等。广东南海人。20世纪30年代初，参加广州作者俱乐部。后加入欧阳山创办的"广州文艺社"及其秘密组织的"广州普罗作家同盟"（1933年扩展为"中国左联广州分盟"）。抗战爆发后，积极从事抗日救亡创作和宣传活动，出版长篇小说《伙伴们》（和于逢合著）、中篇小说《杉寮村》、短篇小说集《少年夫妇》。抗战胜利后，参加港粤文协会，主编《文艺世纪》月刊。中华人民共和国成立后，曾任华南人民文艺学院文学部教授、《华南文艺》编辑，《作品》执行副主编、主编，中国作协广东分会理事、《岭南新秀十二人集》主编、《越秀丛书》主编等职。著有中篇小说《在风雪到来之前》等。

吴天（1912—1989），江苏扬州人。原名洪为济，曾用名洪为忌（或作"违忌"）、洪吴天等，笔名洪叶、叶尼、一舟、马蒙等。1931年在上海美专领导学生运动，参加自由大同盟、中国左翼戏剧家联盟，1933年在南京左翼剧联工作，1935年赴日本参加东流社，后到马来西亚从事抗日救亡与戏剧工作，1946年任上海戏剧学校教务主任。1949年后，历任北京、长春及珠江电影制片厂编剧、导演，广东省文联、中国作家协会广东分会专业作家。著有长篇小说《丝场泪》，散文集《怀祖国》，剧本《洪水》《孤岛三重奏》《海恋》，电影文学剧本《喜迎春》《国庆十点钟》《换了人间》，译著剧本《马门教授》等。至于上文中的《四姊妹》，李江主编的《桂林文化城戏剧研究》一书的附录"桂林文化城主要剧作家在桂剧作目录"，有如下描述："吴天：《四姊妹》（四幕剧），刊于1943年7月1日桂林版《文学杂志》创刊号。"②

---

① 萧凌、邵华编：《中国现代文学总书目·戏剧卷》，知识产权出版社2010年版，第86页。
② 李江主编：《桂林文化城戏剧研究》，中国社会科学出版社2008年版，第335页。

但此说并不完全准确,所谓"四幕剧",实际见刊者,仅有两幕。其中,第一幕发表于《文学杂志》创刊号(第62—80页),第二幕则发表于该刊第二期(第42—49页)。

艾芜短篇小说集《秋收》与陈白尘三幕剧《秋收》

抗战时期,艾芜曾创作小说《秋收》,反映军民合作问题。后收入短篇小说集《秋收》。以此为蓝本,陈白尘又将之改编为三幕剧《秋收》。现逐一分说。

一 艾芜短篇小说集《秋收》

短篇小说集《秋收》,据《艾芜研究专集·艾芜著作系年(1931—1983)》:"重庆读书出版社,1942年7月初版;桂林新光书店,1943年2版;上海读书出版社,1944年5月初版,1949年2版,收入:《回家后》《自卫》《春天的原野》《受难者》《秋收》《纺车复活的时候》《尚德忠》《苦闷》共八篇。"[①] 但据初版本版权页,其编辑者:文学月报社;发行者:读书出版社(重庆民生路一八八号);特价□代售:新光书店(桂林中北路九十一号)。"一九四二年〔四〕月初版"。"四月"之"四",已经有些模糊,或有误。是年七月,二版。桂版至"一九四三年八月",已三版。其发行者:新光书店;发行所:桂林太平路二十二号。沪版至"民国三十五年四月",已四版。其发行者:读书出版社(上海吴江路七十一号,重庆民生路七十三号);分发行处:联营书店(重庆,成都,汉口)。《艾芜全集》第八卷"短篇小说"收录时,除将《自卫》改题为《两个逃兵》外,其余无异。

《秋收》收入"文学月报丛书"。渝版仅标"文学月报丛书";桂版在"文学月报丛书"的顶端,有"2"的标号;沪版则署"文学月报丛书之二"。

---

① 毛文、黄莉如编:《艾芜研究专集》,四川文艺出版社1986年版,第615页。

关于"文学月报丛书",徐瑞岳、徐荣街主编的《中国现代文学辞典》有词条:

  1941年9月至1946年4月重庆读书出版社等出版,重庆文学月报社编辑。该丛书包括创作、翻译小说多种,其中有:奥斯特洛夫斯基的《从暴风雨里所诞生的》(王语今译),克雷莫夫的《油船"德宾特"号》(曹靖华译),契诃夫的《草原》(彭慧译)以及艾芜的《秋收》等。①

其中《草原》,读书出版社"一九四二年七月初版(桂),一九四二年十月一②再版(沪)"。至民国"三六年五月",又有再版。该版发行者:读书出版社;总经售:各地光华书店。《油船"德宾特"号》,民国"三十年九月初版,三十六年四月四版",其发行人:黄洛峰;发行者:读书出版社(上海四川北路北仁智里一五五号,重庆民生路七三号);分发行所:重庆三联书店,各地联营书店。另有读书出版社出版、光华书店发行的版本:"一九四二年重庆出版,一九四六年大连出版,一九四八年哈尔滨印造。"《从暴风雨里所诞生的》,1942年桂林新光书店出版③,1943年1月重庆读书出版社再版。据新光版《秋收》封底的"新光书店简明书目",还有"海燕:高尔基著·易嘉译·初版",似也当属于"文学月报丛书"。

现就《秋收》所收八篇小说的发表及有关评价④略作考述。

《回家后》,"一九三九,三,二十四日"作于桂林。先后发表于:(一)《文艺阵地》第三卷第四号(茅盾主编,总第923—927页),"民国二十八年六月一日出版";(二)福建永安《改进》半月刊第一卷第九、十期合刊(黎烈文主编,总第435—439页),"民国二十八年八月十六日出版",文后注明"(文艺阵地)";(三)上海《摩登》半月刊创刊号(第47—51页,附图),

---

① 徐瑞岳、徐荣街主编:《中国现代文学辞典》,中国矿业大学出版社1988年版,第1149页。
② "一",似衍字。
③ 重庆图书馆存已,具体月份不详。《民国时期总书目·外国文学》未录此版本。
④ 在"新时期"对短篇小说集《秋收》进行总体性评价者,值得特别关注的是尹鸿禄《谈艾芜抗战时期的短篇小说集〈秋收〉》,该文发表于《抗战文艺研究》1984年第4期。

"中华民国二十八年九月十日出版"。后收入《创作小说选》（桂林文化供应社1942年6月初版，第118—138页。具体见关于《翻译小说选》一文的介绍）。作为单篇，《艾芜研究专集·艾芜著作系年（1931—1983）》失系。

《自卫》，发表时题名《两个逃兵》，分两期连载，即：《中学生：战时半月刊》复刊号（第19—20页），"民国二十八年五月五日出版"；《中学生：战时半月刊》第二期（第12—16页），"五月二十日出版"。末署"一九三九，四月，十二日桂林"。

《春天的原野》，发表于《文艺阵地》第三卷第二号（总第857—862页），"民国二十八年五月一日出版"。发表时未署时间、地点。结集出版时，末署"一九三九年，四月，桂林"。该期《编后记》云："为了抗战高于一切的任务，我们的文艺的园地里，必然地是充满着战争的烽烟，和浓烈的血和泥土的气息"，"艾芜先生的《春天的原野》把游击英雄的壮丽的面影，美化了这个血腥的大地，同样是这期中的巨大的收获"[1]。

《受难者》，发表于《文艺阵地》第三卷第六号（总第990—996页），"民国二十八年七月一日出版"，末署"一九三九，四月，十三日桂林"。后又刊于《摩登半月刊》[2] 第一卷第三期"西南现况特辑"（第50—56页），"中华民国廿八年十月十日出版"。《艾芜研究专集·艾芜著作系年（1931—1983）》中另有《〈受难者〉编后题记》，载1940年5月9日《国民公报·文群》一五七期，因资料所限，未能亲见，不知二者有无关系？

《秋收》，发表于《抗战文艺》[3] 第六卷第一期（第5—14页），"民国二十九年三月三十日出版"。末署"一九三九，十二月于八日桂林"，其排印有误，当作"一九三九，十二月八日于桂林"。结集出版时，无时间地点。"全集"也未作标注。不过，"全集"所收《秋收》，较之初刊时的文本，已有很

---

[1] 《编后记》，《文艺阵地》第3卷第2期，1939年5月1日，总第880页。
[2] 该刊"六期一卷，全年四卷"，主编者兼发行者：摩登半月刊社；总经售：五洲书报社（上海山东路）。
[3] 编辑兼发行人：中华全国文艺界抗敌协会总会出版部（重庆临江门横街三十三号）；总经售处：上海杂志公司（重庆民生路，重庆沙坪坝，宜昌二马路，桂林中北路，金华县府街，柳州，成都，西安，上海，香港，宁波）。

大的改动。1988年5月23日，艾芜在日记中回忆说："我记得在桂林写的《秋收》，当时党内作家不以为然，认为美化了国民党军队，还写信给我表示抗议。我同意他们的意见，尽量做些修改。现在研究《秋收》的文学教授，或学者，都认为不改的初稿好。"① 需要补充的是，《秋收》曾被收入多种选集，如《风陵渡》②，又如《当代小说选》③ 等。

《纺车复活的时候》，发表于《文学月报》（重庆）第一卷第五期，1940年6月15日出版。《艾芜研究专集·艾芜著作系年（1931—1983）》作"1940年5月"出版，有误。其《编辑后记》说：该期"两篇小说都有着清新的风格，艾芜的《纺车复活的时候》反映了后方的生活形态。李辉英的《石老幺》反映了草泽英雄在抗战前线所供献的英勇的力量"。后收入《秋收》，1942年7月重庆读书出版社初版。结集出版时，末署"一九四〇年，一月，桂林"。该文亦被收入多种选集，如《黑货》④，又如《纺车复活的时候》⑤ 等。

《尚德忠》，发表于《中学生：战时半月刊》，分两期连载：第二十八期（第9—12页），"民国二十九年八月五日出版"；及第二十九期（第18—21页），"八月二十日出版"。该文末署"一九四〇年六月十日桂林"。

---

① 艾芜：《艾芜全集》第19卷，四川文艺出版社、成都时代出版社2014年版，第385页。
② 编者：葛斯承、徐霞村、杨祥生，出版者：建国书店（重庆林森路）；发行所：长风书店（上海北浙江路三七二弄一五号），"中华民国三十五年一月沪初版"。此系"名著选集之二"，徐霞村主编。收文有：《秋收》（艾芜）、《刘粹刚之死》（萧乾）、《一封家信》（老舍）、《风陵渡》（端木蕻良）、《联保主任的消遣》（沙汀）、《五婆的悲喜》（沈起予）。
③ 该书页眉书名作"小说五年"。著作人：茅盾等，出版者：建国书店（上海四马路山西路怡益里七号）；总经售：新生书局（上海四马路山西路怡益里七号），"民国三十六年五月初版"。其具体篇目依次为：茅盾《某一天》，刘白羽《歌声，响彻山谷》，郭沫若《月光下》，艾芜《秋收》，靳以《人们》，碧野《乌兰不浪（的）夜祭》，张天翼《新生》，姚雪垠《差半车麦秸》，老舍《一封家信》，沈从文《王嫂》。
④ 编选者：李辉英；出版者：中州文艺社；发行者：赵智，总发行处：新中国文化出版社（洛阳北大街），"中华民国三十一年十二月初版"。收张天翼的《华威先生》，姚雪垠的《差半车麦秸》，艾芜的《纺车复活的时候》，徐盈的《黑货》，沙汀的《磁力》，欧阳山的《洪照》，碧野的《乌兰不浪的夜祭》等14篇小说。书前有编者序。
⑤ 徐霞村、葛斯承、杨祥生合编，出版者：建国书店；发行者：长风书店；"中华民国三十五年一月沪初版"。此系"名著选集之三"，徐霞村主编。该书收文：《差半车麦秸》（姚雪垠）、《新生》（张天翼）、《在其香居茶馆里》（沙汀）、《纺车复活的时候》（艾芜）、《吹号手》（司马文森）。

《苦闷》，发表于《新军》第二卷第一期①（第47—52页），"民国二十九年一月一日出版"。单独发表和结集出版时，均无时间、地点。

从上述篇目来看，艾芜在1939年4月，仅一月，便创作了三篇小说，而《自卫》和《受难者》，竟只有一天之隔，由此亦可见其勤奋与才华。

集中的部分篇章，在发表之后，曾引发评论界的关注与赏析。如《回家后》被《创作小说选》收录时，选注者（邵）荃麟曾有"作者介绍""本文主题"和"学习要点"的说明，可视为对该文的评论。现录之：

【作者介绍】艾芜，四川人，职业作家，作品颇多，曾出版《春天》，《南行记》，《芭蕉谷》，《花景》②，《南国之夜》，《荒地》等小说集。他的作品简洁朴素，对运用言语尤见成功。

【本文主题】本篇主题是反映抗战初期后方小城市与乡村中一般小有产者的生活和意识，从而写出一个企求逃避抗战来后方休息一下的小有产者智识妇女所遭遇的失望。作品女主人公回家的时候，是怀着一个美丽的幻想，想在抗战中间回到家庭里去开辟一个幸福的小天地。但是这种幻想立刻给现实粉碎了。家庭中间灰黯阴郁的气氛，和不愉快的纠缠，反映出一个十年不回家的智识妇女和她保守的家庭之间的一种距离，而即使在和她曾经是同学的女伴之间，也显出了许多变化和矛盾。由于现实的教训，女主人公不得不抛弃其幻想，重新回到抗战中去。作者在这里明白地宣布出他反对企图逃避现实的个人主义的思想。

【学习要点】（一）这篇小说的特色是对于生活描写非常真切和细腻，边僻乡村中的小有产者的家庭日常生活，通过这篇作品活跃地呈现在我们的眼前，这显然由于作者对于这种生活观察和描摹得非常熟悉，才能逼真地描写出来。作者对于人物的细小动作写得极其细腻，因而浓

---

① 其编辑委员：方天白、左恭、黄中厓、叶兆南、缪培基、钟敬文、钟天心；主编兼发行人：钟天心；出版者：新军杂志社（广东曲江风度中路二九号）；总经售：动员书店（广东曲江风度中路二九号）。

② 应是《夜景》。

厚地衬出浓烈的氛围气。在描写生活的时候，这些细小地方必须特别注意。由于生活描写的真切和细腻，所以使这篇作品脱除概念化的毛病，而成为一篇形象的艺术作品。（二）作者对人物性格和其生活环境的关系，把握得很紧，譬如写乡村小有产者家庭中女人的性格（母亲和嫂子）和小城市中小有产者家庭人物的性格（科员太太等），截然不同，虽然她们都是属于相同阶层而且同样是属于否定的人物的。（三）作者对言语的运用非常恰合，各种不同人物谈着不同的言语。尤其是科员太太的性格，几乎完全从她言语上表现出来，从这里，我们可以知道在创造人物性格，言语是多么重要的一个条件。①

《国文月刊》第十一期②（"民国三十年十二月十六日出版"），刊有《介绍短篇小说四篇》，为吴组缃对（余）冠英约稿信的回复，即如开篇所说："去秋得手书，嘱为国文月刊撰文介绍抗战来的好作品剧本、诗歌、小说各五篇"，"这半年多的时光，我陆续积存了十多本新出的杂志"，"愿意从手边所存的重庆出版的文艺杂志中举出四个短篇"，"作一个简略的报告"。③ 所谓"四个短篇小说"，是指艾芜的《秋收》《纺车复活的时候》，以及沙汀的《在其香居茶馆里》《磁力》。文章末署"六月二十四于歌乐山"，从文中"去秋""半年多"及该期的出版时间综合判断，这封信的写作年份应是1941年。

且看吴组缃有关《秋收》《纺车复活的时候》的介绍：

《秋收》是以后方军民之间的关系为题材。西南大后方的某村，住着一队疗养的伤兵。那时正在秋收时候。副官提出优待条件，劝令身体较好的兵士去帮助那些有壮丁被征发的人家收割谷子。兵士都愿意了，可

---
① 荃麟：《创作小说选》，桂林文化供应社1942年版，第137—138页。
② 其编辑委员：余冠英（主编）、朱自清、罗庸、浦江清、彭仲铎、郑婴；出版者：国立西南联合大学师范学院国文月刊社；代负发行责者：陆联棠；发行所：开明书店（桂林环湖北路十七号，衡阳五桂坊陕西巷，曲江韶西南路一二〇号，成都陕西街一三八号，重庆保安路一三二号，贵阳独狮子三十三号，昆明武成路二二五号，金华文昌巷十五号）。"每月十六日出版"。
③ 吴组缃：《介绍短篇小说四篇》，《国文月刊》第11期，1941年12月16日，第19页。

是人民一方面对这番好意却不敢相信,中间经过一些周折,后来确切知道士兵毫无别意,才接受了士兵的帮助。在这个简单的情节中,作者描写一家姜姓人家婆媳——姜老太婆和姜大嫂——的处境和心理,描写她们对士兵关系的演变,因而并及于她们婆媳之间的关系。姜老太婆的大儿子,即姜大嫂的丈夫抽赴前线当兵去了,家里没有壮丁;姜老太婆的小儿子老幺还是个未脱孩子气的少年,不能认真担斤负两;而姜大嫂带着两个幼小的孩子,又要喂奶,又要烧饭,又要洗衣。这一家妇孺忙不了田里收割的事,却不肯接受士兵的帮忙。姜大嫂是个青年妇女,老觉得那些"挨冷炮子的,挨刀刀儿的"兵士对她不怀好意;姜老太婆则认为士兵嘴里说不要工钱,怕接受了他们的帮助之后,他们会背起枪杆来收更多的钱。因此她们一方面忙得焦头烂额,心急如火;一方面对士兵的帮忙割谷,却用种种不坦白的方法加以婉拒。到后来她们自己所遇的困难加甚(天要落雨了,孩子生病了),同时又看见别人家已接受士兵的帮助,渐渐确切知道士兵此举是上头的命令,并无收钱的意思,而姜大嫂也明白了自己的丈夫在外边,正也是和这些士兵一模一样,她对士兵的恶感亦渐化除。如此一来,原先拒绝的,这时变做自动的去请求了。

  此篇对于姜姓婆媳的描写,我认为完全成功。她们拙朴的性格,守旧的意识,自私与实利的观念,都表现得绝不浅泛;像姜老太婆和姜大嫂这样的妇女以及她们婆媳之间的关系形态,在中国乡间内地到处都可见到。作者对于中国农民与农村社会苟无深到之认识和了解,必不能塑出如此动人的典型。为便于写出情节的自然发展,作者取用了一种短段落的形式。全篇不到两万字,一共分作十八个小节,每节交代一个场面和一个发展的阶段。这结构颇像乡间正月里出的"龙灯",短短的节段,彼此勾连,舞动起来极为灵活。

  《纺车复活的时候》写的是农村久已没落的旧式手工业重复兴起的动态;这个,题目已经说明了。背景仍是西南大后方。篇中以一位乡间少女玉荷为主人翁，写她如何因受同村友伴的激刺，而改变了平日趣味，不知不觉也热烈地从事纺纱工作的过程。作者写玉荷聪明骄傲要强逞能的性格十分深到，写同村女友们蜂起努力于纺纱卖纱的情形十分饱满：即由于作者握住这内在的条件因素和外在环境空气的配合，故能将玉荷生活趣味的演变表现得自然而真实。玉荷是个乡村少女的典型，我想凡有点乡间生活经验的人，对此主人翁的声音笑貌喜欢和烦恼，必觉得熟悉而亲切。①

最后一段，则以艾芜和沙汀的比较结束：

在当代的小说作家中，艾芜先生和沙汀先生我个人认为是成功的作者之中出人头地的两位，前者多取材于西南的社会，故有"西南艾"之号；后者多写四川的乡镇中的故事，因为他是四川人：二位的作品都富有地方色彩，于其所写的风物和所用的口语可以见之。艾芜先生的风格质朴自然，不免有点呆板而又颇活泼深到，不止文字如此，结构亦然。比如上面所介绍的两篇，《秋收》中以买鸡蛋一事，照应首尾，以显主人翁心理的递变；《纺车复活的时候》则以唱歌一事前后呼应，以显主人翁的兴趣所在已有不同。这种篇末与篇首相照应的手法，似乎陈旧呆板，但作者用来自然活泼，不露痕迹，反使人觉得结构谨严而有力。沙汀先生的风格是圆熟而多变化，处处闪耀着才智的光芒，能以极经济的手法写出极深极厚的东西。比如上述二篇，《在其香居茶馆里》则以锐利的讥刺之笔，挖到深刻的地方；《磁力》则以冷静的叙写，予人以沉厚的忧郁感觉。艾芜先生是用一种老实淳朴的态度，正面地去看社会；沙汀先生则往往以锐利冷酷的眼光，侧视社会，而嘲笑抨击之。艾芜先生的作品多是白描，沙汀先生则多是着色的绘画，风格彼此不同，实在各有千秋。②

---

① 吴组缃：《介绍短篇小说四篇》，《国文月刊》第11期，1941年12月16日，第19页。
② 吴组缃：《介绍短篇小说四篇》，《国文月刊》第11期，1941年12月16日，第20页。

对于《受难者》，罗荪则屡有评述。"民国二十九年一月十五日出版"的《文学月报》创刊号，曾刊其《抗战文艺运动鸟瞰》① 一文，在"典型和主题"中，两次提到《受难者》：

> 表现在抗战文艺作品中的典型，容或还不够完整，不够细致，但是我们已然有了可以从这里继续发展开去的典型性格的雏型。在我们的创作实践中，有了"新的人民欺骗者，新的抗战官僚，新的发国难财的主战派，新的卖狗皮膏药的宣传家"（原注：茅盾：《论加强批评工作》，载《抗战文艺》第二卷第一期）。如黄钢的《开麦拉之前的汪精卫》；如黄药眠的《陈国瑞先生的一群》；如老舍的《残雾》中的杨茂臣，洗局长；如张天翼的《华威先生》。同时，也有了："新的人民领导者的典型，开始产生了，和过去完全不同的军人性格产生了，肩负着这个时代的'阿脱拉斯'型的人民的雄姿，在开始逐渐的出现"（原注：鹿地亘：《关于艺术和宣传》，载《抗战文艺》第一卷第六期）。如姚雪垠的《差半车麦秸》；如 S.M 的《从攻击到防御》；如野蕻的《新垦地》；如刘白羽的《五台山下》；如荒煤的《只是一个人》；如艾芜的《受难者》；如碧野的《北方的原野》……等。②

> 抗战以来，作家善于处理主题思想的，如徐盈的《征兵委员》，《新的一代》；艾芜的《回家后》，《受难者》；张天翼的《新生》；塞克的《突击》，都表现了在抗战中发生的一些问题：如后方的动员问题；如小市民，小公务员的对于战争的理解问题；如知识份子的动摇性；如富农在抗战中的影响。③

1940 年 7 月 7 日，在《中苏文化：抗战三周年纪念特刊》上，发表了罗荪的《抗战三年来的创作活动》④，对《受难者》和《秋收》有更详细的

---

① 末署"十二月二十五—二十九日"，其写作年份应是 1939 年。
② 罗荪：《抗战文艺运动鸟瞰》，《文学月报》第 1 卷第 1 期，1940 年 1 月 15 日，第 8 页。
③ 同上。
④ 末署"六月廿四——廿七日重庆"，其写作年份当是 1940 年。

分析：

人，在新的生活和旧的素质中斗争着，在这斗争中，创造了人类的新的历史。

我们从艾芜的《受难者》中间看见了尹嫂子——一个难民，一个从个人利害观念的比重转化到多数的利害观念的比重的斗争中，产生了在今日我们所需要的新的道德观。她在艰苦的心理矛盾的斗争中，她没有能够完全的克服了个人利害的观念，但是，她自己的惨痛的教训，使她本能的唤回了痛苦的记忆，她不能不在这新的力量中，使她抛掉了旧日的衣衫，她——一个难民，牺牲了自己的封建时代唯一财产的丈夫，而挽救了全村的人民。这是一个新生，作者只是在平凡的生活中，表现了中国在战斗中，新的历史一定会克服了那陈旧的自私的卑弱者的历史积累的。

在艾芜的另一篇小说《秋收》中，表现了一个偏僻而封建性极为浓厚的农民生活，他们保守，自私，利害观念强，他们对于兵是隔膜的，甚至说是带着仇恨的，姜大嫂就这样咒骂着："这些挨冷炮子的，挨刀刀儿的……"。留守在这农村的伤兵，虽然是想用钱去换物，以致于白白地帮助农民收割，但是那种深厚的隔膜，那种带着浓烈的自私利害观的农人，常常要考虑着自己的得失，因而以惧怕的心理，甚至是拒绝了割稻，但是，事实上证明了，这些受了新的教养的战士，并没有去企图占便宜的情形，还是基于自私观念的出发，而来要求帮助收割了。这里表现了两种生活的冲突，保守的，自私的，封建性的观念和进步的，新的道德观念的战斗。①

二 陈白尘三幕剧《秋收》

三幕剧《秋收》（又名《大地黄金》《陌上秋》），末署"一九四〇、六、

---

① 罗荪：《抗战三年来的创作活动》，《中苏文化：抗战三周年纪念特刊》，1940年7月7日，第244页。

三〇、重庆",此即其完稿的时间与地点。后作为"戏剧创作丛书之三",于"中华民国三十年二月十五日出版"。据该版版权页,著作人:陈白尘;主编人:宋之的;发行人:张静庐;发行所:上海杂志公司(重庆·昆明·柳州·桂林·金华·上海)。关于剧本与原著的关联,《自序》中不乏说明,现从初版本移录如下。

陈白尘:《秋收》初版本自序

一九四〇年六月三十日下午写完了《秋收》全稿,不禁深长地吐了一口气,全身如释重负。而门前山坡下,那家茅屋中的织布机依然规律地"七里八托"地那末唱着。

这三年来的写作生活像命定了遭受磨折似的。前年写《魔窟》,逢了一次大雷雨,屋顶吹坏了,楼上成了水国,据说一架邮航机都被吹得在山腰上竖蜻蜓。结果是跑到一个小旅馆里去完成它。去年写《乱世男女》,当时倒一帆风顺,可是发表后,却横遭各式各样的半公开的攻击。比如某个人物按即某某,某个人物又影射了谁,考证索隐,有凭有据,于是,定谳了:"陈白尘写剧本骂人!"这当然是大逆不道了。——此其一。既然骂别人,当然捧自己喽,于是那里面唯一的一个正面人物(其实是何止唯一的一个!)也就当然是"自况"喽!——这简直是不害羞!此其二。而这一种攻击者居然可以指出在这文章写出以后所发生的事实为证,好像我是个能知未来的预言家!第三种,那好像是正正经经的批评了:暴露太多,使人丧气,悲观。尤其是给前线将士看了,将会动摇抗战心理!再从某一意义上说,它更不是统一战线底的。——好傢伙,差一点,我就成了挑拨离间的托派作家了!另外,还有各式各样的说法,比如这个戏只可以在延安和东京演出等等。——然而,却从没人将这些意见形诸笔墨,却仅在口头上传来传去。但是,有一次演出好像就在这种"批评"之下被勒杀了。

但愤激却不是由于公演之被勒杀。(这剧本发表后,它的流产了的公演已经是好多次了,演出上的困难本来不少。)而是这一类的批评家为何不光明正大地来对它抨击一下呢?既然它已经是罪大恶极。

假如这里面的人物有部份地像谁像谁,那本来是免不了的。否则,我只好写写风花雪月;或者描写月亮与金星里的人物了。硬要做索隐则大可不必。记得一本小学教科书上有这末几句:"宝宝的鼻子像妈妈,宝宝的嘴像爸爸,宝宝的眼睛呢,又像爸爸又像妈妈。……"写一个人物比养一个儿子许更加复杂吧?硬指一张画像的嘴吧①说是:"这是我!"那又何必呢?

然而,人偏那么大惊小怪,疑神疑鬼的!所以在不好说"某某人物就是我"的时候,便说:"那个光明人物是他自况呀!好不害羞!"其实,我真没有那末不害羞。只有小孩子扮戏才会那末说:"你是曹操,我是关公。"然而我也原谅这种"批评家",他是用了一种不得而已的战略——反噬法。

所以,拍桌大骂,骂我悲观、失望、动摇抗战心理,甚至是破坏统一战线的人是最聪明的。因为这样他可以避免"反噬"之嫌,而又俨然像是个批评家。但遗憾的是:他把"暴露"和"悲观"故意混淆了,同时也故意把"护短"和"隐恶"混淆了,更把"统一战线"当做见了面就该"今天天气哈哈哈",弥缝错误,相安无事的"马虎结合"了。而且把"动摇人心"之罪不归之于被暴露的事件之本身,却归到暴露者头上来。好像天下本无"动摇人心"之处,经我一写就会"动摇"似的。我不知道这是故意颠倒因果呢?还是掩耳盗铃在自欺欺人?在《乱世男女》再版自序中我曾说过:"由于热爱光明,而对黑暗痛加鞭挞的,是暴露;专意夸张黑暗去掩盖光明的,是悲观,是投降。——我热爱着光明。"在此,我再重复一句:"我热爱光明,我要暴露。但,我决不悲观!"但我更希望这类"批评家"别故意把"暴露"和"悲观"更②那么混淆!

---

① "嘴吧",今作"嘴巴"。
② 原文如此。

但有些朋友善意的询问，比如："我们固然有黑暗的一面，也有光明的一面，你为何不再写点光明面？"这倒是一个正当的询问。在《乱世男女》中我固然也写了光明面的人物，而且还不止一个，但我也知道他的力量在比重上是薄弱了。但着重描写光明面，是不必求之于一个作者一篇作品之中的。当那种光明面的人物出现在你面前的时候，你会不写么？——那除非是汉奸汪精卫之流。

因此，在后一部剧本中，我打算写范筑先①先生或杨秀琳②先生。但范先生的材料搜集尚少，而杨秀琳先生的事迹虽经一再搜集，并专访了许多目前及过去与杨先生接近的友人，但总嫌所知者少，不敢轻易动笔。所以决定暂时放下，先以艾芜兄小说《秋收》为蓝本，写一个三幕喜剧。

说到这个故事——写民众与伤兵间关系的演进，在我看本是属于光明的一面，但我不愿意（也是艾芜兄不愿意的），把过去的历史上伤兵所遗留下的罪恶，以及由于我们农民的自私心而造成的许多错误用金色玻璃纸包起来，所以又多少做了点无情的暴露。而我认为正因为过去造下了那许多罪恶，如今才需要以加倍的代价去偿清那笔宿债。——所以军民合作不是如乐观者那样，以为叫几句口号就会合作起来的。但这次，我想不致于再有人骂我悲观失望了吧？——因为这次所写的不过都是些细民，而没有什么文化人在内。

不过，这剧本所遭受的磨折可更多。从四月里动笔起，便遭遇到敌人兽性的轰炸，到六月三十日完成为止，其间，空袭在三十次以上，而重庆被轰炸，也超过了二十次。平均是隔日一次地挟着未完成的稿本，

---

① 范筑先（1881—1938），山东馆陶（今属河北省）人。原名金标，又名夺魁，字竹仙。早年在北洋陆军服役，后在冯玉祥部任高级参谋。1936年任山东第六区行政督察专员、保安司令兼聊城县县长。"七七事变"后，山东省主席韩复榘不战而逃，他在中国共产党帮助下，建立鲁西北抗日地方政权和武装，开展游击战争，多次击退日军进攻。1938年9月，与徐向前签订冀南、鲁西南抗日联防协定。同年11月在日军进犯聊城时，因内奸出卖而牺牲。参见夏征农、陈至立主编《大辞海·中国近现代史卷》，上海辞书出版社2013年版，第557页。

② 关于杨秀琳的事迹，可参见放晨《记杨秀琳游击队》（连载于《新华日报》1938年2月26、28日第四版）。另杨秀峰（1897—1983），字秀林，曾任冀西抗日游击队司令员，或云杨秀琳即杨秀峰。

挟着愤恨的心情,走进防空洞。但是每次警报解除走出洞子以后,不到三五分钟,我就可以回到家,而在回家的路上,就是说在解除警报三五分钟之内,在路上,我就可以听到门前山坡下,那茅草屋中的织布机已经在愉快地有节奏地歌唱了。这歌唱,使得我回到家里抹抹汗水不敢停留地就握起笔来继续写作,这歌唱使得我有两次当敌机临空都忘了进洞,以致遭受了相当的惊怖;这歌唱,更证实了"抗战必胜,建国必成"。

这《秋收》,就是在这样敌人兽性毕露,使得重庆接受了上万炸弹的狂炸之下完成的,但也是整个时间陪伴着那愉快的织布声完成的。

这题材,如上所说,是以艾芜兄的小说《秋收》为蓝本的。但因为远不够一个三幕剧所需要的,所以新加入的材料约占二分之一到三分之二左右。这增加的部份之成败,当然是由我负责的。不过第二幕以后的发展以及这些材料之增加,我都勉力使它从原有人物的性格上出发。随后的结尾,也改变了原作,而且是和原作几乎相反了。但是从这故事的后半段的发展上说,这个结尾该是必然的。另外,人物的数量与质量上均有大量的增删,地方语言也有所变换。——凡此等等,都应该加以声明的。

最后,这个戏的演出,尤其是在农村或小城市,希望能使用地方语言。当然,导演者要对语言——尤其是许多成语之类先来一下仔细的统一的翻译。因为这戏在写作时为了许多口语和成语的运用,根本就不是根据北平语写的。

前记写完了,那愉快的织布声还清脆而嘹亮地在歌唱着。

白尘·一九四〇年七月六日

上面这篇自序,还是七月间在重庆写的。写成后十日,写这篇自序的那间房子,就被敌机轰炸得粉碎,——但门前山坡下的机声依然未断。而我便来到这古刹。这篇剧本原定在当时《抗战文艺》上发表的,也就因轰炸下印刷困难,延迟了许久。这单行本,是较原稿略为改动了几处,比如那队长,在原稿上是不曾上场,观众只能"但闻其声"的。——当时,我自己意识到那不是一个"真的"人物。——但现在为了演出上他占的时间太长，便只好硬拖他上场了。

又，这剧本马上将在成都及重庆上演，成都方面并改题为《大地黄金》，——瞿白音兄并拟为此剧改题为《陌上秋》。——这两个题名我都很喜欢。但第一，目下正在写着一个长剧，题名为《大地回春》；第二，我不愿舍弃艾芜兄原作的名字。所以就仍了旧。

白尘・一九四〇年十二月十九日郫县吉祥寺

该剧在发表和演出之后，亦有一些评论，其中大多谈及剧作与小说的比较，特附录：

章罂：《秋收》——陌上秋读后

——江南丰收年成好，眺望那无垠的平原，尽是黄金似的熟稻，正是农忙时候了。田陌边上，茅屋门前到处都充满了劳碌底愉快气息："割稻子去啊！"

姜婆婆的大儿子当壮丁上前线打仗去了，小孙子又害了病，累着媳妇也下不得田，小儿子呢年纪还轻做不了什么事。这老婆婆望着这片待收刈的稻田，手里拿着镰刀，一时弯下那快要僵硬的腰身，割着，就像牛吃草似的咭喳咭喳地割着，割着，可是，什么时候才能完呀？她想望着在前线的孩儿了！

赵挺本来也是个庄稼汉，这次为了和鬼子打仗受伤了，和他的弟兄们驻在姜婆婆这村子里，他们时时看望这异乡的熟稻田而回忆赞叹那一个能把这样美丽的家园忘怀呢？

在村子里住的伤兵们要下田来帮助老百姓秋收，虽然这并不是他们愿意的，但这是上级的命令的遵从。然而老百姓可怎样能相信这种事实呢？因为在他们的印象中，只知道，以前伤兵来了就没有老百姓过的日子了。所以当赵挺他们真的执起镰刀来帮忙的时候，姜婆婆却把他们赶走了！其实，姜婆婆和赵挺他们的心底里都是没有［恶］意的，可是却被那传统的旧印象玩［麻］了，直到姜婆婆把事情弄明白以后，再找他们时，弟兄们都不大愿意了，恰巧在误会和解释中，姜婆婆的儿子来了信，说他在异乡（正是赵挺的家乡）帮助老百姓收割，赵挺才为这而醒悟感动了：

"那个没有父母妻儿呢？我们出外打仗，他们在家是要受苦的，现在人家在我家里帮忙，我为什么不应该也帮别人的忙呢？"

"这是大道理啊：'前线战士拼性命，后方百姓多帮忙，军民合作才能保家乡。'"

——本事节述

《秋收》这幅大的图画是由许多小景叠成的，当我一页页地翻这剧本的时候，那真实的景色就一幅一幅地在我的印象中重映了；那优美迷人的江南秋色，那被穷苦封建所围困的农村生活，那为战争烽火激醒的百姓，和军民合作的动人场面……这些都是真实，也是我们对真实理想的启示，人，会为这些而叹息、辛酸，甚至感动得落泪的！

构成这图画的人物，虽也是从真实中取来的，却像画家的速写那样，使人们只看到各种类型的轮廓，而不是有特征有灵魂的活像。

姜婆婆，黄婆婆，都是农村老太婆，她们都有着像所有农村的老太婆同样的性格，姜大嫂是个农妇，也就像所有的农妇那样。在这整个故事的发展中看来，她们的思想过程并不是跟着事实发展而改变的，从她们拒绝伤兵帮忙始到她们要求伤兵来帮忙止，虽是经过一些复杂的情节，然而却不能表示出她们对军民合作的认识。而是因为偶然的事实得出这样偶然的结果，这里没有写出农民们在抗战中是怎样进步起来的？

天真纯朴的老幺，写得最可爱，他表征出在战争中成长的后一代。

三个伤兵是三个不同阶段中的型，我们可以看到将来的战士们会踏上一条正确的路！可是我总觉得，用这段真实来说明军民合作的困难和转变关键是很不充实的。或许这是受了《秋收》蓝本的束缚吧？

本来像拿这样正面描写抗战生活的题材写成的剧本很少，能够演出的更少,这次陌上秋的演出当然是值得我们兴奋的。然而可惜的是我们的剧作家们对于这种真实生活还较生疏,理解还不够深刻,所以这种创作也就显得空虚了!

当然这编成剧本的《秋收》——陌上秋已经比艾芜先生的原作完整的多了,特别是结尾那段,原作是没有得到完满开明的结果的,它只是提出了军民合作的实践和困难,而剧本呢,已经解决了困难而引导到必然到来的希望了。

第二幕第一场农家生活的写实,可能使我们感觉的更真切。但是对话的沉闷却会失掉舞台效果。而且这段写实的增加和剧情发展并没有很大帮助。

我曾经这样想:假如这是电影剧本,那将会显得更成功的,因为那些画面的呈现,要是用对话来代替了,那就变得闷人了。同时在舞台上还要受舞台布景的限制哩。就拿开幕的场面来说吧!我们读着就可以想像得到,那一些无边的田原,丰美的熟稻,耕牛,家畜,飞鸟,溪流,水声和四周村落的轻烟,以及割稻的实景,这些都会使我们在这儿的舞台上感到困难的。要是完全设虚景吧,那要使观众失去真实感,甚[致]会变得可笑的。……还有许多画图场面恐怕都不是书上这样的对话所能表现的。

虽然,这剧本本身和客观环境可能给演出一些困难。然而假如导演、演员能用最大的努力,我相信这些困难是可以克服的,我们热烈地企望这次上演能够成功。

这是一篇抗战实录,虽然与我们眼前的生活相距太远了,但还不失为一服兴奋剂,它使我们久住后方的人不致忘记了自己的家乡,和那为我们而失去了康健的战士;同时使我们更多了解抗战工作中的困难和将来渐进的希望。

该文发表于"中华民国三十年十月十一日 新华日报 星期六 第二版"。后又刊于《戏剧岗位》第三卷第五、六期合刊①（"中华民国三十一年五月出版"，第7页）。两者相较，最大的不同在于：后者删去了"本事节述"及"我曾经这样想"一段。

谷虹：三幕剧《秋收》

（一）②

陈白尘的这个三幕剧《秋收》，是由艾芜的小说《秋收》改编过来的。

小说《秋收》，是以军民合作问题作为中心主题的。作者正确地把握住军民合作问题的症结，深刻地发掘它，而通过现实的艺术形象把它表现出来。无论在意识方面，和表现技术方面，这都是一部不可多得的优秀作品。

剧本《秋收》的作者在其自序里说："说到这个故事——写民众与伤兵间关系的演进，在我看本是属于光明的一面，但我不愿意（也是艾芜兄不愿意的），把过去的历史上伤兵所遗留下的罪恶，以及由于我们农民的自私心而造成的许多错误用金色玻璃纸包起来，所以又做了点无情的暴露。而我认为正因为过去造下了那许多罪恶，如今才需要以加倍的代价去偿清那笔宿债。——所以军民合作不是如乐观者那样，以为叫几句口号就会合作起来的。"

作者之所以这样写，一方面是在说明他处理这一题材的态度。另一方面是因为他的另一剧作《乱世男女》发表后，曾经受了人们的非难，说他暴露太多，是悲观、失望、动摇抗战心理，甚至是破坏统一战线的。关于这，作者在《乱世男女》再版的自序里，已有很明白的答覆。他说："由于热爱光明，而对黑暗痛加鞭挞的，是暴露；专意夸张黑暗

---

① 主编：熊佛西；发行：唐性天；编辑人：戏剧岗位社；发行所：华中图书公司，重庆民生路、桂林中南路、北碚南京路；印刷者：国民公报社。
② 原文无序号（一）。

去掩盖光明的,是悲观,是投降。——我热爱着光明。"这话是对的,因为我们的抗战并不是像变戏法一样,一下子什么都变得完美无缺了。相反地,我们抗战中尚存在着许多缺点。我们应该不讳言缺点,而且应该找出这个缺点,全国一致地努力去克服它,以争取胜利的早日来临。——当然,含有某种恶意的诋毁,是一种罪恶;但是粉饰太平也是有损无益的事。

再从戏剧艺术这一方面来看吧,亚菲诺该诺夫在《我们跟随着观众成长》里提示我们一个很好的意见:

"戏剧是行动的诗,没有行动,就没有戏剧。戏剧的统一力,在行动通过和冲突的斗争而发展人的思想感情和热情时才表现出来。但在一切都是好人,都是新人们之间,在什么地方有冲突呢?当迈进于新社会的建设,那种新的环境之中,在什么地方有斗争呢?能够作这种判断的人,只是最皮相的人。这种人不理解新人之间的冲突,不是在于旧的过去和他的新感情的斗争之中,或者不是在这斗争,而是在更大的范围上,关于国家课给他们的课题的斗争,即在这一点上的自己不满中,例如在比较我国的一般的成长,对自己的成长发生不满中,是有可能的。

"当我们这样大胆的说自己的缺点,把自己作这样大胆的批判,我们就成长了。……"

所以,无论从抗战需求或戏剧艺术上说,我们完全赞同作者处理这一题材的态度。而且,在本剧的整个情节发展上,是"经过冲突而走向大团圆"的,其中关于黑暗面的描绘,为的是用以加强光明面。这与悲观论者的恶意暴露是截然不同的。

在抗战中,我们的军民合作问题如果已经完美无缺,那么这一口号也就根本不用提出来了。

(二)

本剧里人物典型刻划得最成功的,要算是姜老太婆。

由于数十年穷苦生活的逼迫，养成她的一副蹩扭脾气。什么事一看不上眼，她就啰苏着："我看你们将来怎么得了啊！等我两脚一挺，睡进棺材，你们只好吃屎……"［第六面］

她是顽固的，凡事都抱着怀疑的态度，但自己又没有主见，容易为人家的话所动摇。对于伤兵之替农民割稻子，她认为世界上没有这么便宜的事儿。——因为她活了一辈子，只有吃亏的份儿，没有占便宜的份儿。她说："……天下的便宜我都讨过，我没有看见这样的便宜！"［第八面］所以伤兵们要来帮忙她家割稻子，她就说："要割稻子先割我的脑袋！"［第四三面］但当王鸿高向她说明不要钱时，她也不禁动摇了：——

王　唉，你别错会了我们的意思，我们帮你的忙，也不要你的钱，也不吃你的饭，你怕什么？

姜　（心动）不要钱？（还是不放心）哼，哼，我们也不想讨这个便宜！……［第四六面］

后来经邻居黄老太婆一说，她又害怕起来：——

姜　……要是真的不要钱……

黄　（埋怨地）嗨，你这个人啦！不要钱？我就第一个不相信！这些杀头的是什么好人么？再说，就是不要钱，你一天三顿饭，吃鱼吃肉，你供应得起吗？

姜　（恍然大悟）哎呀！该死！我昏了头啦！对了，刚才他们还在说什么吃肉吃鱼的呐，先一阵他们不是来找鸡蛋的吗？这一定是啦！他们不声不响地替你割稻子，回头朝你家里一坐，十个八个地摆开，就是一桌！鸡子鸭子，他们还不拣好的要了吃？（转身就跑）我这就叫他们走！——我本来就没有叫他们割，我本来就没有叫他们割呀！（向媳）死人！走呀！把镰刀都要回来！［第五六面］

她是喜怒无常的，而不管是喜是怒，讲起话来老是没有好声好气地，遇到什么委屈，总是向媳妇头上发泄。如像在第二幕里，晚上下起雨来了，割下的稻子堆在田里收不不①回来，她就就②一股脑儿的怨气都发泄在媳妇身上：

  姜　（自己陷入沉思，自语）这班杀头的，哗喳，哗喳一阵割，割了那么一大堆！……

  ……

  姜　割多了也不怕，该替你收回来啦？屙屎不揩屁股，把稻子割在田里就跑了，这些断子绝孙的！……

  ……

  嫂　……那些杀头的要是……要是真心替老③姓割稻子，该帮我们把稻子收回家来呀！

  姜　（愤愤然）谁要他们帮忙？我才不稀罕哩！

  嫂　（左右为难地）妈，你刚刚不是说？……

  姜　（自知失语）我说什么？我说什么？我要他们帮忙？我稻子烂在田里发芽也不找他们帮忙！（转怒）哼，你呀！你呀，只有你！只有你才一心一意地说着那些死鬼！——他们的灵魂缠住你的大腿啦？你开口闭口忘不了他们？

  嫂　（委屈地哭了）妈，你老人家……

  姜　我说错啦？我说错啦？雷在头顶上哩？……［第七一面］

  像这样的人物，在我们古老的中国农村里，是随时随地可以遇见的。

  其次黄老太婆的性格，也非常凸出。作老④借姜老太婆的话来形容她说："嗯！'冷尿饿屁穷噜苏'！一个人单怕穷话八千！什么话不是搬出来的？一会儿说是来抢稻子啦，一会儿又说是来帮忙的啦！说要开条子要钱的也是她，说一个钱不要也是她，两片薄皮嘴，颠三倒四的，搬过来，倒过去的，不全是她一个人么？"［第七七面］

---

① 其中一"不"为衍字。
② 其中一"就"为衍字。
③ 此处有"百"字脱漏。
④ "老"，"者"之误。

其实她正如姜大嫂所说的:"……黄婆婆人倒很好,就是一张嘴呀,不晓得有多少话!……"她的确是有一付热心肠,但爱搬弄她的见识广:

黄　(诡秘地拖过姜老太婆)你还没听说呀?……(躲到一边)我来告诉您:今儿大清早呀,我家老大抱了两支鸡,一篮子鸡蛋去赶集,……
……

姜　他们到底打的什么主意呢?

黄　是呀,晓得他们打的什么主意?——我家老大在集上碰到他大姨夫家外甥女儿的女婿,——呐,就是在保卫团里当班长的那小李呀,你不认得吗?咳,他的老子就是开茶馆的李三麻子,他的妈就是偷隔壁杂货店里刘老板的那个李三娘呀!

姜　唔、唔、……?像,他们来割稻子到底是打的什么主意吵?

黄　是呀,这些不存好心的八太爷,有什么好心思呀!……[第二八面]

还有姜大嫂,这个在旧家庭制度下讨生活的女人,一切都处在被动的地位,本来这种人物的性格是很难写得不呆板的,但在第二幕里作者使他①晚上偷偷地嘱咐她的小叔——老幺打听伤兵们关于她丈夫的消息,用以强调她的性格。这一点,作者是处理得非常之好的。

此外,如伤兵吴子清的吊儿郎当,和伤兵赵廷的戆直,都写得很好。

至于那队长,作者在自序里说:"……在原稿上是不曾上场,观众只能'但闻其声'的。——当时,我自己意识到那不是一个'真的'人物。——但现在为了演出上他占的时间太长,便只好硬拖他上场了。"其实,队长这一角,在本剧里只是代表一种制度的执行者,他奉着上峰的命令而执行他的任务。由于他的地位和尊严,这样的处理他,是无不可的。

但是,另一代表正面人物的伤兵王鸿高,却表现得不够有力。

他是农民出身的,所以他处处同情农民,而且常常以之规劝他的同

---

① "他",当作"她"。

伴们，以致吴子青①讽刺他说，"老百姓就像你的老子！"［第一四一面］

对于帮助农民割稻子，他是十分热心的，但是他却不能够在同伴中起模范作用，他的说服是非常无力的：——

王　大队长说，这是军民合作，我们在这儿帮人家收稻子，别人说不定也在家乡帮着我们收稻子哩！

吴　谁看见的？——也只有你家里有田地才做这个好梦！我他妈的连巴掌大的地都没有！管得着？再说，你就是好心好意帮了他们的忙，还不是"跳加官带石坠子——吃力不讨好"？谁领你的情？（高声）谁领你的情？我知道你家里有二亩田地，就睁着眼睛在白天做梦了！

王　好好好，你别吵，你有理，好了?！（第一八面）

作者把他描绘成一个事事委曲求全的人物了。本来这样写是并无不可的——因为事实上并没有那种完美无缺的英雄。不过在本剧里他是一个重要的角色，所以他的力量在比重上是比较薄弱的。而且在全剧的发展上，他的性格并没有显著的发展，临到结尾时，他不得不求助于姜发祥的一封家信，来作为实践军民合件②的张本了。

（三）

再就情节的发展上来说。

作者在自序里说："这题材，如上面所说，以是③艾芜兄的小说《秋收》为蓝本的。但因为远不够一个三幕剧所需要的，所以新加入的材料约占二分之一到三分之二左右。……不过第二幕以后的发展以及这些材料之增加，我都勉力使它从原有人物的性格上出发。最后的结尾，也改变了原作，而且是和原作几乎相反了。但是从这故事的后半段的发展上说，这个结尾该是必然的。"

在全剧里，情节的发展是做到了紧张曲折的境地。譬如在第一幕里，

---

①　"吴子青"，应是"吴子清"。
②　"件"，"作"之误。
③　"以是"，当作"是以"。

先是姜老太婆她们不信任伤兵，不让他们帮忙割稻子；后来经王鸿高他们的说明，她被动摇了，让他们下田去帮忙；再后经黄老太婆一说，她就害怕了，谎说稻子已经割完了，而硬把他们撵走。

在第二幕第一场，作者用暴风雨和四喜的病来强调姜老太婆家的劳力不够，和其迫切需要帮忙；第二场姜老太婆她们愿意找伤兵们帮忙了，但他们却认为她家稻子已经割完，而又格于上峰的命令，也来向她们疏通，让他们去玩儿一天，以向上峰报销，情节的发展，已达到矛盾的顶点。

这些，作者都处理得很好。我们可以看到，作者是尽量想避免陷入公式化的窠臼，而注重情节的曲折，但正因为太过曲折了，却失掉了真实性。

例如在第三幕，姜老太婆去请大队长派人帮忙秋收，大队长来了，把王鸿高他们责骂了一顿，经姜老太婆她们替他们开脱，使他们极为感动，等到大队长一走，姜老太婆又要请他们下田帮忙，这时伤兵们认为上了当，王鸿高还是想委曲求全，好人做到底，吴子清因为留恋着姜大嫂，对于割稻是无可无不可的，只有赵廷是情愿回队挨军棍，再也不愿意帮忙她们割稻子，正当这时，恰巧（！）姜老太婆的儿子姜发祥来了一封家信，而这封信恰巧（！）又是从赵廷的故乡——湖北樊城寄来的，而信里恰巧（！）又说他们驻在赵家村帮忙农民秋收，而这个赵家村，恰巧（！）又是赵廷的老家，于是，他大为感动，跟着他的同伴们下田去割稻子了。

事实也许有这么凑巧的，但在这里却运用得非常不恰当。当然，在作品里是容许偶然性事件的存在的，但这偶然性应该是用以说明并加强必然性的，否则，便将减低其真实性。在本剧里，军民合作本是必然的结果，但是，当伤兵们发现被骗的时候，已经把事情弄僵了，把这个必然性破坏了，以后完全用一个偶然的事件来维系伤兵和农民间的感情，而使他们合作，这未免太过于勉强了，假如姜发祥的家信不于这时送到，而信里又不提起他们在赵家村帮忙秋收，这一结局就成为不可能的，那么，我们的军民合作问题，岂不是功亏一篑了么？

而且，赵廷性格的转变，也非常突然——

……

王　你听呀！"不知家中今年秋收如何？稻子有人帮忙收割否？……"

姜　这个？……（看赵等）

王　（故意）他问今年家里秋收怎么样？有没有人帮忙割稻子？

赵　（正听得兴奋，忽与姜之目光相触，不禁赧然。兴奋起来，对王肩上一拍）奶奶的，别念！走！（再去拾镰刀）

姜　（慌）别走！别走！哪儿去？

赵　（将镰刀塞给王吴）走！走！走！替姜婆婆割稻子去！

……［第一七八面］

我觉得，作者当时如果能够使双方有机会把过去的误会及其原因坦白地提出来，互相了解，而促成其合作，——这样做，如果能够处理得好，也不见得就会流入公式，相反地，它可以强调军民合作的必然性，也可以使伤兵性格的转变更加显著，而增加戏剧的效果。

（四）

此外，在对话的把握上，作者的技术是相当成功的，每个人物的对话，都能够切合其身份和性格，尤其是地方语言运用的恰当，更显得有力。

总之，三幕剧《秋收》是一部优良的作品，在我们的抗战宣传和戏剧艺术上，都有所贡献。但是，部份的缺点还是有的。我们以最恳[①]的态度提出研讨。

本文发表于福建永安《现代文艺》第四卷第二期（总第86—88、78页），

---

① "最恳"，原文如此，疑有脱字。

"民国三十年十一月廿五日"出版。题下有介绍云："陈白尘著·上海杂志公司发行·定价一元四角"。

在现代中国文学史上，巴金的名著小说《家》，经曹禺改编后，早已成为话剧中的经典，两者各放异彩，交相辉映。而艾芜与陈白尘的《秋收》，却较少有人关注。其文学史意义，有待进一步阐发。

艾芜《翻译小说选》杂谈

《翻译小说选》，是艾芜写作生涯中仅见的一个选注本。选注的目的，是为解决这样的问题，即"应该怎样来学习短篇小说"。在艾芜看来，"最要紧的"，是"多读杰出的短篇小说，而且须要重三倒四的精读。从作品的本身，研究出作者写这篇作品的手法来"。"选者更为了想帮助读者增加阅读的兴趣起见"，"故所选的作品，除了在技巧方面可供学习而外，还注意到内容方面"，其中多数篇章，"实和我们今日处在日本帝国侵略下的情形，多少有些相似"。①

一　《翻译小说选》概说

该书共选文十二篇，计有：一、《盒里的人》，[俄] A. 契诃夫作，黎璐译。二、《村妇——历史的插话》，[保加里亚] I. 伐佐夫作，鲁迅译。三、《酋长》，[波兰] 显克微支著，译者不详。四、《野人老娘——写给佐治蒲奢》，[法国] 莫泊桑著，李青崖译。"老娘"，目次中作"老狼"，有误。五、《幽会》，[俄国] M. 高尔基著，荃麟译。六、《一个琴师的故事》，[美国] 哥尔德作，立波译。"哥尔德"，目次中作"果尔德"。七、《庆祝》，[法国] V. 古久列作，梅益译。八、《最后的恩惠》，[英国] F. 詹姆士作，梅益译。九、《上绞刑架》，[亚美尼亚] C. 米凯良作，译者不详。十、《幸运的维采

---

① 艾芜选注：《翻译小说选》，桂林文化供应社1942年版，《序》第6页。

克》，［波兰］望达·瓦雪柳斯加作，小畏译。"瓦雪柳斯加"，目次作"华希莱夫斯卡"。十一、《鸽窠的历史》，［苏联］巴倍里作，耿济之译。十二、《男性的友情》，［苏联］奥尔加·石夫原著，彦英译。每篇小说之后，都有"作者介绍"和"内容说明"，对其"大概内容，以及应该特别注意的地方"，作了"详记"。① 部分篇目，还有原译者所作的"注解"（如《村妇》《鸽窠的历史》）或"注"（如《庆祝》《男性的友情》）。

选本有两个版次。其一，"民国三十一年十一月出版"。据其版权页，选注人：艾芜；发行人：陈劭先；印刷者：建设印刷厂（桂林百岩山）；发行所：文化供应社（总公司：桂林丽君路，总发行所：桂林桂西路，重庆分销处：民权路新生市场三七号）。"〔桂〕实价国币六元五角"。其二，"民国三十六年九月港一版"。选注人：艾芜；发行人：陈劭先；发行所：香港文化供应社（香港大道中卅七号三楼）；印刷者：嘉华印刷有限公司（香港德辅道西一〇八号）；分发行所：各地文化供应社（上海中正中路六八七弄二〇号，桂林中正西路二〇号，广州西湖路一〇二号；南宁兴宁路十二号）。"基本定价三元"。印数：二〇〇〇册。两版除封面有异，内文纸型一模一样。正文计197页。

小说之后的"作者介绍"和"内容说明"，均是出自艾芜之手，但《艾芜全集》无一见录，唯有该书之《序》，收入第十三卷"序跋"类。序言作于"一九四一年三月卅一日"。

二 关于《翻译小说选》的一则广告

《翻译小说选》出版之后，1943 年 11 月 15 日，《新道理》第七卷第一期的"读物介绍"（第 44 页），刊有谢奇的《〈创作小说选〉和〈翻译小说选〉》：

> 上学期，记不清是那一天了。李先生要我读一篇鲁迅的作品：《孔乙

---

① 艾芜选注：《翻译小说选》，桂林文化供应社1942年版，《序》第7页。

己》。我把它读了一半,就丢开了——看不下去呀(!)"没有味道,还是看我的《七侠五义》吧。"我当时这样想。

昨天,我向王同学借书,他给我一本《创作小说选》(荃麟选注,文化供应社印行),顺手把目录一翻,呵,什么《职业》,《艺术干事》,有什么可看的呢,最后我决定看一看聂绀弩的《姐姐》(这个题目引起我的注意,因为我有一个好的姐姐)。一下子就看完了,我觉得,《姐姐》实在好。但是为什么会觉得它好,自己却说不出来。后来翻到后面,看到"本文主题"和"学习要点"的解释,才明白过来了:原来我家里也曾有过像青儿一样的丫头,她的遭遇跟青儿差不多;我读完《姐姐》,心里是受到深深的感动的。这时候我就领悟到,小说(文学作品)绝不是让人看了消遣,而是让人看了以后,认清社会里的好人和坏人,看出光明和黑暗;它是指示人怎样生活,而且怎样去改造生活的。说到这里,《七侠五义》一类的书,倒变成无聊的东西了。

今天大清早,碰到小吴,开头就跟他谈起《创作小说选》。他说这是一本好书,但还有另外一本书值得看看。"是什么书呢"——我问他。他立刻写①出:"翻译小说选——艾芜选注,文化供应社印行。《翻译小说选》里面有一篇《男性的友情》,写得很有趣。你知道,我是爱写一些古怪离奇的小说的,但先生们总是说我写得不好。前天我看完这篇小说,后面的'内容说明'就把我提醒了:我写得不好,就是因为我不懂得社会情形,对生活了解不深刻,于是就画虎像狗,弄巧反拙啦!"这算是他的读书心得吧。

是的,这确确实实是两本好书,对我们初中学生来说,无论是学习欣赏文学作品也好,学习写作也好,都是两种很好的学习指导书。在这里,我愿意把它们介绍给初中的同学们。

《新道理》为"中学生补充读物"。其编辑者:新道理杂志社(桂林丽君

---

① 原文如此。

路北二巷八号）；发行人：陈劭先；发行所：文化供应社（桂林桂西路三十五号，重庆民权路新生市场）；东南总经售：东南出版社（永安复兴路一〇四号）；印刷者：建设印刷厂（桂林百岩山）。细味该文，应是借"我们初中学生"之口，通过讲故事的方式所作的一则广告。

三 《翻译小说选》之外的两篇选释文章

艾芜另有两篇选释类的文章，恐是《翻译小说选》付印之后，未及入集，故单独发表。此两文，《艾芜研究专集·艾芜著作系年（1931—1983）》均有系，而"全集"无收。

一是《草原上》，高尔基著，梁遇春译，艾芜选释，刊《青年文艺》第一卷第一期①（第66—77页）。"民国三十一年十月十日出版"。现将其"注释"部分（第75—77页）移录于后：

> 高尔基年轻时候饱尝流浪生活。这篇草原上②所描写的草原景色以及饥饿情形正可说是来自他的经验。文章的形式，系采第一人称用，③"我"的口气，向读者讲述的。直到文章末尾，才讲明这位讲故事的"我"是跟作者一道躺在医院里，谈天的时候，把故事讲出来的——藉以表明讲述故事的我，并非就是作者本人。高尔基在我的文学修养一文内，说"一个把我在乞尔加雪所描写的故事告诉我的奥特沙流浪汉，我和他在尼古拉市（海尔生的）医院一起住过，他的笑脸我记得很明白"。虽不能说这篇草原上的故事，就是那奥特沙流浪汉告诉的，但对这篇小说构成的形式，却可以说至少是给了一些暗示。
>
> 草原上这篇故事，主要是歌诵流浪的赤脚汉，所谓一批异常的人们。为什么他要赞美这些人呢？让高尔基自己来答覆吧，他在我的文学修养

---

① 主编：葛琴；发行人：罗洛汀；发行者：白虹书店（桂林中南路七十五号）；印刷者：三户印刷社；经售者：全国各大书店；昆明总经售：上海杂志公司；成都总经售：原野书店。
② 原文如此，无书名号。以下同。
③ 逗号当在"用"之前，排印有误。

一文内讲到某些流浪汉时说"这些人大半都不健康，酒精中毒者，动不动吵吵闹闹，虽然如此，在他们中间，都有友谊的互助心，自己挣来或偷来的，不管什么都一起喝掉，吃掉。我觉得，而且看出他们过着比'普通人'更恶的生活，可是都比普通人好。为什么他们是这样的呢？因为他们没有贪心，也不互相倾轧，也不想积蓄钱财"。又说"流浪汉中有许多怪人。他们有许多地方，我看了不满；但是有一点我很喜欢：他们从来不对人生发怨，以非常嘲讽的态度，谈'俗人们'的幸福生活，而且心中从没羡慕之意。这并不是因为'眼睛看着，牙齿不嚼'，而是因为自夸的缘故，他们尽管干着恶营生，而自己却好似以为比那些干'好'营生的人，要高明得多"。

在草原上，高尔基是写三个流浪汉。两个是赤足的，照故事中讲述者的口气说来，便应该是一对"十足的赤脚漂泊者"，另一个，在流浪汉方面看来还是不大够格的，自称为莫斯科大学的学生，尚不习惯于赤足，所以和同伴一道漂泊的时候，还设法自造一双草鞋来穿。他身上仍旧带着不少所谓普通人的毛病。在两个赤足的流浪汉中作者拿一个来讲述故事，使其退居到不重要的地位，而将一个做过兵士的赤足流浪汉，和当过学生的人，在故事的进行中非常显明地对照起来。

高尔基当①这两个不同的人物，并不像果戈理写《死魂灵》中那些地主的手法，先把个性作一概括而又具体的说明，介绍跟读者认②，然后让事实一一去印证，而是在故事的发展过程中，藉人物自己的言语举动，暗自逐一地表现出来，使读者看完全篇故事之后，才能对人物的个性，有着深切的认识，谁是可憎谁是可爱的。

我们看做过学生的流浪人，作者开始描写他的时候，虽然也约略对于他的个性有着一点点说明。"一个短小清瘦的人，薄薄的嘴唇总是带着猜疑的神气，紧锁着。"这种表露出来的猜疑神气，使读者可以想像他是

---

① 应是"写"之误。
② 此处应有"识"字脱落。

个精细伶俐，肚子里很有打算的人，也可以想像他是个阴险狠毒做事极厉害的人。但和果戈理的介绍马尼罗夫梭巴开维支等性格，却是完全不同的。果戈理是讲得很详细很具体，这只能说是一点暗示罢了。

在故事的发展过程中，我们从人物的言语行动首先看见"学生"是极精细伶俐的。他们碰见细木工的时候，学生就能料定细木工"必定有面包，因为他在草原里歇下"。等到细木工开枪威吓，叫他们不逼拢过去，"学生"又说："他带手枪旅行，分明他身边没有东西。"做过兵士的流浪人只推想细木工带有猪油猪肉，"学生"便能更有理由的料定"他必定有，因为这些面包带了肉味"。听见细木工说是回到一别四年的家乡，"学生"就断定说，"他身上一定有钱"，到这里，才由"兵士"的嘴对学生的性格作出一种说明"你真伶俐"。

其次"学生"行动上是个怯懦的胆小的人。他们明知细木工会开枪伤人，但为了饥饿不得不冒危险去抢夺面包的时候，"兵士"跳起来说道："我们去罢"，学生站起来，便比较慢一点儿。他俩跑去，学生就稍微走在后面些。

再其次，学生是个残酷的阴险的人。细木工发着热病大声呻吟，扰人清睡的时候，兵士拿粗话咒骂他，学生却提议"给他一拳吧"。大家都睡熟了，学生偷偷地把病人弄死，将他的钱摸去，并且背弃同伴逃走，使同伴陷到不利的地位。

兵士这个人物，作者写他的时候，关于性格的说明，就连一点暗示也没有。全由故事的进展，去刻画他的个性。在故事里面我们看见兵士是勇敢的鲁莽的，喜欢笑，嘲骂起人来有着不少的粗话，但不欺压辱[1]者。他们去抢细木工的面包，细木工对他们开枪，兵士大冒其火，嘴里喊"你这魔鬼，我要报复一下"（,）但是发现"那个魔鬼坐不住躺下了，伸出他的四肢，喘气着"（,）兵士便没有下毒手打他了。兵士做事公平，他们头一次得到细木工丢过来的面包，学生的一份多了，兵士便

---

[1] 此处似有"弱"字脱落。

分他一点跟别人。兵士不贪钱，他吃饱之后，告慰病着的细木工，说是吃了你的面包有什么要紧（,）"我知道你有钱"，明天就可以到倍勒科普买到。毫没像学生似的，要夺光病人的所有。兵士是爱自由的，他躺在（草）原上，望着星空说："我喜欢流浪的生活，好朋友，那是挨着饥寒，但是很自由。你没有什么上头人管着你——你是自己生命的主人。你可以把你自己的头吃去——谁也不敢向你抗议一声。"兵士对同伴是充满关切和友爱，对背叛同伴的人，怀着无限的憎恶。把故事看完之后，我们非常同意作者借讲故事人的嘴巴说的那些赞美士兵的话："他是个仁慈的，有经验的人，一个十足的赤足漂泊者，我敬重他。"

这篇作品的背景，在自然方面，是草原的景色，在人事方面是难堪的饥饿。作者不仅把午后黄昏晚间以及早上的草原景色，很美丽地绘画出来，同时还把自然的景色和饥饿连在一道。流浪人看见淡紫淡红的云彩，便将它当成蔓越橘①的果冻加上牛乳，这是最合情理的。这篇故事的产生，直接由于饥饿，间接由于荒无人烟的草原。抢吃人家的面包，依世俗的道德讲，乃是不可原宥的，但在荒无人烟的草原而又正当肚子饿得来想把泥土也吞下去的时候，要求生存的本能便超出世俗道德的范围了，不能拿人为的标准去批评的。我想没有读者不同意兵士的话，"那算得什么，我们吃了你的面包——你有面包，我们没有，所以我们吃你的"。作者在写兵士讲这些话语之前，尽量写着饥饿的难堪情形是非常好的，因在饥饿才能改变一般世俗冷酷的道德标准。

二是《Ahcho 与 Ahchow》②，贾克伦敦③著，蒯斯曛译，"艾芜选译"④，

---

① 蔓越橘，又称蔓越莓、小红莓、酸果蔓。原称"鹤莓"，因其花朵很像鹤的头和嘴而得名。是一种表皮鲜红、生长在矮藤上的浆果，主要产于寒冷的北美湿地。
② 原译文刊于《东方杂志》第 27 卷第 17 号（第 105—114 页），"民国十九年九月十日"出版。署"美国贾克伦敦作，蒯斯曛译"。
③ 现通译作杰克·伦敦。
④ "译"，"释"之误。

刊《青年文艺》第一卷第四期①（第87—100页）。"民国三十二年三月十日出版"。现将其"注释"部分（第97—100页）录于后：

  贾克伦敦作的这篇小说，Ahcho 与 Ahchow，内容是这样的：在太平洋中的法属塔堤希群岛上，英国人组织农场，种植棉花，雇用五百个中国工人。有一天，中国工人在茅屋中打架，阿三把庆高杀伤两刀。阿 Cho 阿 Chow 他们四五个人听见打架声音，便赶忙跑去看。接着，管理中国工人的德国人显满，也拿着皮鞭跑去镇压。阿三杀伤庆高，就抽身跑了。显满到来，只见阿 Cho 阿 Chow 他们便把他们当成凶手，拿起皮鞭就一顿乱打，跟着还把他们一齐逮捕了。

  中国工人大家都知道杀伤庆高的真正凶手是阿三，但却没一个人肯说出来，就连无辜被押的阿 Cho 与阿 Chow 他们也坚不吐实。法国殖民地政府的法官，只得根据德国人显满一面之词就把阿 Cho 与阿 Chow 他们糊里糊涂判决了。阿 Chow 给显满的皮鞭打伤得最重，便认为是个首犯，判处死刑。阿 Cho 也给显满的皮鞭打伤得不轻，但同阿 Chow 一比，伤势只算第二，因此判处徒刑二十年。

  阿 Chow 判处死刑之后，便由当地的宪兵部长［派］人押去农场，杀头示众，以警效尤。法官发公文到监狱去提人的时候，竟因一时疏忽，把该提出的首犯阿 Chow，少写了一个 w，致使监狱方面按名提人，就把阿 Cho 交跟宪兵。阿 Cho 知道错提了他，便叫押他的宪兵葛勒夏也渐渐明白。但葛勒夏是个畏惧长官，严守纪律的粗人，他怕耽误押去的时间，会给宪兵部长责骂，便不敢转去掉换。

  到了要杀头示众的地方，阿 Cho 作着最后的挣扎，控诉他的冤枉。宪兵部长和德国监管人显满，也看出提错了犯人，但因五百个华工，专门息下工来，看这杀头的惩罚，已经耽误不少的工作，如何再能叫他们

---

  ① 据该期版权页，发行者白虹书店已迁至桂林体育场美仁路十六号，总经售处则改为重庆建国书店。

白等下去呢，便主张只好随便把阿Cho杀了算事。而且认为错杀个把中国人，有什么要紧呢。

于是这个善良的中国工人阿Cho便这样无辜地给他们杀了。

贾克伦敦写这篇故事，却并不是照上面讲的那样平铺直叙，而是费了一番剪裁工夫的。所以小说的开始，是阿Cho他们在法庭受审的时候。利用审问之后，宣判之前，那一段短短时间，由阿Cho对于法官的感想，兼引起此案发生时候的回忆。小说开始的头三段，便是这样的。第一段阿Cho在法庭思索，认为法国人愚蠢，很简单的事情，竟然审问不出。藉此，就很自然地叙述出五百个苦力中有一个叫阿三的犯了杀案。第二段，阿Cho以为自己的被捕，是无论如何会没有罪的。顺便就叙述出庆高遭杀的情形。第三段，阿Cho想着他的口供和显满的控告，认为自己会被释放，同时，显满逮捕他们的简单经过，也趁此叙述出来。第四段，却由作者的口气，讲出阿Cho所不知道的事情，在经济方面，主有农场的英国公司，因为花了很多资本，尚未赚回钱来，不能让工人之间，开启互杀之端，懈怠工作。在政治方面，法国殖民地的政府，要叫它所□治的□隶，畏惧官长，懂得法律的厉害。这一来，阿Chow以为冤枉被捕，可以无罪释放的案件，结果便成为相反的了。第五段，接着说阿Cho不知道第四段讲的事情，就继续在法庭上思索，回忆到他先前来塔希提的情形，并回到祖国去的希望。第六段，讲阿Cho在塔希提做工，离他最后的希望只有两年，不幸事件发生，坐了三礼拜牢，现在一判决又可回去做工了。这仍然是在写阿Cho在法庭上的想头。第六段，由作者的口气，具体而又扼要地把阿Cho良善的个性介绍出来。这使我们明白阿Cho在法庭上那番乐欢①的思索，原是有着根据的。

以上六段，把阿Cho的个性，一生的希望，来塔希岛的情形，这次遭受冤枉的经过，以及对法庭审问的观感，都说了一个大概。第七段第八段第九段由作者来介绍德国人显满，因他平素监管阿Cho，而这次案件

---

① 原文作"歓"，应是"覌（观）"之误。

发生，也是由他拘捕阿 Cho 的，阿 Cho 有大部份的命运，是握在他的手里。第七段，讲显满的性格，和他平素管理中国工人□威风。第八段，讲显满在这案件发生之前，曾一拳打死过一个中国工人，并中国工人对他的畏惧。第九段，写显满打死中中①国工人，叫医生写个证明书，说是中暑就算了事。

第十段，又回到阿 Cho 身上，写他仍在法庭上默想。从对法官的不了解，一直想到先前的所见过外国人，以及天天在农场上见面的德国人显满，他们的言语行动都一贯地使他难于捉摸。第十一段，阿 Cho 在法庭上，判决等烦了，奇怪为什么判得那么迟，他想，事情的经过，不是简单？藉此，又把阿三杀庆高，显满来逮捕阿 Cho 及其同伴的详细经过，像电影一样地，一幕一幕回忆出来。

第十二段，法官的宣判，根据显满打他们伤痕的轻重，判了他们的徒刑死刑。这显示出了法国政府，草菅人命，但法国殖民地政府却在法律方面经济方面，都完成了它的目的，而阿 Cho 乐观的想头，便悲惨地遭到了粉碎。

第十三段，阿 Cho 对于这件无理的残酷判决，是用逆来顺受的观念来接受的。坐二十年牢没有关系，最后所想望的东西，年老的休养，与乎悠静的花园，终究会来的。

判决之后，应该是执行的时候了，该流放到荒岛去的，便送到荒岛去，该押去杀头的，便押去杀头。然而，者②还不急急于这一公案的了结，他要把故事中很有关系的人物，即是押送犯人的宪兵，一个叫［做］葛勤③夏的，先作一番介绍。这便是第十四段的文章。葛勒夏性格迟钝蠢笨，严守纪律，畏惧长官，平素对管他的宪兵部长，比上帝还要怕些。

---

① 其中一"中"为衍字。
② "者"，"这"之误。
③ "勤"，应作"勒"。

第十五段，审判庭长发文叫监狱交首犯阿 Chow 与葛勒夏，押去杀头，却因［夜］来酒吃多了，手颤眼睛疼，把阿 Chow 的 w 签落了，结果被提出去杀头的，不是首犯阿 Chow，而是只判徒刑二十年的阿 Cho 了。

第十六段，阿 Cho 又在发挥他的乐观见解，以为葛勒夏把他提了出来，坐在马车上，走在阳光照着的原野里面，是显满看重他会做工，又叫他回农场去了。所以一路上很是高兴，这使得葛夏大为勒①奇异起来。到这里，以下的（第）十七段文章，作者便用人物直接的谈话来表现，从"你真有趣"起，一直到"你看，这是个错误呀！——阿 Cho 说，愉快地微笑着"止，阿 Cho 从葛勒夏口中，明白他是押去杀头，不是放回去做工，同时又竭力使葛勒夏知道，押他去杀，乃是出于错误。

第十八段第十九段，是讲葛勒夏对于这个错误事情的见解。在第十四段，作者预先介绍过他的性格，说他愚笨畏惧长官，那末，在这里他宁愿将错就错，免得给宪兵部长责骂，当是极其自然的事情。从这点，也可看出作者有着他精密的计划，前后的文章，是有机地作着呼应的。

第二十段，阿 Cho 见宪兵打他，不准他辩解，还是押他去杀头，他那一生可能实现的美梦，便从此不能达到了，这使他一向什么能忍的胸怀，不禁为之惊慌起来。他竭力找阴骘文中安于命运的话，来宽慰自己，然而，也无效，那个一生希望的娱乐晚景的花园，实在太诱惑他了。最后沉入梦幻的花园里，忘记了眼前残酷的现实，才暂为安静了。

第二十一段，阿 Cho 押到断头台去，显满叫农场上的中国工人，来受这血的教训。中国工人们看出错杀了人，但并不替阿 Cho 辩明，他们只以为外国人做的事，使人难于了解。这和前面第十段，阿 Cho 对于外国人的言语行动，感到莫名其妙，是有着呼应的，亦即是起着有机的联系。

到这里，作者还不把阿 Cho 立即杀了，如果杀了，不过只显出德国监督人的野蛮，法官的糊涂，审判庭长的疏忽，宪兵的畏法而已。作者还要更进一步将残酷的现实，尽量暴露出来，即是法国殖民地的官吏，

---

① 排印有误，当作"葛勒夏"。

以及在农场做监督的德国人，不仅糊里糊涂地杀死一个无辜的中国工人，而且为了某些利益，竟然有意要把无辜的中国工人杀了。在第廿二段中，显满试他自造的断头机时，阿Cho便趁机会辩明他不是该杀头的阿Chow，宪兵部长和显满都认识出来了，但一个为了要快点去会他的情人，一个不肯再叫大群华工牺牲工作时间，便都不愿意把阿Cho送回去，再押阿Chow来。于是只好明知故犯，把无辜的阿Cho，拉上断头台。但阿Cho为了他将来养老的花园，他不能顺受下去，他作最后的抗辩。显满是非要完成杀头示众的计划不可的，对于这个抗辩者，便使出平日打人最厉害的拳头了。"要是你再开口的话，我要打碎你的头颅了。"这和前面第八段讲显满一拳打死一个工人，是有照应着的。

第二十三段，阿Cho给拳头吓着不敢说话了，他想着洋鬼子老是姿①所欲为，难于理解，也难以理喻的，便只好无可奈何地由人家捆着。这和前头的第十段第二十一段是一脉相通的：即洋鬼子的言语行动，使人难于捉摸。这是阿Cho消极方面静下去了。但还是不够，作者再使他得到积极的安慰，就是沉入他幻想的花园里面。然而这并不是生硬的安排，乃是阿Cho本人能够如此的。他在前头二十段内，宪兵葛勒夏不准他申辩时，就曾经这样地以幻梦来忘掉现实。可是这幻梦并没有继续好久，所以最后一段，仍然叫他看见可怕的遭遇，刀在头上面闪耀。而且到最后弄明白宪兵葛勒夏说错了，"刀并不是呵肉痒"。而是什么呢？——最惨痛的呀！

这篇小说的题目，是阿Cho与阿Chow两个人，但实际上却是写阿Cho这一个人是怎样死的，亦即是写一个善良的中国工人在法国殖民地是怎样被压迫死的。作者暴露这一惨痛的事实，是采取循序渐进的方式，使读者对阿Cho的同情，对法国殖民地政府的怨怒，一级一级地高涨起来，如登塔一样，一步一步地爬上去，越爬得高越看得广大。第一步，德国人显满野蛮［暴］虐，致使阿Cho无辜被打被捕。第二步，法国殖

---

① "姿"，应作"恣"。

民地官吏糊涂可恶，竟依显满打伤的轻重，判阿 Cho 二十年徒刑。第三步，审判庭长草菅人命，一笔的疏忽，便把阿 Cho 弄成死刑。第四步，押送阿 Cho 的宪兵葛勒夏发现错误了，畏惧长官，不准犯人申辩，由他无辜去受戮。第五步，宪兵部长也知道错提犯人了，但因一心要赶去会他的爱人，不愿多事麻烦，把犯人换过。这就比葛勒夏更加可恶了，葛勒夏是因为怕受责骂，而他宪兵部长却是为了娱乐。第六步，便达到了最高的地方，显满为了怕多费工作时间，竟用拳头的威吓，强迫无辜的阿 Cho 去接受可怕的惨死。

小说中最主要的一点暴露，是法国殖民地的官吏，农场监工□德国人，以至于宪兵葛勒夏，他们都把中国工人不当成人，而可以随便像牛马一样地鞭打宰杀。有了这一点，读者可以明白阿 Cho 之受虐待，被无辜处死，就并非由于偶然，由于疏忽，而是当局者明知故犯，全有必然性的。作者关于这一点，曾在文中屡次加以说明。在第九段中，有"死了的中国人有什么关系？呵，他不过是个中国人吧了"。在第十八段中有"说来说去，这不过是个中国人罢了，一个中国人是什么东西呢，无论如何？"在第二十二段中，有"让我们照样把这事做过去吧，这不过是个中国人罢了"。

看了这篇作品，我们立刻懂得作者贾克伦敦是非常同情中国工人的。他是美国人，一千八百七十六年一月十二日，生于旧金山，死于一千九百十六年。从他逝世到现在，已经二十六个年头①了，但他在品②上留给我们中国人的友情，还是热蓬蓬的。他小时候，生长在穷苦的家庭，□他父母的十个孩子中最小的一个。八岁到十岁这个期间，在街头卖过报，在牧场看过牛羊，在［罐］头食物装置厂，苧蔴场做过工。以后，到海上去，在帆船上当一个小水手。不久又改业做捕鱼的渔夫。还当几天侦缉破坏渔业的巡查。回到加里福尼亚做了一向铲煤和运煤的苦力。又进

---

① 据此可推知本文的选释是在 1942 年。
② 当是"作品"。有"作"字脱落。

苧蔴工厂，他虽然在过漂泊的生活，做辛苦的工作，但暇时就不断地读书，更爱读社会学一类的书。到后来，还到加利福尼亚大学去读过一年，一面到洗衣场做工赚钱来维持自己的学费。实在支持不了的时候，就离开大学，到山上去做矿工，社会需要他更多的作品时，他才放下了手里的铲煤的铁铲。他的最著名的作品翻译成中文的有野犬的呼声等。

四 对《翻译小说选》的补充说明

接下来，读者也许会发生这样的兴趣：艾芜既然在选注翻译小说，其外语水平究竟如何？1943年6月6日，艾芜在致只青（即沙汀）的信中，谈到有关翻译的问题：

穆（木天）① 译的《勾利尤老头子》② 尚未出版，施兄③译的蓬斯④的书却出了一册（共三册），当买一本，由书店寄你。此公司同我不很

---

① 桂林时期，艾芜曾应三户图书社之约，为之主编《文学丛书》。丛书之二，为《巴尔扎克短篇集》，译者：穆木天；发行者：三户图书社；印刷者：三户印刷社，发行所：桂林中北路一〇七号；初版：1942年12月。收文五篇：《石榴园》《信使》《刽子手》《再会》《不可知的杰作》。关于"文学丛书"，目前所能查证的还有：《磁力》（沙汀），收小说五篇，附论文一篇，1942年9月初版，系丛书之一；《乡井》（王西彦），收短篇小说八篇，1942年1月初版，系丛书之三；《伴侣》（葛琴），收小说十篇，1943年8月初版，系丛书之六。王毅《艾芜传》（北京十月文艺出版社2005年版）对此也有叙述："皖南事变"后，"读书生活出版社改为晨光书店，生活书店改为三户图书社"，"三户图书社的负责人贺尚华，对于出文艺书籍还很犹豫，艾芜主动要求帮他约稿和编辑，申明不要编辑费，他才终于同意，于是出版了陈翔鹤、沙汀、王西彦的书，后来眼看桂林要沦陷，这套文艺丛书才告结束"（第236页）。不过，此一时期，陈翔鹤所出书籍名《鹰爪李三及其他》，短篇小说集，桂林丝文出版社1942年10月初版。收文：《古老的故事》《鹰爪李三》《傅校长》和《一个绅士的长成》。2017年5月20日，《艾芜资讯》第十四期曾发表吴永平《艾芜致姚雪垠书信二札》，文中说道："艾芜在桂林时为三户图书社主编过'文学丛书'，该丛书曾收入沙汀的《群力》《拾粒》，王西彦的《乡景》及穆木天的《巴尔扎克短篇集》等"，并云"该丛书已于1942年底出齐"，至于丛书"第二辑"，则"未编成"，原因在于"1944年初艾芜因避害移居重庆，丛书的编辑工作未能继续下去"（第2页）。此说可议之处较多。今检《中国现代文学总书目·小说卷》（甘振虎、刘莲珍、阮文兵等编，知识产权出版社2010年版）及《中国现代文学总书目·散文卷》（俞元桂、姚春树、王耀辉等编，知识产权出版社2010年版），沙汀并无《群力》《拾粒》出版。二者或系"磁力"的音近而误。其余文字，亦有许多疑点。

② 即《高老头》，上海文通书局1951年3月出版。

③ 其人待考。书信整理者或辨认有误。

④ 穆译《从兄蓬斯》，即《邦斯舅舅》，桂林丝文出版社1943年5月初版。

好，如像先前倒可以要一本送你。他译的《欧也妮·葛朗台》①，我拿英译本对，错误很不少。他译的时候，是一面读一面译，先不看一道。开首的献词：英文是说从未知的"园子"摘来的黄杨枝，穆译的是说不知从哪株"树子"。正文第一句是说"比什么"还阴郁，穆译"同样"忧郁。这些还是小毛病，另外还有莫名其妙的句子：葛朗台具有青铜一样的性格，英文却说是没有恻隐之心，因为"青铜"这一英文字，实在含有以上两种的意义。更奇怪的是，出于他的自造，如描写苏缪尔街景，说从前时候，有一个人走过那条街上，遭到楼门挨户的戏弄（穆译的大意）。英文却说是每个走过街上的陌生人，都遭到讥刺的注视（以上都是仅就记忆写的，其余错误颇不少）。穆译根据法文，但英译者决不至于如此的糟。据方敬讲，卞之琳译纪德的《窄门》②，对穆译③错误也很不少，卞译是根据法文的。《战争与和平》已有全译本，在重庆出版的④，运来桂林，我已看过一遍。后半部议论太多了点。高译较郭译真实，但文句生硬得多。彭译⑤文原是根据俄文的，我也拿最好的英译本（毛德夫妇的）对过，有掉句，也有错误。如开始第二段最后一句："两人的心灵、气氛是多么高雅呀！"英文是："两人兴致很好！"因为句子里面的成语容易被人误解。写到这里，想起沈起予译的一篇高尔基的论文⑥，内中引有草原上的文章，我拿英译来对，不但无中生有，添些句子进去，而且连"草原"一词 steppe，也译成"足步"step 了。第一句"风从'草原'上吹过"，竟弄成"风从'足步'上吹过"。看见译者随便在译书，很想把

---

① 穆译题作《欧贞尼·葛郎代》，商务印书馆 1936 年 10 月出版。
② 桂林文汇书店 1943 年 5 月初版，"世界艺术名著译丛"之一。
③ 穆译《窄门》，北新书局 1928 年 11 月出版。
④ 郭沫若、高地（高植的笔名）合译，五十年代出版社，1941 年 12 月—1942 年 11 月，4 册。"书前有《郭（沫若）序》、高地的《译校附言》及英国毛德的《论战争与和平》。书末附人名索引。重庆版第一至三卷初版时间分别为：1941 年 12 月，1942 年 7 月，1942 年 9 月；第四卷不详。本书实际上系高地据原文本并参照毛德和 Garnett 的两种英译本译出，因前半部参考了郭沫若的译本，并经郭氏校读，故译者提出与郭联名刊行。"参见北京图书馆编《民国时期总书目·外国文学》，书目文献出版社 1987 年版，第 256—257 页。
⑤ 待查，或有误。
⑥ 此文待查。

外国文弄好一点，就是没有多的时间。①

从上可知，艾芜的英文具有相当的功底。而据黄莉如、毛文的《艾芜年谱（一九〇四年至一九四九年九月）》，1925年秋，艾芜到达昆明，在红十字会（位于翠湖边肴美居巷内）当杂役，并"在英文夜校补习英语"②。正是通过这种途径，艾芜在英语方面取得了不小的进步和不菲的成绩，实在令人心生敬意。

现在再回到该书的题名。"翻译文学"这一学术概念的正式确立，是在20世纪八九十年代。它既不等同于外国文学，又不等同于本国文学，而是介于两者之间的文学形态；同时，它既有异域文化的本质特征，又带有译者本土文化的明显特征，因而具有中介性和跨界性。2004年夏，在威海召开的全国比较文学教学研讨会上，即有学者提出：大学教学中应以翻译文学的名目代替现在的世界文学，由此可见，翻译文学的概念已经深入人心。艾芜在选释这些作品时，未以"外国小说选"来命名，而是较早使用"翻译小说"的名称，其初衷，可能是为了区别于邵荃麟选注的"创作小说"，但也恰是其潜藏的学术意识的自觉表露。

五 "中学略读文库"简介

最后，需要补充介绍的是，《翻译小说选》曾列入"中学略读文库"，两版的封面都有标注。所谓"略读"，即今之泛读。据吴永贵著《民国出版史》，该文库知见种数为8种③，有桂版和港版。《翻译小说选》《创作小说选》等书的封底，有"注解详明"，也曾开示"中学略读文库"的书目，包括：《名人传记》（赵家晋、张声智选注）、《现代名人演讲录》（李志曙选注）、《创作小说选》（荃麟选注）、《翻译小说选》（艾芜选注）、《话剧选》

---

① 艾芜：《艾芜全集》第15卷，四川文艺出版社、成都时代出版社2014年版，第9—10页。
② 黄莉如、毛文：《艾芜年谱（一九〇四年至一九四九年九月）》，《四川大学学报》编辑部编《四川大学学报丛刊第十二辑：四川作家研究》，四川人民出版社1982年版，第83页。
③ 吴永贵：《民国出版史》，福建人民出版社2011年版，第179页。

（文宠选注）、《游记选》（林举岱选注），共七种。现略作介绍。

一、《创作小说选》，荃麟选注，桂林文化供应社1942年6月初版。收短篇小说十篇，分二辑编排。第一辑：《职业》（萧军），《县长家庭》（丁玲），《新生》（张天翼），《艺术干事》（沙汀）；第二辑：《回家后》（艾芜），《枪》（刘白羽），《姐姐》（聂绀弩），《某日》（吴组缃），《麻雀》（立波），《至尊》（谷斯范）。254页，有选注者序。1943年4月桂林再版，封面作"初中略读文库"。1947年9月港一版。

二、《游记选》。其一，举岱选注，桂林文化供应社1942年11月初版，131页，32开。收《大地山河》（茅盾），《从昆明到重庆》（冰心），《辰州途中》（沈从文），《长安居》（老戈），《垣曲风光》（卞之琳），《公路礼赞》（佐良），《太行小西麓的旅行》（丁文江），《再渡阴山》（长江），《青岛海景》（蹇先艾），《灵峰道上》（萧乾），《伪满逗留记》（温途），《中东路上》（基许著，沈端先译），《西伯利亚》（徐志摩），《我的旅行记》（胡愈之），《瑞士》（朱自清），《青湖纪游》（〔俄〕尼古拉·确木努易著，鲁迅译），《登富士山》（凌叔华），《莫斯科的运动大检阅》（韬奋），《战后雾中的伦敦》（梁启超），《重游北美的几点感想》（陈衡哲），计二十篇游记散文。每篇后有作者简介及注释。有编者题记。其二，葛琴选注，1947年10月港一版。本书内容与1942年举岱选注本基本相同。

三、《名人传记》。其一，赵家晋、张声智选注，桂林文化供应社1942年12月版。共十二篇。介绍卢梭、马克思、昂格斯（即恩格斯）、列宁、孙中山、牛顿、爱迪生、詹天佑、托尔斯泰、高尔基、鲁迅等十三人。有《序言》。其二，赵家晋、张声智选注，1947年7月港一版。

四、《话剧选》。文宠选注。桂林文化供应社1943年2月出版，1948年8月沪新一版，218页，32开。收《秋阳》（张庚），《冬夜》（夏衍），《母亲的梦》（李健吾），《压迫》（丁西林），《驿站》（〔苏〕乌利亚宁斯基），《早点前》（〔美〕奥尼尔），《蠢货》（〔俄〕契诃夫），《安娜珍丝加》（〔英〕萧伯纳），《室内》（〔比利时〕梅特林克）等九篇中外话剧剧本。

篇末附作者介绍和作品说明。有选注者序。1947年7月港一版。

五、《散文选》，葛琴选注。桂林文化供应社1943年7月出版。收文九篇：《白杨礼赞》（茅盾），《我的路》（曹白），《上海》（巴金），《由日本回来了》（郭沫若），《猫》（夏丏尊），《狗》（靳以），《黑夜》（萧红），《私塾师》（陆蠡），《一只小羊》（萧军）。每篇后附"作者介绍""内容提要""学习要点"。有选注者序。

六、《书信选》，莫一庸选注。桂林文化供应社1943年11月出版。选收名家书信二十八篇。分家庭、社交、论争、抒情等类。107页。书前有编辑旨趣。

另外则是《现代名人演讲录》，荃麟《创作小说选》再版本的"注解详明"，说明"全书已络续出版"，该书自然应在其中。但据杨益群、王斌、万一知等编著的《桂林文化城概况》，仅署"文化供应社1942年出版"①。具体信息不详。

艾芜《文学手册》及其批评

《文学手册》作为艾芜的代表作之一，长期以来受到忽视。不过，它所表达的文学观及其价值，已为冯宪光、曹万生、张建锋三位学者分别阐发②。

---

① 杨益群、王斌、万一知等：《桂林文化城概况》，广西人民出版社1986年版，第380页。
② 参见冯宪光《艾芜〈文学手册〉的价值》，该文作于"一九八四年五月三日夜"，发表于《抗战文艺研究》1984年第4期（11月15日出版）；曹万生《从艾芜的〈文学手册〉看他的文学观》，刊《重庆师范学院学报》1986年第1期（4月2日出版）；张建锋《艾芜〈文学手册〉的价值》，载《蜀学》第三辑，巴蜀书社2008年版。此外，这一时期有关《文学手册》的书评也多见诸报端，如湘波的《〈文学手册〉》，发表于1981年9月12日《人民日报》；海粟的《"文学永远是服务于大多数人"——读艾芜的〈文学手册〉》，刊1982年1月31日《四川日报》；海粟的《启蒙老师和引路人——重读艾芜〈文学手册〉有感》，载1982年2月4日《成都晚报》（《艾芜研究专集》，第691页）。艾芜日记也有相关记载。如1982年1月31日，"《四川日报》的副刊登有介绍《文学手册》的文章"（《艾芜全集》第18卷，第370页），即是海粟的第一篇书评。

一 关于《文学手册》

该书有初版本和增订本两种，龚明德《艾芜〈文学手册〉的版本》曾详述其流变。笔者现据手头所有的三个版本，略作补充。其一，《文学手册》，正文加后记计 135 页。"民国三十年三月初版，七月再版"，实价国币一元六[①]角；发行人：陈劭先；建设印刷厂（桂林百岩山）印刷；文化供应社（桂林丽君路）发行。其二，《文学手册》（增订本），正文加后记计 221 页。"民国三十年三月初版，民国三十二年十二月增订七版"，价格未标；发行人：万民一；印刷者：［桑］记西南印刷厂（桂林张家园）；发行所：文化供应社（总公司：桂林丽君路；总发行所：桂林桂西路；重庆分销处：民权路新生市场四四号）。其三，《文学手册》（增订本），正文加后记计 221 页。"民国三十五年四月港一版"，基本定价四元五角；发行人：陈劭先；印刷者：大千印刷出版社（香港干诺道中一二四号）；发行所：香港·上海·广州·桂林文化供应社。

（一）初版本和增订本的《后记》

两版的《后记》，对于成书的缘由与修订的经过，都有说明。不过，两者未见同时出现，故此处一并移录。另外，艾芜尚有《关于〈文学手册〉增订本》（原载《文化通讯》二十五期，1943 年 4 月 1 日出版。《文化通讯》是桂林文化供应社刊行的"出版报导月刊"）和《〈文学手册〉重印后记》（1980 年 12 月 16 日于成都；湖南人民出版社，1981 年 6 月出版），可参见《艾芜研究专集·艾芜的生平和创作》及《艾芜全集》第十三卷。

初版本《后记》

由爱好文艺而从事写作，在这一段路上，我自己的确像瞎子一样，是摸索着走的，而且也走了不少的冤枉路。但终于没有迷途，还能向一

[①] "六"的旁边又改为"五"。

个文艺工作者应走的路上走去，这不能不感谢一些前辈作家的。他们谈的文艺修养，谈的创作经验，虽然有时只走短短的一段，但也像黑夜中的火炬似的，照见了我们应走的路，使我们不致摸索，感到迷茫。

现在我写的这一本书，便是把过去许多作家的经验之谈，有系统地编在一块，仿佛在黑夜的路上，沿途安置无数的火炬似的。希望有爱好文艺而又愿从事写作的友人①，不致再像我似的胡乱摸索，走许多冤枉路。

又这本书，是偏于文学修养一方面，目的在于帮助文学爱好者，从事文学修养的基本工作，故关于专门详细讲论诗歌，小说，戏剧，文艺思潮以及文学史之类，都暂时划在本书范围以外。

在这抗战时期，参考书不容易找到，幸赖友人多方帮助，才勉强编成了这本小书。如巴夫林林徐西东芦荻刘麐孙陵陈迩冬②周钢鸣诸兄，都能把他们心爱的书，放在我这里有数月之久，是不能不深为感谢的。又云彬兄代查参考材料③，亦极使作者感激。

一九四〇，十二，十三日

增订本《后记》

这本《文学手册》增订本是根据作者去年出的《文学手册》来改写的。因《文学手册》出版一年后，多蒙友人爱护，得到不少的批评，又蒙读者不弃，来信提出作者未曾谈及的其他问题。同时作者亦感觉有好些不满意的地方，故将其尽量改订，该补充的加以补充，该改写的加以改写。所费时日和精力，亦差不多和写《文学手册》相等。

可是也不敢说，经过这次的改写，就成为完善的了。我希望友人和未见过面的读者，尽量地指教，使这本书改版时，再为修改。

又写《文学手册》时，所引用文章，只写出作者，译者则未一一指

---

① 龚明德《艾芜〈文学手册〉的版本》（以下简称"龚文"）在移录时，"友"字脱落。
② 龚文作"陈尔冬"，有误。
③ 龚文作"资料"，有误。

明，本拟这次改写时逐条加入，只因好多书时常是借的，不便再行借来参考，以致无法补进，故此深感不安，除趁改写时道谢外，并望见谅。

一九四二年四月十二日

正因为《文学手册》是"偏于文学修养一方面"，所以如贺昌盛主编的《中国现代文学基础理论与批评著译辑要（1912—1949）》（厦门大学出版社，2009年11月）即未收录，似乎并未将之视为"文学基础理论与批评"。

（二）初版本和增订本目录

同时，由上亦可见出，增订本是对初版本的"改写"与"改订"，且"所费时日和精力"，"差不多"与初写"相等"。两者的差异之大，可以想见。但由于《艾芜全集》所录者仅为初版本，增订本则弃而不用，这无疑会给研究者带来不便。现将两版的目录照附，以便进行对比研究。

初版本目录

第一篇

1. 什么是文学
2. 文学是从什么东西而发生的
3. 文学是因什么条件发生的
4. 文学是服务于什么人的
5. 文学的主要功用是什么

第二篇

1. 学习文学需要天才吗
2. 为什么要从事文学（写作的动机）
3. 文学的主要工具是什么

一、文言跟口语　二、口语对于作家的好处　三、一些作家怎样收集语言　四、普通话和方言　五、民众语言的特点　六、从民众语言中提炼艺术的语言　七、艺术语言的制造　八、书籍跟语言

4. 文学的基本材料是什么

一、人 二、人与社会 三、作家必须在社会里研究人及其生活 四、参加社会生活也不要忘记研究 五、有了生活经验仍须继续研究人生 六、书籍对于研究人生有很大的帮助

5. 怎样获得文学的技巧

一、获得技巧的必要 二、应该读文学杰作 三、向文学之路走去的一条捷径 四、要仔细研究文学杰作 五、不要害怕影响 六、从影响达到自己创造 七、看作家的创作经验 八、看文学理论家论创作的文章 九、必须练习写作 十、人物素描 十一、世态速写 十二、找寻适当的字句

6. 须要建立自己的宇宙观和人生观吗

7. 创作的时候需要热情吗

8. 创作需要灵感吗（灵感是不是可以培养）

第三篇

1. 创作的主要条件是什么

形象化——部份暗示全体

2. 作品中的人物是怎样来的

3. 怎样描写人物的个性

一、先认识人物个性与社会生活的关系 二、描写的方法 1）概括地抽象描写与概括的具体描写及其运用 2）用人物的肖像来描写 3）用人物的行动来描写 4）用环境来描写 5）用习惯来描写 6）用意识矛盾来描写

4. 怎样写人物讲话

一、人物讲话和其地位性格 二、人物讲话的运用

5. 怎样写景

6. 创作过程是怎样的

一、场面 二、场面的转换与发展 三、大纲 四、主题 五、最

· 96 ·

高点　六、创作过程

　　7. 怎样把平凡的故事写得有趣味

　　一、讽刺和幽默　二、形象的对照

　　8. 一些作家怎样写作的

　第四篇

　　1. 内容重要还是形式重要

　　2. 文学中国化及民族形式的主要东西是什么

　　3. 文学的主要潮流是什么

增订本目录

　第一篇

　　一　文学可以自己学习吗

　　二　学习文学需要天才吗

　　三　为什么要从事文学

　　四　从事文学需要浪漫的生活吗

　　五　文学是服务于什么人的

　　六　文学的主要功用是什么

　　七　什么是文学

　　八　文学是从什么东西发生的

　　九　文学是因什么条件发生的

　第二篇

　　一　怎样获得文学的工具

　　1. 言语是文学的主要工具

　　2. 文字是文学的有力工具

　　3. 言语是变动的，文字记录下的言语却成固定的

　　4. 文学创作必须用当代人的言语

　　5. 当代人的言语对于作家的好处

　　6. 文学杰作是用当代人的言语写成的

7. 文艺工作者应爱本国民众的言语

8. 一些作家怎样收集言语的

9. 我们应该怎样收集言语

10. 收集的言语应该怎样分类

11. 我们应该怎样记录民众的言语

a. 两种方言　b. 大众语　c. 记录语音的两种方法

12. 普通话里可以杂进方言吗

13. 民众口头言语的特点

a. 词头丰富　b. 谚语极多　c. 富于具体形象　d. 富于含蓄

14. 向通俗文学寻找言语

a. 戏曲　b. 话本小说　c. 唱本　d. 劝善规过一类的书

15. 书本与记录言语

a. 书本使言语的记录正确　b. 书本可使忘掉的言语重新记起　c. 书本能使大众语分别出来

16. 向当代作者的作品摄取言语

17. 从民众的言语中提炼艺术的言语

a. 选择与琢磨　b. 选择与琢磨的标准

18. 作者可以自己创造言语吗

a. 创造词头字眼须有事实　b. 创造句子须合说话的口气

二　怎样获得文学的材料

1. 应在社会中研究人生

a. 文学的主要题材是人及其生活　b. 不从人的生活取材但也富于人情味

2. 研究人生应注意些什么

a. 应到各种生活中去观察　b. 注意平凡的俗人　c. 注意细小的动作　d. 注意讲的言语　e. 找出人物精神上的特征　f. 观察人生需要热情　g. 也应观察自己　h. 观察之后应加以记录　i. 寻找地位相同者的共同特点

3. 研究人生最好是参加社会生活

4. 参加社会生活也不要忘记研究

5. 有了生活经验仍须研究人生

6. 书籍对于研究人生的帮助

三　怎样获得文学的技巧

1. 获得技巧的必要

2. 应该读文学杰作

3. 向文学之路走去的一条捷径

4. 在注重读文学杰作的环境里即易产生作家

5. 怎样选择文学杰作

6. 怎样读文学杰作

a. 应仔细读　b. 提出问题来

7. 不要害怕影响

8. 从影响达到自己创造

9. 看作家的创作经验

10. 看论创作的文章

11. 必须练习写作

12. 怎样练习写作

a. 人物素描　b. 世态速写　c. 找寻适当的字句

第三篇

一　创作的主要条件是什么

1. 形象化——部份代表全体

2. 含蓄——暗示

a. 含蓄的叙述　b. 暗示的描写

二　创作需要灵感吗

三　作品是表示人生见解的吗

四　怎样反映现实

五　怎样写作品中的人物

1. 作者见过的人物

2. 写见过的人物须加以创造

3. 作者没有见过的人物

4. 写没有见过的人物须根据传说

5. 纯为作者想出的人物

6. 创造人物须对人有深切的认识

7. 创造人物与体验

8. 创造人物与教育功用

9. 创造人物与艺术作品

10. 怎样创造典型人物

a. 创造典型人物的主要方法　b. 创造典型人物与社会中的典型人物　c. 创造典型人物与传说中的人物　d. 创造典型人物与新的人物　e. 创造典型人物与夸张的手法　f. 创造典型人物的多样性

11. 创造典型人物与个性

12. 人物个性与社会生活的关系

a. 人物个性与社会职业地位　b. 生活能助长个性的发展且能改变个性

13. 怎样描写人物的个性

a. 概括地抽象说明与概括地具体描写及其运用　b. 用人物的肖像来描写　c. 用人物的行动来描写　d. 用环境来描写　e. 用习惯嗜好来描写　f. 用人物的矛盾意识来描写　g. 一次介绍与逐渐表现

六　怎样写人物讲话

1. 人物讲话的重要

2. 怎样才把人物讲话写得好

3. 讲话须合人物的身份

4. 讲话须合人物的地位

5. 讲话须合人物的个性

6. 人物说的话与说话的人物须有有机的联系

a. 先把创造的人物活在脑筋里面　b. 表演人物说话的口气和神情

7. 人物讲话的运用

a. 讲话须有安排　b. 讲话须由事情逼出　c. 讲话中间可以插入不相干的句子　d. 讲话时可以两件事混在一道讲

七　怎样写背景

1. 背景的重要

a. 背景能增加故事的真实性　b. 背景能象征人物的思想　c. 背景能显示人物的心情　d. 背景能衬出人物的性格　e. 背景能增加故事的情调

2. 背景应多用社会生活

3. 关于社会生活的描写

4. 关于风景的描写

八　创作过程是怎样的

1. 场面

2. 场面的转换与发展

3. 大纲

4. 主题

5. 最高点

6. 创作过程

九　怎样开始

1. 开始须设法吸引读者

2. 可以从最感兴趣的部份开始

十　怎样才把平凡的故事写得有趣味

1. 讽刺和幽默

2. 人物的对比

十一　要怎样才把作品写得好

1. 写愿意写的东西

2. 集中全力写作

3. 热情地写作

4. 克服写作过程上的困难

5. 辛苦修改才能写出好作品

十二　形式重要还是内容重要

十三　文学中国化及民族形式的主要东西是什么

1. 中国化民族形式与大众化

2. 构成民族形式的基本条件

十四　现实主义与浪漫主义

二　有关《文学手册》的评论

《文学手册》在面世后，颇受读者欢迎，曾一版再版。而相关的批评文章，也时有所见。现录其中三篇。

任山：介绍《文学手册》

我们不敢说每个青年都有希望成为文学家，但却可以说大多数的青年都是爱好文艺的。在一般青年刊物和报纸副刊的编辑室里，常常收到大批的青年朋友投寄的文艺作品，这可见青年们对于文艺鉴赏和写作兴趣的浓厚。

有许多青年朋友，对于文艺非常热爱，但却不得其门而入，老在暗中摸索着；或者由于自己刻苦努力的结果，总算是摸索出一条路来，然而回头一看，已经是绕了一个大圈子，走了许多冤枉路、浪费了许多宝贵的时间和精力了。

"欲知前头路，须问过来人。"我们学习文艺的青年们，都切盼着作家们把走过的路告诉我们，指给我们一个南针。这里我向各位推荐艾芜的《文学手册》，这是写给初学写作者看的一部良好的指导书。

全书共分四篇。第一篇是关于文学的定义，和它是怎样产生的，它是服务于什么人的，以及它的主要功用等。

古今中外的文学家们，对于文学所下的定义很多，但本书的作者却不引用那些五花八门的理论，却只拿文学作品来分析研究，一步步的推演下去，而获得一个明确的结论！文学是从社会生活取来的材料，加上作者自己的思想和感情，通过形象的（语言写的形象）表现而成的。

但有许多人辛辛苦苦写成了作品，结果却不受欢迎。这是因为他不明了文学的主要功用，他所表现的，只是他一己的思想和感情，而不是大多数人所需要的。关于这，作者在本篇里告诉我们："文艺的产生，是适应人类生活的需要而产生的。""文学永远是服务于大多数人，为大多数人谋幸福的。"他又告诉我们文学的主要功用，第一："是它能够驱逐我们的利己心，使我们对于陌生人发生亲密的关切，激起深刻的同情。"第二："是它能驱除因袭的观念，使我们对真实的人生，有着正确的见解。"第三："是它能够武装我们，使我们不和恶势力妥协，并能鼓励我们为正义而战。"这可以帮助我们树立学习文学的正确态度。

第二篇是关于文学修养上的诸问题，包括写作的动机，文学的主要工具和基本材料，怎样去获得文学技巧以及建立正确的宇宙观和人生观，等。

罗曼罗兰对初学写作者说："除非你迫切地感到由于社会责任和你的良心，或者某一种内心的需要所驱使，决不要写作。"而本书作者也告诉我们，写作的动机，是"应把文艺能够帮助人生社会进步的地方，立志尽量发挥出来"。这点，可以纠正初学者的虚荣心和儿戏的态度。

一个作家应该储有丰富的语言，对人生有深刻的研究，有熟练的写作技巧，但更要建立起自己的宇宙观和人生观，"……对人生的意见越正确，对人物的爱憎越公平，作品便越伟大"。作者告诉我们，要"采用新哲学、社会科学的理论，建立我们自己的宇宙观和人生观……。同时有了正确的宇宙观和人生观,则研究社会人生,也较为容易,不致多走冤枉路"。

我们常常听到一些人嗟叹自己没有天才,没有灵感,而动摇了学习的决心,但作者却告诉我们:"所谓天才,乃是不断的努力和长久的忍耐。"至于灵感,他写着:"我们创作的时候,不一定靠灵感,但我们可以设法培养灵感。"怎样培育法呢?在积极方面,他说:"要多读书,使生活经验丰富,把材料放在心里怀孕久点。"

第三篇是关于创作实践上的各种问题。包括创作的主要条件,作品中的人物及其个性的描写,人物对话的性格化,以及创作的整个过程,怎样把故事写得生动有味,等。

"写作的艺术,第一个主要条件是将抽象的东西具体形象化。"我们初学者的作品,常常遭受"空洞、不具体"的批评,但怎样才能具体形象化呢?譬如我们辛辛苦苦地花上千言万语来描写一件事物,不但作者吃力,而读者也不耐烦去读它,因此,"……第二个主要的条件……即是描写具体形象的时候,须要部份暗示全体"。抓着一个特点来写,这样便可以写得最经济,而非常神似的。

文学的最主要最基本的材料是人物。但是作品中的人物是怎样来的呢?有些人把他周围的人物如实地记录到作品里面,这是不够的,还不能算是一件艺术品,因为社会上的人物,正如高尔基说的是"半制造品",应该由作者加以制造,"即是要把人物的个性,偶然的没有兴趣的,应即抛弃;主要的,具有典型意义的,则须加以强化,然后再把另外一些人物的性格弄来补充"。同时还要将阶层的特征,综合在一个人身上,但更要紧的,"要把由阶层性综合成的人物,赋与个性,变成活生生的人物"。这里还有一点应该注意的,描写人物,不要把他和社会环境分离开来,"凡是要表现一个人物的性格,必须要顾到他的生活职业地位等等"。同时更要注意到某种特殊生活里的特殊性格。

还有关于创作的许多过程——包括题材的选择,主题的发掘,大纲的拟定，人物的性格，场面的划分及其转换发展和连系，最高点的把握，语言的运用，景物的描写等，作者在本篇里都详细地告诉我们。但这并不就可以使我们的作品生动有味，关于这，作者告诉我们："……要故事写得有趣，根本的核心，还是形象的对立和思想行为的矛盾等等。"有人主张以幽默和讽刺的笔调来写，其实，这两种手法虽有不同，但其所以使人感到有兴味者，"也是在形象对立和思想行为的矛盾上面"。因为，"把人物对照地描写，是发展故事的原素，同时也容易把故事弄得有兴味起来"。

　　第四篇是关于文艺思潮方面的，包括内容，形式，文学的中国化及民族形式，以及文学的主要潮流等。

　　作品的内容重要还是形式重要？作者告诉我们，内容是比形式重要得多，但是形式却能帮助内容的表现，所以"好的内容，也需要好的形式，只是我们绝不可拿内容去迁就已有的不适当的好形式，而要从内容的适当表现上去创造好的形式，或者采纳一点已有的好形式"。

　　我们近来常常听到文艺的中国化和民族形式这一问题，这是因为要做到文艺大众化，并且针对着文艺欧化的毛病而被提出的。关于这一问题，各方议论纷纷，作者在这里向我们提供出一个简明的原则："今天我们提出中国化……必须不要忘记这是要拿大众化来作前题①的。不然的话，那些主张文言复辟的人，也就振振有辞了。""至于民族形式，我认为也不单是在于因袭旧的形式这一点上，而是采取原有，吸收外来，重新创造的。至于创造的文艺形式，到底好不好，亦须拿大众能不能懂来衡量它。"至于实践方面，"第一个条件，必须精通本国大多数人所讲的语言，而能很熟练的运用它"。其次，"人物的生活方式，动作态度，习惯嗜好，只要全是从中国人身上观察来的，实实际际的是中国人，则大众无有不了解他们的。……要在这方面有成绩，文艺的大众化与乎中国化，才算走到第二步"。

---

①　"前题"，以前已读的书卷，或谓诗题同前一首。此处应作"前提"。

高尔基说："文学上有两种基本的'潮流'或倾向，便是现实主义和浪漫主义。"但是旧的浪漫主义和现实主义都各有其缺点，前者是依据观念的，容易使人离开现实；后者又是太过客观，缺乏行动性的。因之有了革命的浪漫主义和新写实主义的产生。关于这两个主流，作者在本篇里也有简单明确的述说。

本书的第一个特点，便是非常浅显明确，作者运用极简洁流畅的文字，把文艺上的诸问题表达出来，真正做到"深入浅出"的地步。也许有人会批评它太浅了，但这本书对于我们初学者，较之一般故意卖弄玄虚、叫人钻入牛角尖的东西来，究竟还是实惠得多。

其次，本书的另一特点，是尽量避免空洞的说教式文章，他不抄录五花八门的名家论据来支撑门面，他只是汲取极丰富的事例来研究，仔细地分析，反覆地印证。例如写创作的过程时，他便引用鲁迅先生的《药》，逐场逐段地加以分析说明，从那里引证出一个明确的结论，写来具体而又活泼，容易引人入胜。

总之，这是初学写作者的一部极好的指导书，正如作者在《后记》里所写的："仿佛在黑夜的路上，沿途安置无数的火炬似的。"使我们再不用在暗中胡乱摸索，省走许多冤枉路。这本书不但对从事写作者有帮助，而且对于一般爱好文艺的青年朋友，也可以指给你怎样去选择和阅读文艺作品。

该文发表于《现代青年》第四卷第六期[①]（总第 228—230 页），"民国卅年十月十日出版"。书评题下有对《文学手册》的介绍："艾芜著·文化供应社发行·定价一元"。作者任山，生平不详。

嘉梨：研究的对象和生活的对象——评艾芜著《文学手册》

艾芜著《文学手册》，共分三篇。第一篇论文学的基本原则；第二篇

[①] 该刊编辑者、发行者、印刷者俱为（永安、南平、长汀、沙县）改进出版社。

论文学的构成；第三篇泛论创作。在这里，作者摆脱了一般文学概论的方式。他不从广泛的抽象的理论入手，间接的接近读者。作家在表现中的直接性，一贯的支配了他；具体的，经验的事实是这本书从头至尾的血肉。读着它，感觉到作者是坐在自己面前，也许是低着头，用平和的，可是执拗①的声音不倦的谈着一些和自己十分亲切的问题。他谈的切实，精细，丰富，使人愿意听他讲下去。

在第一篇第三节里面，作者首先注意到了文学工作者的创作态度和生活。开宗明义，他引证了罗曼罗兰一段深刻的话（增订本页五），接着他就自己说："一个人肯对社会留心，肯注意大多数人的生活，则他自己一定有不少的感慨和意见发生，想对人吐露出他的见闻，披沥他的爱憎。"（页六）此后，他特别提到了浪漫生活，他以为"……尽可不必，而且应该尽可能地加以革除。因为现在从事文艺的人，是拿文艺来服务人生的正和一个流汗的劳动者努力作工没有两样"（页七）。这样，他把严肃的向着社会的生活态度和真实的，为人的创作态度规定在文学工作者的第一页课程里面，这又是他有别于一般理论家的地方。

第二篇，他主要的特点在于强调了当代语言在文学作品上的重要位置。其次，是他对于技巧的重视。这些，对于方在成长中的中国新文学，很是要紧。并不是说其他的理论工作者没有注意，没有把它们提出来，不过，由于作者自己爱好口语，注重技巧，说得分外具体和详尽。特别是关于民众语言和艺术语言那一段（页五七—六六）以及讲技巧中关于字句的那一段（页一〇二）值得大大的鼓掌。对于他的劳力，他是不会失望的。

第三篇，在广论创作中，作者扼要的注重到了写人物和人物的讲话，他写出了不少精到的意见和例证。怎样写个性（页一四四—一五五）和人物讲话的运用（页一六四—一六七）那两节令人不能不频频点头。讲到背景，他提出了应多用社会生活（页一七二）。那些常常为风景片所颠

---

① "执拗"，亦作"执拗"。

倒的人们读了该觉得前脑挨了一闷棍吧。

到这个地步为止，我们感谢作者。我们从他手里接过了一根棍子。用这根棍子可以敲着那条坑坑洼洼的道路，放开脚步向前走去。

强调一本书的优点，并不是说一本书，即便是很有分量的一本书，就没有它的弱点。并且，有时候，强调优点，也许就在于更深的惋惜那个弱点。

我们对于这本书的第一个意见就从上面我们首先提到了的第一个要点出发：对社会留心，注意［大］多数人的生活。这是一个极大的命题，有待于作者用关心的态度去加以说明，例证，发展，使之成为全书的灵魂。然而，可惜的是这一点意见只提过全①么一次，只是这么两句简单的话，其后，就在他那茫茫的二百二十页上没有飘浮起来过了。实际上假如我们回到他的第一篇，第一页去，这点意思仿佛是要被取消的。

这里有怎样一个问题存在呢？为了便于说明，我们不妨把作者的方案简单地这样列出来：

一、起点

"对文学有兴趣，立志创作"（页三）。这是在第一篇，第一节里面提出来的。

二、出发

"研究人生"（页七四）。研究的方法是观察，分类，比较，参加生活，记录，读书。

三、创作

我们看，他这一个方案和罗曼罗兰的那一段名言距离了有多远。罗兰说："第一个劝告：除非你迫切地感到由于社会责任和你的良心，或在某一种内心的需要所驱使，决不要写作。……一个作家所写的一切事物必须是，或者至少要似乎是，必须的才行。"（页五）罗兰的起点是做人，自己的社会责任感和良心，由于内心需要的驱使去写作。我们的作者的

---

① "全"，应作"这"。

起点是对文学的兴趣,立志(不是内心的驱使)创作。

我们相信作者对于一个作家的基本要点:做人的良心,生活的态度,是想到了的,但是,他好像没有感到它的基本的重要性,或者,至少,这个东西没有能够颠倒他,使他从头至尾把它抱得紧紧的。使他笔上笔下追逐着它去说明,去例解,去比喻,去传扬,钉钉磕磕的把它□①进读者的心里去。事实上,使他发疯的是生活的产品——文学。人,是研究的对象,不是生活的对象。

谈到生活,有几点我们应该先说明一番。通常人谈到生活,往往把它当作事[实]的经历看待。常常的,一提到生活两个字,就包括了到战场去,到工厂或者农村去的意思,好像(的确有不少人是这样看法)除了那些地方,一个人就没有生活,他过的日子就不是生活了。然而所有到了战场,到了工厂或农村的文学爱好者是不是个个人都能够写出能够感动人的作品来呢?我们的作者或许会回答说:"那是怪他不作研究啊"。其实[是]首先对人没有感到兴趣的人,就是连研究的工夫也不能够做的。不久,不管他如何立志,他的文学兴趣很容易悄悄的拉住他的手把他领到那不是为大众为人的幽僻路上去。

我们以为创作只是人的工作方式之一。一个作家基本上还是一个生活在种种条件之下的,种种人物之中的一个人。因此,人,基本的是他生活的对象而不是他研究的对象。对人发生生活上的兴趣,是第一个要点。

第二,我们说的是关心人:我们必须把人当成一个人看待。在关心他的时候,决不把他当[作]树空②里掉出来的一个四无牵挂的精灵,而是把他当作一个历史的,社会的,具体的人。正因为是这样,我们就愈加的尊重他,亲近他,把他当作我们对[象]的同伴看待。提出这一点对于我们的作者原是多余的。可是,正因为作者对于他是理解和感觉得非常熟习,一部分,也许是一大部分的读者们,反而无从得到他的提

---

① 缺字似"鏗",但置于文中,又不妥顺。
② "树空",树干中的空隙、洞穴。

示了。目前的一些具体状况，加上历史所加之于我们灵魂上的锁鍊①，事实上是把许多人从他们的同伴们分开了的。就是在爱好文学的人们身上，现实的黑印依然可以盖上去。我们把人，人的生活，人的战斗，人的命运仅仅当作研究的材料，而不当作是生活在我们中间，与我们自己血肉相关的人看待，结果将有可能使我们愈益从人群走出来，而站到生活的彼岸上去。

第三，这样说，是不是我们就绝对的不能够讲研究呢，没有的事。留心的，经常的研究可以帮助我们生活得较广，较深，而生活的广度和深度正是一个自爱的作家所必具的。所谓生活的广度和深度，我们找到了几个日常生活的用语：广度就是世面，深度就是世故。平常人说："他见的世面大"，指生活的广度；"阅历的世故深"指生活的深度。一面一故，把人间的纵横两［条］都包括了。研究也正是顺着纵横两线去愈见愈历的一个方法，它所能够做到的常常也只能到此为止。不过，到了这个地步，并不能保障一个作家必然写出震动人心的东西。事实上，反而有可能发展到坏的意义上去的。什么世面都看到了，什么世故都阅历了，谈起来，想起来，百战英雄，写起来袖手旁观，不冷不热，连基本的做人的条件都没有了。

那么，我们怎么办呢？怎样去对社会留心，怎样去注意大多数人的生活呢？这，远在天边，近在眼前。人与人之间有一种自然的，一脉相通的联络，那是人情，那是我们所谓的生活的密度。日常生活中的三个用语：见世面，历世故，近人情，是［每］个作家所必需具备的。切近人情，感觉人情，也就是关心人。有广度，有深度并不够用，他必须先有密度——关心人的命运，不能逃脱一种社会责任感，一种良心的压迫；关心人的命运，和它有了生死不解的融合，不能躲避那种内心的需要；要写，非写不可。作者两次提到了巴尔扎克的言语（页八〇，页一二二）。那些言语是何等辉煌的写出了巴尔扎克关切人民的内心！那岂是研

---

① "锁鍊"，亦作鏁鍊，锁链。但"鍊"字转化为简体则为"炼"，不妥。

究所能达到的灵魂的宫殿？把它们和后期莫泊桑的办法比较起来，是怎样的不同？从这里我们才能理解为什么巴尔扎克能够违反他自己的世界观，写出那比历史更是历史的作品。

第二个意见，有了这种本质上和作者不同的看法，对于他所列的一个文学的公式，我们也有不同的见解。那个公式是这样的：

社会生活取来的材料（包括人物的思想感情）（客观的）＋作者自己的思想感情（主观的）}通过形象的（言语文字写的形象）表现——文学（页一九）

简单一点，我们很可以把它写成这样：

材料＋主观的思想感情×形象化＝文学

依据这个公式去写，写得成功并不一定是有用的文学，或者［像］我们的作者所要求的为大众的文学，写不好，就根本不是一篇文学作品，无法和人发生联系。因为材料原是"搜集"来的，主观的思想感情可能是化石了的世界观，形象的文学可能是堆砌，铺［抹］。它们都是和文学创作不相干的。

这一个公式的毛病在于：第一，把客观材料和主观态度（思想的，感情的）绝然分开，于是主观态度（思想的，感情的）不得不于材料既已"搜集"之后附加上去；第二，因为材料和态度绝然分开，那材料既失去了生命，那态度也就很难避免抽象化了，怎么办呢？再把形象尾追上去。其结果：生活——生活态度——表现，这一个有机的动力的过程就变得支离破碎了；事实上，世界上没有一种没有任何生活态度的生活内容，更没有一种非感性的现实生活（感性的现实生活是产生形象的泉源），而所谓主观的生活态度和一定限度的形象表现早已具备在那所谓材料当中了；当前的问题不在于把这三个分开来的东西如何合起来，而是根本就不应该把它机械地绝然分开。

第三个意见，因为作著①的重点在于研究人生，因为他爱好技巧，所

---

① "著"，"者"之误。

以这本书表现了很大的自然主义的倾向，而和现实主义却距离得相当远。

我们看他所举的例子十之八九都是用来证明搜集语言，摘取现象，研究材料。特别是在材料和技巧二方面，他所引的主要是法国自然主义作家：左拉，龚古尔，福楼拜，莫泊桑这几个人。他再三再四的引这几个人的说话并非偶然，而是从一个一贯的观点：研究和技巧出发。这一个观点限制了他，使他不能够由生活与创作的态度的看法去选取我们所应有的教训。一个很显然的例子是他把巴尔扎克的那两段话也当作研究方法去解释。像希腊人的生活观中间所说的一个诗人首先必须是一个好人，只有好人才能够写出好诗，这种例子他就没有注意得到。（在这里，我们并不是小看自然主义。这一个重要的传统有许多地方值得我们学习，精心的体会，不过它的分量是需要好好安排的，这一层现在无法多讲。）托尔斯泰，高尔基，陀思妥夫斯基这些人都有生活上极其光辉和沉重的例子，他也没有举出来。

他的自然主义倾向的第一个表现是搜集语言。好的文学，有用的文学必须用当代语言写出来，这个命题，我们和作者是一样的看法。但是，对于语言的兴趣从哪里发生？不爱人民，不十分贴紧的关切人民的生活，感情，感觉，念头，和行为，如何能够去爱他们的语言？这是一。好的文学作品是不是完全以语言的魔力在动人，以口语在颠倒人呢？左琴科用口语，高尔基也用口语，但是，以高尔基比左琴科，他的撼动人心的力量该到了什么地步，左琴科是何等惨白可怜？莎士比亚并没有全都用口语，只在写他的小丑们的时候才运用。即使他用口语，以他比之于前一个时代英国那些用口语写西班牙悲剧的人们的作品比较起来，何以他们的会那样薄弱苍白？这是二。走路，坐电车，吃饭，上毛房都带着本子，带着笔抄，而关于精密的，贴紧的观察，推想，体验遭逢者的心理，感情，生活，思维却谈到得不多。言语对生活是独立起来了，这是三。

我们所以注重言语，并非像那些好玩弄文字的魔力的人们一样，仅仅在于其生动，漂亮，有魅力。它的最大要点是真实，是为了它能够表达真实。它之所以能够吸引人也就在于真实这一点。它不是能够独立的东西。深厚的，真实的生活，人情永远主宰着它，从发音到形成一句话。这一种生活与人情却不是仅仅抄抄写写能够办得到的。

第二个表现是他对于生活所用的两个字：参加生活，而不是忠实地关切地生活。参加生活的最好例子当然是左拉，龚古尔这些人了。他们是为了写作［而］参加生活的，他们［适］以成其为自然主义者。至于托尔斯泰，法捷耶夫，康拉特①几个人都是生活在先，写作在后，积极的生活在自己所有的环境中间，生活的所［积］使他们不能不写。托老和法捷耶夫我们大致都很清楚，康拉特主要是因为在陆地上面活不下去，下海去当水手。苦苦的上十年无法脱离。他的《飓风》，《黑水手》，《吉姆爷》，《胜利》正是海上生活的人们苦痛灵魂的复现。左拉就和他两样。参加是为了研究，而生活自身却是一个动力，它可以完成它自己，也可以完成其他的工作。一个是静的，一个是动的；一个是消极的，被动的，一个是积极的，生②动的。自然主义者们之表现得平板，琐碎，缺少动力，原因就在这里。

第三个表现，还是回到我们在第一个意见里所提出的那一点：人被当成了研究的材料而没有当做生活上与我们自己血肉相关的人看待，虽然在第一篇第三节里面，这一点是重云边的小星那么晃了一下，就［没有］了。

当做材料，自需研究，研究卖力，就可以达到生活的广度和深度——社会的，历史的掘发。这是一个自然主义者所能完成的最高点。但是，人，生活，终于是材料，它所需要的是搜集，处理，组织，自然用不着生活的密度，内心的接近了。然而这密度的一点却是每一个现实地生活着的人，每一个文学上的现实主义者所必要的，决定的一点。它要求我们超越自己，设身处地的关心旁人，体念旁人。那儿有人类的苦

---

① "康拉特"，今译作"康拉德"。
② "生"，"主"之误。

痛，那儿没有自由，那儿就是我们所在的地方。

事实上，自然主义者和现实主义者中间的分水线就在这人我之间的一点上。自然主义出于十九世纪的法国，基本的是个人主义的立场和同情的表现。这个立场，能够限制许多有才能的作家们。然而当前的社会的苦痛又压迫着他们使他们不能安于自己。他们接受了自己灵魂上的限制，却努力要冲破那物质上的阻碍，所以他们必须参加进去，而且必须抱着研究的态度。他们的努力是十分值得尊重，值得珍惜的。但是对于我们，对于一个现代的现实主义者，至少是倾向于现实主义的学徒，这个办法却并不在第一的地位。现实主义者有自己集体的立场，动力的表现。现实的人道主义的关切应该成为我们的起点和道路。

再说一次：我们以为这一本书是有分量的，有作用的，作者的努力并不白费。我们也不是说作者是一个自然主义者，不，有些地方，他批评过他所引证的人。从他的作品看，他也不是一个琐碎的自然主义作家。不过，为了完成一本书的作用，我们不得不把它可能发生的影响指出来以便读者能够在实用上得到它的真正益处。

该文发表于《群众》第八卷第四期①（总第103—105、108页），"民国三十二年二月十六日"出版。"嘉梨"者，系陈家康化名。陈家康（1913—1970），原名陈宽，号有容。湖北广济人。1929年入武汉大学文预科，两年后就读于该校经济系。1935年和吕振羽创办《人民中国》期刊。抗战爆发后，1938年1月调任中共中央长江局秘书、党员培训班主任。3月任长江局负责人周恩来的秘书兼英文翻译。1939年4月后，任中共中央南方局外事组副组长、党派组成员。1940年12月后，任南方局对外宣传组副组长。1944年1月奉调回延安，参加接待中外记者参观团的工作。同年7月任中共中央军委外事组科长，参加接待到延安考察的美军观察组。1945年4月，以秘书身份随

---

① 其编辑兼发行者：群众周刊社（重庆民生路二〇八号）；总经售：新华日报馆（重庆民生路二〇八号）；分销处：新华日报成都、桂林、西安各营业分处及全国各大书店。

中国代表团成员、中共代表董必武，到美国旧金山出席联合国宪章会议。参与撰写三万余字的《中国解放区实录》，译成英文发表，向全世界介绍解放区的真实情况。同年 11 月赴伦敦出席世界青年大会，被选为世界青年联合会执行委员。

对于《群众》周刊，艾芜并不陌生。他在《往事杂记》中说："黄洛峰在汉口，经常把《群众周刊》寄给我看，使我能知国家大事，对于国家的前途增加信心。"① 范泉的《记艾芜——一个苦了一辈子、写了一辈子的作家》也谈道："在桂林，《新华日报》社设有代卖部，也代售重庆出版的《群众》周刊和一些政治时事性的小册子。艾芜就从这些报刊和书本上，理解党的政策，领会应该怎样把握'抗日救亡，争取民主'的时代精神，把文学作品写好。"② 由是观之，嘉梨关于《文学手册》的批评，艾芜应该不难看到。不过，彼时艾芜会有何思何想，现已不得而知。对此作出回应的，是柳风。

柳风：一个观点

最近看到嘉梨先生在重庆某刊物上的一篇《研究的对象与生活的对象》，这是一篇书评，他评的怎么样，容或尚待讨论，我们且不去管它，但是他提出的那个人与文学的关系底观点，却是颇为重要。他主要的意思是，"人，基本的是作家生活的对象，对人发生生活上的兴趣，是第一个要点"，"所谓关心人并不是把他当作树空里掉出来的一个四无牵挂的精灵，而是把他当作一个历史的，社会的具体人，正因为这样，我们就会尊重他，亲近他，把他看作我们的同伴看待"。他并且认为，"人与人之间有一种自然的，一脉相通的联络，即是人情，即是我们所谓生活的密度……"一个作家对生活"有广度，有深度，并不够，他（作家）必须先有密度——关心人的命运，不能逃脱的一种社会责任惑[3]，一种良心

---

① 艾芜：《往事杂记》，《新文学史料》1991 年第 4 期，第 61 页。
② 范泉：《记艾芜——一个苦了一辈子、写了一辈子的作家》，《新文学史料》1995 年第 4 期，第 19 页。
③ "惑"，"感"之误。

的压迫，关心人的命运，和它有生死的融合，不能躲避的那种内心的需要：要写，非写不开"。

因此，他反对"把客观材料和主观态度（思想的，感情的）绝对分开"，以致"主观态度不得不于'搜集'之后附加上去……因为材料和态度绝然分开，那材料既失去了生命，那态度也就很难避免抽象化了"。他的意见是"世界上没有一种没有任何生活态度的生活内容，更没有一种非感性的现实生活（感性的现实生活是产生形象的泉源），而所谓主观的生活态度和一定限度的形象表现早已具备在所谓材料当中了。当前问题不在于把这三个分开来的东西（生活，生活态度，表现）如何合起来，而是根本不应该把它机械地分开"。

这些意见，自然并不是怎么新颖的。很多著名的作家，曾经都这样指示过我们了，但是在今天，我们重新来介绍和强调这种观点，我以为是很重要的。正因[为]在当前的创作发展上很有这样一种趋向，即缺乏主观的战斗热情和对人民命运的积极关心，许多作品的产生，并不是由于作家的内心的需要，并不是非写不可，而只是捡拾一些曲折的故事，安排一些奇谲的场面，来眩惑读者，或则只是以一种旁观者的态度来观察和描写生活，否则就是歌唱一些没有生活内容的矫作的情感，这种趋向的影响，多少已经形成当发①文艺创作上一部分苍白贫血的现象了。胡风先生在《关于创作发展的二三感想》（《文学创作月刊》二卷一期）曾经指出这种现象说：

"有些作家是，生活随遇而安了，热情衰落了，因而对待生活是被动的精神，从事创作的是冷淡的职业的心境。既已失去了只有藉着它才能向着生活突击的战斗热情，又怎样能够获得思想力底强度或逐渐力之强度呢！这就是所谓客观主义，是泛滥在目前创作上一个显着②的倾向。

如果战斗热情虽然衰落，但是所谓理智上的不能忘怀或追随风气的

---

① "发"，或作"前"。
② "着"，当作"著"。

打算，依据一种理念去创造出内容或主题，客观主义就化装成另一种主观主义。成功为非驴非马的东西，……只剩有这点概念，外加一付依据这点概念去假作的心机，这也是目前创作上着①目的倾向之一。"

这里，我们可以看出，这种战斗热情的衰落，也即是嘉梨先生所谓对人的命运缺乏关心，缺乏生活的密度，其根源应该是作家的创作实践与生活实践的脱节，因为由于人民运命之关心而燃起的战斗热情，必然是作家在其生活的战斗实践中间培养出来的，而是有这种热情，他能才②更向生活去突击，一个作家本来就是大众中间的一个人，人民的命运必能和他自己的命运关联着，就因为这一点，才能使他去感受他们的痛苦与幸福，他们的爱与憎，才能为他们也为自己去战斗，才使③从这样战斗中更深入去理解现实，更加强思想的深度。艺术的战斗力量是这样产生出来的。然而要做到这一点，首先作家应该是一个生活在人民中间，战斗在人民中间的人，不是一个袖手旁观的空谈家，也不是代抱不平的侠客。否则虽然你有极多材料，有广搏④经验，仍然无法成为一个真正的艺术家，没有身同感受的热烈情感，也决不能唤起人家对你作品发生热烈的情感。主观和客观本来是统一在作品中间的，主观的思想情感也就是客观社会的一部分产物，这是无法把它机械地分开的。

现在一种教人危惧的倾向，就是有些老作家停滞在冷淡的职业心境里，不再积极向生活突进，有些新作家则在发表一二篇作品后，就决心关起门来专心做作家，或甚至有些文学青年，才接触文学，就抛弃原来生活立志等做作家。近来常常接到一些陌生的青年的信，询问如何能成功作家，或为何能写作品，这真教人哭笑不得，因此，我觉得嘉梨先生和胡风先生那些意见，实应该特别介绍出来请大家注意，尤其希望一些初从事写作的青年朋友，能够读一读这类文章。

---

① "着"，当作"注"。
② "能才"，当作"才能"。
③ "使"，宜作"能"。
④ "搏"，"博"之误。

该文发表于《青年文艺》(桂林)第一卷第六期(第44—45页),"民国三十三年七月十日出版"。关于柳风,徐迺翔主编的《中国现代文学词典Ⅰ·小说卷》,有钦鸿撰写的词条:

> 柳风(1905.2.14—)原名甄永安。字升平。曾用名陈慎铭。河北大名人。早年在北京大学当旁听生。1925年开始文学创作。先后在北平海音书局出版中篇小说《爱妻的逃亡》(1927年)、《烟盒》(1928年),短篇小说《三条腿》(1928年)等。1930年加入中国共产党,并先后参加黄村暴动和大名县麦收暴动。1932年停止组织生活,在北方"左联"担任出版发行工作。1937年赴延安,历任市政府教育科长、《新中华报》校对、边区文协秘书等。这时期在《文艺阵地》《新中华报》《边区工人》等报刊发表小说和诗歌。1946年6月重新入党。建国后历任陕西省委宣传部秘书、西北戏曲研究院秘书长、陕西省戏曲剧院党委书记等。并著有剧本《金色鲤鱼》《两颗铃》(与马健翎合作)、《王昭君》等。①

柳风逝世于1980年。实际上,他的批评,只是从嘉梨有关"人与文学的关系"出发,阐扬了胡风的"主观战斗精神"论,距离《文学手册》本身,已经甚远。1951年12月29日,何其芳曾有专谈《文学手册》的一封长信,主要从"有关思想和方向方面的问题","居高临下"地与艾芜作了"畅谈"。② 而这种态度及其包蕴的观点,在嘉梨和柳风的文章中,已早就透出了端倪。

三 "青年自学指导手册"

最后,还要补充的是,《文学手册》是"青年自学指导手册"之一。据龚文,丛书还包括《戏剧手册》(冼群)、《木刻手册》(野夫)、《英文手册》(杨承芳)、《珠算手册》(廖伯华)。《文学手册》在出版时亦有广告语,可借鉴。笔者现将所见的两则附录:

---

① 徐迺翔主编:《中国现代文学词典Ⅰ·小说卷》,广西人民出版社1989年版,第182页。
② 龚明德:《艾芜〈文学手册〉的版本》,《新文学史料》2002年第4期,第140页。

（一）文学手册（艾芜著，五版出书）

著者本其多年创作之经验，写成本书。全书凡四篇，长七万余字。关于文学的本质，学习文学与创作的方法，以及目前文学运动的思潮等问题，莫不有详细的叙述，本书最大的特点，不是空洞抽象的理论讲述，而是指导写作的具体说明，每篇举例甚多，许多著名的作品，都有周密的分析。而著者的文字，更深入浅出，把一些深奥的问题，娓娓讲来，生动有趣，读后不但对于文学经验有所了解，而且是写作最宝贵的指针。（见荃麟选注《创作小说选》，文化供应社 1942 年 6 月版封底）

（二）文学手册（艾芜著，增订出书）

文字同上。见荃麟选注《创作小说选》，文化供应社 1943 年 4 月再版本封底。不过，既是增订本，至少也应该在字数上改动一下。

艾芜与永安《现代文艺》——也谈《杂草集》

抗战时期，福建省政府主席陈仪，曾"延聘黎烈文、邵荃麟、葛琴、王西彦、卢茅居等进步作家创办改进出版社。该出版社由省政府出资，委黎烈文为社长，出版了《改进》《现代文艺》《现代青年》《战时民众》《战时木刻》《现代儿童》等进步刊物"[①]。

一　关于永安《现代文艺》

《现代文艺》，月刊，1940 年 4 月 25 日创刊。出版地福建永安，由改进出版社发行。受黎烈文之邀，王西彦、章靳以先后主持编务。关于王西彦的离

---

① 陈能南：《陈仪主闽期间功过述评》，《福建师范大学学报》1989 年第 2 期，第 102 页。

开时间，据刘剑虹、赵则玲的《王西彦年谱简编》，1941 年"9 月，编好《现代文艺》第 3 卷第 6 期，即离开永安，乘长途汽车去湘。一周后到达攸县六轮陂村，住进如城堡的'文家大屋'"①。而《现代文艺》第三卷第六期的出版是在 9 月 25 日，故林洪通编著的《永安抗战文化史话》认为，王西彦是在编满三卷六期之后辞去主编职务，于 1941 年 10 月或 11 月间离开永安去桂林②。至于章靳以接编的具体时间，洁思的《靳以年谱》也只有一个大略的说明：1941 年"九月份，应在福建的友人黎烈文之邀，赴福建师专任文史地科主任"。"到永安后并接替王西彦（其此刻已离永安）主编杂志《现代文艺》（第四卷至第六卷第三期）。"③ 该刊在 1942 年 12 月 25 日出至第六卷三期终刊，共出 33 期。

《现代文艺》以创作为主，兼有评论和翻译，设有小说、散文、随笔、杂感、速写、诗选、短论、研究、作品评介、批评和感想等栏目，并特别设置"作家短简"，从第一卷第一期，持续到第一卷第六期，先后发表巴金、萧军、张天翼、聂绀弩、邵荃麟、姚蓬子、胡风、艾芜、艾青、靳以、楼适夷、唐弢、吴朗西、孔罗荪、陆蠡、罗锋、陈占元、欧阳凡海等人共计十八封信。④

二　艾芜的两封书简

艾芜在《现代文艺》发表的书简，准确地说，应是两封。一是 1940 年 6 月 25 日出版的《现代文艺》一卷三期，在"作家短简"栏目中所刊发的一则短信（第 111 页）。其文如下：

---

① 刘剑虹、赵则玲：《王西彦年谱简编》，《浙江师范大学学报》1987 年第 1 期，第 59 页。
② 林洪通、肖传坤：《抗战时期王西彦、章靳以主编的永安〈现代文艺〉》，林洪通编著《永安抗战文化史话》，中共党史出版社 2013 年版，第 407—408 页。另，艾以有《王西彦与〈现代文艺〉》一文，发表于《抗战文艺研究》1988 年第 2 辑，可参考。
③ 洁思：《靳以年谱》，《新文学史料》2000 年第 2 期，第 54 页。
④ 刘军：《作家书简与〈现代文艺〉》，《文学的灯火：现当代文学评论集》，上海人民出版社 2014 年版，第 191 页。

××兄：

　　来信收到。叫我写文章，得暇即常赶好送上，因我近来忙着写点较长的东西。

　　先前住在桂林城郊，因离城近，警报时必须躲避，往往花费时间。现在搬远了些，可以不躲，更可以多作东西。贵刊努力抗战文艺，自当多多效力。祝

好！

弟艾芜
五月十五日

　　信中，艾芜谈到自己的居所，据黄莉如、毛文的《艾芜年谱（一九〇四年至一九四九年九月）》，1939年春，艾芜"到广西桂林"，"住进《救亡日报》社的城内宿舍。后来又搬到施家园。当时，住在施家园的还有画家刘建庵、赖少其等"。1940年，"迁居桂林城郊观音山，住在一所简易竹房中"。竹房是路易·艾黎等为筹办工业合作社而建。"此时，叶挺、何香凝也住在观音山。由观音山进城要经过六合路，新四军办事处就设在六合路"，"田汉、孟超、柳亚子等"也在此居住。①

　　稍后，艾芜又致信《现代文艺》，谈及自身近况，以《我的近况》为题，刊于第二卷第一期（1940年10月25日出版）的"战时作家生活"栏目（第43页）：

　　……我最近又搬家了，地方是原来的，只是从十号搬到二十六号，风景较为优美。先前门前窗外，望出去一片荒凉，迁去棺材的乱葬坟痕迹，尤使人不快。现在却换成一望的桐子树林，因为偕长得不高，仿佛江南的桑园一般。远景更不错，如画的群山，都历历在目。此地离城六七里，除了文协有事进城而外，多半的时间，都在使自己的生活，变成

---

① 黄莉如、毛文：《艾芜年谱（一九〇四年至一九四九年九月）》，《四川大学学报》编辑部编《四川大学学报丛刊第十二辑：四川作家研究》，四川人民出版社1982年版，第91页。

乡下人的一样。这里桂林人的语言,都仝①我们四川话差不多,听乡里人讲话,仿佛在故乡生活似的,这对于写作方面,真有不少的帮助。在福建同安的乡下,我曾住过四个月,一无所得,第一原因就是不懂他们的言语。

写着这时,正在警报期间,听见飞机响,便放下笔,跑进山洞。敌机一架,在上空出现两三次,因此笔也就停了好几下。目前警报尚未解除,不想再写下去了。

七月二十三日

信中所谓"在福建同安的乡下""曾住过四个月",按艾芜1987年11月22日日记,1931年1月至4月,曾与王思科同住同安县的村子曾营。② 王思科(1909—1935),字建安。云南保山城人。长期在东南亚从事革命活动。后在闽西苏区长汀中学任教,改名汪铭。辗转到延安参加长征,途中牺牲。艾芜有《一个永葆青春的友人》记其事。

今查《艾芜全集》第十五卷"书信",两简失收,自可视为艾芜佚简。不过,研究者对此却已有论述。如刘军、王文兵的《作家书简与〈现代文艺〉》(载《粤海风》2013年第5期)曾引述两信的内容。此文收入《文学的灯火:现当代文学评论集》,上海人民出版社2014年12月出版。而龚明德在2014年第6期《现代中文学刊》发表的《尚待完善的〈艾芜全集〉"书信"卷》,则明确提出将两信作为《艾芜全集·书信》的补遗。此文后收入其《旧日文事》,系"开卷书坊"第四辑之一,2015年8月由上海辞书出版社出版。由于这些书信是复函,编者在刊发时,省去了致信对象,不过从信件内容推测,刘军、王文兵以为应是写给黎烈文和王西彦的;龚明德则更进一步指出,其受信人当是王西彦,并主张可据史实恢复为"西彦兄"。

三 艾芜的两篇小说:《意外》《外套》

《现代文艺》刊有艾芜的小说两篇。一是《意外》,刊第一卷第四期(第

---

① "仝","同"的古字。
② 艾芜:《艾芜全集》第19卷,四川文艺出版社、成都时代出版社2014年版,第366页。

149—155页），"民国二十九年七月廿五日出版"。二是《外套》，刊第二卷第一期（第11—15页），"民国二十九年十月廿五日出版"。前述刘军一文认为《外套》发表在《现代文艺》第一卷第六期，当是误记。1941年4月25日，《文摘月报》第一卷第二期①曾转载此文（第98—103页），归置于"文艺部门"栏目，并在篇末标明"现代文艺二卷一期"。两文又收入艾芜短篇小说集《荒地》，作为"文学创作丛刊"之一，桂林文化供应社1942年1月初版。1947年5月18日，艾芜在致"敬之"（即沙汀）的信中，谈道："沈②替赵家壁③选的《新文学大系》（抗战期间的），你的一篇是《在其香居茶馆里》，我的一篇是《意外》，原载桂林出的小说集子《荒地》一书内。"④但该计划后来并未实行。现存茅盾1945年拟编《抗战八年小说集》选目，其中确有《意外》在列，由此可见《意外》在艾芜抗战短篇小说中的代表性地位。

四 《杂草集》及"现代文艺丛刊"

再则是《杂草集》的出版。第二卷第一期在《外套》的篇末有一则短讯：《杂草集》，"艾芜著散文集。现代文艺丛刊之五。作者是一个忠实的优秀的小说家，但他的散文也同样地清新可读。这集子里收容着散文三十三篇，写作时间是'八一三'沪战前夕到一九四〇年元旦。从这集子里，不但可以看到作者抗战后的生活动态，还可以看到作者对社会现象的精辟的感想及见解。全书一百二十余页，实价七角五分"。该期封底亦有"现代文艺丛刊"第一辑的书目，其中有关《杂草集》的介绍则被精减为："艾芜先生是一个忠实的优秀的小说家，但他的散文也同样地清新可读。从这集子里，可以看到作者抗战后的生活动态，还可以看到作者对社会现象的精辟的感想及见解。"据《杂草集》版权页，该书发行者：改进出版社（福建永安抚沟街，南平中正

---

① 编辑兼发行人：陶涤亚；出版者：文摘月报社（重庆民族路二一六号）；经售者：新生图书文具公司（重庆民族路二一六号）。
② 沈雁冰，即茅盾。
③ "赵家壁"，应作"赵家璧"。
④ 艾芜：《艾芜全集》第15卷，四川文艺出版社、成都时代出版社2014年版，第35页。

路，长汀中山路，三元中山路）；印刷者：改进出版社。"中华民国廿九年十月初版"。文章目次如下：《沪战前夜的断片》《难民收容所速写》《别上海》《沪杭路上》《湘南散记》《保甲长》《芙蓉花叶》《指路碑》《伙铺》《"非常时期莫谈国事"》《由宁远赴永州道中》《我们须要"人的战士"》《抗战的启蒙工作》《难民还乡》《湘桂路上》《难民哀话》《桂林遭炸记》《仇恨的记录①》《清晨的公园》《妇女劳动者》《贪婪与仁慈》《乡行一日》《乡行杂记》《村居杂记》《战争与和平》《新道德》《屠户的咒语》《谈迷信》《谚语、历史和时事》《关于叶紫》《麻木》《读书杂感》和《一九四〇年元旦誓笔》，《艾芜全集》第十二卷"散文·特写"，在"杂草集"题下，收文三十五篇，但篇目多有不同。具体而言，未收者有：《沪战前夜的断片》《难民收容所速写》《湘南散记》《保甲长》《伙铺》《抗战的启蒙工作》《清晨的公园》《妇女劳动者》《乡行一日》《屠户的咒语》《谈迷信》《谚语、历史和时事》《关于叶紫》《麻木》，计十四篇；新增者有：《轰炸杂感》《锄地杂感》《开荒》《在黄冕车站》《在伤兵车上》《赴柳州途中》《到柳州的第一天》《到独山的时候》《离开遵义的那一天》《松坎停车记》《我们必须坚强地反对内战》《在民主潮流中》《人民的愤火》《市声》《谈足踢》《活得像一个勇敢的战士》，计十六篇。相同者，仅十九篇，且《我们须要"人的战士"》，"全集"作《我们需要"人的战士"》，"须要"和"需要"，有一字之异。

"现代文艺丛刊"的编行，是"有鉴于战时物质条件的缺乏，交通的阻碍，以及其他诸种原因，出版事业受着极大的影响"，因此，便"想以'涸辙之鲋，相濡以沫'的微意，在文艺书籍方面，尽一点薄弱的努力"。同时，就"能力所及，约到几部稿子就印几部，暂定六册为一辑，继续印行下去。作者不一定是名家，内容也很杂，创作和翻译都有"。② 第一辑书目，据《现代文艺》第一卷第四期封底广告，有聂绀弩《夜戏》（短篇）、葛琴《生命》（短篇）、王西彦《报复》（短篇）、荃麟《麒麟寨》（剧本）、唐弢《劳薪散辑》

---

① 正文作"仇恨的纪录"。
② 引文见《现代文艺》第1卷第4期封底广告。

（杂文）、黎烈文译《第三帝国的兵士》（长篇翻译）。不过在第二卷第一期封底，却被调整为：聂绀弩《夜戏》（短篇）、葛琴《生命》（短篇）、王西彦《报复》（短篇）、荃麟《麒麟寨》（剧本）、艾芜《杂草集》（散文）、唐弢《劳薪辑》（杂文）。两者比较，一是黎烈文的长篇翻译《第三帝国的兵士》为艾芜《杂草集》取代；二是唐弢杂文集，初名《劳薪散辑》，出版时改作《劳薪辑》。"现代文艺丛刊"后又有第二辑的推出，其书目为：黎烈文《第三帝国的兵士》（长篇翻译）、陈占元《马来西亚的狂人》（长篇翻译）、陶雄《伥》（短篇小说）、雨田《罪》（短篇小说）、蹇先艾《幸福》（短篇小说）、李雷《荒凉的山谷》（长诗）。《第三帝国的兵士》（*Soldat du Reich*）是匈牙利籍的霍尔发斯①所作，译文系从法译本转译，先后连载于《现代文艺》一卷三—六期、二卷一——六期，1941年3月25日刊完②，书籍也在1941年3月同时出版。

五 《现代文艺》关于艾芜的书评

最后，1942年3月25日，《现代文艺》第四卷第六期曾发表谷虹的书评：《关于〈春天〉及其他》（第247—249页）。具体内容前已移录。谷虹（1916—1994），河北丰润人。原名李树人，字伯英，笔名陈晓村、大风、陈非、胡青等。曾在冀东《救国报·老百姓》《新长城》《冀东日报》等报刊上发表小说、散文《妇女生活三重奏》《风雪》等。著有通俗读物多种。③ 后以"陈大远"闻名。谷虹在《现代文艺》发表书评甚多，除此文外，尚有第四卷第一期（1941年10月25日出版）的《〈呼兰河传〉》；第四卷第二期

---

① 霍尔发斯（Odon de Horvath，1901—1938），今译"霍尔瓦特"。
② 译者在1940年6月6日作有《前记》。其中表达了翻译此书的意图："当希特勒正在欧洲耀武扬威的时候，我们特地介绍这部巧妙而又细致的描写变态心理的小说，让大家从一个德国兵士的自述中，约略窥见希特勒的理想和方法，究竟把德国青年引上了怎样的道路，并给他们预备了一个怎样的前途。"（《现代文艺》第1卷第3期，第142页）除《第三帝国的兵士》，霍尔发斯还有小说《没有上帝的少年时代》。另有琴德勒著《第三帝国的士兵》，发表于《政治情报》（半月刊）第50期，"中华民国二十八年十一月一日出版"。
③ 《中国新文学大系1937—1949》编辑委员会编：《中国新文学大系1937—1949》第20集"史料·索引"，上海文艺出版社1994年版，第289页。

(1941年11月25日出版）的《三幕剧〈秋收〉》；第四卷第三期（1941年12月25日出版）的《曹禺的〈蜕变〉》；第五卷第三期（1942年6月25日出版）的《有毒的〈野玫瑰〉》；第五卷第六期（1942年9月25日出版）的《新书介绍：〈劫后拾遗〉》。

《小说》月刊对艾芜小说的评论两篇

这里的《小说》月刊，是民国三十七年（1948年）七月一日创刊。茅盾主编。先后由前进书局、生活·读书·新知香港联合发行所发行。出版地香港。第三卷起迁往上海出版。章靳以主编。先后由国光书局、商务印书馆、中国图书发行公司发行。1952年1月20日终刊，共出36期。该刊为小说创作与评论刊物，评论方面有小说散步、小说座谈会、作家论、作品批评、小说世界等栏目。其《发刊词》云："我们都是深信文艺应当为人民服务，而中国人民今天正在创造自己的历史，我们不敢妄自菲薄，决心在这伟大的战斗中尽我们应尽的力量。我们相信这是我们的本份，也是我们的工作，同时又是我们的学习。这，既然是我们的志愿，当然也就是本刊的态度和立场。"[①]该刊对艾芜小说的评论，主要有二：一是适夷对《猪》的评说，二是史笃对《山野》的批评。现将两文移录于后：

适夷：一个新的主题

从艾芜的新作《猪》，（香港《星岛日报》范泉编《文艺》周刊卅，卅一期），我们看见今天文艺创作上一个重要的迫切的新的主题。这便是对继德日意轴心国家以后，企图侵吞世界，奴役人类的美帝国主义的暴行的反抗。今天中国的人民战争，是对反人民的自卫战争，也是反抗美帝侵略，保卫民族独立的爱国战争。反美，是现实课与我们当前的主要

[①] 陈建功主编：《百年中国文学期刊图典》（上），文化艺术出版社2009年版，第444页

任务，英勇的人民战士在为这任务而肉搏于战场，广大饥饿人民，学生群众在为这任务而蹶起四方，呼号街头，但是在文艺创作上，还很少人写到这个主题，最多还集中于反三征的斗争，这是重要的。而且今后也还必要，然而无可否认的，因为大家辗转在这个主题中，因为一般的创作力薄弱，有渐渐形成公式的倾向了——农村、横征暴敛、贫穷、饥饿、抓丁，于是反抗——问题自然在于公式而不在于主题，但是对于主要的迫切的主题的开展，还是值得我们的注意。

单从反美的主题来看艾芜的《猪》，那末主题的凸出力量并不是足够的。美军在中国土地上的暴行，不知有多少惊心动魄的题材，而作者所选择的事件，也不够典型意义的，因此作者虽似乎要竭力表示，对主人公的同情，却有被读者误认为嘲讽的危险，而反暴的主题，也减少其应有的力量了。不过我们要指出的却是作者所意图的这个新的主题，这是我们深愿为今天文艺创作所接受，扩大，深入的，正如过去文艺在抗日主题上所发挥的高度机能一样，把美帝国主义的血腥凶残的面目，和人民对它的炽热的憎恶与抗争，从艺术形象中有力反映出来！

该文发表于《小说》第一卷第二期[1]的"小说散步"（第74页），"三十七年八月一日"出版。"适夷"即楼适夷。《猪》创作于"一九四七年，十一月十八日"，除发表在"香港《星岛日报》范泉编《文艺》周刊卅，卅一期"，亦见诸《文艺春秋》第七卷第一期（第1—18页），1948年7月15日出版。参看范泉自述，便可明白个中缘由："1947年12月1日，我为香港《星岛日报》编辑《文艺》副刊（周刊），在创刊号上，发表了叶圣陶的《从梦说起》、何家槐的《青果》、艾芜的《在卡拉巴士第》、端木蕻良的《古文艺》。我把艾芜的作品放在第一篇。此后，他为这个副刊写了《旅情》（1947，12，29）、《到柳州的第一天——乱世杂记》（1948，2，23）、《论黑

---

[1] 督印人：楼逸；编辑人：小说月刊社（编辑委员会：茅盾、巴人、葛琴、孟超、蒋牧良、周而复、以群、适夷）；出版者：小说月刊社；总经售：前进书局（香港九龙弥敦道三九九号）；承印者：香港嘉华印刷有限公司（香港德辅道西三〇八号）。

人诗》(1948，4，12)、《四叔父——怀旧之一》(1948，6，14)、《山路》(1948，10，18)等。在《文艺春秋》月刊上发表的《猪》和《海》两篇，曾在这个《文艺》副刊上同时发表。"①《猪》所表现的"反美"与"反暴"，被适夷称为"一个新的主题"，由此也可见出艾芜的创作一直走在时代的前列。

史笃：评艾芜的《山野》（小说批评）

一

因为②部书出版还不久，读过的人还不多，所以应该把内容简约的介绍一下。

这是二十几万字的一个长篇小说，人物有几十，而事情仅仅是二十四小时之内的。结构复杂而紧密，场面有大有小，大至几十几百人，所描写的是伟大的抗日战争时期的"一个小小的山村地方，一天小小的战斗生活"（后记中语）——所谓战斗，是指这山村和附近的人民为保卫家乡而战；至于这山村是哪里的山村，书里只交待了一句"中国南方"，从人物语言看却像中国西南部（艾芜的一般人物大多是这样），但这除了使读者略减真切感之外，无关宏旨。故事的梗概是：第一天深夜发现敌情，第二天午后接战，由于本村人民的英勇抵抗和附近的矿工游击队的配合作战，至当日天黑胜利结束战斗，给敌伪重大杀伤；然而当日深夜又发现另外一路敌骑兵，于是艰苦的战斗又重新开始了。

这中间有几点是关系重大的：一，这村子的自卫战不是今天第一次，以前已经有过悲壮的和胜利的经验；但是任何比较严格的战斗组织还没有形成，即使像民团或村自卫队等类比较效率低的和比较落成③的机构都没有。前线的作战，后方的勤务，总之全部战事的进行和指挥都依靠着

---

① 范泉：《记艾芜——一个苦了一辈子、写了一辈子的作家》，《新文学史料》1995年第4期，第24—25页。
② 此处有"这"字脱落。
③ "落成"，或是"落后"之误。

群众的自发参加和少数有威信的领袖的吩咐和遣派。(顺便说,这在一个经过几次残酷斗争中而且处于战争环境的地方是不合理的。这是作者一个不小的疏忽。) 二,附近的邻村抗战情绪不高,甚至有一个和本村有仇的村子曾经投敌,并且被迫作过侵略的先锋,后来也不过两面勾搭,动摇,和下层分化出一部分积极抗日的分子。这些使本村的抗日斗争增加了艰苦和复杂。三,矿工游击队,成份大多是这一带的穷苦的脱离了土地的农民,所以跟这几个村子都有这渊源(例如阿松和本村),甚至有些下层工作的秘密联系;但是和本村的配合作战这还是刚开始的并且不太圆满的第一次。四,本村内部不统一。不但有汉奸和受汉奸宣传影响的份子,就是抗日阵营里也显然有占多数的下层的穷苦的积极坚决的部分和占少数的上层的有线①的消极动摇的部分的对立。那位地主兼商人和工业家的村长——威严、公正、硬朗的最高领导者,都在最严重的关头动摇起来,打算和敌人接头谈条件。这种由于阶级对立而反映到抗日斗争里的分歧复杂,是本书的主要着力点之一。五,最后,上层阶级的"进过学堂"的儿女们作为"进步知识份子"以类乎民运工作者或部队政工人员的姿态在这山村的抗日战斗里起着重大的作用。本书为了描写和刻划他们用了很多篇幅,又是另一个主要着力点之一。

这些就是这部小说的丰富内容的最概略的轮廓②。

二

根据上面的叙述,我们就不难看出,虽然作者谦虚的申明他只做了"一份很小的工作","不能把全部抗日战争的悲壮事情通通写了出来",只把"一个小小的山村一个小小的战斗生活勉力记下",而作者的企图其实是很大很高,要把某一阶段(具体说,战略相持阶段)的全部抗日战争反映在一个具体的战斗里面。而且这企图的成功是没有疑问的。这里简直是一幅全面的抗战缩影。地主资产阶级的积极典型就是领导人韦茂

---

① "线",当作"限"。
② "廊","廓"之误。

和，威严、精干、决断，然而抗日是有限度的，只在下层群众逼得他非前进不可的时候才能挽救他走投降灭亡的道路。消极的典型是韦茂庭和徐德川，一个是颟顸懦弱，嘴里不敢说不抗日，心里巴不得早些投降，一个是老奸巨猾，早已暗中勾结了敌伪。广大贫苦农民的典型例如阿龙，阿岩，阿劲，在斗争里逐渐提高了政治觉悟，成为战斗的主力军和坚持者和实际的领导者。中农的典型例如阿栋和阿寿，英勇作战甚至牺牲生命，但是他们的特征是保守和恋家。作为八年伟大抗战的主力和旗帜的工农队伍——八路军新四军和它们的游击队，这里有以阿松为领导人之一的"挖煤的些"这①游击队是一个象征的雏形。还有知识份子的诸种典型，敏感、要强、然而感情脆弱的徐华峰，他的爱情第一、丈大②孩子第一的妻子韦美玉，她的急进、雅气、而勇敢的妹妹美珍，和美珍的落后的轻浮的没有头脑却有许多坏品性的未婚夫赵静民等等。甚至农民妇女在抗战期间的劳动和服务的没有被疏忽，这里有阿栋嫂、阿清嫂等人的描写。几乎可以说，伟大的抗战洪流所冲激和淘汰的社会各阶层都应有尽有了。更重要的是这一切阶层的刻划都大体正确而明晰，作者把它们各各安置在历史轨道的大体适当的地位，使人读《山野》仿佛温习抗战时期的历史。这当然不是说它里面包含了多少史料，而是说，它概括的表现了"抗战"这一阶段的本质和指示了发展的前途。我们都知道，五四以来的新民主主义革命的特质之一是无产阶级对革命的领导。我们又知道，无产阶级的革命领导权不是一日之间就建立起来的。主要是第一次反帝反封建统一战线的大革命时期软弱的资产阶级投降反动，随后就使中国民主革命的领导权不得不落到无产阶级一个阶级的肩上。到了抗日统一战线时期，民族资产阶级、官僚资产阶级和部分地主因为觊觎战后的胜利之果而参加抗战，并且僭居于这新的统一战线的名义上的领导地位。这一点模糊了许多人的视线，而许多御用文人刻意加以宣传，

---

① 当作"'挖煤的'这些"。
② "大"，"夫"之误。

企图歪曲伟大抗战的真正历史。但是我们知道抗战的主要支持者和推动者和实际领导者不是而且不可能是别人,正是而且必然是无产阶级及其广大的农民和小资产阶级同盟军。在抗战的过程中间,显然看得出统治阶层的名义上的和局部的领导权的日趋没落,坚决而胜利的下层群众的领导权的逐渐巩固和展开,所以到了抗战后期,重庆仅仅作为美国放的一着棋子多少对日本起一点消极的阻碍作用,而在中国的抗战斗争里已经是开了小差,不仅开小差,而且肆无忌惮的进行它久已进行的破坏工作了。抗战史上这一重要的本质,我极其快慰的从《山野》里着①到正确的表现,纵使还可以要求说不够。"领导者"韦茂和的没落是不言而喻了,这山村未来的抗日斗争的方面和性质是不言而喻了,这斗争如何跟矿工游击队配合也是不言而喻了。这是抗战期间千千万万走向澈底抗战的武装斗争的一个典型。这也是整个的民族抗战的一个缩影。

何况这缩影在作者朴素简练而从容不迫的笔触之下表现得那样清晰和精巧。

三

但是有一点我们必须追究一下,这就是关于知识份子的问题。《山野》供给了一些材料。

知识份子在我们中国的社会条件规定之下,大多走上了进步的道路,对抗战以及其他阶段的革命起了进步作用,这是不成问题的。但是知识份子的软弱,空谈,要面子,动摇畏缩,这也是早已成为定论的,作者在那位顶进步的甚至亲身参加打仗的徐华峰身上都强调了这些弱点。至于那位作为爱妻慈母的韦美玉就更不用说,已经走到为了愿②全自己小三口子不惜妨害抗战的地步。韦美珍勇敢坚决得可爱,但是一副娇小姐派头,吃不得苦,好幻想,好出风头,不懂事。就这些而论,作者的了解非常透澈。换句话说,假使有所谓"知识份子性格",这里是紧紧抓住

---

① "着","看"之误。
② "愿(願)",应是"顾(顧)"之误。

了。但是，进一步看，知识份子性格是从哪里产生和规定的呢？照我的理解，决然是从知识份子的社会地位和历史任务里产生和规定的。因此，最重要的不是给每一个知识份子若干涂抹，而是给他（或她）一个确切的位置——战斗中的适宜的岗位和任务；也就是说，把他们安置在历史轨道的适当的地点和方向上。

徐华峰是怎样一个人呢？他是村长的女婿，大概是一个大学毕业生，大城市而小城市而乡村这样一步步逃难来之后，这里又闹鬼子，并且他岳父领导抗战。于是把他卷了进去。可以想像得到，他一定平素就有抗日的进步倾向，所以现在变成了农民中间的宣传鼓动者，有很高的威信。而且他还是战争里的参谋，甚至是政治指导员。——当然，这些名份是我给他加的，实际上他是什么都没有，而且曾经为怀疑不被人家重视而同意了他妻子要求远走高飞的计划的。作者处理这个人物的慎重，是容易看出的。他描写他的动摇，他的抗日热情，他的爱妻子，他的感情的脆弱。又小心的引导他到战争里，使他为了面子而投身战斗，从不知所措、恐怖，和胡拼到英勇作战而受伤。这些细致而生动的布置当然是可贵的。可是主要的问题呢——我直率说，却不是这里！这样的一个知识份子凭什么建立起他的威信和重要地位来的？难道说因为他会说话和动笔，知道术语和名词，有他自己所谓"我这头脑，我这舌头"吗？假使如此，我们应该说，这里把知识份子在抗战期间的地位也就是在历史轨道上的位置和方向摆错了。当然作者不会这样担心。他直接间接告诉我们徐华峰的威信和重要性是由于他对事情的了解和处理的正确而来。不过我们不难看出，他的这份才能实在是作者偏心和过宠的赏赐。因为一切真正的才能的唯一来源是实践。没有打过仗的徐华峰做不成好的参谋，没有受过政治斗争锻炼的徐华峰做不成农民拥护的思想领导者，做不成本村内部和本村与邻村的统战工作的重要人员。

美珍的情形也差不多。她的表现似乎最积极也最进步。她不但宣传抗日，不但从事她的主要的医药救护工作，并且着手办托儿所，想做一般的妇女运动。她仿佛一个能够独当一面的民运工作女同志。而实际她又是一个政治修养很差的娇小姐,走不得路,提不得东西,伏在马背上都吃不消;爱使性子,出风头;对男女问题只有片面的貌似的理解,例如反对结婚①和生孩子之类。她的"进步"是哪里来的呢?——书本子上,这点作者并不讳言。可是她在山村的抗战里担当了多么重大的任务:除了上面说过的之外,她破坏了投降的阴谋,用几乎决死的英勇反对了尊严而可敬的父亲,并且还沉着而相当周到的布置了反阴谋的行动!

甚至阿松他们的游击队里,"学生们"都起了台柱般的作用。他们来了之后,这就"想出好些打游击的法子"。他们不打仗的时候宣传,讲国家大事,防止了开小差;"打起仗来,很英勇哩!"

四

艰苦的伟大抗日战争是革命史上最光荣的篇章之一,人民大众因为有了抗战时期的胜利才有今天的接近全国解放的胜利,但是这一写作的宝库到今天为止还发掘得很不够。抗战结束已经三年多,由于反动派发动内战的紧急形势,造成种种不利于长篇巨制的条件,使战后文艺的收获大打折扣,以抗日战争为题材的更少;至于以上述全面的规模作横切解剖,据我所知仅仅是《山野》了。就这一点说,它当然是一部珍贵无比的作品。② 但是,不仅如此,它还是一部颇为生动的杰作。

说杰作,是就实际情形而言,不是就预定的创作标准而言。缺点是尽有的。可是我读《山野》不能遏制对作者的技艺的赞佩。这样一个简单的偏僻的山村,这样短的时间之内,这样小的一场战斗,却展开了那样多的性格(人物),那样广大的社会相,那样复杂的斗争。这里没有通常的长篇小说那种抓住一两个人物追究下去弄个明白的便利,作者用跳动的然而照顾全局的笔触一层一层的画下去,使一些主要人物逐步凸现出来。你追随他的领导,就发现他这从东到西从南到北一幅巨大的画面

---

① "婿","婚"之误。
② 着重号系整理者所加。

上移来移去的笔法，达到了有条不紊、指挥如意、从容不迫的境地。固然还不能说炉火纯青。因为例如末后破坏投降阴谋的那几段，不但有赵静民向徐德川告密的重复（五三〇页和五三六页），而且整个的布置和描写有一种类似侦探小说的庸俗，显出技穷的窘态。作者技术的高超，无疑是已经趣①过了一般水平。我指出这一点，是不仅为作者庆贺，并且为左翼文艺界庆贺的——就是说，左翼已经有了足以宽慰的技术，那么在技术上永远落后别人的担忧可以停止了：也就是说，主要从技术着眼来救治一切缺憾的习惯是更应该停止了：不信请看《山野》，这里有你所不得不赞佩的手腕。

　　但是技术所能解决的问题却永远是很少的。我说作者凭他的纯熟的技术画出一幅生动图画，但是我更应该说，作者是凭他过去对农村生活和知识份子生活的丰富知识和深刻体验来画出这个图画的，假使他不是有过去的这些体验和知识，今天再纯熟不过的技巧也无济于事，我断定他只能画出一幅出乖弄丑的"笑话"。主要是他过去的的②生活体验救了他。

　　为什么这样说呢？作者在《后记》里已经明白告诉我们材料是得之于友人，他并没有抗日武装斗争的实际经验。不仅如此，冒昧点说，作者在整个抗战期间，因为过多的致力于埋头写作，甚致一般的社会生活和斗争的实验经验也是比较不够的。谁也不能反对搜集材料来写作，用别人的生活经验来写作，但是假使仅仅如此，自然是危险的，甚致不可能的。别人的生活经验只在和自己的融汇起来的时候方发出光和热来，这融汇又可能有许多种情形，例如别人的武装斗争经验和自己的武装斗争经验的融汇，别人的武装斗争经验和自己的政治斗争的融汇，别人的抗战斗争经验和自己内战斗争经验的融汇，别人十年前的经验和自己今天的经验的融汇，等等，等等。《山野》正是别人的抗日武装斗争经验和

---

① "趣"，"超"之误。
② 其中一"的"系衍字。

作者的全部生活经验——特别是很久以前的生活经验的融汇。因为有这样的基础,《山野》才有它的成功,作者的技术才有它的施展余地。然而也因为是这样的基础,这小说的成功受了限制:人物的生动和精确打了折扣,实战场面的逼真有了破绽(例如三〇六团的肉搏,徒手和刺刀等),艺术感染力显得不够充沛,等类。而且那关[1]出技穷的窘态地方,而是内容破绽表现出来的地方。

自己的生活经验有第一义的重要性,这或者就是我自己从《山野》得到的最重要的教训吧。

该文发表于《小说》第二卷第二期[2](第84—89页),民国"三十八年二月一日"出版。"史笃"为蒋天佐的笔名。《山野》,据甘振虎、刘莲珍、阮文兵等编的《中国现代文学总书目·小说卷》,其出版信息为:"艾芜著。文学丛刊。上海文化生活出版社1948年11月初版。长篇小说。目次:山野|后记(1947年10月26日)"[3]。小说写作始于桂林,续于重庆,终于上海浦东乡下,共四部四十五章,分两册出版,其中第一部(一——十六章)和第二部(十七—二八章)为一册,第三(二九—三四章)、四部(三五—四五章)为一册,全文计582页。如论者所说,这是"以抗日战争为题材"的一部"珍贵无比"且"颇为生动"的"杰作",但惜乎文学史家和研究者的关注,还远远不够。因此,相关的掘发和阐释,亟待深入展开。

值得注意的是,在同期刊发的《一九四八年小说创作鸟瞰》,适夷将《山野》放入《四世同堂》《锻炼》《杜甫传》《引力》的行列中,对艾芜再次作出高度评价:

---

[1] 原文作"闗",当有误。
[2] 该期编辑委员会的人员有变动,增补了张天翼和聂绀弩两人,即茅盾、巴人、张天翼、聂绀弩、葛琴、孟超、蒋牧良、周而复、以群、适夷。出版者:小说月刊社(香港皇后大道中五四号二楼三联发行所转)。总经售:生活·读书·新知香港联合发行所(地址:香港皇后大道中五四号);该刊自第二卷始,即与前进书局解除总经售契约)。
[3] 甘振虎、刘莲珍、阮文兵等编:《中国现代文学总书目·小说卷》,知识产权出版社2010年版,第294页。

不深刻的透视过去，我们也没有方法来认识今天，尤其是最近的过去，民族抗战的这一个历史时期，虽然有很多的文艺创作今天都在热心的追寻着这一个主题，然而期待中的史诗性的作品还只能候之异日，以沦陷的故都为背景的老舍的大规模四部长篇《四世同堂》，在上一年中出现了三部之后，第四部似乎至今仍然没有完成。茅盾的《锻炼》是一个概括全时期的巨大的企图，但现在在《文汇报》连载的，还只是一个开头，冯至的《杜甫传》的企图，也只见到一些片段。应该特别提出来的这一年的新出版作品，一部是李广田的《引力》（晨光版），写一个爱好自然，爱好美，爱好人间温情的知识女性，在民族抗战的大时代里，怎样从乡土的家庭的爱，引向祖国爱和人民爱的道路，而这也正是今天许多知识份子的道路，另一部是艾芜的《山野》（文化生活版）。艾芜，我们应该以尊敬和感激的心情来称呼这个名字，这是一位在今天极度艰苦的文艺田园中最为辛勤而且有很大成就的作家。《山野》以二十几万字的篇幅，和作者的可惊的艺术的概括力，把抗战时期一个阶段的全部战争生活，压缩在"一个小小的山村地方一天小小的战斗生活"中，正确表现了这一战斗的本质的意义，创造了参加在战斗中各种不同阶层的积极的消极的重要典型。①

无独有偶，文章末尾的空白处，刚好有一则"生活·读书·新知香港联合发行所售""艾芜新作"的广告，包括："故乡（长篇）；山野（长篇）；我的青年时代（长篇）；夜雾（上篇）；乡愁（中篇）"。这似乎是一个注脚，印证了艾芜是"一位在今天极度艰苦的文艺田园中最为辛勤而且有很大成就的作家"。

艾芜在《小说》月刊也曾发表作品多篇。一是《暮夜行》（短篇），刊第一卷第四期（第23—33页），"民国三十七年十月一日出版"。二是《旅伴》

---

① 适夷：《一九四八年小说创作鸟瞰》，《小说》第2卷第2期，1949年2月1日，第80页。着重号系引者所加。

（短篇），刊第一卷第五期（第19—25页），"民国三十七年十一月一日出版"。三是《一个女人的悲剧》分三期连载。其一至五节，刊第二卷第一期（第4—20页），"民国三十八年一月一日出版"。该期编委会《编后记》云："本期《一个女人的悲剧》及《幻想小说》插图为漾兮所作，《混世魔王》插图为黄密作。"（第111页）六至九节，刊第二卷第二期（第57—71页）。一〇至一六节，刊第二卷第三期（第54—87页），"民国三十八年三月一日出版"。小说发表时，目录中署"长篇"，但实为中篇。

上述三篇，《暮夜行》收入《艾芜全集》第八卷"短篇小说"之《烟雾》，文后注："一九四八年三月，重庆"①。原文在发表时，没有标明写作时间与地点，不知编者从何得知？且检《烟雾》初版本，未见有此文。据《艾芜研究专集·艾芜著作系年（1931—1983）》，该文后"收入《艾芜短篇小说集》，人民文学出版社，1953年11月出版"②。至于《旅伴》，则"全集"失收。《一个女人的悲剧》虽收入第十卷"中篇小说"，并作为首篇，不过，就其发表时间而言，这种安排，显然有失妥当。

艾芜评论拾遗两篇

笔者在搜检民国期刊的过程中，发现两篇关于艾芜的评论，而毛文、黄莉如编《艾芜研究专集》的"评论文章选辑"和"评论文章目录索引"均未收录，特录之，以作补遗。

艾芜一句话包括三种方言

《太白》二卷一期，艾芜先生作《北国速写》一文中，有如下一句对话：

---

① 艾芜：《艾芜全集》第8卷，四川文艺出版社、成都时代出版社2014年版，第453页。
② 毛文、黄莉如编：《艾芜研究专集》，四川文艺出版社1986年版，第632页。

"要不是大水一踏刮子冲去俺的庄稼，压根儿俺就不会这样……这样……"

这一句话中包括了三种方言："一踏刮子"是上海方言，"俺"字（代表我的意思）是山东方言，"压根儿"三字则是北平方言。艾芜先生速写的地方是"黄河之侧的一个大城市里面"，不知这大城市是郑州呢？济南呢？还是什么地方？无论如何，在那样地方遇到的"衰老的中年人"，决不会说出上面那句包括三种方言的话。我想艾芜先生虽是"速写"，却写得并不真实。那样的口话完全失了"推独轮车"的"衰老的中年人"在"黄河之侧的一个大城市里面"那种风致。据说艾芜先生是多年流浪的人，到过许多地方。因此也熟悉了各种方言，那是必然的。上面那句话是艾芜先生无意中说出了属于自己的话，因此弄得那么不三不四，使上海人看了不懂，山东人看了也不大懂，北平人看了也未必懂。

该文发表于《每周评论》第一六三期的"文坛杂俎"（第 11—12 页），"中华民国二十四年四月二十二日出版"。未署作者名。此《每周评论》非新文化运动中大名鼎鼎的《每周评论》。该刊主编者兼发行者：每周评论社；社址：湖北省党部内；总代售处：中兴书局；印刷者：汉口新昌印书馆（大江家院内）。艾芜作品中多方言、口语，此文一一分辨，指明得失，可借鉴并推而展开。

任重：艾芜的小说

我以为在目前的中国小说家当中艾芜先生定①比较值得给予期待的，艾芜先生是一个忠实于生活的作家，这可以从他的创作上得到证明的，从《南行记》到他最近的《梦》，我们知道作者是无日不在向生活学习，向生活深入。而在生活当中学得了更多的东西。

在抗战以前，他的创作（如《夜景》，《漂泊杂记》，《海岛上》）虽

---

① "定"，疑当作"是"。

然已经引起了读者的注意,曾经被人译成日文,然而使他一鸣惊人的要冥①他的短篇《秋收》。

《秋收》是一个平凡的名字,平凡的题材,然而伟大的文学作品,大多是孕有②于平凡的题材的,《秋收》便是这样的一个短篇故事,描写后方秋收时军民合作的情形,它把中国老百姓的封建意识的顽固,和伤兵的某些行动的失检点在老百姓心里所引起的隔暝③都用艺术形象描绘了出来。它而且说明了:抗战这个动力终于把军民一条心的连结了起来。

我们读《秋收》,有时简直不像在读小说,而像在看中国农村社会的一个活的画面,艾芜先生一切都写得很道地,没有染上一点欧化色彩。看到有些地方,我们甚至要笑出来,姜老太婆(《秋收》主人翁)这一种人物几手④在中国任何一个农村里都可以很容易的找出来。

茅盾先生曾经在《论如何学习文学的民族形式》一文的最后说:"无论什么事,有了理论算是解决了一半,剩下的一半,要由实践去完成。"民族形式的创造正是一个实践的问题,是要在实践中去完成的。

然而使我们惊奇的是在小说方面,这一种收获非常少。——所以我们愈加愈⑤觉到艾芜的可贵。

我们只要看《受难者》(见《文艺阵地》)《母亲》(见《笔部队》)《梦》(见《文化杂志》)……我们可以知道作者是下意识的在学习民族形式,在创造民族形式。几乎艾芜先生的小说在目前文艺界中已经独树一帜地挺立起来,——成为一种独特的风格了。

比⑥我们看《意外》的开头的描写:

"老张和老李都是穷庄汉子,自己没一片田地,平常只能帮人家种田

---

① "冥",应作"算"。
② "有","育"之误。
③ "暝","膜"之误。
④ "手","乎"之误。
⑤ 此"愈"字多余。
⑥ 此处或有"如"字脱落。

度日，碰到农事不忙的时候没有叫他们做工，老张便坐在门前晒太阳，脱下衣服捉虱子，再不然就拿把刀，上岭去割柴草，老李却不是这样的，他有他的打算，即是要借点本钱下广东去挑盐，他认为一个人年纪青青，不出远门走走，碰碰运气是发不起来的。老张却很反对他说一个人命中只带来合把米，你再走得远些也不会多发一颗。他自己只想吃口本份饭。"

这简直不像一篇新文艺作品，只有在民间故事中是这样的，然而作者把这种手法移植到这里竟获得了意外的成功。这不是庸俗而是通俗，不是质的低而①质的提高，——把两人的思想性格用泣的说言②表达了出来。

从上面的一个例子我们可以知道作者对于民众语言，是在当日③试探用着，比如"喊声""硬是"……这种在民众嘴吧上已经用得很普避④的语言，而一般作者表示憎恶的，作者都大胆地把它灵活的运用，而成为自己语言创作的源泉。

尤其是新近的作品，艾芜先生这一种倾向是表现得愈加明显，愈加成功了。

总之，正如一位文学理论家所说文学的第一个要来⑤是真实。艾芜先生小说的生命力的所在便是真实。大家都说："抗战文艺八股化"，但是我们谈艾芜先生的小说却并没有这一种感觉。我们感觉到处是"中国化"。

驻⑥：这是我计划中的艾芜论的一个大纲，草率之处请读者多多原谅。

该文发表于《东南青年》第一卷第五期（第49页），1941年11月出版。

---

① 此处应有"是"字脱落。
② 排印有误，或作"他的语言"。
③ 原文如此，或有误。
④ "避"，"遍"之误。
⑤ "来"，"求"之误。
⑥ "驻"，应作"注"。

据黄日星、张德意编著《江西期刊综录》,《东南青年》(月刊),"东南青年月刊社主办。社会科学总论类刊物。1941年6月在上饶创刊,第1卷出版6期,至1942年12月出至第2卷第6期,终刊时间不详"[①]。"任重"其名较多,具体何人,待确认。但此文既是其"计划中的艾芜论的一个大纲",不知作者后来有没有更详细的论述。

---

① 黄日星、张德意编著:《江西期刊综录》,江西人民出版社1994年版,第34页。

辑二　集外文拾补

抗战诗歌五首及诗论一则

　　《艾芜全集》第十三卷所收录的诗作，以诗题计，共二十一首，如"昭觉寺诗"共六首，则不另计。一方面，如龚明德先生所说，"这显然不是艾芜创作甚至哪怕是已经公开发表了的诗歌的全部"①。另一方面，所录诗作，在标注方面，亦有许多不当，常见的是将发表时间视为写作时间。如《我怀念宝山的原野》，末尾所标"1937 年 10 月 3 日"，即有误。该诗发表于《烽火》第五期（总第 72 页），一九三七年十月三日出版。《烽火》是文学社、译文社、中流社、文季社的联合刊物，"每星期日出版"。其编辑人为茅盾，发行人巴金，发行处：上海城内西仓桥街三号。"全集"的标点，与原文差异较多。分行方面，"我痛心那夏天时节绿树浓荫的海岸"，原文作"我痛心那夏天时节，绿树浓荫的海岸"；"我痛心那竹树缭绕的瓦屋数间"，原文作"我痛心那竹树缭绕，瓦屋数间"②。又如《野外早操》，"全集"在诗末标注：

----

　　① 龚明德：《〈艾芜全集〉佚诗一首——旧日书刊之十九》，《今晚报》2016 年 10 月 25 日第 12 版。
　　② 该诗后又收入《抗战名人诗歌》，改题为"我怀念宝山"（第 111—112 页）。《抗战名人诗歌》，于右任题签，目次作《抗战诗歌一百首》（艾芜此诗系第 81 首），页眉和版权页均作《抗战诗歌》，编辑者：魏冰心；发行者：陆高谊（世界书局代表人）；印刷者：世界书局；发行所：世界书局（全国各地）。"中华民国三十三年二月""湘一版"。

"一九四〇年六月一日",但实际上,该诗发表于《中国诗坛》新四期的"创作"栏(第11页),"民国二十九年六月一日出版"。其编辑者兼发行:中国诗坛社;总经售:读书生活出版社;通讯处:桂林广西日报芦荻转。"全集"类似失误颇多,故不再例举。现仅就第一方面,略作补佚。

一 航空军

一二八①的时候,
上海天空,盘旋着大群的飞机。
抬起头来看看,
只悄悄叹一口气:
"为甚么我们的空军,
不来赶开这些杀人的东西!"

如今抗战才一开始,
就看见我们英勇的空军,
在天空轰炸敌人。
敌机飞过天空的时候,
也高高躲起,
再不像先前那样地神气!

空军,你结②我们莫大的欣喜!
空军,你给我们吐一口气!
我们四万万人,
一齐举起手来,
祝你空前胜利,

---

① 一二八,应为"一·二八"。
② "结","给"之误。

"把他妈敌人的军舰飞机

通通炸毁!"

此诗发表于《非常情报》创刊号①的"救亡文艺"栏（第 13 页），1937 年 9 月 24 日出版。后收入《飞将军抗战记》（第 62—63 页），郑振铎等著，战时出版社②1938 年 1 月初版。题名《祝空军》，当有误。毛文、黄莉如编《艾芜研究专集·艾芜著作系年（1931—1983）》失系。

二　中国（,）我们的娘

　　　　（一）

中国，我们的娘！

抬起头来，拍拍胸膛，

让全世界，好生望望。

告诉他们：

"今日的支那，已不是先前一样！"

因为你四万五千万的儿女，

已经团结起来，坚如铜墙！

　　　　（二）

中国，我们的娘！

抬起头来，拍拍胸膛，

让全世界，好生望望，

告诉他们：

"今日的支那，已不是先前一样！"

因为你四万五千万的儿女，

已经对着敌人，勇敢抵抗！

---

① 该刊为旬刊，"每逢四日、十四日、廿四日出版"，编辑者：包允文；发行者：万有出版社（上海南京路大陆商场五一〇号）；经售处：中国杂志公司、五洲书报社。

② 内封作"抗战出版社出版"。此系"抗战小丛刊之一"。

此诗发表于《民族呼声》（周刊）第三期①（第 9 页），"廿六年十月十五日出版"。该诗发表后，产生了比较广泛的影响，曾为多家刊物转载，因而也出现了不同的版本，兹举三例：其一，《少年时事读本》第一集第六册（第 23 页），该诗作：

中国，我们的娘!

中国，我们的娘!

抬起头来，拍拍胸膛。

让全世界，好生望望。

告诉他们：

"今日的支那，已不是先前一样！"

因为你四万五千万的儿女，

已经团结起来，坚如铜墙！

中国，我们的娘!

抬起头来，拍拍胸膛。

让全世界，好生望望。

告诉他们：

"今日的支那，已不是先前一样！"

因为你四万五千万儿女，

已经对着敌人，勇敢抵抗！

本册读本出版于"中华民国二十七年十月十七日"。作者署名"芜艾"②；同时，也省去了诗节的序号。另，《少年时事读本》是"导报小丛书"之一，编辑者：时代读物社；发行者：英商导报馆（上海宁波路一三〇号）；经售

---

① 其编辑者、发行者为民族呼声社，地址在上海静安寺路静安别墅一二六号。刊头系郭沫若题写。

② "芜艾"系其笔名之一。不过，自 1932 年 12 月在《文学月报》1 卷 5、6 期合刊发表《人生哲学的一课》起，开始固定使用笔名"艾芜"。此处或系误排。

处：大川书店（上海霞飞路四六二号）。

其二，据《艾芜研究专集·艾芜著作系年（1931—1983）》，有如下记载："中国，我们的娘（散文），《救亡日报·第一年》，1938年9月"①。此说显然有误，《中国，我们的娘》是诗歌而非散文，且即是"日报"，当有具体日期。或许编者并未亲见。

其三，《江西地方教育》第一四七、一四八期合刊的"教材介绍"栏（第31页），该诗作：

中国，我们的娘！

> 中国，我们的娘！
> 抬起头来，拍拍胸膛，
> 让全世界，好生望望。
> 告诉他们：
> "今日的支那，已不是先前一样！"
> 因为你四万五千万的儿女，
> 已经团结起来，坚如铜墙！
>
> 中国，我们的娘！
> 抬起头来，拍拍胸膛，
> 让全世界，好生望望，
> 告诉他们：
> "今日的支那，已不是先前一样！"
> 因为你四万五千万的儿女，

---

① 毛文、黄莉如编：《艾芜研究专集》，四川文艺出版社1986年版，第605页。《救亡日报·第一年》，编选者：谊社；发行者：谊社出版部；印刷者：未名书店；总发行所：未名书店。"中华民国廿七年九月廿日出版，中华民国廿七年九月卅日初版"。有《序》，"野风一九三八年九月八日"。分"小说·报告·通讯""独幕剧""诗歌"三部分。其中，"诗歌"的《编选后记》，末署"白曙二七，九，十六夜记"。《中国，我们的娘！》即收入"诗歌"部分（第397—398页）。该书另有附录《抗战文艺一年的回顾》（茅盾）

已经对着敌人，勇敢抵抗！

注：①这一首诗为艾芜先生所作，是从《救亡日报》上选录下来的。

②好生——好好的。

③支那——日本人称我们中国，叫"支那"，含有轻蔑、侮辱的意味，这首诗里特地把它引用，用意是叫世人勿再轻视中国。

该期出版于"中华民国二十八年六月一日"，刊载时，在诗题下端有"（中高级国语教材）"字样。《江西地方教育》为江西省政府教育厅编印，其通讯处：吉安乡村师范转江西省政府教育厅编译室。

三　我们是勇敢的青年

我们是勇敢的青年，

石头放在嘴里，

也会咬烂！

举起拳头，

可以冲破天！

当灾，吃苦，受难，

不稀奇，

这原是我们的家常便饭！

我们的字典上，

没有偷懒。

我们的日记上，

没有苟安。

只要我们的手足齐全，

我们就要冲锋，上火线，

把一切牺牲个完！

如果单剩嘴巴了，

（即是说还能讲话）

也好，我们就做宣传，

在后方，煽起抗战的火焰！

本诗发表于《战线五日刊》①第九期（第104页），"二十六年十月二十六日出版"。《艾芜研究专集·艾芜著作系年（1931—1983）》失系。

四 一个赤膊的汉子

一个赤膊的汉子，

跳在街上骂：

"哪个敢封住我的嘴巴？

哪个不让我自由讲话？"

他拳头一扬，

"来，我跟他打在脸上！"

哈，别看轻这个粗鲁的人，

真该做我们的先生，

因为他不可及的地方，

便是具有敢说敢骂的精神。

这首诗发表于《中国诗坛》新六期②（第10页），"民国廿九年十二月五日"出版。《艾芜研究专集·艾芜著作系年（1931—1983）》有系："一个赤膊的汉子（诗），《中国诗坛》（桂林）新6期，1940年12月"。③

五 诗歌的路

诗歌的大众化，可以说已不成问题，目前最紧要的，到是应该怎样

---

① 该刊"每逢一、六两日出版"，编辑兼发行：战线社；编辑委员会：章乃器、章汉夫、王达夫、吴敏、艾思奇、夏征农、刘思之、陈楚云；通讯处：上海静安寺路斜桥弄七十一号转。

② 其出版信息又有变化，编行者：中国诗坛社；总经售：生活书店；通讯处：桂林邮政信箱第一七九号。

③ 毛文、黄莉如编：《艾芜研究专集》，四川文艺出版社1986年版，第612页。

作才能大众化？利用旧的形式，如秧歌、山歌、采茶歌，以及五更调泗洲调之类，把抗日的内容，填了进去，的确可以使一般人，一唱就上口，而能普遍流行的。但仅仅这样做，是否够了呢？不够的。第一，旧的形式，是适应先前的社会生活而形成的，绝不会恰恰合乎现代人的需要。过去许多调子，不是在风景清幽的山里乡间，两人一问一答的对唱，便是坐在村镇小茶馆里，拉着二胡，一个人唱给大家听的。情绪悠闲，声调也不激越，充分显出田园牧歌的风味。倘把这种调子填进抗日的激昂情绪，无疑地唱起来会变为十分软弱的东西。我们想想看，若把一个纠纠武夫，穿上长衫大褂，怎能合适呢？如果再配以数百人数千人的群众运动，这种先天软弱的调子，就根本要不得。势必需要新形式的歌曲。这等于衣服一样，先前古老的样式，不合了，当然要新裁一件的。这种新的歌曲，虽是不像旧的调子，容易使人一看就上口，但我们可以组织歌咏会，和群众运动配合，去教大众唱的。如此一来不仅可以适合了大众目下的需要，而诗歌本身，不为旧形式束缚，也就有了它光辉的前途。如果仅以填旧调子为大众化，而不从事新的创造，则大众化的诗歌和纯艺术的诗歌，势必分为两个对立的发展了。结果，纯艺术的诗歌，变为与大众隔离，而大众化的诗歌，则成为无艺术。诗歌至此，是绝对没有前途的。目前，我们需要的诗歌，是大众化的，同时也是艺术化的。

至于新的诗歌，到底要怎样创造呢？我以为第一要有韵，可以谱成曲来唱，没有韵，不能上口唱，就不要。第二要用生动的大众口语，不能解释，一念便很明白。我看见有些新的诗歌，为了押韵的成话，如"波浪"之类，改为"浪波"，这是不好的。

此文发表于《中国诗坛》第一卷第五期[①]的"诗歌论坛"栏（第1页），"民国廿六年十二月十五日出版"。该期为"大众化专号"。此文《艾芜研究

[①] 其出版信息与上文所述有异，主编者：中国诗坛编委会；发行者：中国诗坛社（上海霞飞路一百号）；总经售：引擎出版社。

专集·艾芜著作系年（1931—1983）》失系，"全集"亦失收。不过，《抗战文艺研究》1984 年第 2 期（5 月 15 日出版）的"史料选登"曾重刊此文，并有编者按："《诗歌的路》发表于一九三七年十一月十六日武昌出版的《时调》第二号上。这是一篇谈诗歌大众化问题的很有见地的文章。供给者：皮远长。"[①]

《诗歌的路》堪称艾芜诗学观的集中体现，而将这些主张化为实践，最具代表性的则是其《救亡对口曲》。

六　救亡对口曲——动员全国民众武装救亡

八月里来稻子黄

（一）

八月里来稻子黄，家家户户正农忙。

只说今年收成好，哪知沿海进虎狼。

（二）

东洋飞机丢炸弹，我国人民大遭殃。

与其坐着来等死，不如大家去救亡。

（三）

今朝就把锄头放，提起刀枪上战场，

不管鬼子来多少，包他个个见阎王。

——男的唱

八月里来桂花香

（一）

八月里来桂花香，含泪送哥上战场。

撇枝桂花哥来戴，好比为妹在身旁。

（二）

天气快要转秋凉，早晚当心加衣裳，

[①] 艾芜：《诗歌的路》，《抗战文艺研究》1984 年第 2 期，第 147 页。

一路饮食要留意，麻打草鞋多带双。

（三）

家中诸事别里记，一心一意打东洋。

打退东洋回家转，不要耽误在他乡。

——女的唱

"对口曲"是两人相对，彼此唱和之意。这种形式，流行乡间极广。但因其是自然经济时代的产物，颇带田园牧歌风味，当然不及近代的进行曲，气魄壮大，合乎群众歌唱。我现在采用的意思，是想把文艺上各种武器，在此救亡期间，都拿来试试。又因老百姓对于这种曲子，极其熟悉，不用人教就会上口。故先作成这篇东西。随后还想试试别的，只要它的形式，真能接近大众。

该对口曲发表于《光明·战时号外》①第二号（第 8 页），1937 年 9 月 8 日出版。1937 年 10 月 16 日，《抗战半月刊》第一、二号合刊曾转载，并注明出处"光明"。《艾芜研究专集·艾芜著作系年（1931—1983）》失系。

歌词后经冼星海谱曲，发表于《文艺战线》②第一卷第七期（第 112 页），"中华民国二十七年二月十五日出版"，并有两点变化：一是"丢炸弹"变为"无炸弹"，"无（無）"应该是与"丢"形近而误。二是"撇枝桂花"作"折枝桂花"。"撇"是四川方言，不易为其他地区的群众理解、接受。1939 年，歌曲又被《战歌》第一集③（第 103—104 页）收录，其歌词则恢复了原貌。

此诗一出，仿作甚多。《同仇》第二期（第 7 页），曾刊发《救亡对口曲——动员全国民众武装救亡》，"二十七年五月六日"出版，署名"庆"，文字略有不同：

---

① 其编辑人：洪深、沈起予；发行人：洪深。"每逢星期三出版"。

② 《文艺战线》是十日刊，编辑人：胡绍轩；发行人：杨时俊；出版者：文艺战线社（武昌三道街卅七号）；总经售：华中图书公司（汉口特三区湖北街）。

③ 编辑者：沈维余；出版者：战旗社；总经售：绍兴战旗书店；分经售：嵊县战旗书店。

（一）

三月里来稻子青，家家户户正农忙。

都说去年收成好，那知沿海进强盗。

（二）

东洋飞机丢炸弹，我国人民大遭殃。

与其坐着来等死，不如大家去救亡。

（三）

今朝就把锄头放，提起刀枪上战场，

不管鬼子来多少，包他个个见阎王。

——男的唱

（一）

三月里来桃花香，含泪送哥上战场。

撒枝桃花哥来戴，好比为妹在身旁。

（二）

天气快要转酷热，早晚当心减衣裳。

一路饮食要留意，麻打草鞋多带双。

（三）

家中诸事别挂念，一心一意打东洋。

打退东洋回家转，不要耽误在他乡。

——女的唱

　　《同仇》的编辑者为上虞县抗日自卫会文化委员会暨上虞报社，"每逢星期五出版"。较之艾芜的歌词，男唱部分，区别主要在第一节；女唱部分，则三节都有改窜。最主要的，恐怕还是因为时令的变化，即物起兴，便有了歌词的调整。

　　1938年5月20日，《中国诗坛》第二卷第四期（第32页）又刊有雪汀的《救亡对口曲——送哥上沙场》：

三月里来春雨多

（一）

三月里来春雨多，家家户户春耕劳，

贼机投弹掠田过，炸死农家好大哥。

（二）

咱们农家本来穷，那堪受此大遭殃。

万恶鬼子狗心肠，奸淫残杀焚咱乡。

（三）

男儿志气远无疆，放下镰锄上沙场，

瞄准枪弹打鬼子，子弹粒粒见心胸。

——男的唱

三月里来豆花香

（一）

三月里来豆花香，里巷挤满送征人，

哥哥此去歼敌寇，为侬多打好几双。

（二）

免虑田园无人种，妹今亲身下农场。

娘儿早晚我顾养，琐屑家事我来当。

（三）

送郎一枝豆花香，起居饮食须自重，

尽心尽意打东洋，好保咱们的国疆。

——女的唱

相较而言，雪汀的对口曲，已经是新的创作了。

据《艾芜研究专集·艾芜著作系年（1931—1983）》，艾芜另有《送草鞋》一首，具体信息为"（艾芜词 冼星海曲）1937年作，收入《抗日战争歌

· 153 ·

曲选集》第一辑，中国青年出版社，1957年11月版"①。《抗日战争歌曲选集》由解放军歌曲选集编辑部编，中国青年出版社1957年出版，共四集，其中第一集，6月出版；第二集，8月出版；第三集，7月出版；第四集，11月出版。今细检第一集，未见有《送草鞋》；再检其余三集，同样未见。2016年6月，陈洁主编的《民族歌魂——中国抗日战争救亡歌曲精选集（1931—1945）》，由江苏凤凰美术出版社出版。该书共收抗战歌曲近七百首，但艾芜《送草鞋》仍未见录。故此说可能有误。

关于《送草鞋》，艾芜在1983年6月6日回复毛文的信中曾说："《送草鞋》一诗，可能发表在《光明》上。"②

抗战文论六篇

抗战爆发以后，中华民族同仇敌忾，全力抗战，中国文学为了适应抗战的需要，也开始发生急剧转型，一系列以抗战为目的的文学运动相继发生，1941年，茅盾在总结抗战文艺运动的时候，明确指出"我们的文艺运动已经展开了新的一页"③。抗战时期文艺运动，有效地团结了作家，引领了文学发展的方向，在极为困难的条件下，使中国文学出现了一个高峰，为抗战胜利作出了重要贡献。

与文学运动相伴随的，是抗战文论的建设和抗战文艺批评的广泛开展。没有理论建设，文学的发展就会失去支撑和根基；没有文学批评，作家的创作就无法得到指导，作品的价值也无法得到确认。所以在整个抗战时期，中国的文学理论建设进入一个继五四之后的黄金期。紧紧围绕抗战，理论家提

---

① 毛文、黄莉如编：《艾芜研究专集》，四川文艺出版社1986年版，第605页。
② 艾芜：《艾芜全集》第15卷，四川文艺出版社、成都时代出版社2014年版，第253页。
③ 茅盾：《抗战期间中国文艺运动的发展》，《中苏文化》第8卷第3、4期合刊，1941年4月20日，第92页。该文又见刊于《文摘月报》第4卷第3期，"民国三十年五月廿五日出版"，末署"中苏文化八卷三四期"。

出了"文章下乡、文章入伍"的口号,高举起民族化、大众化的旗帜,使文学深深植根于抗战时期的日常生活,从而获得了强劲的生命活力。另外,在抗战大后方,形成了抗战文化的多元空间。多元意味着差异。新民主主义文化、三民主义文化、自由主义文化、新儒家文化、战国文化,在相摩相荡之间,爆发出激烈的论争,反映在文学领域,也就出现了论争此起彼伏、高潮不断的态势。据刘炎生《中国现代文学论争史》(广东人民出版社,1999年12月),此一时期出现的文学论争就包括"利用旧形式"讨论、"鲁迅风"杂文论争、文艺"与抗战无关"论争、《华威先生》论争、"歌颂与暴露"之争、对抗战文学态度之争、"民族形式"问题论争、《画梦录》论争、《屈原》论争、"战国策派"问题论争、延安文艺界的整风、王实味冤案、"三民主义文艺"政策论争、《清明前后》与《芳草天涯》论争、现实主义与"主观"论论争等。

置身于这一文化背景中,艾芜对抗战文学的时代主题,既有呼应,也有省察,并在此基础上,提出建设的主张,主要体现在抗战文艺的通俗化、大众化、民族化以及中国化方面。文章数量较多,而"全集"收录有限,现全文辑录其中五篇,另有一篇存目并略作说明。

一 从文艺通俗化说到战时文艺

文艺必需通俗化,亦即是必需大众化,应该是不成问题的。只是把通俗化的文艺,和纯艺术的文艺,对立起来,我觉得这是不对的。我们做通俗的作品,并非丢开艺术的制作,来降格干的事情,而是文艺本身要通俗化,才有[它]的远大前途。通俗化,说得具体一点,即是表现作品的语言,须应用大众的口语。要使我们的作品活泼,充满了新鲜的生命,这乃是一副最好的药剂。像小泉八云,他可算是艺术至上主义者,喜欢悦耳夺目的文字,连安诺德(M Arnod[①])也被他看为第五流诗人,但在文学作品的用语上,却竭力主张大众化,即是叫作家尽量应用大众

---

① 应作"Matthew Arnold",1822—1888,英国维多利亚时代的诗人和批评家。

的口语。并说：只有这样，才有成功的把握。

自然，现在还不少人怀疑，作品通俗化了，会失掉好些艺术性，因而，便无意之间，把艺术作品，和通俗作品，对立起来。其实，这是"短视"，我们的水浒传，红楼梦，儒林外史，这些应用口语写作的杰作，谁敢说它没有艺术价值。拿欧美人纯为称道的圣经文学来说吧；这本书也不过是善于应用当时的口语而已。或者有人要说，写一篇短的墙头小说，以至首把小歌谣，这也配得上费那么大的艺术劲儿么？我道，为什么不要，你不过通①艺术，它不会动人呀。在我们写作的经验上，深切地感到，愈通俗就愈需要艺术。——除非你只是马马虎虎地创作。

因此，目前，展开的文艺通俗化运动，我以为绝不是在文艺领域内，另外建立通俗文艺一个部门，而是把路子走歪曲了的文艺，领到通俗化（亦即是大众化）这条大路上来。此不仅为了救亡的迫切需要，而也是为文学本身的前途着想。

文艺这东西，根本说起来，就是语言的艺术，一切都表现在语言里。你能熟悉那一阶层的口语，你便能表现那一阶层的人物和环境，而使之达到异常真实的程度。否则就正如俗语说的，戴起斗笠亲嘴，还隔一帽子哩。我们自五四运动以来的新文学，自然不能全部抹煞，认为应用口语不够，但大多数的作品，下细检查起来，的确是与口语离得远一点。这由于我们写的时候，只觉得这是写来印在纸上，给大家眼睛看的。或者再进一步，是使看的人，偶然高兴念了起来，觉得音调铿锵，笔路有气势，如是而已。因为变成眼睛看的文艺，第一就要使它合乎文法，连我们口语上往往省略掉的词头，也规规矩矩添上去。像一般人说的"叫你爸你妈都来玩哪"，写在我们的文章上，却总是"你爸""你妈"之间，添上了"的"字。又如红楼梦上（这是随便举一句）"邢夫人使个眼色儿，跟的人退出"，依我们的惯例，就会写成这样"邢夫人对跟的人使个眼色儿，于是跟的人便退出去"，文法虽合了，可就累赘。又如老残

---

① "过通"，"通过"之误。

游记上，"西北角里，芭蕉丛中，有个方池，大约二丈见方，就是金线泉了"。依我们现行的文句，就准是这样"在西北角里的芭蕉丛中，有一个大约二丈见方的池塘，就是金线泉"。我想，如用眼睛看，倒也不大碍事，倘若向人讲，还是用前者顺口些。先前，甚至数百年前，那些白话小说，为什么有许多还合现在的口语？这是值得研究的，我想是由于作的时候，他们不是为了供给士大夫看，而是写了出来，还要凭借说书人的嘴巴，讲给目不识丁的车夫负贩听。因为有了这样的界碑，这样的范围，他们才能同当时传统的文言古文隔开，独自发展成新的东西，文言古文的句子，也没法闯进去。请看我们现在的作品吧，就因没这范围，也没这界碑，便在眼睛的视野内，尽量的发展，只要合乎文法，文言句子，也不妨用用。像周作人的白话小品内，就夹杂有不少的僵尸，例如"也"字。至如欧化的文句，老实说，也增加了现在作品的难懂。我不反对欧化，但要欧化的句子，能上口，能增加我们语言的丰富，不是要它在看的文字上扎彩，摆出洋花样。

我们现在要把文艺，引在通俗化的路上去，第一就是学前人的样，立出界碑来，凡是大众说来上口，听来懂的，就尽量使用。如此，则文言的僵尸也好，仅仅合乎眼睛看的文句也好，都能自然而然地，一概档驾①。同时，一个研究文艺的人，他更应该时时刻刻去听取大众的语言，将它记录下来，作为创作的工具。（说到这一点，他就该和大众一块儿生活），愈多研究大众的语言，就愈能发现它的美点。像我们文章使用的句子，"她把馒头生气地递在她丈夫面前"。而在那些乡里人却不这样，一定说"她把馒头搡在她丈夫面前"。只消用一"搡"字就将"生气地递"代替了，这是何等地简切有力！反之，说到用语的丰富，也不是我们贫弱的文字所能及。像疏状词"很"字，对香呀，臭呀，黄呀，黑呀，都一例使用上去（近人的文章，又添用一个"挺"字），但在我们四川人讲的普通话上，都是各有各的疏状词，很少叫"很"来兼职的（兼自然

---

① "档驾"，宜作"挡驾"。

可以兼,不过兼起来,总觉得它缺乏力量),如香得很,叫"烹香",臭得很,叫"滂臭"(臭读仇音),黄得很,叫"焦黄",黑得很,叫"区黑",硬得很,叫"帮硬",苦得很,叫"刮苦",痛得很,叫"精痛",毒得很,叫"寡毒",酸得很,叫"溜酸",好看得很,叫"奖好看",难看得很,叫"怪难堪"。真是举不胜举。

说到这里,方言问题就出来了。我以为用上海话广东话写作品,是可以的,因为它对于上海人广东人,就更加比普通话来得通俗。但为了其他大多数的中国人,他们一向是讲普通话的,我们照旧还是使用普通话的好。所谓这种普通话,是黄河流域及长江上游的人平常使用,而又在全中国各大城市都讲得通的,自然其间还有好些不同的地方,但只是大同小异而已。同时我们应用这种普通话的时候,还应该把各地小异一部份,即一般人所说的方言,尽量加入普通话里面去。比如我是四川人,对于四川语言,比较熟悉些,就不妨在作品上,多应用点四川特有的方言。但这种使用,须有一个限制,如一个成语,单独写出来,谁也不明白,可是安置在文字里,一读上下文,就懂了的,是一种。另外是,就看上下文,也莫名其妙的,即须特别加上注解。我认前一种宜多用,后一类,可少用些。不过,只要作品好,格外动人,就使多用特殊方言,以及由文人自己造出来术语,也能不胫而走的。如鲁迅的阿Q,五四运动以来的知识份子,可不是谁都挂在嘴角上?又如先前流行在俄国的虚无主义一语,难道不是出自屠格涅夫的作品《父与子》的么?

至于形式问题,承袭旧的形式好呢?还是依据目前客观方面的需要,另创新的呢?承袭旧的形式,作起来比较容易,也许更合大众的味口,但事实上,环境是在变动着的,旧形式的作品,很难合用,比如数百人,以至数千人的集会,要壮起大家的勇气,就非唱新式的进行曲不可,山歌五更调一类的东西,断断乎要不得的。因此,在文艺上的各种创作,总得时时观察大众的需要,针对着新发展出来的事变,创造形式适当的作品,尽可不必旧瓶装新酒,削了足趾去将就鞋子。正如谈话一样,你只要精通大众的语言，随便你采用怎样的方式去交谈，他们是没有不懂的。又好比，语言是布料子（,）形式不过衣服的样式，有了布料子，你尽可量人的身裁①姿势而做，何必定要摩仿先前的古老装束呢？我以为文艺通俗化最重要的地方，是语言，是内容，不是形式。

最后说到内容方面。我以为好的文艺，总是鼓励被压迫者起来，向强权反抗的。因此，在这日本帝国主义者侵略我们的时候，现阶段最迫切需要的文艺，当然是以鼓励抗日为中心，凡一切与此有关的，都有提倡促进的必要。

但还有讨论的地方，就是要有怎样抗日的内容，才更为他们欢迎，深刻地打动他们。这得考察一下，他们先前所高兴的文艺。就小说来讲吧，儒林外史，他们一向是不大接近的，因为那是讽刺士大夫，同他们没多大关系。红楼梦也一样，那些公子哥儿，闺阁才女，无论快乐也好，悲哀也好，都是不关痛痒。只有水浒，另外还有三国演义，都是深深地感动了他们。虽然，这两本书的广被传播，不仅由于说书人的嘴巴，还有借助于旧戏，致于②三国演义，则更有在上者的利用，提倡，修立庙宇（如关帝庙）令人膜拜等，然而最重要的，仍是其中的人物，多和他们出身相等，尤其是刘备织席，关羽推车，张飞卖肉，更使他们感到亲切。他们一向在贫困中过活，刘关张的飞皇③腾达，鲁智深武松的大碗喝酒。大称④分金银，是最能刺激他们的幻念，深合于他们的梦想的。故听起这些故事来，不但能使他们感到津津有味，甚至会有些飘飘然，觉得一个穷困的人，只要肯干，还是大有可为的。长江上游的哥老会，南洋群岛的闽粤工人，他们顶崇拜刘关张，尤其是把关云长看成唯一无二的神圣。这里有个最重要的原因，便是关云长最合他们的理想，恰切他们的需要。

---

① "身裁"，今作"身材"，身体的高矮胖瘦。
② "致于"，多作"至于"。
③ "飞皇"，应作"飞黄"。飞黄，古代传说中的神马名。
④ "称"，同"秤"。

他们在社会上，腰无半文，无论找事做工，处处都须①朋友。即是说他们最须要团结。因之，桃园三结义那样的交情，便是他们极欲效法的模范。而关云长软禁在曹操那里的时候，不为威胁，不为利诱，一心只顾到自己的弟兄，这种不出卖朋友的精神，他们怎不为之拜倒呢？另外还有一点，是大家弟兄住在一块，或是常相往来，如有妻子的，这其间，难免不发生奸通②的事情。当然由这种冲突，就顶容易破坏彼此的团结了。哥老会中，对此事的处置，很为严厉，便是叫犯者自行扑刀而死。因此，关云长在嫂嫂房门前，秉烛观书的那种举动，就哪得不为他们衷心感佩，视为理想的人物呢？

到这里我们可以谈到目前文艺的内容了。我们不但要写出今日的中国人只有抗日，才有生路。第一，还要描写的人物，在大众里面去找来，使他们感到亲切。第二，要写出和他们出身一样的抗敌英雄（如南口一个兵士单独轰炸敌人），使他们觉得抗敌的事情，并非高不可攀，而是一个平常的老百姓，也能干一点不平常的事情。……除了上举的两点而外，还要不断地观察大众，看他们目前真正的需要是什么！再替他们配合恰当的精神粮食。

上文自开首至"摆出洋花样"，发表在"中华民国二十六年十一月三日 救亡日报 星期三 第四版"的"文艺"栏；后续部分，则发表在"中华民国二十六年十一月五日 救亡日报 星期五 第四版"的"文艺"栏。《艾芜研究专集·艾芜著作系年（1931—1983）》有系。"全集"无收。

二　战时文艺杂谈

有天，朋友S君告诉我，说是这次抗战期中，北四川路那边，有一逃难妇女，在枪林弹雨底下，碰见伤兵一名，倒在地上挣扎。她便丢开

---

① "须"，宜作"需"。
② "奸通"，男女私通。

怀中抱的小孩,双手将伤兵扶起,领向安全地带走去。但伤兵见小孩啼哭,很是不忍,要她不要丢了小孩,免遭敌人杀戮,她却不管。到后还是别的援兵赶来,才将小孩抱来还她。

这段故事,朋友是听来的,但其产生,当极可能。不过,我们只照这样写下,还不能深切动人,必得将她那种牺牲孩子,救助旁人的原因,一一描绘出来,才能使读者达到最大的感动。因为文艺的主要效用,不仅是把那种见义勇为的事实,报告给读者,还要使那事实经过的情绪,深切地感染给读者,使读者倘遭了同样的事变,也会来那么样的牺牲的。

一个文艺工作者,最需要的才能,便是把握着发生的事实,还能推察出所以发生的原因。在过去的作家中,作《死魂灵》的果戈里最有这种本事。且不妨举出一个有趣的例吧。据阿克萨克夫的记载,说:"有次同果戈里一块旅行,从莫斯科到彼得堡途中,在托尔索克打尖,各叫了一客当最出名的肉饼子。但吃的当儿却吃出一根一根的长头发来,果戈里就幽默地加以推测。'厨子一定喝醉了,没有苏醒,别人把他叫起来。当他做肉饼子的时候,他怂怒地撕着自己的头发;也许他并没有喝醉,而且是一个善良的人,不久害过了疟疾,因此他底头发脱落了,当他不断地摇动着自己的灰色的卷发,在做肉饼子的时候,就掉在食物里面了。'我们叫人去找侍者来说明这件事情,果戈里又先说给我们,我们将从侍者得到怎样的回答。'头发吗?这里怎么会有头发?怎么会把头发弄到这里来?这是,不是别的!是一些鸡毛吧!'就在这个时候,侍者走进来了,对我们所问的问题,确乎回答了像果戈里所说的那样的话,连许多的句子简直也相同。我们大笑到那种程度,使侍者和我们的仆人,都惊奇地突着眼睛,凝视着我们。"

这种推察事变原因的能力,绝非天然生成,而是可以慢慢地修养出来的,即是要不断地观察人们的日常生活。因为生活是互为因果,先前发生的事情,便造成日后事变的因的。例如前面 S 君向我讲的那段故事,倘若明白那女人,许是她的心爱的丈夫,给日本兵杀了,愤不欲生,急想替死者报仇，及见中国兵在进攻敌人，使她得着莫大的安慰，因而见其伤倒，便舍命救助，则我们当会觉得她之所以牺牲孩子，是极其合乎情理的。但要使读者深深感动，还要加有另外的因素。

一件事情，一个行动，其发生必先伏有必然的条件，为其原因，已如上面所说。此外，事情和行动，到了一触即发的时候，还须有偶然的事机，促其爆发。读者在事情渐变的过程中，可以有意识地觉到，但到了骤变的时候，因为是近于偶然，无从推知，便会突然打动感情。目前有好些写战事的短小说，看了之后，使人并不十分感动，我觉得就是没有把最后这步功夫做好的原故。

本文发表于《民族呼声》第七期①（第11页），"廿六年十一月十二日出版"。毛文、黄莉如编《艾芜研究专集·艾芜著作系年（1931—1983）》失系。

三 论文艺大众化

文艺一开始，就是大众化的。

未有文字以前，口头讲的故事，唱的歌曲，便是文艺。那些唱的讲的，无一不是，使人一听就懂。因为里面使用的语言，通是平日大家口头讲惯，耳里听惯的。

到了后来，有了文字，一向讲的故事，唱的歌曲，便都用文字记着。从此，人们就不必一定要听人家讲，听人家唱，然后才懂了，只消拿眼睛一看，也能明白，且能得到同样的效果。于是先前口讲耳听的文艺，便逐渐演成了手写眼看的文艺。但手写眼看的文艺，为了要保持文艺传统上的明确和易懂，就必须跟口讲耳听的文艺，发生密切的关系，永远结合在一块，断断不能两下各自分飞。因为我们一向看书的习惯，即使没有读出声，实际上还是用着默诵的方式的。往往那些朗朗上口的句子，

---

① 该刊"每周出版一次"，本期的出版信息为，编辑者：柯灵；发行者：民族呼声社。

就容易看；不易上口，念起来结里结巴的，便很难。

至于手写眼看的文艺，比之口讲耳听的文艺自然有些特别见长的地方：即是以时间而言，流传得久，就地域来说，散布得广。但不幸地方隔得远，就有方言不同的问题发生，而时代一迁移，语言本身也起了变化。因此，这么一来，写在纸上的语言，便和说在口头的语言，有所差异，而手写眼看的文艺，也就不能不和口讲耳听的文艺，两下分家了。

中国更是具有特殊的情形，为了崇古尊经等等原因，写成纸上的文字语言，竟变成了唯一独尊的东西。几千年来，都由它统治着文坛。写文艺的人，必须要用死文言，写成古文，才是文学的正宗。至于用民间活语言写成的小说，如《水浒》《红楼梦》之类，即是不能登大雅之堂的。

直到五四运动，才把白话文学抬出来做正宗的文学，这不能不说是文艺上的一种伟大革命。不幸好些作者，未曾充份①使用民间的口头语言，而且还受着西洋文学的巨大影响，字里行间，自然而然，流露着许多欧化的句子。因此，手写眼看的文艺和口讲耳听的文艺，很可以重相聚首的时候，便又不得不现出若即若离的神情了，所以关心文艺的人，便高呼出大众化来！这是对的。

我以为文艺大众化，今后，要实际做去，便首先要把使用的语言，求它容易上口，且容易听懂才对。

本文发表于"中华民国二十八年八月廿五日 救亡日报（星期五）第四版"的"文化岗位"。《艾芜研究专集·艾芜著作系年（1931—1983）》失系。"全集"无收。

四 学习民间文艺的长处

——"民间文艺"是文艺作者的一只奶子。

---

① "充份"，今作"充分"。

好的民间文艺，我们自然该向它学习。但内容坏，技巧拙劣的，只要能够讲在口头，或者唱嘴里，我们也该有向它学习的必要。因为它里面用的字眼，表现的句法，大多都是合乎一个标准的，即是能上口能听懂的活语言。而且有许多民众当①用的语言，素来给我们忽略了的，也可以从民间文艺里面发现出来。

像乡里人说话，很少用"倘若""如果""假如"这类字眼的，好多都是使用"喊声"来代替的。我们单独看"喊声"这两个字，一定会奇怪，这里面那会有"假如"一类的意义呢？那末，请看民间文艺吧！湖南人到广西来，看见好些女人光足两片的，便唱起歌来嘲笑她们："广西婆，广西婆，广西女子打赤足，何不跟我湖南去，三尺白布扎小足。"广西女人毫不示弱，也唱歌去嘲笑湖南男子："湖广奶仔莫夸言，赏你屋里种几亩田，'喊声'年辰干死了，拿起扁担来挑盐。"后面这首歌曲，所用的"喊声"便是"倘若"的意思，这个字眼，不仅是广西乡里人讲在口里，据我的调查，就是云南四川贵州四川湖北②，都是普遍使用的。这只是一例，其余可供我们采用的还非常的多。

我们要向民间文艺学习，第一步工夫，我们得常常将那些讲在口头的故事，唱在嘴里的歌曲，尽量地记录下来，乡里有好些老年人，对于故事和歌曲，记得非常的丰富。我们应该设法请他们讲给我们听听，使口讲耳听的文艺，变成手写眼看的东西。这里须要格外注意的，就是应该忠实地记录。我在湖北收集一册手抄的故事书，名叫《巧遇冤缘》。它对语言是很注意。如说"还钱跟人家"。自然是用"还"字。但如说"还有东西，放在桌上"呢，就不用"还"，是一直写作"偕有东西，放在桌上"了。这是很合口音的。按"偕"字，一般念书的时候，念成 SHAI，说话的时候，却说成 HAI。

第二步工夫，我们要把忠实记录下来的民间文艺，仔细加以研究。

---

① "当"，疑是"常"之误。
② 其中一个"四川"系多余。

里面有些字眼，须特别加以注解，才能使人了解的。如四川湖南乡里人，把"简便""随便"说做"劈脱"之类，就可在创作的时候，少加使用。有些字眼，单独不易明白，但在文中，只消就上下文句一念，就能知晓的，如前面"喊声"一类的字眼，不妨多多使用，又故事书里，全是说话的语气，素朴直爽得很，毫无文言文遗传下的腔调。即是那种使人念起来须要摇头摆脑的腔调。我相信我们学熟了民间文艺，我们的创作一定会养成一种清新的风格的。

——写于桂林

本文发表于《四友月刊》第四期①（第32页），"民国二十九年二月出版"。《艾芜研究专集·艾芜著作系年（1931—1983）》失系。

艾芜在写作中喜用"偕"，从上文可获得学理上的一些解释。需要指出的是，本文所用部分素材，在《文学手册》"第二篇：3. 文学的主要工具是什么：四、普通话和方言"中也有运用。笔者现据该书桂林文化供应社1941年7月的再版本（第25—27页），录之于后，以供比较：

……在普通话里面，有些为知识分子所不用，却为大众常常说在口上的。湖南人到广西来，看见好些女人光足两片的，便唱起歌来嘲笑她们：

"广西婆，广西婆，广西女子打赤足，何不跟我湖南去，三尺白布扎小足。"

广西女人毫不示弱，也唱歌去嘲笑湖南男子：

"湖广奶仔莫夸言，赏你屋里几亩田（赏，有得意的意思），'喊声'

---

① 其编辑兼发行者：四友实业公司文化部；总经售：（泰和、吉安、赣县、宁都）四友实业公司营业处；（重庆、贵阳、桂林、昆明、长沙、香港、西安、衡阳）生活书店；（桂林·桂西路）大华图书公司；（吉安、泰和、赣州、临川、上饶、浮梁）力学书店；（曲江·风度中路）动员书局。其通讯处：江西省泰和县浙大码头四友实业公司文化部。四友实业股份有限公司，下辖建筑部、文化部、地产部、家具部、食品部、信托部、工艺部、酿造部，不但分设四地，即泰和、吉安、赣县、宁都，其电报挂号亦为"四四四四"。

年辰干死了，拿起扁担来挑盐。"

后面这首歌曲，所用的"喊声"，便是为大众常用，而在文章里却不多见的字眼。据我的调查，这个字眼，不仅广西乡里人讲在口上，就是湖南湖北四川贵州云南，以及北方一些省份，都是普遍使用的。目前我们就是要尽量寻找这类的普通话，多多使用在文艺上面。这是丰富我们用语的唯一要路，亦即是向文艺大众化走去的一条大道。

"我们不妨再来考查一下，'喊声'是否可以用在叙述文内。'喊声'与'假若''倘如'之类同义，但其使用范围是有限制的，不及'假若''倘如'之类，来得广泛。比如说：'若是你不得闲，不能来，那就叫你的儿子来好了。'这就不能说成'喊声你不得闲，不能来，那就叫你的儿子来好了'。因为这是一种平静发展的事情，只能用'若是''倘若'之类。至于'喊声'乃是表示危险和紧急事件的，像说'你不当心，乱吃冷水，喊声生病了，怎么办？'又如'防空设备，不快点弄好，喊声敌机来了，岂不糟糕'。在这两种文句内，亦可用'假如''倘若'之类的字眼，但不及'喊声'有声有色。我们澈底①明白了'喊声'的用法，就可以把它用在叙述文内。"（拙作《读西东习作书后》）

关于记录普通话里的方言，以及记录尚未写成文字的普通话，最重要的，是要记录出来的文字，须怎样才能使人一看就明白。我在《读西东习作书后》一文内，曾提出过这样的意见。"记录语言，第一要把音记得正确。有不少的话，实在没法记音，当然有待于新文字。另外可以记音的，又不见得能代表原来的意义。而我们就应该在这种困难地方，竭力找寻适当的字，既能标音，又能切义。像前头举的'喊声'，可以说得上是适当的。因'喊声'即是'喊一声'的省略，表示推测的事情，来得很骤然，喊一声就会降临。而'喊一声'又不像'说一下'那末从容，乃是含有惊慌的成份的。因此它的任务，就和'倘若''假如'之类不同。其次，能标音而不能切义的，如四川普通话，有'劈脱'一语，

---

① "澈底"，今作"彻底"。

音到合了，但不加解说，就不容易明白它是'随便'和'简便'的意思。不过把它放在句子里，看看上下文，亦可领悟的。如客人向主人说：'不要多弄菜了，劈脱一点吧。'《金瓶梅》上用字，亦多采用记音。如说'羞死了'，它就不用羞，而是用当时山东的土语，说成'磣死了'或者'忖死了'（现在四川普通话里还用这个字眼）。单把'磣死了'或者'忖死了'，独立看，是不懂，但以上下文看来，便能确定它是羞。（其实记音的'磣'和'忖'，比羞字来得严重些，有因出丑而羞的意思）现在我们就暂时向这两条记语言的法子做去吧。"

较之《学习民间文艺的长处》，《文学手册》的论述显然更加深入、透彻。但后者所提到的《读西东习作书后》一文，既不见于"全集"，《艾芜研究专集·艾芜著作系年（1931—1983）》也未见记载。庆幸的是，通过这些引述，读者已可窥知其大旨。

五　略谈文艺大众化、中国化及民族形式

该文发表于《抗战时代》二卷二期的"文艺"栏（第107—108页），1940年8月1日出版。关于《抗战时代》，万仁元、方庆秋、王奇生主编的《中国抗日战争大辞典》有词条："半月刊，1939年10月1日创刊于桂林。周振纲编辑、广西绥靖主任公署政治部抗战时代社出版，生活书店总经售。内容包括党义、政治、经济、军事、教育、文艺、小说、戏剧、诗歌、木刻、漫画等。该刊1卷5期为'保卫西南工作特辑'，2卷3期为'钟毅将军殉难特辑'。侯甸、刘季平、千家驹、孟超、胡愈之、张铁生以及李宗仁、白崇禧、程思远、于东聘等著名人士皆曾为其撰稿。1943年5月后停刊。"[①]《艾芜研究专集·艾芜著作系年（1931—1983）》失系。不过，该文即《文学手册》"第四篇：2. 文学中国化及民族形式的主要东西是什么"，而《文学手

[①] 万仁元、方庆秋、王奇生主编：《中国抗日战争大辞典》，湖北教育出版社1995年版，第340页。

册》的初版，是 1941 年 3 月出版。因此，本文在版本学的角度来看，还是具有重要价值的。

六　民间文艺及其启示

进城去顺便把两双破鞋，交给六合路一家皮匠店补，转来拿的时候，皮匠师傅正在补别人的鞋子，我的偕不曾开始。只好坐着等他，一面把刚才买的一本《老鼠子告状》摸出来看看。这个手板大印得很粗燥①的小册子，立刻招引一位店伙计之流的人，把头伸到我肩上来念，他也是等皮匠师傅补鞋子的。但偕没有看到两三页，皮匠师傅就动手来补我的，一面就唧唧咕咕地抱怨，说是一元二角小洋太少了，因为头前交鞋子的时候，他本人不在，是同他媳妇讲好的。于是我只好放下书来，跟他理论几句。而那位店伙计呢，便把书借过去看。并把老鼠一段自述的地方，笑嘻嘻地唱了起来："八十公公得罪我，把他胡（髯）子咬今（精）光；婆婆人家得罪我，不咬包头咬衣裳；读书学生得罪我，不咬书本咬文章，② 姑娘小姐得罪我，不咬系（丝）根咬花样；三岁孩子得罪我，不咬痘麻（［麻］）咬癞疮，向他指头咬一口，唧哇一声喊亲娘。"皮匠师傅本是很不高兴的，听到这么唱，立刻笑了起来，极其开心似地说："我看过的，这是耗子跟猫打官司！"随后我拿来看的时候，内容果然跟皮匠师傅说的一样，书名定为"老鼠子告状"是不妥当的。大概作者也晓得书名不恰切吧，所以又在汤圆大的名字旁边，再加上一行小字"猫儿记"，但这是多么累赘呵，无论如何，总不及皮匠师傅说成"耗子跟猫打官司"好些。

在回来的路上，我不禁想：为什么这样一本小书，这样受人欢迎，这样深入民间呢？就内容说，故事非常单纯，并没一点使人惊奇的地方。一条老鼠给猫咬死了，到阎王老爷那里去告状。阎王便差牛头马面去捉

---

① "粗燥"，宜作"粗糙"。
② 当用分号。

拿猫儿，猫儿到了便向老鼠反控一顿，如此而已。但下细考查起来，它所以能够动人，乃是由于耗子和猫的控诉，都很写得入情入理。先将耗子说的，摘录一段："玉王（皇）命我把凡下，大闹东京称毫（豪）强，我与黎（狸）猫无仇恨，两个都食人口粮。仗着他的武艺大，赶散小鼠不成双。白日莫想来出现，朵朵（躲）藏藏在洞墙，一日被他陷到晚，年年月月都一样。衣食被他来短（断）尽，黑夜哨哨（悄）讨口粮，又被黎（狸）猫来看见，双足一跳上屋樑，钉钯爪子来暗（按）住，借势一口咬颈项。只望奔脱迯（逃）命走，足踏嘴咬死不放，上拖三转魂唬吊（掉），下拖三转苦难当，东南西北都拖过，跑到谷（穀）仓跳水企①，跑着一见来放下，连肉带皮吃今（精）光。吃了我身犹小可，丢下全家在洞墙。我父不见我回转，我母不见我还乡，邻舍老鼠报一信，我被猫伤丧黄梁②，我儿哭得肝肠断，我女哭得泪汪汪。"这段是老鼠哭诉的正文（小时候在四川也听见过的，只不曾听过全文，也没有看过书本，至今只有朦胧的记忆）。首先说的降生，乃是玉皇之命，和一般生物一样都具有生存的权利，信迷信的老百姓，当然是要同意的。那末，其次说到猫儿妨害了它的生存，断它粮食，将它杀害，就不能不引起同情了，何况猫咬它那段文章，更是写得活灵活现，使人仿佛可以看见它被咬的悲惨经过呢。收尾更进一步，说它本身死了不甚要紧，可怜的到③是它一家老幼丢下没谁管了。这结果，自然更使人感动。另外偕有一大段，是说它有那些亲戚本家，以及数说它自己的本事。

以上是这书的第一部份，第二部份是阎王抓住了猫儿，猫儿向老鼠反控，开始说富贵人家的小姐，给老鼠拖掉了东西，便以为是小鸦环④偷的，把小鸦头打得死去活来。小鸦环气不过，便一条麻绳吊死了。因此猫儿第一个反控，就是"逼死妇女是老鼠"。其次是说："贫穷人家也逼

---

① "企"，或是"缸"之误。
② "黄梁"，宜作"黄泉"。
③ "到"，通"倒"，却，反而。
④ "鸦环"，丫鬟。

害，衣袋当票咬精光。"这是第二个罪状。第三控告老鼠弄脏东西，侮辱神佛。"供献斋饭都食尽，灯盏一扫今（精）打光，香炉花屏（瓶）都打碎，燀燀（罈）爔爔（罐）响叮当。米盖上面作净桶（净桶，即粪桶），京板（即切菜板）上面作教场，无事跑到靴桶（筒）咬，佛爷顶上作卧房，箱匮被他咬成眼，一夜吵得到天光。"第四条罪状，说耗子"叮咚跳下油缸内，鹞子翻身跑他娘，跑在人家棉布上，那管衣裳不衣裳。……媳妇端茶婆婆吃，婆婆开口骂大娘，衣裳逢①了三五日，片（遍）身像个打油郎。佳人仔细来观看，棍打黎（貍）猫好悲伤。安排鱼饭供养你，整（忍）他老鼠称毫（豪）强。小猫一见事不好，尾巴一竖去朵（躲）藏。佳人一把来抽住，板在尘埃痛心肝。今朝遭了佳人打，怒气只想吃今光，撞着一个吃一个，遇着一对吃一双。非是小猫下毒口，老鼠做事没天良"。把猫儿前后说的话，全部看来，当然说得极有理由，同时又把老鼠的破坏行动，形容得有声有色的，使人仿佛看见一般。

由这一本民间文艺我们可以到一得种②启示，即是民众喜欢的作品，并不只是通俗，也是要求具有艺术性的。倘使描写得不具体，不活跃，不能使人感动，我想老百姓偕是不高兴看的。因此，我们今天要文艺大众化，乃是说具有艺术性的作品，向大众化走去，绝不是偏重大众化，而忘记了艺术。同时学习西洋文艺的技巧，与研究中国的民间文艺，也应该是件并行不悖的事情。

其次，这本书上用的文字，别字极多，检笔字③亦复不少。而且检笔字，也不统一，一个字竟有两三种写法。依照常理看来，这对于读者似有妨碍，但事实上却很方便。大凡读过这种文艺的人，多半认字不多，你把衣领的领，和山岭的岭，通写成一个领字，到使他们得益不少，因

---

① "逢"，"缝"之误。
② "得到一种"的错排。
③ "检笔字"，多作"简笔字"。

认得一个字便有两个用处。我们一向读书，是用眼睛去分别字义，了解文字代表的东西。他们是读出声来，立即由耳朵介绍去和事物的名子①配合，藉以记起事物的形象。他们是不大劳烦眼睛的。比如"山领"二字，我们看了莫名其妙，或者认为"领"字写别了。他们只要能发音，说出"山领"二字，就马上把山岭的形象记忆起来，至于领字错没错，于他们全无关系，他们只注重字音的。这种只重字音，不重字义的文字，其所以不致认识紊乱，乃因每个字很少单独使用，大多是两三个字联在一块，如说"各人""山各""米各"等的"各"字，都因有另外的字联在一道，便会彼此有了分别。由此，我们便又得了一种启示，即是我们不能讥笑老百姓写别字认别字，而是要明白他们为了实用起见，是在使用记音的文字。并须明白这种记音文字是民间文艺必然要产生的东西，没有它则民间文艺不能推行及远，不能十分大众化。今日有人提倡拼音文字，当是较之记音文字，更能把文艺的效用增大了。而于老百姓的看文艺，也增加了莫大的方便。

十一月十四日

本文发表于《野草》月刊第四期②（第53—56页），"民国二十九年十二月一日出版"。《艾芜研究专集·艾芜著作系年（1931—1983）》有系："民间文艺及其启示（论文），《野草》桂林，1卷4期"。③

从上述文章来看，艾芜的文论，并不空空论道，而是善于通过故事、实例，将所要阐述的观点，深入浅出地娓娓道来，毫无"抗战八股"的气息与味道，在纷杂丛集的战时文论中，显示出一种清新、独立的品格。

---

① 名子，名称、名字。
② 其编辑人（以姓氏笔画为序）：宋云彬、孟超、夏衍、秦似、聂绀弩；发行人：陆凤祥；总经售：科学书店（桂林八桂路）；印刷者：科学印刷厂（桂林西成路五号）。
③ 毛文、黄莉如编：《艾芜研究专集》，四川文艺出版社1986年版，第611页。

艾芜论中国古典文学名著的三篇文章

艾芜自幼熟读中国古典小说，颇有心得体会，发而为文，不乏精妙的见解。抗战时期，艾芜重读部分名著，撰写了多篇或长或短的杂记与论文，而"全集"遗漏较多，今再作补录。

西游记①与儒林外史——论浪漫主义与写实主义

一

法国女作家乔治桑曾对巴尔扎克说过这样的话：

"你是要，并且懂得，把人描写得恰如你眼里所看见的那样。而我呢，我觉得应该把他描写得恰如我所希望他的那样，恰如我所相信他必然会得如此的那样。"

这是很有意思的，文学上的写实主义和浪漫主义，都可以从前头几句话里，找出分别来。乔治桑把自己的创作方法，是站在观念论的立场，笔杆子全受着想像的支配。巴尔扎克的写作，却跟实证主义联系在一块的，以观察和研究，达到"社会环境的精确地再现"。

我国的西游记和儒林外史，便可以说恰好是代表这两个主义的。

西游记不用说，是属于浪漫主义的。浪漫主义最重要的特色，则为奇特不平凡。海其博士有过这样的譬喻：

"使人迷路的树林，繁密的山谷，及森林间的曲径，是浪漫的。一般人所走的公路，不是浪漫的。湾湾②曲曲的，为树叶所遮掩的溪流，和广大直泻的大河比较起来，是浪漫的。和白日对照的时候，月光是浪漫的。"

---

① 原文无书名号。以下同。
② 湾湾，弯曲貌。"湾"，同"弯"。

世间最不凡平①的是无过于想象出来的东西。谁能一个跟斗，就打到十万八千里？谁能扯下腿上的毫毛，把它们变成自己的救兵？谁的手心板，比十万八千里还要广大？西游记整个的创作，都是极尽想像之能事，全书充满了神仙和妖怪。

至于儒林外史，恰恰相反，是属于写实主义的。法国杜兰梯在写实主义杂志中曾下写实主义的定义为"社会环境的精确的再现"。而社会环境中所发生的日常事件，大多数却都是平凡的。写实主义作家所追求的，也并不是特异的东西。左拉说过：

"兴味现在已经不集中在故事底魅力上了；相反，它（指故事）越平凡和普通，越有它的特色。"

儒林外史所描写的，多是些平凡的读书人。而这些人物，全不凭臆造，好多都是有着模特儿的，只是写出来的时候，姓名改换过而已。比如马二先生马纯上，便是影射冯粹中的。至于写到侠客的地方，也平凡到了极点，在屋顶飞走的时候，竟会踏得一片瓦响，而布袋里面现出的仇人首节②呢，却是令人喷饭的猪头。

二

在我们的童年时代，唐僧，孙猴子，猪八戒，沙和尚这些人物，曾和我们作过很久的伴伴③，带我们游过天堂，到过地狱，看过女儿国，火焰山，渡过鹅毛都要沉下的弱水。富于想轻像的年青人，可以说是在这本书中，得到很大的满足。尤其闹天空④，扰地狱，使唯一独尊的玉皇大帝，森严可怕的阎罗大王，皆全失掉其尊严与恐怖，更令人快意。只于打破旧偶像之外，又装上释迦新偶像这一层，是其大缺点。（在西游记作者看来，却是长处，因为这是作者宣传佛教的主题。）年青时代，纵于想像，富于热情，喜悦不平凡的事物，可以说是浪漫主义的时代。而壮年

---

① "凡平"，《文学手册》作"平凡"。
② "首节"，《文学手册》作"首级"。
③ "伴伴"，《文学手册》作"伴侣"。
④ "天空"，《文学手册》作"天宫"。下同。

时代，则已是踏实地，深入社会。对于件件事情，都带着批评的眼光，可以说是写实主义的时代。儒林外史把社会的一角，所谓"万般皆下品，惟有读书高"的士林，用形象辛辣地批评出来。对于壮年时期的人，自然比较西游记富有兴味。

但在一般民众中，却是知道西游记的多，知道儒林外史的少。这个原因在哪里呢？难道写实主义的作品，还不及浪漫主义的作品么？这有两个原因存在：第一，是西游记抓住了人在浪漫时期的全部想像。每个人小时候，都受着因袭传说的影响，脑筋里往往不知不觉地存着天堂和地狱的阴影。而西游记中的要角，孙悟空，则是闹翻天堂和地狱的人物，当然会使人人感到兴味。又一些未受教育的民众，幼年时候得来的因袭传说，没有经过科学的淘炼①，仍旧深深地保存在脑子里面，故年纪虽已经踏入写实时期了，但写实主义的批评眼光，却不曾具备够。因此，好些票价低廉的戏院，都还常常演西游记的戏来卖座哩（上海有些游艺场的戏院，成月的演西游记）。至于儒林外史虽是写实的，但所写的人物，却没有吸引壮年时代人全部注意。因读书人的一群，只是社会的一部份，而且属于极少的数目。他们士人间的生活，很少使下层民众发生兴趣。第二，儒林外史的结构散漫，每一段故事，都是随便起头随便收尾的，极其缺乏戏剧式的变化，不适于改编剧本上演。英人福克斯在小说与民众里说过：

"侦探小说所以会这样的风行一时，并不只是人们爱好罪恶或者暴乱的缘故。它是和文学中的动作要素——戏剧要素相吻合的，这种要素被电影所接受，却为现代小说所闪避。"

儒林外史之所以不大众化，正是由于缺少了戏剧的要素。说到西游记，却又不同了，动作要素极多，结构则变幻莫测，弄在舞台上演，很能吸引观众注意。这也是西游记比儒林外史，更能大众化的原因。

三

西游记有缺点么？有的。但它的缺点，也就是浪漫主义的缺点。第

---

① "淘炼"，宜作"陶炼"。陶炼，陶冶锻炼。

一，它是依据观念写出来的东西，使人离开了现实。第二，虽写出了一个孙悟空来大闹天空扰乱地狱，但天堂和地狱的存在，作者却是承认了的。第三，旧偶像玉皇大帝阎罗大王，未曾澈底破坏（其实只是伤其尊严而已），反而添出释迦牟尼这些新偶像来。今日的思想主流，原是要人肯定人生，在地上建立幸福的天国的，西游记则导人作出世之想，当然是很不相宜。而且就浪漫主义来说，西游记也是消极的浪漫主义作品。比之，苏联所提倡的革命的浪漫主义，那种能"强化人们对生活的意志，在人们的心中，唤醒对现实一切压迫的反抗心"（高尔基语），纯然是两种不同的东西。浪漫主义到今日，尚能流行，则必须它是积极的革命的。约翰·亚李托曼在论文学的真实里面对革命的浪漫主义说过这样的话：

"是以全付①热情来攻击旧世界的代表者，而且举起明确语言的全付力量，来描写新世界的代表者的。"

儒林外史写实的技巧，是极好的，描写人物，都很生动。在这方面，我们应该②向它学习。只是它是属于旧写实主义一流的作品，对于我们要站在最前进的文艺思潮上写作的话，还有欠缺不足的地方。吉尔波丁在俄国的文化一文内对旧写实主义，这样批评过：

"旧的，高尔基以前的现实主义，太过于客观的直觉的了，甚至于这派最伟大的代表者，都吃了这毛病的亏。在哲学领域里，在马克斯以前，唯物论的代表者也吃了同样的亏：这种现实主义太缺乏行动性。在对于罪恶的批判上，这种现实主义是有力的，但在自己的理想的宣传上，在创造的形象上，它不能指示出来怎样的同罪恶斗争，不能与罪恶对比的，提供新的肯定的原理。"（现实主义与写实主义相同，不过前者较为广义点）

这样看来，儒林外史在文艺思潮上的缺点，正是难于避免的。因此，我们今日所欲从事的写实创作，便应该向新的写实主义走去。法捷耶夫在新现实与新文学上说新现实主义：

---

① "全付"，亦作"全副"。《文学手册》作"全副"。以下同。
② "应该"，《文学手册》作"应当"。

"决不是依样地抄袭;做再现生活,而是有着正确地指明所发生的诸事件底基本意义的要求。这无疑地是新现实主义底定律。"

潘菲洛夫在什么是新现实主义一文中说:

"新现实主义不单批判,也提出新主张,不单个别地观察过去。[①] 也明确地表现现在与未来的人类。"

至于"要做新现实主义的代表者",潘菲洛夫又说,"单靠才能是不够的,必须以自己的手,更进一步接触人生,活泼地参加为人类底良好理想的斗争,而站在科学与文化底最高峰"。

本文发表于《中学生:战时半月刊》第三十三期(第11—12页),"民国二十九年十月二十日出版"。《艾芜研究专集·艾芜著作系年(1931—1983)》有系:"西游记与儒林外史——论浪漫主义与写实主义(文艺杂谈)(《文学手册》中的一段)《中学生》33期,1940年10月。"[②] 所谓"《文学手册》中的一段",是指该文即《文学手册》初版本"第四篇"之"3. 文学的主要潮流是什么"(第127—133页),题下有高尔基的引语:"文学上有两种基本的'潮流'或倾向,便是现实主义和浪漫主义"。证之于《文学手册》增订本,则是"第三篇"之"十四 现实主义与浪漫主义"(第215—220页)。文字、标点均有小异。"全集"未单收。

水浒[③]作者对于方言土语的运用(读书杂记)

我们读水浒,往往看见这样的文句:"这个师父端的非凡,使得好器械。""你这厮也怎的歹,且吃我一刀。""兀的不是一个人来。""兀自哭个不住。""如何怎地下礼,折杀俺也。""赵员外这几日又不使人送些东西[来]与洒家吃,口中淡出鸟来。"就觉得里面好些字眼,是北边人的方言土语,南方人的文学作品内很少使用。这些使用在对话里面的方言

---

① 《文学手册》此处为逗号。
② 毛文、黄莉如编:《艾芜研究专集》,四川文艺出版社1986年版,第611页。
③ 原文无书名号。

土语，无疑的更使水浒中的人物，增加不少的真实性。作者写水浒的时候，不仅尽量引用北方人的言语，而且还把北方某一区域的特别言语，也放在人物的嘴上。像鲁智深常称"洒家"，骂起人来爱讲"撮鸟"之类，便是关西人的话语。杨志第一次碰见鲁智深，鲁智深大喝道："兀那撮鸟！你是那里来的？"杨志听了道："原来也是关西和尚，俺和他是乡中，问他一声。"杨志是关西人，也是不叫我而称洒家的。

水浒作者使用方言土语，极其胆大。不仅在人物对话的时候，才使用方言土语，他就在叙述文内，也引用在笔下。像叙述句子"到寺前，看见那崔道成邓小乙两个兀自在桥上坐地"。"这七人端的是谁？不是别人，原来正是晁盖吴用公孙胜刘唐三阮这七个。却才那个挑酒的汉子便是白日鼠白胜。""众人有扣齿的，齐道：赤口上天，白舌入地。""把手一推，争些儿把那女人推了一交。""二人厮赶着行了一夜。""智深恰才回身，正好三个摘足儿厮见。"这些叙述文句里面的字眼，"兀自""端的""扣齿""争些儿""厮赶着""摘足儿""厮见"等等，便都是些南边人不常见的方言土语。

有些方言土语，写不出来，作者便记它的音。如"骑着㧟马飞走"这个叙述句内的"㧟"字，在字典里面是没有的。但口语上却有这样的音，现在我们四川还在把打牛打马，叫做㧟牛㧟马。作者使用这一口语上的字眼，便用产字来记他的音，为了使读者明白产字，用在这里，不是生产而是打的意思，就再加上一个手旁，使其和产有所分别。又叙述文句"泛常在园内偷盗菜蔬"这句中的"泛常"一辞，是"平常"的意思，作者不用"平常"而用"泛常"，显然是要使方言土语，切实记了出来。又"智深使得活泛"这句内的"活泛"，也是记音的，如今四川人嘴里还在讲，意即"灵活"。这些记出来的字眼，如"㧟"，"泛常"，"活泛"，还约略可以推测它的音义，因为记音的字，跟音所代表的意义，犹有相通的地方。至于"争些儿把那女人推一交"，这句里的"争些儿"，就不容易推测了。"争"字在辞源上的解释，一、让之反竟也。二、辩论也。三、助词与怎同。四、姓。五、与诤同，谏也。而在口语上"争"这一个音，是完全表示另外的意义。现在四川人的口语上，还常常使用。如说"我争他的钱"。这争并不是说争夺他的钱，而是说"我欠他的钱"。又如说"我现在争一点钱用"，意思就是"我现在欠缺一点钱用"，或是说"我现在差一点钱用"。这个口语上的"争"真正的意义，就是"欠""缺""差"等等。水浒上的"争些儿"，便应该是"差一点"。这个辞头现在四川人还在讲，只有些时候，又把它念成"争些花儿"（花儿二字须拼成一个音）。从这里我们可以明白水浒作者记方言土语的音，是采取三种法子的。一种不仅使字能代表音，且能表出音义（如泛常的常字不消说代表平常，就是泛字也是代表平常，像泛泛之交，即是说平常之交）。一种就不管字本身的意义，只是取来记音，叫它另外发生新的意思，像刚才上面举的"争"字便是。又一种是并不借用原来的字，而由作者自创新字，开首讲的"撞"字，便是依据这条法子的。

作者引用方言土语，不大加以解释。只一些特别术语，才在叙述文中，着意作一番说明。如第四回鲁达碰见落了草的李忠，李忠便向他"剪拂"，便跟着加以解释"原来强人下拜，不说此二字，为军中不利，只唤做剪拂，此乃吉利的字样"。又如第七回酒保向董超说："董端公一位官人在小人店中请说话。"作者也趁行文之便，将"端公"二字加以说明："原来宋时的公人都称呼端公。"再如第七回陆虞侯与董超薛霸讲话，要他们揭取林冲脸上的金印回来做表证。作者在对话之后，插嘴解释："原来宋时，但是犯人，徒流迁徙的，都脸上刺字，怕人恨怪，只唤做打金印。"

本文发表于《文学创作》创刊号[①]（第62、65页），"中华民国三十一年

[①] 编辑人：熊佛西、萧铁，封面署"熊佛西主编"；发行人：蒋本菁；发行所：文学创作社（桂林崇善路榴园）；总经售：三户图书社（桂林中北路）；印刷所：中新印务公司（桂林依仁路）。

九月十五日出版"。《艾芜研究专集·艾芜著作系年（1931—1983）》有系，"全集"未收。

读《水浒》笔记

《水浒传》暴露宋代官逼民反，给读者指出所谓强盗，乃是不得已而为之的，同时另一方面，给我们展现出了，即使是个强盗，也仍然有着他的某些优点，胜过那些自称为高贵的人们，例如蔡京、童贯、高太尉辈。《水浒传》之所以使人屡读不厌，大慨①就是在这些地方吧？

吴用访三阮的时候，向三阮说过这样的话："你们三个敢上梁山捉这伙贼么？"阮小七道："便捉得他们，那里去请赏？也吃江湖上好汉们的笑话。"吴用又说："小生这几年，也只在晁保正庄上左近教些村学。如今打听得他有一套富贵待取，特地来和你们商议，我等就在半路里截取住了，如何？"阮小五道："这个却使不得，他既是仗义疏财的好男子，我们却去坏他道路，须吃江湖上好汉们的笑话。"

从以上所举两点，可以看出，江湖上好汉已在彼此之间，造成一种风气：不替官家捉强盗，籍②此飞黄腾达；不抢同行的生意，私下来肥自己。这是消极方面的。至于积极方面，他们偕要帮助那些犯法潜逃的英雄好汉，发挥仗义疏财，四海之内皆兄弟也的等等美德。

我们看第十三回上载的一段："原来那东溪庄保正姓晁名盖，祖是本县本乡富户，平生仗义疏财，专爱结识天下好汉，但有人来投奔他的，不论好歹，便留在庄上住；若要去时，又将银两赍助他动身。"又第十七回上载的一段："这宋江自在郓城做押司，他刀笔精通，吏道纯熟；更兼爱惜枪棒，学得武艺多般。平生只好结识江湖上好汉，但有人来投奔他的，若高若低，无有不纳，便留在庄上馆谷，终日追陪，并无厌倦。若

---

① "大慨"，大概。
② "籍"，当作"藉（借）"。

要起身，尽力囊助①，端的是挥金似土，人间他求钱物，亦不推托。亦好做方便，每每排难纷，只要周全人性命。"

这种尽量帮助人的行为，怎不使人爱敬？人类第一需要的美德，便是能够牺牲自己的所有，去帮助别个受难的。其次是，即使自己一无所有，而能取之不义，行之于义，也是好的。《水浒》上的英雄，具有这些种优点，自然会在涂上强盗的暗晦色彩中间，发出一道圣洁的灵光，闪闪烁烁，令人炫目。

赛珍珠把《水浒》翻成英文出版，不用《水浒》之名，而改为《四海之内皆兄弟也》，是颇能了解《水浒》的深意的。

本文发表于《学生之友》第一卷第六期②（第8页），"民国三十六年九月出版"。不过，据《艾芜研究专集·艾芜著作系年（1931—1983）》，则是："读《水浒》笔记（文艺论文）《贵州日报·新垒》14 期，1945 年 4 月 16 日。"③ 该版未亲见。"全集"无收。

《救亡日报》所刊艾芜作品拾零

《救亡日报》系中国上海文化界救亡协会机关报，具有抗日统一战线性质。1937 年 8 月 24 日创刊，四开 4 版。报纸编辑委员会有共产党人、国民党人和其他抗日人士④。社长郭沫若，总编辑夏衍、樊仲云。编辑主任汪馥泉、林林。发行人周寒梅。1937 年 11 月 21 日上海沦陷后被迫停刊。1938 年元旦，

---

① "囊助"，或即"倾囊相助"的缩略，或为"襄助"之误。
② 发行者：学生之友社（浙江绍兴稽山中学内）；社长：邵鸿书；编辑者：叶作舟、黄秋芳、张载人、蒋屏风；总经理处：东南图书公司（上海中正南二路一一七号）。
③ 毛文、黄莉如编：《艾芜研究专集》，四川文艺出版社 1986 年版，第 622 页。
④ 其编辑委员会成员有：巴金、王芸生、王任叔、汪馥泉、邵宗汉、金仲华、茅盾、长江、柯灵、胡仲持、胡愈之、陈子展、郭沫若、夏丏尊、夏衍、章乃器、张天翼、邹韬奋、傅东华、曾虚白、叶灵凤、鲁少飞、樊仲云、郑伯奇、郑振铎、钱亦石、谢六逸、萨空了、顾执中。参见马光仁《新中国成立前上海对党报建设的贡献》，《马光仁文集》，上海社会科学院出版社 2013 年版，第 277 页。

在广州复刊。郭沫若有复刊致词《再建我们的文化堡垒》。1938年10月21日因广州沦陷停刊。1939年1月10日,在桂林再次复刊。这一时期,该报对版面和管理进行改革和整顿,缩减文章篇幅,实行"每日评报"制度,文风力求通俗易懂。复刊时发行量仅两千份,到1939年底,增至七八千份,销路扩大到湘、赣、粤、川及香港和南洋等地。"皖南事变"后,于1941年2月28日,被国民党当局勒令停刊。抗战胜利后,该报改名《建国日报》晚刊,1945年10月10日在上海复刊,同月24日被查封。

艾芜是《救亡日报》的一位重要作者,发文较多。《艾芜研究专集·艾芜著作系年(1931—1983)》虽搜罗详备,但仍有遗漏;而"全集"收录,亦多缺失。现据重庆图书馆所提供的胶卷①,略作补遗。需要说明的是,胶卷底本并非完本,因此笔者的梳理,并不全面,且部分篇章,按主题或归入其他文内,或单篇论列。

华北的烽火:第一部(连载):演习

村子的一角,临近大路,原是开有杂货店,大饼店,卖给过往客人的,现已关门了。往一天,门前准有几个车夫,坐在脚车上息气,一壁讲白话,一壁吃大蒜嘎,煎饼的,此刻却并没半个人影。只是一群家麻雀,在地上热热闹闹地跳着叫着,光景不像是寻找吃食,倒活像独霸了江山,在开庆祝会似的。可惜这快乐并没继续到好久,一位牵狗的朋友走来,便把它们全吓走了。狗是浑身稀脏的黄毛狗,已经走得来舌头一拖一拖的,却因几天来都没耍过它那孩子似的顽皮气,就还要绷着绳子,向飞去的麻雀追逐呢。主人"每"了一声,把拴狗的绳子用力一拖,背上的猴子,便应声跳了下来,骑在狗身上,重重的打了几下。狗立刻驯服了,现出十分倒楣的神气,把尾巴软软的挟着。猴子看见主人将背上的木箱子,卸下来,刚放在土阶上,就遽的坐了上去,得意洋洋地坐着、讨赏似的瞧望着主人。主人并没理会(,)单把额上脸上的汗水,笼

---

① 该胶卷为北京图书馆制售,其起止时间为1937年8月24日至1941年2月27日。其间有缺页。

统一拭，朝身边挥去之后，就照准大饼店的门板，敲了两下。静静地，没有回应。心理①想道：

"干吗？前回到京城的时候，这儿还闹热呀（！）"又着实拿拳头捶了几下，仍旧没有动静，侧耳一听，——远处原野中，有沉闷的枪声，疏疏散散地传了过来。就抓抓脑袋，忿忿不平地说道。

"这就怕起来了……鬼子才不过打打野操哪。"

大约说这话的声音生效了，大饼店的门板，慢慢的推开了一点，一个老婆子的皱皮脸和补绽的脏衣裳，露了出来。

"呵呀，你赵大哥，要不是听见了你的声音……"

像刚刚喘过气后，才努力说出话来那么似的。

"你们老太婆些，真是没见过事情，……老头子呢？"赵大哥凭他是熟识客人。②就一面替她掀开了门，看见店里什么东西都收拾起来了，平常让客人吃东西的桌子凳子之类，也搬开了，就惊呀③道："干吗的？……你们生意老早没做了么？"

"还做生意？我把那些挨刀的……连老头子也抓去哪"，老婆子扶着门枋，又怯弱又愤激地说，"赵大哥，你看看他，一把老骨头挑得动什么呀，又这样炎天大热的。……昨天听见逃回来的张老四说鬼子还拿鞭子打他哩！……"说到这里，就说不下去，眼眶子红润起来。

这时，猴子用着惯常警告主人的声音，大声叫唤着，赵大哥连忙回头去看，原来那条黄毛狗又神气起来，正竖着尾巴，跑到那边厕所的墙底下，去闻臭去了。④赵大哥赶紧跑去拉回。一面还这样恨恨地骂道：

"妈的，说是演习简直在打仗一样！"

一壁把狗拴在门前棚架的柱上，一壁向老婆子喊道：

---

① "心理"，应作"心里"。
② 应用逗号。
③ "惊呀"，惊叹。宋范成大《婆罗坪》诗："仙圣飞行此是家，路逢真境但惊呀。"
④ 此为《演习》，发表在"中华民国二十七年二月十五日 救亡日报 星期二 第四版"的"文化岗位"。

· 182 ·

"喂，不要呆了，大饼没有，快舀碗水来哪。喉咙都要干出火来了！"

老婆子依着门枋，沉思着，刚要问点什么，经他这么一喊，就转话头问道：

"呵，赵大哥，你今天来得很远吗？"

"怎么不远？你看，咱一身灰扑扑的！……差不多一口气走了很远的路。"

赵大哥一面就拍落拍落他身上的灰尘。

"什么事走得这样急呀，炎天大热的。又带着这两个东西。"

老婆子边说边望望他的狗和猴子。狗正在提起一只后腿，照准木柱子撒尿，猴子则拿前爪无聊地搔痒，眼睛灵灵活活地，瞧一下人又瞧一下狗。

赵大哥轻轻叹一口气，一面坐在土阶上，理他的草鞋［邦］子，一面抱怨似的说道：

"咱只想快点到南方去，离开这个鬼地方，哪，……你老人家，想想看，不论到哪一块，人都是焦眉皱眼的。谁还有心肠来看你的戏，连小孩子也打进屋里，你敲锣锣，岂不是白敲一场？……咱只有率性赌个气，跑他妈天远地远的。……咳，妈的，一天就走烂了！"

他把草鞋脱下来，看了一看，叹了一口气，又马马虎虎穿上。

老婆子一边寻找可吃的东西，一边回答道：

"是啰。天底下，哪一处不给鬼子扰翻了。……就放在床底下那半口袋面，他们也给你搜去。……幸好这一扇饼子，有点发霉，不是我老婆子，这几天也活该饿死了。……赵大哥，你不嫌弃就吃点吧。"

把锅饼递给了他，又进门去舀碗水出来。黄毛狗立刻绷紧绳子，挨到主人身边，不管主人高不高兴，就乱摇尾巴，一面拿嘴筒子去碰主人的足腿。猴子则叫着，从木箱上跳了下来。主人并不叱骂它们，倒像彼此朋友似的，连忙各个分它们一些。

老太婆看见他把锅饼喂给狗和猴子，有些心疼，便说道：

"赵大哥，这年程，你真不该下乡来，别的不说，这两个东西，你就养不起？……它们能演戏呢，例①不说，可是像这边店子都关了，你还有什么生意？……再说得不好，要是一头碰见了鬼子，像我家老头子一样，拉去替他做这做那，看你……"

说到这里又哽着了，拉起脏污的袖子擦一擦眼角。②

赵大哥默默地吃着，半响③才感慨似的说道：

"出门人，凭天保佑，好就好，不好就算了！"

老婆子望着远处天空，听见疏疏的□④声，让眼泪冒了出来，也不揩它，只是悠悠说道：

"是啰，出门人凭天保佑！……"

息了一会，老婆子也不拭眼泪，只是屏着气问道：

"这次天津你也到过吗？"

"到过的。"

"前次我托你看看我的儿子，你见过他了吗？"

老婆子说话的声音，竟稍微有些颤抖起来。

赵大哥仍旧吃他的，沉默不发一言，只是心里暗自说道：

"儿子，还有［你］的儿子，⑤"

老婆子看见没有答他⑥，认为事情一定不妙：就立刻青了脸子，牙巴抖抖地说道：

"赵大哥，你……照实……说吧，……我也……早听见……说……鬼子……把他们做工的……丢……去在河里。"

说到最后，几乎不是说出，倒像是什么东西被压［挤］出声音来那

---

① "例"，"倒"之误。
② 此为《演习》（二），发表在"中华民国二十七年二月十六日 救亡日报 星期三 第四版"的"文化岗位"。
③ "半响"，应作"半晌"。半响，亦作"半饷"。
④ 据上下文，缺字应是"枪"。
⑤ 或当用问号。
⑥ "他"，应作"她"。

么似的，同时老子婆①已经泪流满面了。

赵大哥侧过脸，瞧了她一会，才向地下用力地吐口痰，勉强微微笑着说道：

"你老人家干吗的？……我话还没说，你就那样儿起来：——你坐下吧，让我慢慢告诉你！"

一转眼看见狗在舐他刚才吐在地上的痰，就拿腿子一挥，咒骂道：

"呸，你饿死投胎的！"

狗见他并没踢过来，就只移移身子，仍然快快活活舐他的，因为这次主人的痰里，是混有好作料了——锅饼的碎屑。

"你问我看见他没有？……岂但看见，我动身回北京的时候，这小子，他还请我……哈哈，吃过酒，哩。"

老婆子高兴起来，脸色转好些了，但还是带着不相信的神情，把脑袋［靠］近一些问道：

"真的吗？赵大哥，你可不要哄我！"

赵大哥立刻摆出跑江湖那么说话的风度，赌神发咒地说道：

"天在头上，要是咱说了半句谎，嘴巴子立刻长上碗大的疔疮！"

老婆子见不头落了地②，欢喜地念一声佛。随即喜孜孜地问道！③

"他胖了吗瘦了？"

"恰恰长的挺好，不胖不瘦的。"

"我就担心他瘦哪，……一向就听说，鬼子的工难做哩。……呵，你那点不够吧，我再找点来。"④

老婆子又去替他拿些锅饼出来，还没递到赵大哥手上，猴子就先看见了叫了起来。赵大哥接着的道一声谢，先分些给猴子和狗，然后劈开

---

① "老子婆"，"老婆子"之误。
② 当作"见头落不了地"。
③ 当用冒号。
④ 此为《演习》（三），发表在"中华民国二十七年二月十七日 救亡日报 星期四 第四版"的"文化岗位"。

慢慢吃着，老婆子坐在门槛上边，拉起围腰，搦一搦怀里边问道：

"赵大哥，我托你转给他的话，你该没忘记告诉他吧？"

"那里会忘记？咱记性好得很，就是针尖子那么大的事情，也会记得的。"

"那他怎么回答你的。"

"回答我的？……"赵大哥胡乱搔一搔头，同时就把手指上粘的饼屑，像放胡椒粉似的，撒在头发丝里，"唔：你是说，叫他不要吃喝嫖赌？"边说，边拿眼睛溜老婆子，见老婆子听到这句，现出非难的神色，就立即改变话头说道："呵，对了，你是叫他马上寄钱回来，……我向他叮咛又叮咛的。你不要生气，我还对他扯句谎，我抵着他的鼻子说，你去寄点钱家去，你娘老子正在饿饭呀！"

他的神气，惹得老婆子咧开嘴笑了起来，截断他的话，说道：

"都不是呀，我是说，如今鬼子心肠坏，千万替他们做不得工，叫他息手另外……"

赵大哥赶忙吞下一口锅饼，拿手拍一下腿子，大声说道：

"这个么？头回一见面，咱就说了。咱说，坏蛋，你怎么去替鬼子修营盘？……他说，赵大哥，咱上人家的当了，现在没办法，只好硬着头皮做下去。"

老婆子就抱怨儿子起来，扁一扁嘴说道：

"这人就是不听话哪，他爹早跟他说过，天津那地方坏人多，你千忌去不得。……好了，这回上了当了。……活该得，俗话说得好，不听老人言，怎不受饥寒？"

赵大哥没有开腔，只是大口大口地吃着锅饼，等会老婆子气平了，才又问道：

"你在天津碰见他几回？赵大哥。"

赵大哥张着嘴，问道：

"你说什么？"

"我说你在天津碰见我儿子几回?"

"几回?……唔,……很多,……差不多常常碰见。"

老婆子略略有些惊讶,问道:

"怎么?……常常碰见!……我听见说,修军营的,鬼子不准出来哪。"

赵大哥把手上剩的一点锅饼,丢给了狗,一拍手上的饼屑,说道:①

"你老人家,坐在家里,哪晓得外面的事情。……咱告诉你,修军营不准出来,是有的,可是你儿子为人忠厚,鬼子就单让他自由自由,……吓,吓,咱还在笑他,你傢伙运气真好!"

随即立起身来,故意去查查箱子上的背带。

老婆子就叹息似地说道:

"是啰,就是这一点忠厚还好!……忠厚的人,天总保佑的!"

半响②又屏着气问道:

"赵大哥他没告诉你,甚么时候回来吗?"

赵大哥揭开箱盖子,随便看看里面放的假面壳子以及锣儿之类的东西,含含糊糊地回答道:

"快了……快了。"

老婆子有点受不住那份快乐似的,颤着声音,说道:

"呵……就望他越快越好,……我巴不得早离开这里,说不定龙王庙那边扎的老总,就在这两天会同鬼子打起来的。在这里多捱一天,就多受一天罪,人家张太爷一家子,真是前世修得好,说到京城就到京城,一点儿难处也没有。……我们就是等他钱哪……要不是早就去了。我们总想在京城里找个小胡同,仍旧开这么一间小店子。"

赵大哥砰的一声,把箱盖子关好,连忙摇着头说道:

---

① 此为《演习》(四),发表在"中华民国二十七年二月十八日 救亡日报 星期五 第四版"的"文化岗位"。

② "半响","半晌"之误。

"你这老人家又不要想了,北京城,而今哪里还是个好地方,咱把那些狗入的日本鬼子,高丽棒子,真真恨得要死,他们不给你把戏钱,倒是小事,他们天天吵着闹着金鸾①宝殿哪。……大乱子就要出来了,你老人家还去做啥?……真见鬼啰!"

老婆子紧绷着脸子问道:

"咱们没中国官么?……就尽由着他们闹吗?"

赵大哥看见猴子在爬棚架的柱子,便一把把它抓下来,一面又向老婆子逼近一步说道:

"官是有的……蛇无头不行哪。宋委员长,一回家去,就一两个月不出来,……你想鬼子怎么不趁火打劫呢?……"

这时鬼子演习的枪声,更加逼近了。②

《演习》分五次连载,具体情况已在注释中说明。第五节之后,有一则启事云:"集体创作《华北的烽火》,第一部已发表沙汀先生的〔前夜〕③及艾芜先生的〔演习〕两章,自明日起开始连载第二部的周文先生的〔怒火〕,每部选登一二章后,全书将在广州出版。"《艾芜研究专集·艾芜著作系年(1931—1983)》失系,"全集"亦无收。

关于《华北的烽火》,《中国现代文学词典》有钦鸿撰写的词条"《华北的烽火》的集体创作活动":

《华北的烽火》是抗战初期问世的集体创作长篇小说。"这书里的故事,包括有将士们的浴血抗战,汉奸们的卖国求荣,民众的愤慨,平津失陷前二十九军将领内部之不一致,宋哲元之惑于'能和'……一大幅血淋淋的现实。"(茅盾《此亦"集体创作"》)全书共分四部分,从卢沟桥抗战起,至平津陷落。每部2至3万字。集体创作活动1937年8月在

---

① "鸾","銮"之误。
② 此为《演习》(五),发表在"中华民国二十七年二月二十日 救亡日报 星期日 第四版"的"文化岗位"。
③ 宜用书名号。以下同。

上海着手酝酿筹备，有20余位作家参加创作，1938年2月8日开始在广州《救亡日报》连载。到4月28日，先后发表了沙汀的《前夜》、艾芜的《演习》、周文的《怒火》、舒群的《爆发》、蒋牧良的《突破》、聂绀弩的《找和平》、张天翼的《左右为人难》、陈白尘的《全线总进攻》、罗烽的《反正》等章。虽然以后未见继续刊出，但这部小说在当时颇有社会影响，被誉为"抗战以来，动员了全国优秀作家最伟大的一部集体创作"。长篇小说的集体创作，是抗战这一特定时期出现的一个新事物，能迅速反映社会巨变和斗争宏图，以鼓舞人民奋起抗日，却也不可避免地带来粗疏和各部分之间不够协调等弱点。在它的影响下，当时还出现了其它一些长篇小说的集体创作，如《给予者》等。[①]

难民还乡

时间已是半夜过了，车还没有开行，月台上显得分外地清冷，只几处铺着稻草睡的人，在咳嗽着。有时趁着站丁手里提着的马灯，可以清楚地看见，被盖外面露出许多的头，有老年人的，小孩子的，年青妇女的。他们都是安徽潜山太湖一带逃来的难民，家和田园牲畜，通给日本军队毁灭了，辗转于湘江流域，已是半年有多，目前受不了餐风露宿的苦楚，正等着搭车去衡阳长沙，设法转到他们的故乡去。

这些关乎他们身世的事情，是黄昏时候，我在月台上徘徊等车，听见他们在同站丁攀谈，带着诉说和报怨的口气讲出的。

我曾听见一个青年人，他们衣衫业已穿来脏得不能再脏了，忿忿地说："太可恶了！明明看见有空房子，怕你难民不肯出钱，连借住一夜都不肯，这样还逃什么呢，拖都把人拖死了。"跟着一个老太婆，说八九句

[①] 徐迺翔主编：《中国现代文学词典》第1卷"小说卷"，广西人民出版社1989年版，第26页。另可参见毛文《抗战文艺史上的光辉篇章——关于〈保卫卢沟桥〉和〈华北的烽火〉》，《抗战文艺研究》1984年第4期。

话就要咳嗽一下的接嘴说："这到①不要讲了，人家的房子！一口茶水又值什么呢，看着你孩子哭，不肯给，还要叫你站远一点哩。我们又不是叫花子，我们也是发过财的！大哥，一句话啰，死还是死在自己地方上好？"说得眼泪含含②的。

没有灯火的慢车，向湘桂边界开行了，冷水滩车站月台上候车的难民，渐渐跟我离开得远远的，但我坐在黑暗的车厢里，却还给他们那些怨愤的话语苦恼着。我在湘南山中的一个小县城内，听见县长对民众演说，报告省政府来电要叫该县收养难民八千名，但结果来了八九个月，只来了三四十个，还不上百名的数目。当时还以为这是山高水险路难行吧。这时我才明白他们少去的真正原因了。如果只就表面上讲，这是好现象，因为目前大家正叫着,③"到敌人后方去"的口号，难民回乡乃是十分值得赞成的。然而，令人深深感到不安的，是他们成群结队地回到沦陷了的家乡去，也怕如冷水滩车站上的难民一样，带回去的远方礼物，不是对于同国人的感激和爱戴，而是深深的怨恨和憎恶哩！

宣传重于作战的今日，我以为激发同胞爱的情感，到并不是一件不重要的事情。

一月二十四日

该文发表于"中华民国二十八年一月二十七日 救亡日报（星期五）第四版"。《艾芜研究专集·艾芜著作系年（1931—1983）》失系。后收入《杂草集》及《艾芜全集》第十二卷，文字略异，同时省去了文后所署的写作时间。

抗战的启蒙工作（旅途杂感之一）

我们的中华民国，自成立以来，历次所发生的大规模战争，都全是内伙子自己人打自己人，虽然好些回数有帝国主义在后面做牵线者，但

---

① "到"，"倒"之误。
② "含含"，孕穗貌。
③ 逗号宜删。

一般老百姓都不明白,只是笼笼统统,认为内战罢了。因此,除了一批有新知识的人而外,大家对于战争的认识,理智,和态度,不消说俱是由内战方面自然而然得来的。譬如险要地方失掉了大城市被占了,主力军队退开了,他们便不假思索地说道:"这是打败了",为什么呢?因为历来内战的胜败,便是这样决定的。

老百姓作如是见解,我们不能责备他们只惭愧我们的宣传工作做的不够。最奇怪的是一些受过高等教育的,我听见他们对于武汉退守后的议论,说是这以后还打什么呢。更令人感到不安的,是长沙大火的消息传来时,我在过湘南山中的那一县,训练壮丁的兵营长官(将新抽的壮丁训好之后便交与团管区输送到前线去)竟把兵房内的一切抗日标语,全行刷去,有些写在板壁上的,还用刀子刮掉。他们无疑地认为省会已经失掉,小县份还有什么作为呢?为保持地位起见,还是赶快准备迎接新的上司吧。这种聪明的举动,显然是从内战时候学习来的。

于今抗战虽然已到了一年零六个多月,但我以为今后的宣传还是要来个抗战的启蒙工作才好。首先就应该把对外抗战的内容,告诉每一个老中国人,使他们明白,对外抗战的实质,是与内战大不相同的。它的胜负除了地利得失之外,还要决定于人心之归向与否,因为不愿意做亡国奴的人,不管主力军队退到哪里,他们都要起来组织游击反抗的。其次对于抗日的战略,也要详详细细地向他们解释,使他们了解,我们的国防军,只是策略上的退却,并不是溃败。

意思很平常,但要使一般老百姓以及一批不求甚解的高等华人,都澈底明瞭①了,我想这对于反抗日帝国主义的侵略,一定是大有帮助的。

一月二十八日

该文发表于"中华民国二十八年一月三十一日 救亡日报(星期二)第四版"的"文化岗位"。《艾芜研究专集·艾芜著作系年(1931—1983)》失系。

---

① "明瞭",今多作"明了"。

后收入《杂草集》，无副题"旅途杂感之一"，亦省去了文后的写作时间。"全集"无收。

"非常时期莫谈国事"（旅途杂感）

该文发表于"中华民国二十八年二月十日 救亡日报（星期五）第四版"的"文化岗位"。末署"二月七日"。后收入《杂草集》，无副题及写作时间。《艾芜研究专集·艾芜著作系年（1931—1983）》有系，"全集"亦收。

湖南杂记的序言：认识老中国

今日的文化人，除了亲身参加抗战，或者鼓动别人抗战之外，还得随时随地观察中国，研究中国，将她的实际情形，报告出来，使大家明白。兵法〔上〕云，知己知彼，百战百胜，这就是做"知己"的功夫。其次，我们的抗战，并不是只赖军事方面，而是还要依靠全国的民众力量的，因此，对于一般民众的宣传与鼓动，就成为非常的必要。更因此，既要宣传他，鼓动他，尤必须首先要了解他。否则，你的宣传和鼓动，便会格格不入，全成落空的了。像电影的宣传，可以说最能鼓动民众的，但政治部将新制爱国影片，《热血忠魂》《保卫我们的土地》，弄到湖北阳新县一个农村去放演时，农民不但感不到兴趣，反而把电影里面穿西装的人物，认成外国人。这就是对农民的文化程度不够深切了解的原故，宣传方面，便白费了气力。第三，抗战达到第二阶段，沿海沿江沿铁路的都会，多为战争所摧毁，除西南西北诸大城市，力谋近代化，以为持久抗战的根据地外，我国广大的农村和无数的小镇市，便不得不与以①重大注意了。因为这些广大的农村，无数的小镇市，抗战一起，既为兵员补充的来源，如一被敌人占领的公路线铁路线包围进去之后，又必须成为游击队的根据地了，故我们不得不深切地明白，到底内地的老中国人和旧社会，未被宣传鼓动以前，是不是潜藏有抗战的伟大力量，流行在

---

① "与以"，今多作"予以"。

民间的信仰，风俗，制度到底那些是对抗战有益，那些又有妨害的，又目前一般农民，最感痛苦以及最需要的是什么东西，都值得我们来一个仔细的探讨。

本文发表于"中华民国二十八年三月二十五日 救亡日报（星期六）第四版"的"文化岗位"。《艾芜研究专集·艾芜著作系年（1931—1983）》有系，"全集"则收入第13卷的"序跋"类，末署"一九三九年三月二十五日"，也是将发表时间误作写作时间了。段式、标点、文字也多有调整。关于《湖南杂记》，艾芜在1983年6月6日回复毛文的信中曾说："《湖南杂记》没有出版，可能就是以后编的《杂草集》。"①

两屠夫（小说）

据《艾芜研究专集·艾芜著作系年（1931—1983）》，"两屠夫（小说）《救亡日报·文化岗位》，1939年4月26—30日，5月2—6日"②。笔者所查阅到的情况是：《两屠夫【1】》，发表在"中华民国二十八年四月廿六日 救亡日报（星期三）第四版"的"文化岗位"；《两屠夫【2】》，发表在"中华民国二十八年四月廿七日 救亡日报 星期四 第四版"的"文化岗位"；《两屠夫【3】》，发表在"中华民国二十八年四月廿八日 救亡日报（星期五）第四版"的"文化岗位"；缺廿九日、三十日两期；《两屠夫【5】》，发表在"中华民国二十八年五月二日 救亡日报（星期二）第四版"的"文化岗位"；《两屠夫【6】》，发表在"中华民国二十八年五月三日 救亡日报（星期三）第四版"的"文化岗位"；《两屠夫【6】》③，发表在"中华民国二十八年五月四日 救亡日报（星期四）第四版"的"文化岗位"；《两屠夫【7】》，发表在"中华民国二十八年五月五日 救亡日报（星期五）第四版"的"文化岗位"；《两屠夫

---

① 艾芜：《艾芜全集》第15卷，四川文艺出版社、成都时代出版社2014年版，第253页。
② 毛文、黄莉如编：《艾芜研究专集》，四川文艺出版社1986年版，第606页。
③ 是日所载《两屠夫》甚短，故序号仍作【6】，其后有艾芜的一则更正："二十七日登出拙作小说有这样一行：'老屠夫一下头发稀疏的好像怕耽误工作似的，没有看他，只动头。'排错了，应改为：'老屠夫好像怕耽误工作似的，没有看他，只动一下头发稀疏的头。'"

【8】》，发表在"中华民国二十八年五月六日 救亡日报（星期六）第四版"的"文化岗位"。该文未见其他刊物转载或收录于艾芜的作品集中，"全集"亦无收。因有缺，故此处未移录。

《太平天国的人物》与《阿Q和关羽》

前者全名《太平天国的人物——读史随笔》，发表于"中华民国二十九年九月十七日 救亡日报 星期二 第四版"的"文化岗位"。《艾芜研究专集·艾芜著作系年（1931—1983）》有系。收入"全集"第十三卷的"杂感随笔"，文字、标点略有不同。末署"一九四〇年九月十七日"，是将发表时间误作写作时间。

后者全名《阿Q和关羽——两种典型人物的创造》，发表于"中华民国二十九年九月二十六日 救亡日报 星期四 第四版"的"文化岗位"。《艾芜研究专集·艾芜著作系年（1931—1983）》有系。收入"全集"第十四卷的"文学创作谈"，文字、标点略有不同。发表时未署时间，"全集"末署"一九四〇年十二月"。

今年的希望

今年我只有一点小小的希望。

今年我不希望我们的国军，就打到日本东京去；我只希望日本军阀，更给我们拖得愁眉苦脸，拔不动足。我不希望做些冠冕堂皇的事情，参加帝国主义间的战争；我只希望把我们的抗战，[写]得头头是道，叫人欢喜。我不希望大家马上团结到水乳交融；我只希望没有人拼命破坏团结，引起纠纷，叫敌人称快。我不希望能够使谣言完全没有，我只希望谣言不要使用在本国[人]身上。我不希望把发国难财的，很快地铲除干净，我只希望能够制止发国难财的，不去发国难财。我不希望物价完全低落下去，我只希望不要越平越高。我不希望人人勇敢，都上前线，我只希望大家不为敌人汉奸的谣言所动，而自相惊慌。我不希望大家壮怀激烈，高呼口号，我只希望［人］人诚诚恳恳，敢说真话。

本文发表于"中华民国三十年一月一日 救亡日报 星期三 第八版"的"文化岗位新年特辑"。《艾芜研究专集·艾芜著作系年（1931—1983）》有系，"全集"无收。

《新华日报》刊文五篇及报道一则

《新华日报》是中共中央在国统区公开出版的机关报。创刊于1938年1月11日，社址在汉口府西一路一四九号。后迁重庆的苍坪街六十九号，出版的第一张报纸为1938年10月25日第二八七号。其间，1939年5月3日和4日，因日机对重庆的大轰炸，《新华日报》编辑部和印刷厂迁到磁器口高峰寺，后又在化龙桥虎头岩下的山沟里盖起草房作办公室。1946年4月，中共中央批准成立四川省委，吴玉章任书记，王维舟任副书记，《新华日报》即成为四川省委的机关报。省委宣传部长傅钟兼任社长，副社长周文，总编辑熊复，经理于刚。约同年7月张友渔任社长。1947年2月28日凌晨，重庆警备司令部命令《新华日报》自2月28日3时起停止一切活动。[①] 艾芜曾以"我与《新华日报》及《半月文艺》"为题，忆及他与《新华日报》的往来。该文发表于《文史杂志》1989年第3期的"文史杂谈"（第40—41页），6月30日出版。此文虽极易获得，但翻检《艾芜全集》，却并不见收，故有必要录全文于下：

现在回顾一下，我为《新华日报》写的文章，实在太少了。原因是1944年以前，我住在桂林。1945年又住在重庆南温泉乡下白鹤林。1946年，我搬进张家花园孤儿院13号。这是一所草房，包括有四、五间小

---

① 王绿萍编著：《四川报刊五十年集成（1897—1949）》，四川大学出版社2011年版，第461—462页。

屋，文协利用西南联大学生为湘桂文化人募集的捐款买下来的，起初由邵荃麟一家人居住。邵荃麟搬走了，我一家人便住进去。这里离文协的张家花园85号很近。何其芳那时负责党的文艺工作，活动频繁。他一到文协，总要到孤儿院13号同我谈谈文艺问题，要我为《新华日报》写稿。1946年写了几篇，真是太少了！这里还有一个少写的原因，因为何其芳为我安排了另一项文艺工作，即是中华文艺协会重庆分会编一会刊《半月文艺》附在重庆《大公报》上。他还说，已同《大公报》的副总经理王文彬和副刊编辑部负责人罗承勋（解放后，国家在香港办的《新晚报》即由罗任总编辑）商量好了，已登了的稿子都由报馆付给稿费。但不付编辑费，因为是文协的会刊。又为了对付时局的变化，不写出文协会刊的名字，也不标出编者是谁。只是《大公报》的一个副刊而已。这就是《半月文艺》能发刊两年的原因。王文彬为《半月文艺》担当过风险，出了不少力，化险为夷。罗承勋则为每期的版面标题费了不少心血。有时稿子不够，则由我临时写稿补充。我还开辟一个文艺信箱，每期用通信形式，回答一些文艺问题。这就是为《新华日报》少写稿的一个重要因素。

何其芳不只安排一个《半月文艺》，还同重庆《新民报》接洽，创办另一个文协副刊《虹》，大量发表诗歌，由诗人柳倩编（柳倩现任北京书法家协会副主席）。1947年春节，《新华日报》负责人（又是中共四川省委书记）吴玉章请我和柳倩到他住处吃饭，由何其芳作陪。我们很高兴，觉得何其芳开展文艺工作，得到了领导上的支持，颇受鼓舞。

《新华日报》社长张友渔每两个星期开座谈会一次，请各民主党派负责人参加，作有关国内外时局变化的政治报告，会后招待吃饭。由于何其芳的敦促，我每次都去参加。工商联的徐崇林，九三学社的谢立惠等人，就是那时认识的。

1947年3月初《新华日报》全部工作人员被迫乘飞机返回延安。当时我一点也不知道，事后才晓得。只是当天有位女诗人、文协会员（为减少历史纠纷不题名道姓），从来不到我家的，这天却来了，正午也不走。我们请她吃午饭，黄昏才走，以后又不来了。这是《新华日报》激起的一点小波小浪而已。

说到这里，我又记起《新华日报》被逼撤回延安后，没有几天，有位青年女士，身穿阴丹士林旗袍，手提一个鲜红的提包，到孤儿院13号来看我，那时正是半下午的时候。我一点也不认识她。她小声告诉我，她是何其芳的爱人，叫牟厥鸣。又说，何其芳曾告诉她，有什么困难，到张家花园文协找艾芜。她今天是从万县何其芳的老家搭船来重庆的。我和我的爱人王蕾嘉立即热情接待她，安排她住下，又编造了一个亲戚关系，说她是王蕾嘉的表妹。她改了姓名。这是怕有特务来查户口，好有个准备。这天晚饭后，客人入睡了，我和蕾嘉一直有些紧张，便挑灯夜读（没有电灯，用煤油灯照明），大约九点钟时，忽然斜坡上的人家在查户口。有人大声地问："你家来了什么人？共产党吗？"又有一个人大声回答："你查嘛，没有什么共产党。"斜坡上的好些人家，都是军统的家属。

蕾嘉惊骇地说："怎么办？"我说："我们早安好亲戚关系，让他们查嘛。"我想，如果叫牟厥鸣出去躲一下，那就上他们的钩，立即抓住。我们只有大胆经受这种风浪。他们在坡上人家查完了，便有五六个人的皮鞋声，丁丁董董，从我们屋门前走过，消失在别的地方了。风浪由此结束。第二天，我们找到了诗人力扬，把牟厥鸣转移到北碚方敬那里（方敬在北碚相辉学院教书）。以后，牟厥鸣去香港到北京与何其芳团圆，喜剧告终。大家都感到高兴。

在《新华日报》被迫撤向延安不久，国民党在重庆大抓民主人士和文化教育界人士。我和作家肖蔓若躲到南温泉学校，写好中篇小说《我的青年时代》，把昆明那一年多的遭遇保存下来。又蒙育才教师梁文若的帮助，买好船票，跟育才学校的三个教师躲上海，同诗人力扬在上海乡下大场，租农民房子居住，写了短篇小说《石青嫂子》。后得何家槐信，知他在南汇县鲁家汇大江中学教书，我便搬到鲁家汇街上，租住陆诒的房子。陆诒是《大公报》记者,我听过他关于芦沟桥事变的报告。他没有回过鲁家汇老家,只他老母亲一个人居住在后楼。她住楼上,我住在上楼下楼的过道上,为她看守全家。由此过了许多清静的日子,写完了长篇小说《山野》,改名《战斗的山村》,发表在上海"时事新报"副刊上,后被封闭。还写了一个至今尚未发表的话剧。

在我离开重庆大半年期间,《半月文艺》并未停止,即由我的爱人王蕾嘉编辑。她是上海劳动大学政治经济系毕业的,参加过左联,能担负编辑,不致使党布置的工作《半月文艺》夭折。她那时在重庆带四个孩子(大的十岁多),又还怀了孕,担负那份工作,是要有很大的勇气。我1948年1月,知道她生了孩子无人招呼,便同两位四川民盟的同志潜回重庆(其中一人名张蕴哲,解放后在重庆民盟工作),继续编辑《半月文艺》,直到被迫停刊。

文中所记史料,艾芜在晚年的日记中也不断有过回忆。如隐去姓名、到艾芜家中"探访"的"女诗人",在1988年8月10日的日记里,便有这般叙述:"一九四七年二月二十八日,《新华日报》被封。何其芳和《新华日报》全部人员,被国民党用飞机押送延安。我当时一点也不知道,隔了几天才知道。只是觉得有点异常的情形发生,但当时没有敏感到,以后才意识到有些蛛丝马迹可引起疑惑。一位年轻的女士,在文艺界开会时,总会遇见她。她在刊物发表过新诗,人称女诗人。她从不到我家,但《新华日报》被封的那一天(二月二十八日),她却来了。从早上坐到黄昏。因为是熟人,就随便闲谈,或让她独坐。到吃午饭的时候,请她吃饭。以后又再不来了。在重庆,有人来尾随,有人来观察,是不少的。所以××来闲谈,也不深查下去。当时只觉得有些反常而已。一九八三年忽然接到她从南京来的信,并附有新诗一首,内容是赞美革命烈士的。信内讲她这些年也吃了不少的苦。我觉得哪一个人不走些弯路呢?现在应该向前看,为改革出把力吧。"[①] 日记在出版时,

---

① 艾芜:《艾芜全集》第19卷,四川文艺出版社、成都时代出版社2014年版,第418页。

虽仍以"××"指代其人,却又提供了另一条线索,即1983年"女诗人"曾致信艾芜。于是再检艾芜该年日记,7月15日,有如下记载:"收到徐健信,并寄来诗稿。她说抗战期间她在重庆时与文特和、向峰来过我家。"①

徐健在《诗歌月刊》②上发文较多,如创刊号(1946年3月1日出版)上有儿歌《流浪儿》《民主的暗礁——为庆祝政协会成功大会被奸徒强奸而作》;第二期(1946年4月20日出版)有《凌煊的死》《对诗人的希望》;第三、四期合刊有诗歌《民选》《诗呀,我爱你!——为第六届诗人节作》;第五期有《谈谈"门阀主义"和"主观主义"》《悼歌——哀悼李公朴先生》。《作家杂志》③创刊号(民国卅六年一月十五日出版)有《诗坛的现阶段》;第二期(民国卅六年三月卅日出版)有《牧羊童的欢歌》;第三期(民国卅六年五月出版)有诗歌《路边的小生命》。另外,《中国诗坛》光复版·新三期(民国三十五年四月二十日出版)亦有其诗歌《竞选》等。

艾芜虽一再感叹"我为《新华日报》写的文章,实在太少了","1946年写了几篇,真是太少了!"不过,计算起来,共有五篇,而"全集"仅录其二。现据发表时间,依次录之:

柑子园:渝郊散记

季节已快要步进冬天,但气候偕是暖和的,青蛙浮在水田边上,惹得小孩想伸手去捉拿。秋天收割后的稻田,剩下的谷桩④上,长出了细小的稻孙⑤,仍旧是青的。在这个时候,十分打眼的黄色,就只能算是山顶松林里面,那几座内战时候留下来的土碉堡了。一处倾斜山坡边上的柑子园,牵着了我们的视线,孩子首先指着树上的柑子,欢喜地叫了起来,

---

① 艾芜:《艾芜全集》第19卷,四川文艺出版社、成都时代出版社2014年版,第41页。
② 该刊编辑兼发行:诗歌社;通讯处:(重庆)中山一路二〇六号附一号;总经售:文光书店(地址:中山一路二一八号)。
③ 该刊编辑者:作家杂志社;发行者:西林出版社(上海虬江路二十号);西南通讯处:重庆新生市场五十五号本社;西南总经售:重庆进文书店。
④ 原文似"椿"(桩)。
⑤ 刈稻后,其根得雨再生余穗,谓之"稻孙"。

可是柑子橘子全是青的，偕没到可以摘食的时候。不过孩子却不在乎果子的成熟与否，无论酸的涩的，只要拿起竹竿打得下来，就要放进嘴里去吃。我们茅屋前面的斜坡上头，十多二十根橘子树，所有结的橘子，便是在这种情形下完结了的。怪不得看见人家的青果子，就忍不住那么地欢叫急着要买。

于是把孩子留在坡边树脚底下，沿着柑子树下的小径，走上坡去。在两根柑子树的中间，伏着一个人多高的窝棚子，张开三角形嘴巴，就作算①是门。里面有火烟，小小地溜了出来。我推想那一定是看守人的临时住宅，便走了过去。里面地铺上坐着一个约莫五十岁的老头子，衔②着一根旱烟袋吸烟，他身边放着两个箩筐，一个装满了大的广柑，一个装着小的广柑和橘子，却没有满，只有小半箩筐，颜色却跟树上长的一样，全是青的。

我原是试着来问问的，担心会使欢喜的孩子们失望。现在既然出于意外，便不免有点惊喜地问：

"就有卖的啰么？"

他取下烟袋来，眼睛[倾]向箩筐冷冷地说：

"买嘛！就是这些！"

我先问他大的广柑多少钱一个。

"三十元！"他回答我，依旧冷冷地。

"可以少[点]吗？"

"没有少！"

"小的广柑呢？"

"十元一个！"

"没有少吗？"

"没有少！"

---

① "作算"，一般作"算作"。
② 原文作"啣"。

我问了橘子价钱之后，便微笑地问：

"这个也没有少吗？"

他用鼻子嗡了一声，就作为一个肯定的回答。

我望望他的脸子，有着打眼的青色，仿佛跟柑子树住在一道，日夜受了强烈绿色素的影响，就会起着同化似的，神情亦很固执，且隐隐微微抉杂①有一些怒气。

当着这么好的天气，又走在果树林中，应该把不快和发怒那类情绪，放逐开去。我始终温和地望着他，微笑着说：

"你这些柑子要不是青的，到不算贵。咱个不等他黄了红了才卖呢？"一面说一面就把广柑橘子都买了些。

他的脸色几乎由青变黑了，他忿忿地骂道：

"偕等得黄了红了！就是这样青的酸的，他几爷子偕日夜里来摘哩！"

我不禁感到讶然，连忙问道：

"你说啥子人来摘？"

"啥子人？还不是那些穿二尺五②的！"他把头伸到外面，鼓起眼睛望了一下，又才继续说下去，"这年辰偕有啥子歪喃，到街上他买你平价东西，几十几百元一斤，他就只给一元钱。这偕算是在街上啰，到我们乡下，可就一元钱也不给了，劈脱得很，他杂种拿起去就是！像我们这些柑子嘛，你才说'先生摘不得，我们偕要卖钱的啊！'他就妈呀娘的，骂起来了。本来摘几个吃到不要紧，就是经不起他吃了偕带起走，今天来一批明天又来一批，刚才上午偕来过，你偕留着做啥子嘛，现在不管青的酸的，摘下来偕可以卖几个钱。"

他接过我给他的纸票，他慎重地揣进衣袋里去，一面发感慨地说：

"现在要钱揣在怀里才算数！结在树子上你偕不敢说，那一定是你自己的！咳，这是啥子世道嘛！"他大大地连摇他的头。"他们只顾自己，

---

① "抉杂"，参照后文移录《民众杂志》所刊文字，应作"挟杂"。
② "二尺五"，即军服。因为军服上装长二尺五寸。

胡作乱为，全不管你一个老年人活不活得起来，这就是他们啊！这就是他们啊！"

我忍不住问道：

"老人家，你就靠这个柑子园过活么？"

"咱个不是呢！"他反问我，神情很有些恼怒，他又把双手朝外一张，"你先生，想想看，自从我儿子被他们捆起走了，我这把年纪偕犁得动田么？做生意也得要本钱嘛！儿子一去就没有音信，多居是打仗打死了，你叫我不靠这座柑子园，靠啥子嘛？"

我无话可说，我只有[摇]着眉头叹气。六岁的男孩子，见我没有下去，等不及了，便自行跑了上来，立即走到箩筐侧边，伸手去抓橘子。我连忙阻止他：

"不要抓人家的，我们买得有了！"

小孩子便把抓的橘子丢进箩筐去。老人却抓一个，[搁]在孩手里，一面说：

"他小娃子，吃一个不要紧！"

我的男孩接着橘子，偕天真地说道：

"底下偕有两个小娃娃哩！"

老人便又抓了两个给他。我要他退还，老人却摇一下手说：

"小娃娃，吃点不要紧的！"

我看见老人这么说的时候，他那铁青的脸上，掠过了一些柔和的光辉。

本文发表于"一九四五年十二月五日 新华日报 星期三 第四版"。毛文、黄莉如编《艾芜研究专集·艾芜著作系年（1931—1983）》有载"柑子园——渝郊散记（散文），《新华日报》（重庆），1945年12月5日"①。《艾芜年谱（一九〇四年至一九四九年九月）》也有记。该文后又发表于《民众

---

① 毛文、黄莉如编：《艾芜研究专集》，四川文艺出版社1986年版，第623页。

杂志》一卷二期①（第38—39页），"卅五年三月一日出版"。发表时无副题"渝郊散记"，异文较多。"渝郊散记"是组文，另有一篇，据"著作系年"，为"买蛋的老人——渝郊散记（散文），《世界日报·明珠》，1945年12月7日"②。

我要向全世界控诉：为昆明一二一③惨案而作

忧心惨惨，念国之为虐。

——自《诗经·正月·繁霜》

一

你们不是说要让中国人民有集会的自由？

为什么竟用冲锋枪机关枪，

围攻群集的学生，徒手的教授？

呵，这是欺骗，这是法西斯，这是反民主！

我要向全世界控诉！

二

你们不是说要让中国人民有言论的自由？

为什么竟用刀枪、用棍棒，

当街打杀学生，硬不准他们开口？

呵，这是欺骗，这是法西斯，这是反民主！

我要向全世界控诉！

三

你们不是说要让中国人民有居住的自由？

为什么竟武装冲进学府，

放枪不够，偕把手榴弹乱丢？

---

① 该刊创刊于1946年1月1日，其编辑兼发行者：民众出版社（地址：上海南京路永安新厦三楼内；通讯：上海邮政信箱三三〇号）；总代发行：中国文化书报社（上海南京路永安新厦三楼）。

② 毛文、黄莉如编：《艾芜研究专集》，四川文艺出版社1986年版，第623页。

③ "一二一"，当作"一二·一"。

呵，这是欺骗，这是法西斯，这是反民主！

我要向全世界控诉！

四

你们不是说要让中国人民有身体的自由？

为什么竟叫特务横行，

屠杀学生，偕不准旁人救护？

呵，这是欺骗，这是法西斯，这是反民主！

我要向全世界控诉！

该诗发表于"一九四五年十二月二十日 新华日报 星期四 第四版"。《艾芜研究专集·艾芜著作系年（1931—1983）》所记为"我要向全世界控诉——为昆明'12·1'惨案而作（诗），《新华日报》（重庆），1945年12月20日"[1]。诗歌在发表时，因为版面的局限，第二、三节的句式更加错落，但稍欠合理，现据第一、四节的句式予以调整。"全集"第十三卷"散文·诗歌·戏剧"收录（第303—304页）。与原文相校，最大的不同在于：一是删去了所引《诗经》的诗句；二是原诗的每节有标号，"全集"则无；三是句式的排列。文字上，也有一二处的差异。最后，需要指出的是，"全集"在末尾未标注出处，却有"一九四五年十二月二十日"的字样，但这并非该诗的写作时间，而是其发表的时间。

哀悼——为王若飞、秦邦宪、叶挺诸先生乘机遇难而作

在这贪官污吏多如牛毛的国度里，

有了你们，才敢骄傲地说一声：

"我们中国人，也有只爱真理不爱钱的！"

在这人民痛苦啼饥号寒的国度里，

有了你们，

---

[1] 毛文、黄莉如编：《艾芜研究专集》，四川文艺出版社1986年版，第624页。

才敢骄傲地说一声：
"我们中国人，也有为人民打算做到丰衣足食的。"
在这法西斯横行危害人权的国度里，
有了你们，才敢骄傲地说一声：
"我们中国人，也有艰苦奋斗，建起民主政权的。"
料不□你们竟这么不幸，
遭遇得这么叫人伤心！
再想起，你们原是为我们争取民主而遇难的；
再想起，你们原是为我们奔走和平而遇难的。
我们的悲哀就更加无穷无已！
我们的悲哀就更加无穷无已！

四月十四日

这首诗发表于"一九四六年四月十八日 新华日报 星期四 第四版"。《艾芜研究专集·艾芜著作系年（1931—1983）》亦有载："哀悼——为王若飞、秦邦宪、叶挺诸先生乘机遇难而作（诗），《新华日报》，1946年4月18日"。[①] 2016年10月25日《今晚报》，曾刊发龚明德的《〈艾芜全集〉佚诗一首——旧日书刊之十九》为全集补佚，而所补者，即为此诗。文章引用艾芜1989年11月20日的日记，介绍了该诗的写作背景："一九四六年四月八日，王若飞、秦邦宪、叶挺等中共中央领导人，由重庆乘飞机赴延安，飞机失事不幸遇难。我去参加过追悼会。记得民主同盟的罗隆基在追悼会致悼词，悲痛之声，至今未能忘记。我还写了一首新诗，表示我的哀悼之情，登在《新华日报》上。"同时还指出：这首诗又"被北平《解放》月刊1946年第五期转载，不过忘了分节"。不过，此说却有待商榷。

首先，该诗被《解放》第五号（第4页）"转载"，其出版时间为"中华民国三十五年五月一日"，但此《解放》却并非"月刊"。该刊刊头为套红的

[①] 毛文、黄莉如编：《艾芜研究专集》，四川文艺出版社1986年版，第625页。

行体"解放"二字，刊头右侧有经售处：各地新华书店、各地书报局，具体包括北平：解放三日刊社；重庆：新华日报图书课；如皋：韬奋书店；香港：天一公司。左侧有发行者：解放周刊社。此处已明确《解放》为周刊。再看其出版时间，第一号，"中华民国三十五年四月一日出版"；第二号，"四月十日出版"；第三号，"四月十七日出版"；第四号，"四月廿四日出版"，基本上以七天为一周期。有趣的是，其第一号售卖"实价三百元"，至第二号便是"本期实价四百元"，短短十天，价格便上涨了一百元，由此可见当时物价蹿升之速。

至于其出版地，原刊未标，但第一、二、五期的封底，均有"中国灯塔出版社新书目录"，主要包括：《新民主主义论》（毛泽东著）、《论联合政府》（毛泽东著）、《为和平而奋斗》《文艺问题》（毛泽东著）、《论解放区战场》（朱德著），以及"灯塔小丛书"（整风文件）九种。关于"中国灯塔出版社"，张泽贤的《民国出版标记大观续集》曾以之为题，作过考证，但未能得其详。不过，据其介绍，《为和平而奋斗》是"重庆谈判（1945）丛书"之一种，似可推想：《解放》周刊和中国灯塔出版社或许是当时重庆《新华日报》内部创设的刊物和出版机构。

最后要补充说明的是，第四节首句"料不□你们竟这么不幸"，笔者在移录时，所据《新华日报》影印本及胶卷，都不甚清晰，故有缺字，《解放》周刊则清晰可见为"到"。

我们必须坚强地反对内战：内战给你带来了什么？

第二次世界大战，是民主战胜了法西斯；而战后的和平，也必须民主乃能维持。若有不民主的情形发生，甚至法西斯尚在潜滋暗长下去，则和平断难维［系］，且必引起战争。这是眼前一定不移的道理。

我们中国一向并非实行民主的国家，其所以也得到了胜利，乃是由于和民主国家做朋友，沾了民主的大光。因此，我们就该明白，我们中国欲享受战后的和平，更要赶快朝民主的路上走去。不料现在当权的反动派，却一则以为挂民主招牌也能侥幸［取］胜，因之，把他们一向习惯成性的专制行为，毫不更改地干了下去。再则以为用外国装备的武力，就可以排除异己，镇压一切，再用不着民主这块安定和平的基石了。三则看见中国人民在抗日战争中，有的实际争到了民主，有的虽未得到，却又正在热烈地争取，使他们的地位动摇，心里发生恐慌。因此他们便不惜布置全国大规模的战争，来维持他们既得的利益。这就是反动势力在中国存在一天，便必然要一天乱下去的真正原因。同时也就可以明白为什么别的民主国家最后都得到和平，而我们不民主的中国没有了日本敌人，却还有可怖的战争。

在过去八年抗日的战争中，我们中国人民［真］可说是饱尝够了战争的痛苦，其所以仍能咬紧牙关坚持下去者，是因为虽然在吃苦，却由此可以得到自由、民主与和平，使我们自身以及我们儿子儿孙，不会成为日本法西斯的奴隶。这即是说战争是有着高贵的代价的。而今天中国反动派所布置的战争，却违反了我们人民的愿望，他们不仅破坏了我们战后应得的和平，且使我们自身再带上枷锁，生活陷于水深火热的境地。我们今天再不能忍受这一种自相残杀的战争了。我们必须挺出身来坚强地加以反对。

此文发表于"一九四六年五月二十五日 新华日报 星期四 第四版"。《艾芜研究专集·艾芜著作系年（1931—1983）》失系。标题中的"内战给你带来了什么？"，在原文中并未附署于"我们必须坚强地反对内战"之下，而是以横排的形式放在正文的顶部。《艾芜全集》第十二卷"散文·特写"收入（第211—212页），置于《杂草集》中，且注明"原载重庆《新华日报》1946年5月25日第四版"。但也有几处异文，如："其所以也得到了胜利"，"全集"无"也"字；"侥幸［取］胜"，"全集"作"侥幸制胜"；"带上枷锁"，"全集"作"戴上枷锁"。报纸原文模糊处甚多，辨读有异，也是常见的事。

"斗士的血是不会白流的"——哀悼李公朴闻一多两位先生

"这几天来,大家晓得,在昆明,出现了历史上最卑劣,最无耻的事情。"(闻一多先生在追悼李公朴先生大会上的演说)不到一星期,为人民争取民主的斗士,就被暗杀了两个。然而从这被暗杀的两个斗士身上,我们却看出了我们中华民族最优秀最光荣的精神,即是他们能够"杀身成仁,舍生取义"。

李公朴先生在充满恐怖的昆明城内,推行民主运动抱着"每天跨出门,就不再回来"的勇气,抱着"我们年壮的人,随时准备死"的大无畏精神(见李公朴夫人的演说)。闻一多先生为了争取民主与和平不怕四十万元买割他头颅的威吓(见闻立雕闻立鹏《谁杀了我的爸爸》一文),他在追悼李公朴先生的数千人大会上,高声痛骂"反动派的无耻",毫不为暗杀的恐怖表示沉默或者退让,反而更向黑暗势力,冲锋肉搏(见昆明通讯《闻一多被害之前》)。这样的两个勇者,这样的两个斗士,真是我们中国人民无上的光荣!真是我们中国知识份子得意的骄傲!

再从另一方面讲,暗杀李闻两位先生可说是最愚蠢的。因为血并不足以吓人,血更是使人更加清醒,更加愤激。而且被牺牲的,只是少数的人,而引起愤激的,却是更多更多的广大群众。许多年前,我们的哲人老子,就看出这个道理了,"民不畏死,奈何以死惧之"。

同时,李闻两位先生的死,也使国际上的人士,明明白白地看出了,一个国度会黑暗到这步田地,没有武力军队的政党,而要守正不阿,热忱争取民主,它的领导人竟这样的没有保障,竟这样的遭到屠杀。总之,一切假民主的招牌,都被这些暗杀折卸得干干净净的了。闻一多先生说得好,"斗士的血是不会白流的!"今天我们千千万万的人,在哀悼李闻两位先生的时候也要同样喊出这样的声音。

一九四六年,七月二十四日

该文发表于"一九四六年七月二十八日 新华日报 星期日 第四版",是日的《新华日报》，为"追悼李公朴、闻一多先生特刊"。《艾芜研究专集·艾芜著作系年（1931—1983）》的记载却与《新华日报》无涉，而是"斗士的血不会白流（散文），《人民英烈李公朴、闻一多先生遇刺纪实》，李闻二烈士纪念委员会编印，1946年"①。查阅该书，其编辑者：李闻二烈士纪念委员会；发行者：李闻二烈士纪念委员会；代售处：全国各大书局；定价每册国币二千元；未署具体时间。封面由郭沫若题签，主要包括："烈士遗影""序言（郭沫若）""传记""暗杀事件经过""悲哀和愤怒""吊唁和慰问""抗议和呼吁""人民之声""国内外舆论""各地追悼会情形""补遗"，共十一部分。艾芜此文，即收入"人民之声"（第269—270页）。两者相校，差异多在于标点符号；文字方面，主要有两点：《新华日报》中的"谁杀了我的爸爸"，在《人民英烈李公朴、闻一多先生遇刺纪实》作"谁杀死了我的爸爸"（按：闻立雕、闻立鹏此文收入"悲哀与愤怒"一辑，亦作"谁杀死了我的爸爸"）；前者中的"毫不为暗杀的恐怖表示沉默或者退让"，后者作"毫不对暗杀的恐怖表示沉默或者退让"。两版中的"折卸"，疑是"拆卸"之误。

艾芜在《新华日报》所发文章，或许就尽于此。但有关艾芜的报道，现已发现一则：

崔国翰艾芜两先生指斥美军干涉中国

▲本报专访 自二十二日起，美国民主人士在三十五个大城同时举行"美军退出中国周"，现上海等各地中国人民已纷纷响应，记者继续走访崔国翰大律师与名小说家艾芜先生。崔律师指出："一个独立自主的国家，是绝对不容许任何外国的军队驻在自己国家领土上。驻华美军年来在华各地所发生各种不幸事件，如北平枪击中国学生等事，我们已听到北平各大学学生与全国各地人民的严重抗议，这件事说明中国人民是不愿意受任何外人欺侮的。"

艾芜先生说："美国和苏联曾经帮助我们打退日本，使我们的国家重

---

① 毛文、黄莉如编：《艾芜研究专集》，四川文艺出版社1986年版，第626页。

获自由独立，这是使我们感激的，苏联军队早已退出中国，而美军还迟迟不走，并且直接助长到中国人民最憎恶的内战，这使中国人民不能不感到中国不像个自由独立的国家？① 美军驻在我国援助不民主的一党政府，尽量装备作内战的军队，使各党各派共同产生的政治协商会议无法实现，这显然是违背中国人民和平的要求的。这种对华帝国主义的殖民地政策，中国人民是坚决反对的！我们要求美军立即退出中国！我们深信中美两国人民民主的力量，将联合起来，一定击败为害世界和平，为害中国和平的反动派！"

报道见于"一九四六年九月二十六日 新华日报 星期四 第二版"。作者署名为"H"。艾芜此番谈话的背景，报道开篇便有说明。不过，对于崔国翰其人，恐读者多所不知，现略作介绍。崔国翰（1896—1959），别名麓生。湖北江陵沙岗人。据《湖北省志·人物志稿》第一卷，"1940年赴重庆从事律师工作。1942年与沈钧儒、沙千里、林亨元并称四律师，组织'平正法律事务所'，又与邓初民、章伯钧等人从事保障人权、争取民主、反对蒋介石独裁统治的活动。1943年，国民党掀起第三次反共高潮，新华日报和新华书店遭破坏，四律师挺身而出"。"1944年秋加入中国民主同盟。1946年2月重庆发生较场口事件"，"与史良、潘震亚、林亨元等""出庭辩护"，"并以重庆律师协会秘书名义，于报刊发表文章做证，驳斥当局的诬陷。3月，国民党六届二中全会执意推行'五五宪章'"。"在中共代表团指导下"，"协助林亨元召集重庆法学界举行座谈会，宣传政治协商会议的宪法草案，批评'五五宪章'和'国民代表大会'，影响甚大。后沈钧儒、沙千里、林亨元三律师先后离重庆，崔仍留重庆为新华日报社、新华书店和其他进步人士办理案件"。②

---

① 此处问号有误，或当用叹号。
② 湖北省志地方志编纂委员会编：《湖北省志·人物志稿》第1卷，光明日报出版社1989年版，第246—247页

"渝郊散记"二篇

1988年8月31日，艾芜在日记中回忆说："1944年秋天，我全家从桂林逃难到重庆"。最初，"无处可住，便住进文协会议室"①；后又"住在南温泉乡下白鹤林，距重庆四十多里"②。据黄莉如、毛文所编《艾芜年谱（一九〇四年至一九四九年九月）》，一九四四年，艾芜"初到重庆时，全家住在抗敌协会的会议室，此时，姚雪垠、以群、梅林等也住在那里。一个月后，搬到南温泉白鹤林刘定明家的茅屋。此地离市区五十多里"。1945年，"仍住在重庆南温泉乡下"。③ 寓居乡下期间，艾芜曾以此为背景，写有"渝郊散记"两篇，一是《柑子园》，一是《卖蛋的老人》，但"全集"均不见收。现特移录。

一　柑子园

本文发表于"一九四五年十二月五日 新华日报 星期三 第四版"。笔者在《〈新华日报〉刊文五篇及报道一则》中已录。但该文后又发表于《民众杂志》一卷二期（第38—39页），"卅五年三月一日出版"。发表时无副题"渝郊散记"，文字、标点均有不同，但失校处也较多，故再录。

　　季节已快要步进冬天，但气候偕是暖和的，青蛙浮在水田边上，惹得小孩想伸手去捉拿。秋天收割后的稻田，剩下的谷桩上，长出了细小的稻孙，仍旧是青的。在这个时候，十分打眼的黄色，就只能算是山顶松林样面，那一座内战时候留下来的土碉堡了。一处倾斜山坡边上的柑

---

① 艾芜：《艾芜全集》第19卷，四川文艺出版社、成都时代出版社2014年版，第424页。
② 同上书，第425页。
③ 黄莉如、毛文：《艾芜年谱（一九〇四年至一九四九年九月）》，《四川大学学报》编辑部编《四川大学学报丛刊第十二辑：四川作家研究》，四川人民出版社1982年版，第95页。

· 211 ·

子园，牵着了我们的视线，孩子首先指着树上的柑子，欢喜地叫了起来，可是柑子橘子全是青的，偕没到可以摘食的时候。不过孩子却不在乎果子的成熟与否，无论酸的涩的，只要拿起竹竿打得下来，就要放进嘴里去吃。我们茅屋前面的斜坡上头，十多二十根橘子树，便是在这种情形下完结了的。怪不得看见人家的青果子，就忍不住那么地欢叫急着要买。

于是把孩子留在坡边树脚底下，沿着柑子树下的小径，走上坡去。在两根柑子树的中间，伏着一人多高的棚子，张开三角形嘴巴，就作算是门。里面有火烟，小小地冒了出来。我推想那一定是看守人的临时住宅，便走了过去。里面地铺上坐着一个约莫五十岁的老头子，衔着一根旱烟袋吸烟，他身边放着两个箩筐，一个装满了大的广柑，一个装满①着小的广柑和橘子，却没有满，只有小半箩筐，颜色却跟树上长的一样，全是青的。

我原是试着来问问的，担心会使欢喜的孩子们失望。现在既然出于意外，便不免有点惊喜地问：

"就有卖的啰么？"

他取下烟袋来，眼睛〔噸〕向箩筐冷冷地说：

"买嘛！就是这些！"

有②先问他大的广柑是多少钱一个。

"三十元！"他回答我，依旧冷冷地。

"可以少点吗！"

"没有少！"

"小的广柑呢？"

"十元一只！"

"没有少吗？"

"没有少！"

---

① 据下文，"满"应是衍字。
② "有"，"我"之误。

我问了橘子钱之后,便微笑地问:

"这个也没有少吗?"

他用鼻子哼了一声,就什么算一个肯定的回答。

我愿望的脸子①,有着打眼的青色,仿佛跟柑子住树②在一道,日夜受了强烈绿色素的影响,就会起着同化似的,神情亦很固执,且隐隐微微挟杂有一些怒气。

当着这么好的天气,又走在果树林中,应该把不快和发怒那类情绪,放逐开去。我始终温和地望着他,微笑着说:

"你这些柑子要不是青的,到不算贵。咱个不等它黄了红了才卖呢?"一面说一面就把广柑橘都买了一些。

他的脸色几乎由青变黑了,他忿忿地骂道:

"偕等得黄了红了!就是这样青的酸的,他几爷子偕日夜来摘哩!"

我不禁感到讶然,连忙问道:

"你说啥子人来摘?"

"啥子人?还不是那些竟③二尺五的!"他把头伸到外面,鼓起眼睛望了一下,又才继续说下去,"这年辰偕有啥子歪喃,到街上他买你平价东西,几十几百元一斤,他就只给一元钱。这偕算是在街上啰,到我的乡下,可说一元钱也不给了,劈脱得很,他杂种拿起去就是!像我们这些柑子嘛,你才说'先生摘不得,我们偕要卖钱的啊!'他就妈呀娘的,骂起来了。本来摘几个吃到不要紧,就是经不起他吃了偕带起来④,今天来一批明天又来一批,刚才上午偕来过,你偕留着做啥子嘛,现在不管青的酸的,摘下来偕可以卖几个钱"。

他接过我给他的纸票,他慎重地藏进衣袋里去,一面发感慨地说:

"现在要钱藏在怀里才算数!结在树子上你偕不敢说,那一定是你自

---

① 原文如此。
② 排印有误,当作"跟柑子树住"。
③ "竟","穿"之误。
④ "来","走"之误。

己的！咳，这是啥子世道么？"他大大地连摇他的头。"他们只顾自己，胡作乱来，全不管你一个老年人活不活得起来，这就是他们啊！这就是他们啊！"

我忍不住问道：

"老人家，你就靠这个柑子园过活么？"

"咱个不是呢！"他反问我，神情很有些恼怒；他又把双手朝外一张，"你先生，想想看，自从我儿子被他们捆起走了，我这把年纪偕犁得动田么！做生意也得要本钱嘛！儿子一去就没有音信，多居是打仗打死了，你叫我不靠这座柑子园，靠啥子嘛？"

我无话可说，我只有皱着眉头叹气。六岁的男孩子，见我没有下去，等不及了，便目①行跑了上来，立即走到箩筐侧边，伸手去抓橘子。我连忙阻止他：

"不要抓！"

把孩子抓的橘子丢进箩筐去。老人却抓一个，塞在孩手里，一面说：

"他小娃子，吃一个不要紧！"

我的男孩接着橘子，偕天真地说道：

"底下偕有两个小娃娃哩！"

老人便又抓了两个给他。我要他退还，老人却摇一下手说：

"小娃娃，吃点不要紧的！"

我看见老人这么说的时候，他那铁青的脸上，掠过了一些柔和的光辉。

二 卖蛋的老人——渝郊散记

我们这排茅草屋子坐落在半山腰上，既离开了村子，又距南温泉市镇有三四里路，因此凡有卖日常用品的小贩到来，便总是受到欢迎。一

---

① "目"，"自"之误。

个挑鸡蛋鸭蛋的老人,脸子黄瘦,眉毛浓黑,走起路来,慢怠慢怠的,同人讲生意,从不大声武气说话,走①是眉宇间有着隐约的笑意。他隔不三五天,就要挑着两个箩筐缓缓地踏着石级,走上坡来,把担子放在我们茅屋的门前,随即微笑地向主人打招呼。

"买蛋啰!这回有大哩。"

他让主妇们尽量地刁选,从不像别的蛋贩子会说:"好生点,不要碰烂喃!"或者说:"快点勒,我偕要别处去卖哩!"他一点不吝惜他的时间,一点也不怕大蛋全给他选去。他现出了一付好脾气的安闲样子。有时男主人碰巧从镇上买菜回来,便以熟悉市价的责备口气,批评他喊的蛋价:

"老头子,你买②得太贵了,你不少点,我们不买你的。"

老头子毫不改变他的和善样儿,只是轻声地说:

"哪里?我的大些呀!"或者说"少又少些嘛!"

买蛋的人有时把蛋选好了,另外放在箩筐盖子里面,笑着向他说:

"老头子这次没钱给你喃,下次来收好吗?"

"好嘛(!)"他静静地说,然后挑起担子慢慢地走了。

有时下次来了,也说叫他再下一次来收。他才略微现出一些为难样儿,但仍是轻声细语地说:

"我偕要买蛋哩!"就这么句把话,不再啰嗦,便又平平静静地走下坡去。

老头子蛋挑得多的时候,便有一个精壮的后生跟他代劳,他只是尾在后面讲讲价,收收钱吧了。那个后生则拿着扁担,[蹲]在旁边,不讲一句话。挑起担走路的时候,也是慢慢的。

买蛋的人有时买好了蛋偕取笑他几句:

"老头子你赚钱了喃!"

---

① "走","老"之误。
② "买",当是"卖"。

"赚啥子钱"，他平静地说："这次二百三，卖跟你们，下次去收怕二百五都收不倒①了！"

"好说，你不赚钱！你不是请人挑了吗！"

老头子的脸上掠过一丝愉快，微笑的说：

"我请得起啥子人！这是我儿子种田空了，就帮帮我的忙！"

父子两人一前一后的走下坡去。看见老头子手拖拖地走在后头，使人觉得这一个劳苦一生的人，是正在舒适地享受他晚年时候的安慰了。

有天老头子慢慢走上坡来，疲乏地把担子放下，脸子则越发黄瘦，眉毛仿佛格外浓黑神情显得颓唐而又抑郁，讲话声音更加小了，也没一丝的微笑的影子，仿佛害过一场病才刚刚好不几天似的。其实他只不过仅隔四五天没来吧了。

人们对于他这点改变，也表示一点关切，用同情的口吻，问他：

"老头子，你儿子呢？怎不叫他挑！"

难过的皱纹，起在他的脸上，他低头地说：

"偕有啥儿子，拿跟人家拉壮丁拉走了。"

买蛋的顾主些②自然都是拥护抗战的，精壮的后生到前线，乃是极其正常的事情，跟老头子的悲观看法，当然不能得到调和，只是对于壮丁不是说服他喜心欢口上战场，而是派人拉去，经绳索捆起，枪枝押起，感到不满吧了。所以既不能说些话来同情老头子，也不能讲些道理使老头子愿意儿子当兵，就只能采取乡下人一般的说法，又似同情又似开玩笑地说道：

"你怎么不叫他躲起呢？"

这倒很中老头子的意了，他伤心愤慨地回答：

"他忽然半夜三更的来拉，咱个躲得到那么多呢，唉……碰到这样的年辰！"

---

① "倒"，应作"到"。
② "些"，即"们"。

老头子挑起箩筐走下坡去，仿佛比平时走得更慢，背也好像驼了些了。

不久之后，老头子却没有挑箩筐了，而是手上提个篾条编的提兜。里面便装着他要卖的蛋。这一变动，较之他的突然瘦削，偕要引人注意些。在选蛋的时候，就自自然然问到了他为什么挑不①箩筐。

老头子，才小声叹息道：

"唉，没有本钱了！"随即忧郁地摇一摇头，不愿多讲了，好像提起来会使他更加伤心似的。

但他敌不住顾主们的好奇心，终于给再三再四的问讯，迫着说出了他的不想说的话。同时他到底也是上了年纪的人，饱经了人世的忧患了吧。说的时候，仍是往常一样的平静，只不过声音有些嘶哑，有点颤抖吧了。

"今年事情不顺序②的很。我那儿子拉去不几天就病了，小毛病偕好，哪知一倒床，就爬不起来，我跑去看。变得好瘦啰，点不像一个精壮的后生。我请求他们长官，做做好事，让我接他回来调养调养。他们不准，不准就算了，你该好好跟他医嘛！咳，他才连茶水都没人招呼，将③让他躺在那个地上。底下就只垫几把干草。看了，好使人难过，不说，偕是自己的儿子。那样一个后生家，你怕是一天长大的么？我在那时④招呼了两天，我都要病了，我才叫我媳妇去招呼，管他好不好，总不要白糟踏掉一个人，不说他是你自己的儿子。这样来来去去请医生吃药，偕要管自己的伙食，想想偕有啥本钱挑一挑蛋嘛……能够经常有一提兜蛋卖就好了。碰到这样的年辰！"

这次买蛋的人些，就不不给能他⑤这份忧郁侵袭了。连在午饭的桌

---

① "挑不"，"不挑"之误。
② "顺序"，宜作"顺遂"。二者在四川方言中同音。
③ "将"，"就"之误。
④ "那时"，当作"那里"。
⑤ 应为"不能不给他"。

上，应该愉快地吃着蛋的时候，也用息叹①的声音把这份沉重的忧郁吐了出来，让不曾知道的人，也分担去一些。

以后不久却连那个躬着腰身提着提兜蹋蹋上坡又蹋蹋下坡的孤寂影子也没了，想吃蛋的时候，就只好翻过山走到南温泉镇上去买，大家也渐渐不大提他了，只在天落雨而不便去镇上的时候，才间或有人怅然地说：

"老头子怎么不来了呢，来了就好嘛。"

本文发表于《世界日报》1945年12月7日第四版的副刊"明珠"。《世界日报》是成舍我于1925年2月10日在北京创办，抗日战争爆发后停刊八年，1945年5月1日复刊，对开四版，地址在重庆中山路新闻大厦。抗战胜利后，成舍我赴北平复刊《世界日报》，由时任重庆市参议会秘书长的陈云阁接办。陈于9月1日上任。经理何如环，编辑王国华。1950年1月5日，为重庆市军管会接管。

该文又曾发表于《新文学》半月刊创刊号（第8—11页），"中华民国三十五年一月一日上海初版"，权威出版社（上海仁记路一二〇号）发行。文字、标点亦多有不同，故一并移录：

我们这排茅草屋子坐落在半山腰上，既离开了村子，又距南温泉市镇有三四里路，因此凡有卖日常用品的小贩到来，便总是受到欢迎的。一个挑鸡蛋鸭蛋的老人，脸子黄瘦，眉毛浓黑，走起路来慢息慢息的，同人讲论生意从不大声武气说话，老是眉宇间有着隐约的笑意。他隔不三五天就要挑着两个箩筐，缓缓地踏着石级，走上坡来，把担子放在地下，我们茅屋的门前，随即微笑地向主人打招呼。

"买蛋啰，这回有大哩！"

他让主妇们尽量地挑选，从不像别的蛋贩子会说："好生点，不要碰

---

① "息叹"，一般作"叹息"。

烂喃!"或者说:"快点嘞,我还要别处去卖哩!"他一点不吝惜他的时间,一点也不怕大蛋会给他选去。他现出了一付好脾气的安闲样子。有时男主人碰巧从镇上买菜回来,便以熟识市价的责备口气,批评他喊的蛋价:

"老头子,你卖得太贵了!你不少点,我们不买你的。"

老头子毫不改变他的和善样儿,只是轻声地说:

"哪里?我的大些吗?"或者说:"少又少些嘛!"

买蛋的人有时先把蛋选好了,另外放在箩筐盖子里面,笑着向他说:"老头子,这次没钱给你喃,下次来收好吗?"

"好嘛!"他静静地说,然后挑起担子慢慢地走了。

有时下次来了,也说叫他再下一次来收。他才略为显出一些为难样儿,但仍是轻声细语地说:

"我还要买蛋哩!"就这么句把话,不再啰索,便又平平静静地走下坡去。

老头子蛋挑得多的时候,便有一个精壮的后生跟他代劳。他只是尾在后面讲讲价,收收钱吧了。那个后生则拿着扁担跟在旁边,不讲一句话。挑起担来走路的时候,也是慢慢的。

买蛋的人有时买好了蛋,取笑他几句:

"老头子,你赚钱了喃!"

"赚啥子钱,"他平静地说:"这次二百三,卖跟①你们,下次去收,怕二百五都收不到了!"

"好说,你不赚钱!你不是请人挑了吗?"

老头子的脸上掠过一丝愉快,微笑地说:

"我请得起啥子人?这是我儿子,种田空了,就帮帮我的忙!"

父子两人一前一后的走下坡去。看见老头子手拖拖地走在后头,使人觉得这一个劳苦一生的人,是正在舒适地享受他晚年时候的安慰了。

有天老头子慢慢走上坡来,疲乏的把担子放下,脸子则越发黄瘦,

---

① "跟",即"给"。

眉毛仿佛格外浓黑，神情显得颓唐而又抑郁，讲话的声音更加少①了，也没一丝微笑的影子。仿佛害过一场病才刚刚好不几天似的。

其实他只不过仅隔四五天没来吧了。

人们对于他这点改变，也表示一点关切，用同情的口吻问他：

"老头子，你儿子呢？真②不叫他挑？"

难过的皱纹起在他的脸上，他低沉地说：

"还有啥儿子，拿跟人家拉壮丁拉走了。"

买蛋的顾主们，自然都是拥护抗战的，精壮的后生上前线乃是极其正当的事情，跟老头子的悲观看法，当然不能得到调和，只是对于壮丁不是说服他喜喜欢欢上战场，而是派人拉去，给绳索捆起，枪枝押起，感到不满吧了。所以既不能说些话来同情老头子，也不能讲些道理，使老头子愿意儿子当兵，就只能采取乡下人一般的说话，又似同情又似开玩笑地说道：

"你怎么不叫他躲起呢？"

这倒很中老头子的意了，他伤心愤慨的③回答：

"他忽然半夜三更来啦，咱个躲得倒那么多呢？……唉，碰到这样的年辰！"

老头子挑起箩筐走下坡去，仿佛比平常走得更慢，背也驼了些了。

不久之后，老头子没有挑箩筐了，而是手上提个篾条编的提兜。里面便装着他要卖的蛋。这一变动，较之他的突然瘦削，还要引人注意些。在选蛋的时候，就自自然然问到他为什么不挑箩筐。

老头子才小声叹息道：

"唉，没有本钱了！"随即忧郁地摇一摇头，不愿多讲了，好像提起来会使他更加伤心似的。

---

① "少"，"小"之误。
② "真"，"怎"之误。
③ 此处当为"地"。

但他终于敌不住顾主的好奇心，终于给再三再四的问讯，迫着说出了他的不想说的话。同时他到底也是上了年纪的人，饱经了人世的忧患了吧，说的时候，仍是往常一样的平静，只不过声音有点嘶哑，有点颤抖吧了。

"今年事情不顺序得很。我那儿子拉去不几天就病了，小毛病还好，哪知一倒床，就爬不起来，我跑去看，变得好瘦哪一点不像一个精壮的后生家。我请求他们长官，做做好事，让我接他回来调养调养。他们不准，不准就算了，你该好好跟他医吗！咳，他才连茶水都没人招呼，就让他躺在那个地上，底下，就只垫几把干草，看了好使人难过，不说还是自己的儿子。那样一个后生家，你怕是一天长大的么？我在那里招呼了两天，我都要病了，我才叫我媳妇去招呼，管他好不好，终不要白糟踏了一个人，不说，还是你自己的儿子。这样来来去去，请医生吃药，还要管自己的伙食，想想还有啥本钱挑一挑蛋嘛……能够经常有一提兜蛋卖就算了，碰到这样的年辰！"

这次买蛋的人们，就不能不给他这份忧郁侵袭着了。连在午饭的桌上，应该愉快地吃着蛋的时候，也用感叹的忧郁吐了出来，让不曾知道的人，也分担去一些。

以后不久，却连那个躬着腰身提着提兜，蹋蹋上坡又蹋蹋下坡的孤寂的影子也没有了，想吃蛋的时候，就只好翻个山走到南温泉镇上去买，大家也渐渐不大提他了，只在天落雨而又不便去镇上的时候，才间或有人怅然地说：

"老头子怎么不来了呢？来了就好了嘛！"

上两文版本之间的各种差异，笔者在此未及一一明示，有心的读者自可据此整理出相应的较为完善的学术文本。

最后要补充说明的是，《卖蛋的老人》发表之前，"中华民国三十四年十一月十日 世界日报 星期六 第四版"曾发表艾芜的《关于鲁彦的回忆琐记》，文后注"（文联社）"。对于此文，毛文、黄莉如编《艾芜研究专集·艾芜著作系年（1931—1983）》有载"关于鲁彦的回忆琐记（散文），《周报》（上海）11 期，1945 年 11 月。收入《浪花集》，北京人民出版社，1959 年版"①。经查，文章发表在《周报》② 该期第十六页，"中华民国三十四年十一月十七日出版"。文末亦有"（文联社）"字样。此"文联社"，艾芜在《有关作家的回忆·回忆叶以群》（该则回忆即 1988 年 8 月 31 日日记的部分内容）曾忆及："1945 年叶以群在重庆办一出版社，名字好像叫群益出版社。出过我一本书《江上行》。他又办一个文联社，专为作家介绍发表作品的刊物，并能预付稿费。这就对作家帮了大忙。"③ 由此可见，艾芜的作品之所以能在《世界日报》和《周报》先后发表，应该是得力于叶以群"文联社"的推介。不过，从发表时间来看，《世界日报》略早于《周报》，因此，《关于鲁彦的回忆琐记》的第一个版本当是《世界日报》版。其后，"中华民国卅五年三月三日"，该文又在《文艺新闻》周刊第三号④的"作家印象"栏刊载（总 23 页）。

《桂林文化大事记》序一：《桂林回忆》

《桂林文化大事记（1937～1949）》，桂林市文化研究中心、广西桂林图书馆编，主编：刘寿保，主要编写人：唐国英、凌世君、汪恩骥、李宏林、叶炳贤，漓江出版社，一九八七年十一月版，精装，印数 2500 册。此系"桂林文化大事记"之一。本分册由 1937 年 1 月记至 1949 年 12 月。大事记按每年、每月、每日所发生的文化大事的时序加以编排。共分三部分：桂林文化大事记；桂林文化分类一览；桂林文化分类简介。有艾芜《序一——桂林回忆》；林焕平《序二》，"一九八六年六一儿童节，病中于独秀峰下"。封面题签：

---

① 毛文、黄莉如编：《艾芜研究专集》，四川文艺出版社 1986 年版，第 623 页。"北京人民出版社"应作"北京出版社"。
② 《周报》"每逢星期六出版"，其编辑人：唐弢、柯灵；发行人：刘哲民；发行所：周报社（厦门路尊德里十一号）；印刷者：国光书局。
③ 艾芜：《有关作家的回忆》，《新文学史料》1995 年第 4 期，第 11 页。
④ 其主编兼发行人：文艺新闻社（广州西湖路壹百零二号）；广州书报杂志供应社经售。

梁漱溟。艾芜之序全文如下：

　　大约 1938 年年底，我和我的爱人王蕾喜①，带一个孩子，从湖南宁远县到达桂林。那是日寇大轰炸后的城市，倒塌的房屋，还出现在眼前，使人感到陌生而又凄凉。我一家人正彷徨在街头，看见街上贴的《救亡日报》，便去《救亡日报》找到了在上海认识的林林，于是在太平路《救亡日报》的宿舍，把家安顿下来，得到温暖，隔不几天，驻桂林八路军办事处主任吴奚如，是在上海认识的左翼作家，设宴招待。在上海由于不在左联一个小组，很少相见，相见时也闭口不谈政治，彼此只从作品方面相知而已。在桂林相见，便畅谈天下事，呼吸到人民在共产党领导下前进的新鲜空气，实亦快事。我 1938 年住在湖南宁远，只能看见黄洛峰（读书生活出版社的总负责人）从汉口寄来的《群众周刊》，知道政治军事实际情形，但因不能全部收到，知道就不完全了。吴奚如以后去新四军，还把他的衣箱等物，寄存我处。新四军事变后，在桂林编《力报》的聂绀弩，有一天领一个人来找我，我举目一看，一位身着新长衫，头戴呢博士帽的客人，正是吴奚如。说明他从新四军那里逃来，无处安身，我便留他在我观音山家中，住了几天，找《救亡日报》的林林，制造一份身份证，使吴奚如去了重庆，又到延安。以上这一段往事，是记述桂林期间交往的朋友和同志。

　　一到桂林，还见到了在上海认识的东北作家杨朔、舒群，他们约我编一文艺刊物，订名"1939"，后因事未能编成，但也可以看出文艺工作者想把桂林作为工作基地，继续发展中国现代文艺的企图。后又见上海来的书店，如生活书店、读书生活出版社等，在桂林立住脚了。广西的进步人士李任仁、陈劭先、陈此生建立文化供应社，邵荃麟、傅彬然等人参加编辑工作。文化繁荣，蒸蒸日上。

　　我也由此有了用武之地，提起笔来，努力写作，日益忙碌，连甲天

---

① 艾芜夫人名"王蕾嘉"，此处有误。

下的山水，也无心欣赏，至于阳朔更没有去过。每天感到不安的，就是躲警报。于是搬到施家园去，可以到龙隐岩、七星岩躲敌机。后来知道距桂林五里路的观音山疏散区，艾黎办的工业合作社设在那里。救亡日报也搬去了，认为好躲警报。我们全家便搬去居住。开门即能望见桂林城内独秀峰上挂的黑球。挂了一个，知道敌机已在某处天空出现，可能来桂林，也可能不来。挂上两个，知道可能来，便准备锁门，进入山洞。接着便听见放出警报声音，知道敌机来了。每天几乎都有一个黑球挂上，即使敌机不来，也很扰人不安，不能放心写作。晚上很少有敌机到来，警报不多，但在昏暗的桐油灯下，很难写作，只能勉强读些书而已。我在桂林写了五本短篇小说集：《荒地》《冬夜》《秋收》《黄昏》《爱》（在《黄昏》一书中增加了好些短篇，易名为《爱》）。一本谈文学写作的书《文学手册》。一本杂感散文《卒①草集》。又编注一本《翻译小说选》。开始写两部未完成的长篇小说《故乡》和《山野》。于今回顾起来，我在桂林住了五年多。文化工作作②的太少，而且不好，这是必然的难免的，因为产生文化的环境，太艰难了。

1986年11月4日于成都

《艾芜全集》第十三卷"散文·诗歌·戏剧"中有"序跋"一辑，然细检之下，未见此文，故该序应是艾芜的又一篇集外文。

考序文的前因后果，因其末署写作时间，故证之艾芜日记，但奇怪的是，11月4日中未见记载。如上移录所示，序文在排版时辨识多误，笔者乃前后溯回，终于在7月3日中见到记录："写回忆桂林的文章，这是林焕平写信来催促的。本来要我为《桂林文化大事记》一书题词，不习惯这一套，只好写一篇短文。"③ 7月4日，"修改回忆桂林一文，然后航空寄去"④。由此可以断

---

① "卒"，"杂"之误。
② "作"，应作"做"。
③ 艾芜：《艾芜全集》第19卷，四川文艺出版社、成都时代出版社2014年版，第297页。
④ 同上书，第298页。

定，艾芜一序的完稿时间应该是7月4日，而非11月4日。

上引日记提到"林焕平写信来催促"，相关记载有二。其一，6月18日，"收到桂林林焕平信，要我为刊物题字"①。其二，7月1日，"收到桂林林焕平信，要我为桂林记事册写点文章"②。林焕平与艾芜既有书信往来，这些信件自然值得期待，不知它们还能否重见天日？

关于《〈中国抗日战争时期大后方文学书系·小说〉序》

重庆出版社1989年出版的《中国抗日战争时期大后方文学书系》，与后来的《中国解放区文学书系》《世界反法西斯文学书系》，曾并称为出版界的"反法西斯'三部曲'"。该书系邀请夏衍、阳翰笙为总顾问，成立了以林默涵为总主编，方敬、沈世鸣为副总主编的编辑委员会，聘请十位抗战时期的著名作家为各卷主编，组织西南师范大学、重庆师范学院、四川外语学院、重庆图书馆、重庆话剧团、重庆曲艺团、重庆文化局等单位的专家和社会学者，选编出版了抗战时期大后方文学史料十编二十卷，共计一千二百万字左右。具体而言，第一编：文学运动（一卷），楼适夷主编；第二编：文学理论·论争（两卷），蔡仪主编；第三编：小说（含长篇存目，四卷），艾芜主编；第四编：报告文学（三卷），碧野主编；第五编：散文·杂文（两卷），秦牧主编；第六编：诗歌（两卷），臧克家主编；第七编：戏剧（三卷），曹禺主编；第八编：电影（一卷），张骏祥主编；第九编：通俗文学（一卷），钟敬文主编；第十编：外国人士作品（一卷），戈宝权主编。1989年7月5日，重庆出版社在北京国际饭店举行《中国抗日战争时期大后方文学书系》出版座谈会。胡乔木、夏衍、刘白羽、骆宾基、爱泼斯坦（Istael Epstein）、熊复、李彦、宋木文等出席。与会人士高度评价这套书系是"血与火的史

---

① 艾芜：《艾芜全集》第19卷，四川文艺出版社、成都时代出版社2014年版，第294页。
② 同上书，第297页。

诗"，是"爱国主义的教科书"，是"积累文化、填补空白"之作。①

在该书系中，"小说编"所占篇幅最大，共分四集，约二百一十万字。此编之《序》署名"艾芜"，但"全集"第十三卷的"序跋"并不见收，现录之：

> 今年新华社东京11月23日电："记者今天获悉，位于日本长崎县西彼杵郡香烧町的'日中不再战'碑，昨日发现被日本右翼分子用红漆涂抹玷污。这是今年六月东京都的'周总理纪念诗碑'和七月名古屋市象征日中友好的石碑被涂抹玷污的又一次类似破坏事件。"
>
> 以上破坏中日友好事件，不能不引起我们深为注意。他们这些破坏者，显然还要继承军国主义分子东条英机之流的衣钵，再来中国杀人盈城，流血遍野，做中国人的奴隶主。我郑重地向日本右翼分子大喝一声："侵略中国，屠杀中国人的梦，不要再做下去了。以前的中国人，把你们日本侵略者赶了出去。今天的中国人更不允许你们，动我们一草一木！"
>
> 我们中华民族自古以来，就是爱好和平的。历代修筑万里长城，目的只在防御外侮，保护身家财产而已。但是，好战的异族侵略过来，我们也会挺起胸，奋起抵抗的。以前八年抗日战争，就是一件光荣的历史事实。尽管日本一些人士，编写教科书，要使今天的日本青少年，不知道历史上还有过侵华的罪行，但我们受过战争灾难的中国人是不会忘记的。而且我们还知道日本一些高层次人士参拜神社是在纪念他们的军神，包括世界第二次大战的战犯。这是鼓动日本青少年再走军国主义老路，也即是尾随欧洲法西斯，走杀戮和平人民的野蛮老路。这使我们不能不引起高度的警惕。尽管大多数日本人民爱好和平，但极少数日本右翼分子当权了，还会发动侵略战争的。我们要教我们今天的年轻人知道我国近代史上还有八年抗日战争的灾难，他们的老一辈人是怎样过着流离恐怖的日子，最好是要我们的青少年以至人民读一读抗日战争期间中国作

---

① 杨希之：《"三大书系"的酝酿与出版》，《书林拾萃》，重庆出版社2015年版，第58—60页。

家写的文学作品。作家中有的人亲身到前线或去敌后参加了抗日战争,有的在流亡途中,尝尽了逃难的苦头,有的处在后方,也在炸弹声中惊魂动魄,不得安宁。他们写的作品自然是动人的。

欧美的汉学家研究中国文学,都注重1937年7月7日芦沟桥事变起,至1945年8月15日止的抗日文学。他们都是身受法西斯的多种苦难,至今还是记忆犹新。他们重视自己国家第二次世界大战中产生的文艺,也渴想研究抗日战争中中国作家写了什么样的作品。前几年在巴黎召开国际汉学家研究中国抗战文学的笔会,引起了我们国内人士的重视,也开始研究中国的抗日战争文学。但资料是不够的,必须广为搜集,尽量出些抗日战争的文学书籍。

重庆出版社,要出一套抗日战争期间产生的文学作品,让今天的中国人都能读到,这是做得很对的。而且编选这套丛书的编辑,大都是大学中文系的老师,熟悉抗日战争时期的中国文学,是会编选好的。

小说编四卷,共选入作者75人,中短篇小说118篇。这些入选的作品,题材是多方面的,手法是多角度的,确属丰富多彩,洋洋大观。它不仅再现了抗战时期大后方人民群众的真实生活,同仇敌忾的精神面貌,也使子孙万代知道灾难深重的家园,是怎样度过这血与火的岁月的。因之,这四卷小说必将引发热爱祖国的思想,会在今天的读者的心中,激起憎恨日本法西斯军国主义的浪潮的,而且还会留在深深的记忆中,永不忘记的。

1987年12月5日于成都

关于书系"小说编"的编选及序言的写作,艾芜日记也有简短的记载。如1987年10月16日,"收到西南师范大学苏文光[①]的书《抗战文学概观》,又收到信,商量编选抗战小说选"[②]。11月25日,"开始为重庆出版的《抗战

[①] "苏文光",应作"苏光文"。
[②] 艾芜:《艾芜全集》第19卷,四川文艺出版社、成都时代出版社2014年版,第357页。

文学选》其中小说那部分写序言"[①]；26 日，"为抗战小说续写序言"；27 日，"续写序言"[②]。12 月 8 日，"修改《抗战小说选》的序"；9 日，"修改《抗战小说选》序"[③]；16 日，"收到苏光文信，谈抗战文艺小说选问题"[④]；17 日，"回西南师大教师苏光文信，并将《抗战小说选》的序文再改一次，交蕾嘉看有无错字，然后附在信里寄出"[⑤]。

"小说编"的实际选编者是苏光文与单蕙凤，责任编辑杨希之。1988 年 4 月，在该编的《后记》中，苏光文曾作如下"说明"："入选小说细则、选目、体例的拟定和编选成书，都由我承担"[⑥]，并"向本书系小说编的主编、选目的审定人艾芜，本书系的副总主编、小说选目的审定人方敬，致以衷心的感谢！"[⑦] 而此编所收艾芜的中短篇小说有四，即《受难者》《纺车复活的时候》《意外》《江上行》；"重要长篇小说存目"中则有其《故乡》与《丰饶的原野》。

2000 年 9 月，杨希之的《走近老作家》对艾芜参编"书系"一事，又有这般回顾：

> 艾芜是作家协会四川省分会的主席。他创作了长篇小说《丰饶的原野》《故乡》《山野》，短篇小说集《南行记》等。1987 年 7 月 10 日，我和沈世鸣总编辑专程到成都拜访艾芜，准备聘请他担任《中国抗日战争时期大后方文学书系·小说编》的主编。早就听说艾芜是一个性情温和的人，见面以后他果然笑容满面，十分客气。艾芜的身体比较瘦弱，说话的声音也比较小。沈世鸣总编辑曾在西南文联的宿舍住过，与艾芜做过邻居，所以，说话比较随便。她寒暄了几句后就切入正题。艾芜表示

---

① 艾芜：《艾芜全集》第 19 卷，四川文艺出版社、成都时代出版社 2014 年版，第 370 页。
② 同上书，第 371 页。
③ 同上书，第 373 页。
④ 同上书，第 374 页。
⑤ 同上书，第 375 页。
⑥ 林默涵总主编：《中国抗日战争时期大后方文学书系》第 3 编"小说"第 4 集，重庆出版社 1989 年版，第 2917—2918 页。
⑦ 同上书，第 2918 页。

愿意担任小说编的主编,但又谦虚地说:"主要工作还是你们做。你们把选目基本确定以后,我再看一看。在抗战初期,我们写了一个《卢沟桥演义》在《救亡日报》上连载。当时,谢冰莹影响较大,如有好的作品,是否可以收入。"可能艾芜本来就不是很健谈,再加上身体状况不是很好,因此,这次和我们谈话不是很多。我们见他精神状态欠佳,就主动告辞了。

后来,听说艾芜生病了,四川省作协没有钱支付他的住院费,四川省政府为此拨了两万元专款。这时,恰好小说编的选目已基本确定,于是,我在1988年10月专程去了一趟成都,一方面看一看他,一方面征求他对选目的意见。当时,我和老作家李华飞一起去看望艾芜。艾芜在医院里审读了李华飞代写的《序言》,并作了修改。接着,他又听了我们的汇报,审看了选目。他十分抱歉地说:"我身体不好,没有尽到主编的责任。你们辛苦了。"艾老真是太客气了。我们感到很不安,也为打扰了艾老的治病而深怀歉意。虽然我和艾老只有这两次短暂的接触,但他那和蔼可亲的面容却深深地刻在了我的心中。①

上文所述,证之于艾芜日记,则难合符节。1987年4月5日,艾芜"因心脏疾患送医院急救,后心脏置入起搏器,在医院住院三个月后回家调养",自该日至九月底"未记日记"②,故沈世鸣、杨希之7月10日的拜访也无记载。再检艾芜1988年10月的日记,仅有10月1日、3日、3日和9日有记,而此间杨希之的到访,同样缺失。不过,关于"小说编"序言的撰写,从艾芜日记来看,是在1987年11月25日开始动笔,12月17日改定并寄出。但正式出版时,所署时间却是"1987年12月5日"。而根据杨希之的回忆,《序言》是由李华飞代写,艾芜只是作了"审读"与"修改",至于定稿的时间,则在"1988年10月"。鉴于杨希之的特定身份,此说似可采信;但十余年后的追述,也极可能出现记忆失误。

---

① 杨希之:《书林拾萃》,重庆出版社2015年版,第56—57页。《走近老作家》一文原载《重庆出版社50周年纪念文集》(重庆出版社2001年版)。
② 艾芜:《艾芜全集》第19卷,四川文艺出版社、成都时代出版社2014年版,第352页。

辑三　人物与事件

艾芜纪念鲁迅的集外文三篇

艾芜与鲁迅生前的关系，已为学界熟知，此处不再赘述。鲁迅逝世后，艾芜曾作《悼鲁迅先生》和《我们应向鲁迅先生效法的》，前者已收入《艾芜全集》第十三卷（四川文艺出版社、成都时代出版社，2014年6月第二版，以下简称"全集"），后者则未收录，视之为集外文，应无疑问。关于此文的发表，《艾芜研究专集·艾芜著作系年（1931—1983）》有如下记载："我们应向鲁迅先生效法的（散文），《申报·文艺专刊》51期，1936年10月30日。收入《鲁迅纪念集》第三辑，北新书局版。"[①]

《申报》查阅不便，且看《鲁迅纪念集》。该书由鲁迅纪念会编，上海北新书局一九三六年十二月三十日初版。不过，其编者"鲁迅纪念会"，据《1913—1983鲁迅研究学术论著资料汇编：〔1935—1939〕》的"汇编编者注"："这个'鲁迅纪念会'实际并不存在，书是由北新书局编辑部编的。此书出版后，鲁迅先生纪念委员会筹备会曾在报章刊登'启事'说：'北新书局出有《鲁迅纪念集》小册子一本，下书"鲁迅纪念会编"，此"鲁迅纪念会"当系另一团体，与敝会绝无关系，深恐读者误会，特此声明。四月二十日。

[①] 毛文、黄莉如编：《艾芜研究专集》，四川文艺出版社1986年版，第601页。

(一九三七年)"① 《我们应向鲁迅先生效法的》收入其中第三辑（第 206—208 页）。

我们应向鲁迅先生效法的

鲁迅先生去世了，遗嘱第四项中有一句，"忘记我，管自己的生活"。这虽是单写给他亲属的，其实也适合于我们。自然我们不会忘记他，但除了悲悼、纪念之外，我们还应该向他有所取法，以便今后好好做人下去。

我以为首先应该向他效法的不是学他的短简②小说，不是学他的随笔散文，而是取法他对人类的爱，尤其是对被压迫者的爱，被损害者的爱。

他起初到日本学医，他说他的目的，是在"救治像我父亲似的被误的病人的疾苦"。后来从事文艺，并不把文艺当成唯一的东西，爱同宝贝，只"不过想利用他的力量，来改良社会"。所以他的小说的取材，"多采自病态社会的不幸的人们中，意思是在扬③出病苦，引起疗救的注意"。而在翻译的时候，也特别注重"被压迫的民族的作者的作品"。因为被压迫民族的作品，多是传达反抗和所喊④的呼声的。

记得托尔斯泰说过这样的话吧？"世界上最有价值的，可以作为各种使命的根基的，不是对艺术的爱，而是对人类的爱，只有在这处服务的人，方有成功的希望。"我觉得这是顶对的，鲁迅先生之所以成功，便是一个极好的证明。

某⑤次应该向他效法的，便是他那份战斗的精神。

鲁迅先生昔年以文学知名的时候，即以战士的声威出现于社会的。他一生反抗封建社会，反抗帝国主义，反抗黑暗势力，到老也不衰息。

---

① 中国社会科学院文学研究所鲁迅研究室编：《1913—1983 鲁迅研究学术论著资料汇编：2〔1935—1939〕》，中国文联出版公司 1986 年版，第 610 页。
② "短简"，或当作"短篇"。
③ "扬"，"揭"之误。
④ "所喊"，或当作"呐喊"。
⑤ "某"，"其"之误。

他本可以写一二十部短篇小说，一二十部长篇小说的，但他不肯，宁愿写许多的杂感文章，这并不是他缺乏题材，或者精力不够，而是他看出了"这时却只用得着挣扎和战斗"的。因为杂感文章，他知道可以作匕首，可以作投枪，"能和读者一同杀开血路的东西"，绝不像小说"揭出病苦，引起疗治①的注意"那种有点近乎旁观的态度的。现在通观他的随笔作品，也正如他批评"罗隐的馋书"一样，"几乎全部是抗争和愤激之谈"的。由这一点上，我们更可以看出他之忠实于人生，较之忠实于艺术，是超过了许多傍②的。

附注，引用的文句，全是鲁迅先生遗著上引来的。

十，廿二

文章末署"（申报文艺专刊第五十一期）"。其核心观点，在于指出"效法"鲁迅先生，首先是"取法他对人类的爱，尤其是对被压迫者的爱，被损害者的爱"，其次是"他那份战斗的精神"。如果说《悼鲁迅先生》主要是回顾作者本人与鲁迅先生的交集，《我们应向鲁迅先生效法的》则跳脱一己的立场，从人类的角度出发，去理解、概括、阐发鲁迅精神，从而显示出艾芜超拔众人的识见。

上引的文字多误，当是原文失校所致。鲁迅逝世于1936年10月19日，而此书的问世，仅在两个多月之后，编印的匆忙，不难想见。从这里可以确定的是，艾芜此文的写作，是在同年10月22日，即鲁迅逝世后三日。《艾芜研究专集》中的"1936年10月30日"，系其发表的时间。

需要补充的是，该文后又收入《鲁迅先生轶事》（第124—126页）。结构上，删去了文章的写作时间，同时也删掉了文章的出处说明。至于文字，虽略有订正，如将第五段的"某次"改为"其次"；但也另有脱漏，如"因为被压迫民族的作品，多是传达反抗和所喊的呼声的"，变为"因为被压迫民族

---

① "疗治"，前引文作"疗救"。
② "傍"，"倍"之误。

的作品，多是传达所喊的呼声的"。

关于《鲁迅先生轶事》，柏风曾有介绍：该书"由上海千秋出版社编辑部编，1937年2月出版。千秋出版社，实属子虚无有，它是由姚苏凤（原名姚庚夔）编辑的"，"沈鹏年编的《鲁迅研究资料编目》中将它列入'盗印书'一类。叶永烈在《张春桥浮沉史》一书中说：该书现在只有上海图书馆藏书楼有一本，已成'孤本'，属于'非流通书'，弥足珍贵"，"其中所收文章，大都未收入其他纪念鲁迅的文集中"，并进而指出："《鲁迅先生轶事》一书，在国内虽实为罕见，但也并非'孤本'"①。据笔者所知，重庆图书馆亦收藏此书，只是不轻易示人而已。不过，所谓"千秋出版社，实属子虚无有"，则略显武断。龚明德曾针对姜德明的"上海千秋出版社则不见史载，好像也没有出版过什么书"（《〈不惊人集〉的下落》）一说，利用手头所藏，对"千秋出版社"有过考证，明确其"社址设在上海卡德路153弄4号，1933年6月创刊文学半月刊《千秋》，金民天编、钱春浓助编"。该社"与鲁迅有过来往"，并见诸鲁迅日记。其所出图书，除"小品文典型"之外，尚有"纯创作"系列、"轶事本事等系列""连环图画系列""古籍重印""儿童读物"等。此外，"还出版了《春色图画》半月刊、文学作品选登性质的《好文章》月刊"。②《春色图画》封面作《春色》，据其第二卷第二期（中华民国二十五年一月十六日出版），文字：姚英，漫画：江毓祺，摄影：陈耀庭，发行：陈富华，出版：千秋出版社，印刷：大方印务局，编辑部：上海北京路二九〇号。但《好文章》似乎与千秋出版社无甚关联。如《好文章》甲集，"民国三十七年八月初版"，编辑者：好文章社（上海南京路慈淑大楼五二三号），出版者：好文章社；《好文章》二集，"民国三十七年九月初版"，编辑者：好文章社，出版者：好文章出版社（上海东长治路二八八号）；三集，"民国三十七年十一月初版"，编辑者、出版者同二集；四集，"民国三十八年二月初版"，编辑者、出版者同。

---

① 柏风：《漫话〈鲁迅先生轶事〉》，《语文学刊》1993年第4期，第45页。
② 龚明德：《千秋出版社》，《出版史料》2006年第3期，第48页。

《鲁迅先生轶事》的第一篇文章为《鲁迅先生几件屑事》,题下有说明:"顺便记几件他生前的屑事,算是向鲁迅先生行告别式",其后的几段文字,近乎本书的"缘起"或"前言",特摘录:

> 中国文艺界领袖鲁迅(周树人)先生,在去年十月十九日早晨五时廿五分病殁了,享年五十六岁。
>
> 他不但是中国文坛上的权威者,事实上他在世界文坛上也已占有了很重要的位置,有"中国高尔基"之称。他最初发表作品是在陈独秀所编的《新青年》杂志,从《阿Q正传》问世之后,便声誉鹊起,一跃而为国内有名的作家。后来《呐喊》出版,他的爽辣、尖酸刻薄的作风曾经风行一时,他那不妥协的倔强性,和那嫉恶如仇的革命精神,的确足以表示一个一代艺人的风度,他给中国的文法划分了一个时代,无疑的,他是一个有希望的文艺界领袖之一,可是他现在死了,且不问他的文学主张的价值如何,他的死,我们应该以无上的沉痛来表示哀悼。
>
> 可是很使我们未死的人们遗憾的,他的晚年,没有把他的力量放到中国文艺的建设上去,都无谓地浪费了;也许是和他接近的环境,不懂得应该怎样去爱护他,给他许多不必要的刺激和兴奋,怂恿一个须要静养的衰弱的病人,用很大的精神,去打无谓的笔墨官司,把一个稀有的作家生命消耗了,真是如何可惜的事啊!
>
> 死者已矣,没有死的人赶快向前追吧!这里我们预备把鲁迅氏的史略和几件他生前有趣的屑事记下去,献给每一个爱护鲁迅氏的人们。①

自全面抗战爆发以来,艾芜有更多的文字纪念鲁迅,诠释鲁迅,大致而言,主要有如下篇目:《抗战期中纪念鲁迅》《认真,不苟且》《论阿Q》《关于鲁迅先生的小说》《描写光明和黑暗的一例》等。前两篇"全集"失收,现再作叙录。

---

① 千秋出版社编辑部编:《鲁迅先生轶事》,千秋出版社1937年版,第1—3页。

抗战期中纪念鲁迅

有人说："鲁迅先生，在文学上替我们造一活生生的人物阿Q，将我们中国人数千年来的积习，如自大、卑怯、投机取巧，以及自欺之类的精神胜利法等等，通加以无情的嘲笑和鞭打，自然是极可感谢的。但这只限于消极方面，若要使我们鼓励奋斗，能够作为我们模范的，在他作品里，却还没有。"我道：怎么没有？这人物，便是鲁迅先生他自己呀！而且，这不比任何作品，还更感动人么？

他写阿Q用的是笔，写他自己，便是花了五十六年的生命。因之，他这部生命的作品，给予我们的鼓舞，就不是纸上谈兵，给予我们的奋发，就不是空口说白话。

今天在这抗战期中纪念他，学习他那终身战斗不妥协的精神，我觉得是非常必要的。同时翻翻他这部生命的作品，看他那些战斗精神的来源与养成，不是更有意义的么？

他生命的第一章，便充满了不幸。幼小时，家道中落，曾在亲戚家里寄食过，被人称做①叫花子。回家来，又值父病四年多，几乎天天到当铺里去当东西，换钱买药。后来，改进南京的水师学堂，吃饭可以不要钱了，但生活还是很苦的，"冬天气候冷，没有衣服穿，于是不得不多吃辣椒以御寒，可就把胃吃坏了"（这段文字，见《逸经》第十九期，杨逸云《琐忆鲁迅》一文。里面鲁迅先生讲到他的胃病，说是从南京进水师学堂得来的）。

他生命的第二章，更是一连串的失败。在日本留学，纠合同道，拟办《新生》杂志提倡文艺运动，借以改变中国人的精神，但出版之期接近了，"最先隐去了若干担当文字的人，接着又逃走了资本"（《呐喊》序言），当然不成功。"意气阻丧②的他，想到德国去的理想也失望了。"

---

① "称做"，宜作"称作"。
② "阻丧"，去世。此处宜作"沮丧"。

（佐藤春夫《鲁迅传》）和周作人共同翻译《域外小说集》，并自费出版，但只卖掉几十本，没有消路。其余存在堆栈里的也遭了火烧。回国后，教书不甚得志，"想在一个书店去做翻译员，到底被拒绝了"（鲁迅《自叙传略》）。"那时又译过一部《北极探险记》，叙事用文言，对话用白话，托蒋观云先生绍介于商务印书馆，不料不但不收，编辑者还将我大骂一通，说是译法荒谬。后来寄来寄去，终于没有人要，而且稿子也不见了。"这段话是一九三四年五月十五日，他给杨霁云的信上说的。一个热心文艺的人，遭到如此的不幸，难道还不生气吗？此后虽然服务于教育部，但所做的，却不是甘心愿意的事情，无非谋食而已。年青时候的美梦，到此也全消沉了，只孤寂地住在一个会馆里面，抄写古碑。

他饱尝了人世的冷暖，受了不少的打击，更看见了无数丑恶的世态，所以他屡屡地说："我向来常以'刀笔吏'的意思来窥测我们中国人"，"我向来是不惮以最坏的恶意来猜测中国人的。"（均见《华盖集续编》）虽然如周作人所说"结果，便造成一种只有痛苦与黑暗的人生观"（见知堂的《关于鲁迅》）。但他幸好是学习过矿学和医学，受过西欧科学的洗礼，相信进化论的，知道老朽自会灭亡，新的是在不断的诞生，而且会有进步；故他在《新青年》发表第一篇作品《狂人日记》，即大声呐喊道："救救孩子"，并对青年学子，也极喜欢。他在北大教书的时候，"问到上课有趣吗？先生总常谦抑的说，那配教什么呢，不过很喜欢青年人，他们也还没有讨厌自己，所以一点钟，是乐于去教的"（见李霁野《忆鲁迅先生》）。同时，他还尽量在成年人中，去发现他们的好处，并不一笔全加以抹杀。如他在《一件小事》里所记的黄包车夫行为，使他十分感动，并说"几年来的文治武力，在我早如幼小时候所读过的'诗云子曰'一般，背不上半句了。独有这件一[①]小事，却总浮在我眼前，有时反更分明，教我惭愧，催我自新，并且增长我的勇气和希望"（见《呐喊》）。另外，他"到一个制糖公司里去买东西"，因某种误会而使伙计惭愧了。

[①] "这件一"，"这一件"的误排。

他便觉得"这种惭愧，往往成为我的怀疑人类的头上的一滴冷水"。同时也"渐渐觉得我的周围，又远远地包着人类的希望"（见《热风·无题篇》）。有人说，前期的鲁迅先生，色彩近于虚无，其实这是完全错误，不深切地了解他的原故，看上面所举的例子，我们哪里能够说他是虚无呢？

后来，他竟肯定了"革命的爱在大众"（见一九三一年四月七日给韦素园的信），李霁野说这意见可以概括他"这些年的精神和活动，也是发动他思想的原动力"（见李霁野《忆鲁迅先生》）。我也深表同意，因为能爱大众的人，才能真诚地为大众革命。至于他爱起大众的原因，则是近年全世界的大众，自身表现出了令人值得可爱的地方，而他自己又原是一向勤勤恳恳在人类垃圾中，寻觅沙金的，哪会不迅速地受到感动呢？中国的革命者以及罢工工人，受到他物质上的帮助真是指不胜指的。说到文字方面，则是大家有目共睹，不烦一一举了。

通观鲁迅这部生命的作品，我们可以明白，他的战斗的范围，是随他对人的爱而渐次扩大的。也可以说爱小孩，爱青年，爱大众，就是他那战斗的原动力。不然他为甚么要尽毕生之力，"捎着黑暗的闸门，让光明走进来"呢？"仁者有勇"这句话，是有它的真理的。

因此，现在抗战期中，我们对后方民众的事情，除了鼓动他们憎恨日本帝国主义而外（其实敌人的飞机掷弹，已比我们的嘴巴更有效了），更要紧的，还要激起他们对于大众的爱，同族同胞的爱！对山川原野的爱，国家的爱（他们目前是只有对家人的爱，对财产的爱，对牲畜的爱呵），如此，他们才能诚心诚意地出钱，诚心诚意地出力！

该文发表于《民族呼声》第四期（第3—4页），"廿六年十月二十二日出版"。其封面为江栋良所作漫画《伟大的民族的战士——鲁迅》。艾芜此文是"鲁迅先生逝世周年纪念特辑"首篇，另刊有罗稷南的《鲁迅的伟大》，唐弢的《献给鲁迅先生》，末署"十月十四夜"；金丁的《要继承鲁迅先生的战斗精神》。特辑之前的"短评"还有柯灵的《怎样纪念鲁迅先生》。毛文、黄莉如编《艾芜研究专集·艾芜著作系年（1931—1983）》有系："抗战期中纪念鲁迅（散文），《民族呼声》4 期，1937 年 10 月。收入《鲁迅逝世周年纪念册》，抗战出版部 1937 年，《鲁迅与抗日战争》（战时小丛刊之三）战时出版社，1937 年。"①

《鲁迅逝世周年纪念册》，"民国二十六年十月二十五日出版"。编者：汪馥泉；出版者：抗战出版部；经售处：救亡日报社（上海南京路大陆商场六三一号），五洲出版社（上海山东路）。封面为景宋题签。收文十六篇，计有：景宋《纪念鲁迅与抗日战争》（正文有副题"鲁迅先生逝世周年纪念日广播辞"）、周建人《鲁迅先生小的时候》、郭沫若《鲁迅并没有死》、郑振铎《鲁迅先生的治学精神》（正文有副题"为鲁迅先生逝世周年纪念作"）、巴金《深的怀念》、靳以《忆鲁迅先生》、冯雪峰《一种误会》、韬奋《鲁迅先生逝世周年纪念》、孟十还《念鲁迅先生》、孔另境《纪念我们的老战士——鲁迅先生》（正文无破折号）、艾芜《抗战期中纪念鲁迅》（第38—43 页）、唐弢《纪念鲁迅先生》、阿英《鲁迅书话》、田汉《鲁迅逝世周年纪念》、王统照《又一年了》、辛劳《献在鲁迅先生坟前》。

《鲁迅与抗日战争》，封面署"巴金等著"，收文三十篇《鲁迅与抗日战争》《鲁迅先生大病时的重要意见》《促鲁迅先生就医信》《关于鲁迅先生的病中日记》、O. V.《鲁迅先生计划而未完成的著作》、冯雪峰《鲁迅与民族统一战线》、郭沫若《鲁迅并没有死》、田汉《鲁迅逝世周年纪念》、巴金《深的怀念》、郑振铎《忆②冲锋的老战士鲁迅先生》、邹韬奋《鲁迅先生逝世周年纪念》、王统照《又一年了》、靳以《忆鲁迅先生》、艾芜《抗战期中纪念鲁迅》（第21—25 页）、唐弢《纪念鲁迅先生》、齐同《鲁迅的精神》、魏猛克《纪念鲁迅》、孟十还《念鲁迅先生》、辛劳《如果鲁迅不死》、孔另境《纪念我们的老战士——鲁迅先生》、林淡秋《鲁迅先生逝世一周年》、姜平

---

① 毛文、黄莉如编：《艾芜研究专集》，四川文艺出版社 1986 年版，第 605 页。
② 目次中作"怀"。

《纪念①鲁迅先生》、宗珏《鲁迅周年祭》、弗述《我所见到的我们的导师》、鲁迅《病再起至沉重时的日记》、宋庆龄、周建人《鲁迅先生和自然科学》、金性尧《鲁迅先生的被禁作品》、佚名《纪念鲁迅》、钱台生《纪念鲁迅先生》、傅东华《追念鲁迅》。两书在选目上多有相同。

认真，不苟且

一

鲁迅先生，处世，做人，治学，以及提笔为文，都有一种基本的精神，那就是认真不苟且。所谓马虎来一下，或者随便应付一回，在他可以说是没有过的。

他比任何人，都要熟悉世故，但他却不肯面面具到②，做个圆滑的角色。为了真理，为了正义，他是要骂就骂，要讽刺就讽刺，毫不留点情面的。具有这样精神的人成为思想方面的战士，乃是必然的事情，因为思想上的战士站在拥护真理和正统的立场，是绝不肯妥协，或者虚与委蛇的。

同样，以他这种精神来治学问，亦必然会有他独到的地方。像他做《中国小说史略》，那种考证精确，搜罗详尽之处，至今治这门学问的专家，可以说还没有赶得上他的。至于谈到文学上的史实，经他发挥出来的创见，无不令人衷心折服，比如《论魏晋风度及文章与药及酒之关系》等等文章便是。

又他在创作方面的成就，准确的写实手法，素朴的文章风格，无疑地，当世尚无匹敌之者。至于典型人物阿 Q 的创造，其成功则是将现代的中国文学，提高到世界文学的地位去了。

我们看他写的信，以及原稿纸上的笔迹，都是相当工整，没有丝毫随便的地方。他无论写一点什么，都是极其慎重的。在他认为没有意思

---

① "纪念"，正文作"纪年"，有误。
② "面面具到"，当作"面面俱到"。

的东西，他是断不肯写的，当然不能说到随便发表了。今天我们读他的遗著，即便是非常短的小文章，或者是回答别人一封短短数十字的信件，都觉得那其中，是有着他特殊的见解，不容人不加注意的。

二

鲁迅先生之所以具备这种凡事认真，不肯苟且的精神，首先可以说是由于青年时候，就养成了的。周作人说他有一次在堂前廊下彩描一本书上的画，描了几笔，暂时他往，祖母看了好玩，就去画了几笔，却画坏了，他便扯去，另外画过，使得祖母为之怅然。又一次，在大街的书店，买来一部《毛诗品物图考》，看见有点纸破或墨污，才①不能满意，便至再至三地去换，使伙计厌烦起来，对他说出讥笑的话。他虽不去换了，但却以一角小洋，减价卖给同窗，再补贴一角，另买一部比较好的，这都见得鲁迅先生，从年青②候，就是不肯马虎随便。

其次，将他这种认真的精神，更加坚实地发展下去的便是后来到南京进水师学堂，陆师附设的路矿学堂，以及到日本住仙台医学校，从事研究自然科学，饱受了科学精神的洗礼的了。

我们如今要纪念他，便应该学习他这种认真不苟且的精神。不这样，我们是不配纪念他的。

一九三九，十，十五日

本文发表于《国民公论》第二卷第八号③（总第290、291页），"民国二十八年十月十六日发行"。该期有"鲁迅先生逝世三周年纪念特辑"，所发文章计：一、司马文森《三年祭：纪念鲁迅先生》，末署"十，十三桂林"。二、鲁彦《假使鲁迅先生还活着》。三、宋云彬《鲁迅的战斗精神及其战略》。四、艾芜《认真，不苟且》。五、欧阳凡海《我对于〈狂人日记〉的再

---

① 原文作"纔（才）"，疑是"總（总）"之误。
② 此处应有"时"字脱落。
③ 该刊自我定位为"批判的建设的综合半月刊"，"每逢一日与十六日发行一册"，重庆及桂林国民公论社印行。其编辑人：千家驹、胡愈之、张铁生；总经售：生活书店。

认识——节录中国近代社会变革的默史第八简第三分段》，末署"一九三六年双十节前一日，校于躲空袭的山洞中"。其中，"一九三六年"应是"一九三九年"。六、陈紫秋《谈鲁迅先生的诗》。值得注意的是，该期封面目次所列上述文章，在题名和顺序上，与内文都略有不同，分别为：《三年祭》《假如鲁迅没有死》《鲁迅的战斗精神及其战略》《我对于〈狂人日记〉的再认识》《谈鲁迅先生的诗》《认真，不苟且》。《艾芜研究专集·艾芜著作系年（1931—1983）》有系："认真，不苟且（散文），《国民公论》2卷8期，（鲁迅先生逝世三周年特辑），1939年10月。"①

最后，"全集"所收艾芜论鲁迅的文章，部分篇章出处不详甚或未标。现在此略作补充：

一是《悼鲁迅》，"全集"末署"一九三六年十月二十日下午二时"。据《艾芜研究专集·艾芜著作系年（1931—1983）》，该文载"《光明》1卷10期，1936年11月。收入《鲁迅纪念集》第三辑，北新书局版；《鲁迅先生纪念集》，悼文第三集，文化生活出版社，1937年；《忆鲁迅》，人民文学出版社，1956年"②。

《光明》第一卷第十号③，"民国二十五年十一月廿五日出版"。其"哀悼鲁迅先生特辑"，发文有：鹿地亘《与鲁迅在一起》、魏金枝《我们年青人只有惭愧》、杨骚《切身的哀感》、窦隐夫《让我再看几眼吧》、艾芜《悼鲁迅先生》（总第627—628页）、沙汀《哀悼之辞》、徐懋庸《知我罪我公已无言》、何家槐《学习鲁迅先生的精神》、另境《巨星的陨落》、丽尼《要学习的精神》、荒煤《青年人应该努力》、王统照《噩耗》、戴平万《他的精神活着》、周木斋《社会的心丧》、白朗《哀愁中》、林娜《文学家·战士与革命者》、立波《无可言喻的悲哀》、白薇《听了死耗之后》、梅雨《诀别之辞》、林林《失了一个倔强的战士》、林淡秋《难言的隐痛》、夏衍《在大的悲哀里》、

---

① 毛文、黄莉如编：《艾芜研究专集》，四川文艺出版社1986年版，第608页。
② 同上书，第601页。
③ 编辑人：洪深、沈起予；发行人：洪深；发行所：光明半月刊社（上海赵主教路一三一号）；总经售：生活书店（上海福州路三八四号）。

李兰《悼鲁迅先生——中译〈夏娃日记〉的来历》、洪深《后死者的责任》，计二十四篇。另有"为哀悼鲁迅先生作"的《挽歌》（任钧词、星海曲）。

《鲁迅先生纪念集（评论与记载）》，鲁迅纪念委员会编，"中华民国二十六年十月十九日初版"，文化生活出版社（上海福州路四三六号）总经售。本书是为纪念鲁迅逝世一周年而编辑出版，内容包括：自传、年谱（许寿裳编）、鲁迅先生译著书目（许广平辑录，附名·号·笔名）、逝世经过略记、逝世消息摘要、悼文、函电、挽联辞、通讯、附录等十部分。前有绀弩的《献诗——一个高大的背影倒了》。有编者后记。其中悼文共四辑，艾芜《悼鲁迅先生》收入第三辑。

《忆鲁迅》，封面署"茅盾、巴金等著"，人民文学出版社1956年10月出版。收文二十七篇：夏丏尊《鲁迅翁杂忆》、沈尹默《忆鲁迅》、孙伏园《忆鲁迅先生》、尚钺《怀念鲁迅先生》、许钦文《在老虎尾巴》、郑振铎《永在的温情》、李霁野《鲁迅先生和青年》、鲁彦《活在人类的心里》、陈学昭《回忆鲁迅先生》、马珏《初次见鲁迅先生》、罗常培《从厦门解放引起的感想》、茅盾《纪念鲁迅先生》、郑伯奇《鲁迅先生的演讲》、川岛《忆鲁迅先生一九二八年杭州之游》、丁玲《"开会"之于鲁迅》、李兰《忆鲁迅先生》、艾芜《悼鲁迅先生》、阿累《一面》、以群《忆鲁迅先生》、陆万美《追记鲁迅先生"北平五讲"前后》、巴金《鲁迅先生就是这样的一个人》、唐弢《记鲁迅先生》、黄源《鲁迅先生与〈译文〉》、丽尼《要学习的工作精神》、白危《难忘的会见》、曹白《写在永恒的纪念中》、萧红《回忆鲁迅先生》。

需要说明的是，"全集"所收《悼鲁迅先生》，与初版本相较，文字、标点多异。现据《光明》移录如下：

听见鲁迅先生去世的消息，简直比高尔基病殁的噩耗，还要令人震惊些，悲痛些！这原因是我们中国大众，① 正须要②他的时候，而他却给

---

① "全集"此处无标点。
② "须要"，"全集"作"需要"。

辑三　人物与事件

病魔抓去了！至于我个人呢，尤其难过的是受过他的教益，却不曾在他生前见过一面！

记得五年前冬天的时候①，我和沙汀练习创作②，对于取材方面③究竟要怎样才能有益于人，④不免甚为踟躇⑤，便共同写一信给他，请他有所指示。起初我们很担心，怕他不愿同陌生人麻烦，谁知结果却覆我们一封很长的信，使我们高兴非常（这来往的两封信，已收入《二心集》内）。往后，我们又将两人最初的习作稿子，⑥送去请他改削⑦和批评，也得着他来信仔细指导。这和高尔基热心帮助后辈青年，是没有两样的。

又记得三年前春天的时候，我遭了一件不幸⑧，须要⑨财力方面的帮助，⑩鲁迅先生便悄悄助了五十元。当时我还不知道，一直到半年后我才明白的。

鲁迅先生生前住处秘密（以前通信由周建人先生转的），我又缺少交际。同时也以为来日方长，便一直不曾见过他，⑪如今可以向他致谢的时候，不料他已躺着，永远闭着眼睛了。

现在瞻仰遗体归来⑫即将此文续成，藉表我深深的悲痛！

一九三六年。十，廿日下午二时

二是《论阿Q》。"全集"有文后注："原载一九四一年三月十日《自由中国》第一期"。据《艾芜研究专集·艾芜著作系年（1931—1983）》，该文

---

① "全集"作"记得五年前的冬天"。
② "创作"，"全集"作"写作"。
③ "全集"此处有逗号。
④ "全集"此处另有"对时代有贡献，"。
⑤ "踟躇"，"全集"作"踌躇"。
⑥ "全集"此处增补了"我的一个短篇小说《太原船上》，沙汀的四五篇短篇小说《俄国煤油》等，"。
⑦ "改削"，"全集"作"削改"。
⑧ "不幸"，"全集"作"不幸的事情"。
⑨ "须要"，"全集"作"需要"。
⑩ "全集"此处为句号。
⑪ "全集"此处为句号。
⑫ "全集"此处有逗号。

载"《自由中国·文艺研究》（桂林）1期，1941年3月。收入《论"阿Q正传"》桂林草原书店，1941年11月"①。

《自由中国》于1940年11月1日在桂林复刊出版新第一卷，孙陵编辑。"文艺研究"系其副刊。

《论阿Q正传》的选撰者：路沙；发行者：草原书店（上海福煦路，桂林中北路六二一号）。"中华民国三十年十一月初版"。收文：艾芜《论阿Q》（第1—9页）、张天翼《论〈阿Q正传〉》、立波《谈阿Q》、荃麟《也谈阿Q》、冶秋《阿Q正传——读书随笔》、许钦文《漫话阿Q》、雨村《新旧阿Q》；附录：《阿Q正传》和《阿Q正传的成因》。"三十二年二月再版"，增补了端木蕻良的《阿Q论拾遗》以及欧阳凡海的《我对〈阿Q正传〉的分析》。

三是《关于鲁迅先生的小说（读书杂记）》。"全集"文后注"本篇原载一九四二年十一月《青年文艺》第一卷第二期②"。该期的具体出版时间为"民国三十一年十一月十五日"。又据《艾芜研究专集·艾芜著作系年（1931—1983）》，此文后"收入《鲁迅小说选附评》，重庆新生图书公司，1943年1月版"③（其中出版月份有误）。

《鲁迅小说选》（附评）由葛斯永、杨祥生合编；总经售：新生图书文具公司（重庆民族路二二四号）；印刷者：南方印书馆；"民国三十二年六月初版"。内收鲁迅小说十六篇，附录《鲁迅自传》和鲁迅论创作的六篇文章。茅盾、巴人、郭沫若、史沫特莱等十三人的文章，以《评论一般》为题附于卷末，艾芜此文系第八篇（第411—416页）。

四是《描写黑暗和光明的一例》。"全集"无注。该文刊《塘北月刊》第十一期一月号④的"写作讲话"（第15—16页），有副题"鲁迅的《药》"，

---

① 毛文、黄莉如编：《艾芜研究专集》，四川文艺出版社1986年版，第612页。
② 其主编人：葛琴；发行人：罗洛汀；发行者：白虹书店（桂林中南路七十五号）；印刷者：三户印刷社；昆明总经售：上海杂志公司，成都总经售：自力书店。
③ 毛文、黄莉如编：《艾芜研究专集》，四川文艺出版社1986年版，第616页。
④ 编辑者：新越通讯社；发行者：新越通讯社；印刷者：新越文化服务社；地址：绍兴塘北。

"中华民国三十四年一月一日出版"。从字体和印刷上看，状若刻印。该期封面作"第十一期"，但目次和封底却作"第十期"。此刊创始于"卅三年三月一日"，按月份计，至次年一月，应是第十一期。《艾芜研究专集·艾芜著作系年（1931—1983）》失系。需要说明的是，"全集"既以发表先后为序，此文的发表时间在明确后，其排序也应有所调整。

五是《鲁迅先生的小说与时代》，"全集"文后注："本篇原载一九四六年十月十九日重庆《大公报》"。据《艾芜研究专集·艾芜著作系年（1931—1983）》，初发表于"《大公报·半月文艺》（重庆）1 期，1946 年 10 月 19 日。《文汇报·世纪风》，1946 年 10 月 19—24 日。收入《梵哦铃和眼泪》（文艺丛刊，上海），1947 年"①。

《梵哦铃和眼泪》是《文艺丛刊》第一辑，"民国卅六年五月初版"。其主编：文艺丛刊社；出版：文艺丛刊社；发行：新野文化出版社。《梵哦铃和眼泪②》是苏田的一首诗作名，又被用作第一辑的书名。艾芜此文收入时，题作《鲁迅的小说与时代》（第 35—39 页）。

关于《谈周作人》，兼及《风下》与中外文艺联络社

1946 年 6 月 8 日，重庆《新生代》周刊第六期第四版发表了《谈周作人》一文，这是艾芜少见的一篇讽刺性杂感。该文在毛文、黄莉如所编的《艾芜研究专集·艾芜著作系年（1931—1983）》中有系，但却为《艾芜全集》失收。其原文如下：

周作人有一本集子叫《瓜豆集》，于封面书名之下写着"知堂自题"四字，旁边盖了一个长印"知惭愧"，仿佛说明他的名字"知堂"全是

---

① 毛文、黄莉如编：《艾芜研究专集》，四川文艺出版社 1986 年版，第 626 页。
② 该书目次作"茕哦铃和眼泪"，有误。

着重知惭愧这一点似的,初版是民国二十六年三月出的,正是卢沟桥事变前不久。可以测知"知惭愧"这个信条至少在那一年上半年当是信得热辣辣的,总不至于是什么门面话。同时亦可看出他在讽示世人,不然尽可将此三字书于座右,悬之壁间,何必印在书封面上呢?想来作者必在慨感①世间厚脸皮人太多了吧?

不料这个标榜"知惭愧"的人竟厚颜做汉奸起来,照沈从文的话来解释,就是由于年龄增加的原故。沈从文在《国文月刊·习作举例》内说周作人"廿六年北平沦陷后尚留故都,即说明年龄在一个思想家所生的影响,如何可怕"。② 这话周作人今天看见,大概很愿首肯的吧?因周作人在他作的《老人的胡混》一文中,引用日本兼好法师《徒然草》中的话:"语云寿则多辱,即使长命,在四十以内死了最为得体。过了这个年纪,便将忘其老丑,想在人群中胡混。"

其实当时周作人做《老人的胡混》一文用意是在讽刺鲁迅,他认为老人最胡混的是"趋时投机,自忘其丑"。又说"老人的胡闹并不一定是在守旧,实在都是在维新"。而他自己则矜持自喜,仿佛以为虽已到了胡混之年,却并不胡混,偕故意标榜他颇"知惭愧",以讽示别人"自忘其丑"。

好多人都说周作人书读得多,学问好,据我看来他只胡里胡涂读了许多书,造成的学问于人于己都无好处。他在思想方面就可说是胡涂得很。他不晓得今天年纪大而为我们敬爱的,正不知有多少。他更不明白,他们年纪大的为我们所敬爱的地方就正在他们不抱残守缺,肯向维新方面走去,能为年青的一代人奋斗,能为年青的一代人牺牲。不幸周作人却把这些事情看为趋时投机,实是思想方面犯了极大的错误。

周作人一向自以为极善于明哲保身的,谁知就因为太注意于保身而

---

① "慨感",多作"感慨"。
② 《习作举例》是沈从文发表在《国文月刊》的文章,共分三节。"一、从徐志摩作品学习'抒情'",刊第1卷第1期(第16—20页),1940年6月16日出版;"二、从周作人鲁迅作品学习抒情",刊第1卷第2期(第26—30页),1940年9月16日出版;"三、由冰心到废名",刊第1卷第3期(第25—29页),1940年10月16日出版。沈从文关于周作人的论述见该文第二节。

失掉了他的明哲。他在《闭户读书论》一文内，说生在中国一定会有些不满或是不平。"这些不满和不平积在你的心里，正如喧嗝病患者肚里的'痞块'一样，你如没有法子把它除掉，总有一天会断送你的性命"。"假如激烈一点的人，且不说要动，单是乱叫乱嚷起来想出出一口鸟气，那就容易有"共党"朋友的嫌疑，说不定会同逃兵之流一起去正了法"。"忍耐着不说呢，恐怕也要变成忧郁病，倘若生在上海，迟早总要跳进黄浦江里去"。"那么怎么办呢？我看，苟全性命于乱世是第一要紧，所以最好是从头就不烦闷，不过这如不是圣贤，只有做官的才能够"。这篇《闭户读书论》是周作人在民国十七年做的，离现在快要二十年了。他在二十年前，既怕有共党朋友的嫌疑，又不甘心自杀，更不愿意堕到污泥里面去做官，便自己发明一条解除烦闷的法子——就是闭户读书。依我们现在的说法，翻译过来便是忘掉现实。而这忘掉现实的道路是绝对走不通的。周作人他自身的生活业已清清楚楚告诉我们了。日本法西斯敲开了他所闭的户，他也放下了手里的书本去做日本的官。这样一来，烦懑到彻底解除了，性命也苟全着了，只是汉奸这臭名儿，却永远留在身上。请问这样保身有什么意思呢？岂不是以"知惭愧"始以不知惭愧终？唉！未免太不明哲了！

《新生代》创刊于"中华民国三十五年五月四日①"，旨在"歌颂新生的一代，呼唤新生的时代"。发行者：重庆新生代周刊社；编辑者：重庆新生代周刊社；总经售：重庆中国文化合作公司；通讯处：重庆邹容路四十号。"每逢星期六出版"。本期共四版，发表的文章主要有：胡钊《最后的考验——展望东北和平谈判》、徐盈《榴花永在》、黎民《从重庆到南京》、关怀之《曹禺先生》、费孝通《住宅・警管・送灶——人类的愚蠢应当有个限度》、艾芜《谈周作人》、绀弩《乏内战》、布德《距离》、丝韦《周末杂感》，及"人物管窥"与"读者信箱"。值得注意的是，第四版的"人物管窥"，第二则即有

---

① 王绿萍《四川报刊五十年集成：1897—1949》作"5月5日"，有误。

关周作人，可与艾芜之文形成一种互文关系：

> 问人家"我也算汉奸吗"的周作人近由北平解到南京，在飞行途中抄了旧作七绝一首赠押解人员，诗云"年年乞巧徒成拙，乌鹊填桥事大难，犹是世尊悲悯意，不如市井斗①孟兰"。傅斯年在渝时曾接到他一封乞为缓颊的信，犹是汉奸怕死意耳。

不过，在二十一天后，即"六月廿九日"，该文又见于《风下》第三十期（第70—71页），文字、标点多有不同，故再录：

> 周作人有一本集子叫《瓜豆集》，于封面书名之下写着"知堂自题"四字，旁边盖了一个长印"知惭愧"，仿佛说明他的名字"知堂"全是着重知惭愧这一点似的。看书的初版，是民国二十六年三月出的，正是卢沟桥事变前不久，可以测知"知惭愧"这个信条，至少在那一年上半年当是信得热辣辣的，总不至于是什么门面话。同时亦可看出，他在讽示世人。不然尽可将此三字，书于座右，悬之壁间，何必印在书封面呢？想来作者必在感慨世间厚脸皮人太多了吧。
>
> 不料标榜这"知惭愧"的人，竟然厚颜的做汉奸起来，照沈从文的话来解释，就是由于年龄增加的缘故。沈从文在《国文月刊·习作举例》内说，周作人"二十六年北平沦陷后尚留故都，即说明年龄在一个思想家所生的影响，如何可怕"。这话周作人今天看见，大概很愿首肯的吧？因周作人在他作的《老人的胡混》一文中，引用日本兼好法师《徒然草》中的话："语云，寿则多辱，即使长命，在四十以内死了最为得体。过了这个年纪，便将忘其老丑，想在人群中胡混。"
>
> 其实当时周作人做《老人的胡混》一文，用意是在讽刺鲁迅，他认为老人最胡混的是："趋时投机，自忘其丑。"又说老人的胡闹，并不一定在守旧，实在却是在"维新"，而他自己则矜持自喜，仿佛以为虽到了

---

① "斗"，原文作"鬭"；或作"闹"。

胡混之年，却并不胡混，盖故意标榜他颇"知惭愧"以讽刺别人"自忘其丑"。

好多人都说周作人书读得多，学问好，据我看来，他只胡里胡涂读了许多书，造成的学问，于己于人都无好处。他在思想方面，就可以说是胡涂得很。他不晓得今天年纪大，而为我们敬爱的，正不知有多少。他更不明白他们年纪大的，为我们所敬爱的地方，就正在他们不抱残守缺，肯向维新方面走去。能为年青的一代人奋斗，能为年青一代人牺牲。不幸周作人却把这些事情看为趋时投机，实是思想方面，犯了极大的错误。

周作人一向以为极善于明哲保身的，谁知就因为太注意于保身了，而失掉了他的明哲。他在《闭户读书论》一文内，说生在中国一定会有些不满或是不平。"这些不满或是不平积在你的心里，正如喧嗃愚者①肚里的'痞块'一样，你如没有法子把它除掉，总有一天会断送你的性命。""假如激烈一点的人，且不说要动，单是乱叫乱嚷起来，想出出一口鸟气，那就容易有'共党'朋友的嫌疑，说不定会同逃兵一起去正了法。""忍耐着不说呢，恐怕也要变成忧郁病，倘若坐在上海迟早总会跳进黄浦江里去。""那么怎么办呢？我看苟全性命于乱世是第一要紧，所以最好是从头就不烦闷，不过这如不是圣贤，只有做官的才能够。"这篇《闭户读书论》是周作人在民国十七年做的，离现在快要二十年了。他在二十年前，既怕有"共党"朋友的嫌疑，又不甘心自杀，更不愿意堕到污泥里去做官，便自己发明一条解除烦闷的法子，——就是闭户读书。依我们现在的说法，翻译过来便是忘掉现实。而这忘掉现实的道路，是绝对走不通的。周作人他自身的生活业已清清楚楚告诉我们了，日本法西斯敲开了他所闭的户，他也放下了手里的书本，去做日本的官。这样一来，烦闷到澈底解除了，性命也苟全着了。只是汉奸这臭名儿却永远留在身上，请问这样保身，有什么意思呢？岂不是以"知惭愧"始，以不知惭愧终吗？唉，未免太不明哲了！

---

① "愚者"，参照上文，当是"患者"。

本期的《风下》，其出版信息为：主编：沙平；发行：新南洋出版社（新加坡罗敏中律六十八号A）；印刷：南洋印刷社（新加坡罗敏中律四十七号）。周刊，"每逢拜六出版"。该刊1945年12月3日创刊。但据第一期，其出版信息则略有不同，如印刷者为南洋报社有限公司（新加坡罗敏中律四五—四九）；又虽"每星期刊行一次"，却是"逢拜一出版"。不过，令人好奇的是，此时的艾芜身居重庆，缘何文章却在新加坡刊发？

仔细翻阅该期的《风下》，发现在封面的左侧，有"中外文艺联络社"的印章。"中外文艺联络社"究竟何为，范泉主编的《中国现代文学社团流派辞典》有过详尽的介绍，不妨再作一次文抄公：

  文联社的全称是"中外文艺联络社"，它的前身是"中国文艺通讯社"。1941年，大批文艺工作者从全国已经沦陷的各个地区汇集到香港。国内大后方和南洋各地华侨报刊的编者，都纷纷写信给香港的文艺工作者，要求支援文稿。为了满足各方面的要求，使各种不同性质的文稿各得其所地寄递给急需发表的报刊，并在不同地区同时发表（一稿多用），既可增加作家的劳动所得，又可节约他们写信、复信、抄稿、邮寄的时间，经过筹备，在1941年4月，由茅盾、叶以群等，在香港正式创建了中国文艺通讯社。当时与它取得联系的，有延安、重庆、桂林、曲江、赣州、新加坡、菲律宾、仰光、印尼、美国纽约等地的报刊编者和文艺工作者。通讯社一直工作到1941年12月8日太平洋战争爆发为止。

  1944年，随着湘、桂失守，文艺工作者又向重庆集中。当时，贵阳、昆明等地出版了不少期刊，那些刊物的编者要求重庆的文艺工作者支援文稿，于是又遇到了1941年在香港遇到过的同样的问题。经过筹备，在1945年夏正式成立了中外文艺联络社。这可以说是中国文艺通讯社的继续。

  中外文艺联络社的主要任务，是协调作者与编者之间的供需关系，传播文化出版信息，开展中外文艺往来等。在重庆时期，曾和延安、昆明、成都、贵阳、西安等城市和出版报刊的一些县城取得联系，并与苏、英、美等国作了一些交换介绍等工作。

1946年1月5日，以茅盾、叶以群的名义主编的该社机关刊物、文艺报导性半月刊《文联》，在上海永祥印书馆出版。茅盾写了《发刊词》，说明这个刊物的任务是：(1) 报道国内外的文艺活动及至一般文化活动的概况。(2) 介绍国内外出版的新书，主要是文艺书籍。(3) 发表同人对当前文艺运动以及文化问题的具体意见，同时并尽量刊登通讯讨论，以及文化、文艺界人士对于该刊言论的商榷和批评。

……1946年2月，重庆的《新华日报》社被捣毁，茅盾的《清明前后》剧本被禁止上演，《文联》受到"警告"。5月下旬，茅盾从重庆取道广州、香港到达上海，与书店商议后，决定在6月份出版《文联》终刊号，并刊登了由茅盾执笔撰写的《终刊启事》，作为结束。①

由上观之，如闻黎明所言，"中外文艺联络社是个新事物，类似文艺通讯社，它本身不出版书刊，却向各报刊发播文艺稿件"。其"具体工作是约请各地作家选择稿件并介绍给各地的刊物发表、请人精选佳评译成外文供国外刊用、代各地刊物约稿等"，因而具有"中间介绍性"。②

"文联社"的筹组，其时较早。1945年1月1日，《华声》半月刊第一卷第五、六期合刊，在梁实秋《再谈中共问题：公开答覆一封匿名信》一文之后，刊有《"中外文艺联络社"缘起与简则》（第8页），并公布了编辑委员名单：郭沫若、茅盾、老舍、闻一多、叶圣陶、曹禺、夏衍、曹靖华、冯乃超、李青崖、焦菊隐、李星可、徐迟、袁水拍、叶以群、洪深、戈宝权，计十七人。《郭沫若学刊》1990年第3期曾将此作为《文摘一组》的首条，予以重刊（第74页）。至于其正式成立，则在1945年6月8日。《新华日报》6月23日第三版左下角的"市闻一束"，对此有过五行文字的报道："中外文艺联络社为沟通中外文化，及联络各地作家，介绍各方稿件并交换文化信息，

---

① 范泉主编：《中国现代文学社团流派辞典》，上海书店出版社1993年版，第69—70页。
② 闻黎明：《民盟历史人物：闻一多》，群言出版社2012年版，第326页。

资料起见,已在本月初旬正式成立。"另外,文联社虽由"茅盾任社长",但"实际工作是由总编辑叶以群和经理冯亦代两人负责"。① 或云,"该社是叶以群创建的,邀茅盾担任社长,具体工作由叶以群、冯乃超负责"②。

关于艾芜与"中外文艺联络社",笔者在整理其"渝郊散记"时,已初步涉及。而艾芜的《关于鲁彦的回忆琐记》,正是由"文联社"分别推荐给《世界日报》和《周报》发表。如此看来,《谈周作人》的"一稿多用",也正是拜"文联社"之"赐"。

另外,《风下》"第二年第七十七期"③(总第276、278页)还选登了艾芜的《天才与学习》。这是"风下青年自学辅导社"的"国语读本"第五课。其文甚短,今附录:

> 凡是一个普普通通的人,只要不是白痴,就可以学习文艺,用不着什么天才的。说天才才配学习文艺,这无非是骗人的话。我们相信,所谓天才,乃是不断的努力和长久的忍耐。
>
> 在自然科学上极有成绩的爱因斯坦,小时候据说简直是笨虫,教他的老师也认为不可救药,但他能够不断地研究,毫不懈怠,终于成功,超过别人。又牛顿,我们也知道他并不是生成的天才,他有个笑话,说是叫人跟大狗弄一个大洞出入,又叫人跟小狗作一个小洞进出,这不是很笨拙吗?但他研究学问的专心,那就是谁也及不着的,因他不断思索的原故,竟然把表错当成鸡蛋,丢下锅里去煮了好些时候。我们再看社会上一般普通人吧,各人专门从事一样,就各有专长。比如一个猪贩子,他常到乡下去买猪,习惯总是用眼睛估量斤两来论价的,每回估计的结果,都不会相差多少,这种眼力的天才,不说我们普通人赶不上,就是专门的动物学家,也是及不着的。他为什么能够超过

---

① 闻黎明:《民盟历史人物:闻一多》,群言出版社2012年版,第326页。
② 闻黎明编著:《闻一多年谱》,群言出版社2014年版,第492页。
③ 其发行:新南洋出版社(新嘉坡吉宁街四二号);印刷:南侨印刷社(新嘉坡吉宁街四二号)。

我们呢，这无非是长期用眼力估计的结果。又如鲁迅先生，我们现在公认他是文学上的天才，若是他还生在世上的话，请他老人家拿犁头耕田，我们可以相信，他一定没有一个农人耕得好，这就不能说他在农事方面缺少天才，而是他根本就没有练习过。总之凡是从事一样职业一种学问，都是要凭长期不断的努力学习，才会成功，胜过别人。文艺也是一样的，它不管你什么天才不天才，它只问你肯不肯学习，有没有长久耐苦的精神。巴尔扎克在他的杰作《从妹贝德》内，论到一个艺术家工作的时候，说是应该像兵士上战场那样勇敢，矿工下地洞那样地劳苦，才有希望。他自己呢，的确是照这样去写作的。每天差不多要写十六小时。歌德也说他并不是一个幸运儿，他的一生无非是劳动与工作而已。

文后有"作者生平""注释""自学指导""文法提要"以及"练习题"。其中，"作者生平"的介绍云："艾芜，四川人，为现代名作家。小时因家境困难，小学未卒业，即离开家乡，到处流浪；他曾在四川，云南，缅甸等地，做过小兵，学徒，店员，小学教员和报馆校对，凭着自己不断的努力学习，结果他在文学上获得光辉的成就。他的小说，通俗浅显，极得一般读者的爱好。"并在"自学指导"之（一），点明此文主旨："这一篇文章，主要的是以爱因斯坦，牛顿，猪贩子，鲁迅做例子，说明一个人无论学什么东西，只要能长期不断的努力学习，一定能够成功。说'天才'才配学习，完全是骗人的话。但这所谓努力，并不是拿书本做幌子，虚应一应故事，便可以成功的。它应该像兵士上战场那样勇敢，矿工下地洞那样劳苦，才有希望。"该期《风下》出版于"一九四七年五月卅一"。

最后，还要说明的是，《天才与学习》，实际上就是《文学手册》初版本第二篇之"1. 学习文学需要天才吗"（第16—17页），也即是《文学手册》（增订本）第一篇之"2. 学习文学需要天才吗"（第3—4页）。其文字与标点，更近于后者。

艾芜贺茅盾"五十寿辰暨创作二十五周年"的集外文

关于艾芜与茅盾的交谊,艾芜在茅盾逝世后,"一九八一年四月十七日于成都",曾作《回忆茅盾同志》,叙述颇为详细。1945年6月24日下午2时,"茅盾五十寿辰暨创作二十五周年庆祝会"在重庆白象街西南实业大厦举行。庆祝会的情形,25日《世界日报》第三版的"本市新闻"中有报道《渝文化界昨热烈祝贺茅盾五十寿辰,邵力子等四百余人参加》,具体内容如下:

【本报讯】文艺界人士恭祝茅盾五十寿辰,昨日下午二时假西南实业大厦举行祝寿大会,到文艺戏剧界人士四百余人,各方彦硕,几全体与会,昆明文艺界亦特派常任侠来渝代表祝贺,情□热烈。沈钧儒主席致词:谓茅盾不仅创作上成就伟大,其精神人格亦至足令人钦佩。柳亚子谓:文艺家不仅应有政治认识,且应有政治操守,茅盾先生有所为有所不为,即系有认识与操守之所致。邵力子,张道藩,马寅初,王若飞,刘清扬,邓初民等相继致词,彼得罗夫,赫尔利亦有代表致祝寿词。邵力子谓自己向不赞成□寿,但为作家茅盾先生祝寿,则觉甚有意义。张道藩□茅盾为写实作家,马寅初□愿效法茅盾"富贵不能淫,贫贱不能移,威武不能屈"之精神,王若飞,刘清扬均强调茅盾为民主之战士,邓初民谓愿祝寿会无异为一根鞭子,鞭策茅盾再多多写作,且同样鞭策大家。继由赵丹,金山,张瑞芳朗诵《子夜》之一段,末由茅盾答词,对祝寿表示感谢,谓愿在大家鼓励鞭勉之下,继续努力创作。六时散会。

值此盛会,艾芜也曾撰文以贺。文章发表于《世界日报》6月24日第四版的副刊"明珠",题作《祝贺茅盾先生五十大寿——我的文艺生活一段回顾》。"全集"未见收录,故录之于后:

一九三二年初夏的一天，钱杏邨来个条子，约我正午到南京路冠生园去吃广东茶点，我按时去了，他倒杯茶放在我面前，一面说："稍等一等偕有两三个客人。"人名却没讲出，只郑重地申明一句："等下茅盾也要来。"这倒使我有些欢喜起来。一个好些年来就使我敬仰的作家，从他在《小说月报》上写的各种文艺论文以至他写的长短篇小说，在我精神的生活上起着不小的影响的，一旦出乎意料之外，竟能面对面会着，在心情上是不能不起异样的感觉的。

可是这一天，茅盾先生并没有来，甚至连主人说的另两三个客人，也没有到，约莫坐了点把钟，主人和客人才各自带着有点惘惘然的心情，点头分开了。

从这以后不久，我就由欧嘉路的后楼，搬到杨树浦一家弄堂小学去了，白天教拖鼻涕打赤脚的小孩读书，晚上便给恒丰纱厂下工下来的男女工人补习课文。有时下课以后，偕短衣短裤，赤足穿着拖板鞋子，去到最闹热的华盛路上，去看茶馆酒店以及马路上闲散的工人怎样在过着他们的夜生活。有时也在天不见亮以前，去到申新第六厂门前，去看那些专为上班下班的男女工人，临时摆设的灯火辉煌的市集。生活对我充满了忙碌和兴趣，我几乎放下了我的笔了。而且我住的一间小房间，是和校长以及校长做童工的女儿共有的，没有地方可以让我安心写东西，校长又是个粗鲁的，人常常醉醺醺走了进来，将他刚自街上冲满茶的小茶壶捧起，衔①着嘴子咕噜咕噜喝了一通，偕要表示他的礼貌起见，不管你在写字也好，看书也好，一定要把茶壶递来请你喝。躺在床上，又喜欢谈几句，一面谈一面便把痰吐到我床面前。有时偕要大声武气地训斥他那常同拿摩温闹冲突的女儿。闹得小房间沸沸扬扬的。我就只能写点速写一类的东西。译《安娜卡列尼娜》的译者周筧②，那时接手编《文学月报》，要我写篇短篇小说，我就在这种不安定的生活中，以上海电车

---

① 原文作"啣"。
② "周筧"，周扬笔名。

工人的罢工为题材，写了一篇短篇小说去。

编者不久就告诉我，文章经茅盾先生看过了，写得不大好，不能使用，同时偕把茅盾先生看后写的纸条给我看，内容已记不清了，但他用铅笔写的字形，却仿佛偕在眼前晃耀似的。这给我一个深思的机会。我当时想，文章匆忙写的，难于写好，且不用说。题材更对我十分生疏，我只从当时的报上看来，没有把电车工人的生活加以体验，也没有在脑筋里将题材煅练①一番，结果就如同一个笨拙的媳妇似的米没有淘，谷子稗子没有选出，又不会好好烧火，自然就只能煮出一顿不能吃的生饭了。

不久《文学月报》编者，又从北平杂志社看到我的一篇旧作品，高兴地对我说，这回给茅盾先生看过，可以用了，收尾偕笑道："他要我同这位作者通信，哪知我们早已认识了。"这篇文章便是登载在《文学月报》五、六期合刊上的，题名叫《人生哲学的一课》。以后收在小说集子《南行记》内。写的内容，和前一篇新作相反，是我在云南昆明亲身经历的事情，在这以前，我也在别的刊物副刊上，发表过文章，如用"荷裳"的笔名，在《时事新报》"青光"上发表《缅甸漫话》一类的散文；用"沙漠"的笔名，在《文艺新闻》上发表《示威进行曲》一类的诗；用"艾芜"的笔名，在《新时代》上发表短篇小说，以及□□到上海以前，在缅甸《仰光［日］报》［副刊］"波光"上发表过一些零零碎碎的文章，但我觉得这都是在有意无意之间，从事写作的，有着写亦可不写亦可的心情，即使发过研究文艺的宏愿，也总有半途懈息下来的情形以及缺乏自信的动摇发生。只在茅盾先生这一鼓励之下，我才对于终身从事文艺习作的志愿，更加努力不懈，坚定不移了。这在我用的笔名一件小事上，就可以看得出来。当时由《文学月报》编者周愈交跟茅盾先生看的两篇小说，都是署名叫做"沙漠"的。当编者把《人生哲学的一课》发排的时候，对我说："'沙漠'这个笔名，不大好，偕是用艾芜好些。"我对于署名，无所爱憎，便说："好的，就改成艾芜吧！"从此我就把这

---

① "煅练"，宜作"锻炼"。

一署名，作为专利品似的，长久使用下去了。

　　但和茅盾先生的会见，却是在这以后四五年的事情了。当时虽然一直都是住在上海的，只以格于环境，会见极不容易，且怕引起茅盾先生的不便。再则一向对于我所敬爱的作家，读他们文章的热忱，实更甚于会见他们本人。记得有一次走在虹口一条背静马路上，看见临时地摊上摆有一本旧的《中学生》出卖，里面有篇茅盾先生的文章，极想买来一读，可惜衣袋没有带着钱，便热匆匆地跑回住处去，拿着钱又气喘喘跑转来，直到买在手上，才安静下来。

　　在一九三七年春天的时候，才看见茅盾先生了，但那也是由于偶然。《申报》文艺周刊的编者吴景崧，常到我住家的蒲石路寓所来玩，有天他约我一道去黎烈文家里去坐。我们同主人闲谈了好一会，应该告辞的时候了，吴景崧忽然说："我们到沈先生家里去坐坐吧！他就在隔壁几家。""哪一个沈先生？"我疑惑地问。"就是茅盾先生嘛。"我听见这么一个回答，就正如几年前钱杏邨告诉我的情形一样，只在惊喜中又略微有点拘束之感。

　　茅盾先生第一次给我的印象，却是态度非常温和。谈话极其亲切。记得当时他听见吴景崧的介绍，便高兴地笑着说："呵！你的岁数这么大了嘛！"我的相貌，老是追过我的年纪，我小时候跟我父亲读书，南桥旁边江神祠的全看司，就总把我当成我父亲的兄弟。而我会见茅盾先生的时候，又正当我拔去一颗门牙，没有将他镶起，似乎这更添了一点年纪。当时我却觉得茅盾先生比我意想中的样子，更为年轻一些。因为他编的《小说月报》与乎在《小说月报》上写的文章，十多年前我在小学时代就已经看见过了，他本人的形象在我的想像中和意念中，很久以来就在慢慢生长着了。而事实上茅盾先生也的确比他的年纪显得年青一些。他今年五十大寿了，但由我看来，他总不像一个到了五十的样子。

　　茅盾先生自己主编的杂志不算多，但我在上海的时候，却由看我的稿子开始，我渐渐知道，他曾替许多的文艺刊物看过小说方面的投稿，暗中帮助不少的青年作者使他们习作的努力，得到正常的发展，且从事文艺的志愿，得到更大的信心。而且我个人更觉得茅盾先生带头走的文艺的道路，使我们走在后面的人，感到十分的宽阔平坦，而又极其坚固踏实。

五十岁，在外国人看来，正是壮盛的年龄，正是人生活跃的年龄，今天除了祝贺茅盾先生在文学上二十五年以来辉煌的成就而外，更祝贺他今后创造更多的辉煌的作品。

一九四五年六月二十日

该版有"明珠编辑室"的"启事"一则，谓"今日本刊为祝贺创作家茅盾先生五十寿辰，发行特辑，老舍先生之《偷生》张恨水先生之《古今英雄传》均暂停一次，明日续刊"。特辑共发文四篇，有陈子展《寿茅盾五十》："雄辩固雄哉！要为大众开。文章关世运，气节愧奴才。不惜垂垂老，难禁字字哀。兰台今日聚，百感一时来！"并有自注："十年以来，世变日亟。而茅盾先生［坚］贞奋斗，不改初志。今逢其五十揽揆之辰，用撰芜句为寿。首句雄辩为小说社名，见周密《武林旧事》。末句兰台聚为文人聚会之意，见《南史·任昉传》。三十四年六月二十一日，子展记。"余者为臧克家的《"这样一个人"》（"三十四年五月十六日于歌乐山"）、力扬的《祝贺——为茅盾先生五十寿辰作》（"一九四五，六月二十一日"）。此后，相关文章，仍有陆续刊出，如王平陵的《茅盾的写作技术》（七月一日），王亚平、柳倩的《创造的历程：祝茅盾先生五十寿辰》（七月四日）。

后来，该文又易题为《记我的一段文艺生活》，发表在《文哨》第一卷第三期①（第9—10页），文字、标点略有不同。毛文、黄莉如编《艾芜研究专集·艾芜的生平和创作》全文收录（第51—54页）。

《文哨》是在"三十四年'五四'文艺节创刊"，第二期出版于7月5日。第三期则是在"十月一日出版"。本期有"茅盾先生五十寿辰暨创作二十五周年纪念特辑"，刊文六篇，据封面目次，分别是：茅盾《回顾》，叶圣陶

---

① 其编辑者：文哨月刊社（重庆林森路蹇家巷三号）；发行所：建国书店（重庆林森路第一四八号）；特约经售处：昆明：新民书店（华山西路），成都：联营书店（祠堂街），西安：新文书报社（北院门），贵阳：正风书店（大十字），曲靖：晨曙书报社。

《略谈雁冰兄的文学工作》，吴组缃《雁冰先生印象记》，沙汀《感谢》，艾芜《记我的一段文艺生活》，以群《雁冰先生生活点滴》。不过，艾芜和以群两文，内文中的顺序却有颠倒。

两版最大的不同，是后者删去了前者的这一段话："如用'荷裳'的笔名，在《时事新报》'青光'上发表《缅甸漫话》一类的散文；用'沙漠'的笔名，在《文艺新闻》上发表《示威进行曲》一类的诗；用'艾芜'的笔名，在《新时代》上发表短篇小说，以及□□到上海以前，在缅甸《仰光［日］报》［副刊］'波光'上发表过一些零零碎碎的文章"，虽然上下文的衔接，仍是十分自然。但对于研究者而言，这却是极其珍贵的史料与线索。

文中所记内容，在《回忆茅盾同志》中，艾芜也曾忆及，两者可以互相印证：

一九三二年春天，我在上海参加中国左翼作家联盟。正式编入小组中，就是茅盾、钱杏邨和我三个人，而以钱杏邨为组长。这使我惊喜异常。他们两人都是我在二十年代读过他们的作品，引起敬仰的，尤其茅盾刚出版的《子夜》这本杰作，震惊中国文坛的时候，更使我高山仰止，望风怀想。不料始终没有见着，只知道他正忙于写作，也推测他可能要用作品占领文艺阵地，不让国民党在文艺方面的残兵败卒有喘息的机会。而全国的青年读者，也正渴望左翼阵营，不断地发出《呐喊》一类的声音。创作的时间是万分宝贵的，我以这样的心情来安慰我自己。

一九三二年下半年，周扬同志编《文学月报》，我把《人生哲学的一课》这篇小说交给他。他看了之后，还说，他把这期刊物的小说稿子交茅盾同志看过，茅盾同志同意登我这篇稿子，还嘱咐一句，要同作者联系，再加写一些。当时我只写了两段，听了这么说，又写了第三段：《鞋子又给人偷去了》。

……

一九三三年九月二十七日出狱后，很想拜望茅盾同志，但又觉得当时的"左联",形同共产党外围的第二党一般。盟员之间,没有同在一个小组,很少有见面的机会,即在一个小组,没有必要,也不互相告诉住处。由于知道茅盾同志住家地方是秘密的,也就不好去找他。直至"左联"解散了,大概是一九三六年的下半年吧,和《申报·自由谈》的编辑吴景崧同志相遇,他约我去看茅盾同志,他说他知道茅盾同志的住处,我便高兴地去了。茅盾同志住一座两层楼的房子,听见有人来看他,便一脸喜悦地走了下来。当时我正拔了一个牙齿,他便欢笑地说:"你怎么这样老了。"我发现他喜欢同年轻人说笑话。记得全国解放后,在北京会见,他又欢笑地说:"你还像在上海那样年轻啊!"六十年代的初年,招待日本友人中岛健藏、白士吾夫、白石凡等,我正好同他坐在一桌,他问我多大年纪,我说要六十了。他笑着打趣说:"那就是'仿六'了。"北京的北海公园,有家餐馆仿照皇帝御膳,取名"仿膳",他就是从这里取其大意的。①

艾芜与陶行知的交谊

重庆市档案馆的民国档案,存有关艾芜的档案一通,即重庆市私立南开中学《关于告知无缘聘用李信慧、艾芜任教致黄任之、陶行知的函》(电子档号:01420001000280000334)。今录之:

黄任之、陶行知先生　赐鉴

尊致敝校校长书敬悉。承介李信慧、艾芜先生来此任教,本当延揽以副雅意,惜尊书到达为时已晚,现敝校教员均经聘就,苦无机缘,足资借重。兹特先为存记,将来遇有虚缺,再行奉邀,尚希鉴谅是幸。专

---

① 艾芜:《艾芜全集》第13卷,四川文艺出版社、成都时代出版社2014年版,第143—144页。

复顺请

大安

八月十一日

该档摘由为"介绍教员告无机缘"。在黄任之、陶行知二人名下,有通信处"张家花园中华职教社"和"重庆和平路管家巷28"分别对应。这一复函,应是对黄任之(黄炎培)推介李信慧、陶行知推介艾芜两件事的同时回应。不过,其发文日期仅署"八月十一日",缺年份,从档案名知其是1945年。

艾芜与南开此前便略有交集。1937年7月28日深夜至29日,日军飞机、大炮对南开大学、南开中学、南开女中、南开小学进行轰炸;30日下午,日军闯入校园纵火。南开学校化为焦土,一时间,"尽在烟火之中,烟头十余处,红黑相接,黑白相间,烟云蔽天"(中央通讯社报道语)。8月5日,茅盾、郭沫若、巴金、冯雪峰、王任叔、周扬、夏衍、萧乾、靳以、胡愈之、胡仲持、郑振铎、陈望道、金仲华、傅东华、吴朗西、沈启予、阿英、艾芜、洪深、胡风、陈白尘、宋之的、欧阳予倩、叶圣陶、钱亦石、蔡楚生、唐槐秋、陈波儿、郁达夫、夏征农、关露等五十六人联名致电张伯苓校长及河北女子师范学院院长:"日寇夺我平津,摧残文化机关,南开、女师惨遭轰炸,继以有计划之烧毁屠杀,同仁等无任悲愤,仅电慰问,并望转致师生,盼为国努力,抗战到底。"①

函中的李信慧,安徽休宁人。善诗词。与黄炎培是故交。早在1930年8月16日,黄炎培便有《游普陀赠李信慧》:"何曾历劫倦津梁,腰脚于今尚倔强;千步飞沙才踏过,朝阳洞口看朝阳。""裙履逍遥接海天,更回英概入诗篇。人才天为留元气,眼底聪强几少年。"②《黄炎培日记》第八卷也有关于李信慧的记载:1944年7月17日,"李信慧(达夫之女)来,其婿高本乐,

---

① 天津南开校史研究中心编:《天津南开中学史》,人民出版社2015年版,第133页。
② 黄方毅编:《黄炎培诗集》,人民出版社2014年版,第423页。

灵璧人，现住张家花园60单屺瞻（基乾，东笙子）处"①。李信慧之父为李达夫，当与黄炎培熟识。7月24日，"李信慧来，为函介于南开张伯苓"②。上引档案或许就是南开方面对此次介绍的正式回复。不过，从时间上看，如果档案登记的1945年8月11日正确的话，回复则在一年之后了，这未免有些怠慢；而且从情理上讲，黄炎培向张伯苓反复荐举李信慧的可能性也并不大。

李信慧和陶行知亦是挚友。据《陶行知日志》，1936年12月4日，"恶瑟港会见中国留学生李信慧、吴耀宗、胡玉田、李鸿辉等"③。此或为两人的初次见面。"日志"其后有注："李信慧：女，当时在美国东部新英格兰地区麻塞诺塞州，荷由克大学读书，后在哥伦比亚大学获心理学硕士。1938年6月回国与陶行知一起瞻仰马克思墓。回国后，在陶行知创办的晓庄研究所任研究员。"④陶行知曾数谒马克思墓。1936年10月，陶行知在伦敦时，曾瞻仰马克思墓，并写下这样一首诗："光明照万世，宏论醒天下，二四七四八（马克思墓号），小坟葬伟大。"1938年2月15日，陶行知与吴玉章一起出席伦敦世界反侵略大会期间，又一同参拜马克思墓。同年6月，陶行知离美返国，途经伦敦，与李信慧一道，于25日再次拜谒马克思墓。8月30日，陶行知、任光、李信慧同船抵香港。11月1日，陶行知创办的香港中华业余学校正式开学，李信慧任教英语。1939年4月，陶行知在重庆北碚，创办育才学校。李信慧曾协助招收难童。陶行知日记的"本月记事"中，留有李信慧的通信方式，可见其行踪履迹：1939年12月，"重庆上清寺中国银行办事处周寿良转"⑤；1940年11月，"香港雪厂街拾号三楼23号转"⑥。陶行知逝世三周年祭时，李信慧曾作《怀念人民教育家陶行知先生》，刊1949年7月25日上海《新闻日报》。

1946年1月，陶行知"为提高在业青年现代智识文化水准，作高等教育

---

① 黄炎培：《黄炎培日记》第八卷，华文出版社2008年版，第290页。
② 同上书，第292页。
③ 江苏省陶行知研究会编：《陶行知日志》，江苏教育出版社1991年版，第32页。
④ 同上书，第36页。
⑤ 陶行知：《陶行知全集》第七卷，四川教育出版社1991年版，第402页。
⑥ 同上书，第452页。

之补习",创立社会大学,地址在今重庆渝中区管家巷二十八号。据黄莉如、毛文的《艾芜年谱(一九〇四年至一九四九年九月)》,是年春,艾芜"全家由南温泉乡下搬到张家花园孤儿院内",与中华职教社毗邻而居。同时,也得便"在陶行知办的社会大学讲授小说课"。① 1981 年 9 月 20 日,艾芜在回答熊谷雅子的问题时,曾较为详细地谈过此事:"这是一个夜大学,晚上读书,其中的文学系有诗歌专业,诗人何其芳任过教师。小说专业,我去教过,都是尽义务,不要工资。校长邓初民是社会科学家,他加入中国民主同盟。学校里实际管事的,是几个学生。1947 年学校受到查封。负责学校行政的学生遭到逮捕。"② 其任教时间为半年③。艾芜 1989 年 11 月 14 日的日记也有回顾:"一九四六年,我晚上还到管家巷社会大学去教书。这是陶行知创办的,由邓初民担任校长。主持校务的,则是学生中一些进步青年,有些还是地下党员。如高力生就是其中一个,重庆解放前夕,他被捕,牺牲在国民党监狱中。陶行知这个人,是拥护共产党的,为党的事业做了不少的工作,培养了不少革命人才。我逃难到重庆,陶行知请我吃饭,并设法为我找住处,亲笔写些信,要我去会见一些人,介绍租佃房子。虽然都没搞成功,但他的热忱,确实使人铭感。在他创办的社会大学教书,虽无分文工资,我们任教的人,都是乐于赞助的。在社大文学系,还有何其芳,他教诗歌,我教小说。"④ 艾芜还在《夜深我走在北京的街头》(作于 1980 年 3 月 15 日)一文中,追缅过昔日社会大学的学生赵光远。

"四月中旬,因复员迁校及展开民主教育运动,由川飞返京沪筹划,并赞助山海实验乡村学校及佘儿岗小学复校,日夜工作,不暇休息,以及时局激荡,竟激刺过甚,竟以脑充血症于七月二十五日十二时三十分病殁于上海"⑤,后葬于南京晓庄。由陶行知先生纪念委员会编印的《陶行知先生纪念集》,主

---

① 黄莉如、毛文:《艾芜年谱(一九〇四年至一九四九年九月)》,《四川大学学报》编辑部编《四川大学学报丛刊第十二辑:四川作家研究》,四川人民出版社 1982 年版,第 97 页。
② 艾芜:《艾芜全集》第 15 卷,四川文艺出版社、成都时代出版社 2014 年版,第 233—234 页。
③ 同上书,第 94 页。
④ 艾芜:《艾芜全集》第 19 卷,四川文艺出版社、成都时代出版社 2014 年版,第 460 页。
⑤ 陶行知先生纪念委员会编印:《陶行知先生纪念集》,出版时间不详,第 683 页。

要包括:"题词""传略""国际友声""舆论一般""行知思想路线""陶派诗评""遗爱在人间""遗爱在晓庄""遗爱在山海""遗爱在育才""遗爱在乡人""遗爱在荣军""遗爱在儿童""挽诗·祭文""跳出家庭圈外""国内外追悼情形""吊唁和慰问""先生遗著""大事年表""后录",共二十辑。其中"遗爱在人间"收艾芜的《陶行知先生印象记》(第231—234页),"全集"未录。其文如下:

> 我倒不惊奇陶先生常识的丰富,我所深深感动的,是陶先生对人那种热烈的爱护,和真诚的关切。
>
> 十多年前,在上海的时候,有个朋友告诉我,他亲自看见陶先生,穿双草鞋,走在北四川路上。这引起我极大的感动。一个著名的教育家,一个留过洋的学者,竟能乡下人似的穿着草鞋,走过十里洋场,单就这一点能和劳苦人民同样装束,看来实在是个了不起的人物。我到重庆以前,一直没有看见过他。但我心里却保持着对他的爱和尊敬,生活教育社的社员,以及他的学生在这十来年中,倒碰见了不少,他们都是淡于功名利禄,行为纯洁,热心于理想的人。每次遇见这样的人,我就隐隐乎觉得他的背后像站有个我不认识却为我敬爱的陶先生的影子似的。
>
> 前年从桂林逃难到重庆,陶先生请我和一些朋友到广东酒家吃茶点,这才第一次看见了陶先生,我一向以为他是个活跃的行动者,办学校创立会社,言谈风度,必然近于一个政治家,到不料现在我面前的,乃是一个哲学家的样子,沉静而不多说话。他穿的一套黑呢学生服,看来相当旧。这使得他那仿佛有些缺乏营养似的脸子越发显得古板起来。但他的态度,却又并不使人感到生疏,或者甚至使人不敢亲近。到是令人觉得他是一个极其和蔼可亲的人,宛如多年未见的仁慈长者,一旦又遇在一道那么似的。他没有客套的寒暄,没有应酬的笑谈,他只是很关切到你的生活。我记得当时陶先生首先问到我的便是,你找到房子没有。一九四四年的秋天,湘桂撤退后的重庆,是各处逃难者纷纷逃来的地方,城内以至几十里路远的近郊,都不容易找到房屋,这是我们从桂林逃难

而来的人顶感头痛的事情。陶先生问了之后，立刻就摸出他的名片，用自来水笔写着简单的介绍信。一共写了两张，一是给江北香国寺任家花园一个地主的，一是给江北观音桥育才学校音乐组一个教员的，都是请托他们代为寻找房子。他这种关心人的热情，使人心上生着无限的温暖。

今年在社大上课的时候，我家因为吃了不洁的菜油（当时不知道后来才慢慢考察出来的），全家开①了长期的肚泄，我勉强打起精神去上课。有一次碰见社大的同学在准备演话剧，戏台剧场，都在礼堂内布置。我便向陶先生问询，今晚上不上课。陶先生正同李公朴先生和别的几个人，坐在一进校门的院坝内，讲着什么话的。他听了我的问询，连忙转问李公朴先生。李公朴先生带着他那老是亲切愉快的脸色，笑着说，不上了，就在这里看戏罢。我那时很想缺课休息，但因一礼拜才一次，又不好缺的，碰见这样的机会，真是求之不得的了。我便回答，我患肚泄没有精神久坐看戏。他们就说，那快些回去休息罢。陶先生偕不放心的，从后面赶来，问我吃过什么药没有，叫我不要随便拖下去。我便告诉他，我已找医生看过，吃过消炎片了。陶先生挂虑地说，唔这很贵嘛，让我跟你想办法。随又问我，你吃了多少片了？我说络络续续将近吃了三十片了。于此他警戒地说，你最好去找医生检验下子，检验了才可以吃，消炎片吃多了，会破坏白血球的，那就有不可补救的损失。又叮嘱道，吃的时候，在四五个钟头内，不能吃蛋。我在市民医院去看病，医生只把消炎片开在药单上，就算了，从没告诉我一句，吃的时候，应该禁忌些什么。关于忌蛋，到从朋友方面听到一些，至于吃多，会破坏白血球的话，则是唯一的从陶先生那里听来的了。我倒不惊奇陶先生常识的丰富，我所深深感动的，是陶先生对人那种热烈的爱护，和真诚的关切。不幸就在这一夜学校门口，分别之后，就永远不能再见面了，这是多么使人感到悲痛。

我和陶先生的会见，次数并不算多，但我感到陶先生这个人，实是

---

① "開"，疑是"閙"的形近而误。

富于理智，却又极其热情，抱有理想，且能勇于实行的。再从他所办的教育事业，以及他写的诗歌，都可以看出他是热爱劳动人民，而且喜欢替他们效劳服务的。近年为中国的复（按：此处或有字脱落）民主运动，呼号奔走，不遗余力，而且交出他的生命，这更值得我们悼哀，永志不忘。

艾芜此文，收录时未署时间，据周洪宇《陶行知生活教育学说》附录二《陶行知研究文献》，有"艾芜：《陶行知先生印象记》，1946年8月16日，陶行知先生纪念委员会编印：《陶行知先生纪念集》"①，由此可知其确切时间。

结合上文与档案，可以看出：陶行知不仅为艾芜联系过住处，还为艾芜介绍过工作。而两人的初次见面，是艾芜逃难到重庆尚未安居之际；再据《艾芜年谱（一九〇四年至一九四九年九月）》，1944年夏，艾芜自桂林奔柳州，转贵阳，再经遵义到达重庆，"时已中秋"，即10月1日左右，"辗转流离三个多月"②。那么，陶行知向南开推荐艾芜，是否是艾芜在出发之初，便有人请托陶行知代寻差事，一方面是艾芜旅途迟滞，另一方面则因南开中学教职已满，最终谋事未成，于是才有了文中所记的这次会面？倘在认识之后，陶行知方向张伯苓热心举荐，艾芜为文时，至少会有所提及。这一推测，如果成立，则上引档案的时间应是1944年，同时也可对黄炎培的记载，做出合理的解释。而相关档案，在转手或搬迁时，归档失误，也是极可能的事。

陶行知的叮嘱，留给艾芜的印象相当深刻。1965年9月9日，艾芜在致沙汀的信中，曾引用陶行知的告诫："整理书籍，偶然看见陶行知对我说的一次话，他说消炎片不能多吃，这会破坏白血球的。不知你过去消炎片吃得多不多？又你经常服的药片，有没有破坏白血球？这倒要注意一下。"③

---

① 周洪宇：《陶行知生活教育学说》，湖北教育出版社2011年版，第385页。
② 黄莉如、毛文：《艾芜年谱（一九〇四年至一九四九年九月）》，《四川大学学报》编辑部编《四川大学学报丛刊第十二辑：四川作家研究》，四川人民出版社1982年版，第95页。
③ 艾芜：《艾芜全集》第15卷，四川文艺出版社、成都时代出版社2014年版，第140页。

1981年10月17日"上午八时",艾芜"乘车去省政协参加陶行知诞辰90周年纪念会。会上任白戈、张秀熟、沈一之、潘大逵等人发言",艾芜"也讲了话"①。讲话题为《继承发扬陶行知办学三风》,后收入江苏省陶行知教育思想研究会编《纪念陶行知》,"全集"亦无:

> 1946年我在陶行知先生办的社会大学文学系教过书,首先感到校风很好,老师和学生,亲如兄弟姊妹。管理学校行政的,就是十几个学生,事事都同老师商量,没有什么隔阂。这和陶行知先生办教育的作风分不开的,他平等待人,不拿架子。听说他留学美国回来,在上海十里洋场走路,就穿双草鞋,跟劳动人民一样。不是留了学,就高人一等。重庆育才学校后期的校长孙铭勋同志,也跟他学,对学生态度很好,学生都叫他②孙妈妈。这是多么好的校风。
>
> 至于来社会大学读书的学生,都是白天在各行各业工作,晚上抽出时间来读书。他们很用功,奋发有为,力求进步,不断地向共产党靠拢,以至加入共产党。这是多么优良的学风。
>
> 由于社会大学的校风学风以及陶行知先生个人的作风都很好,又在晚上上课,不是全日制,所以教师都高兴在业余时间来尽义务,不要一文钱。这在抗战期间的重庆,可以算是一个新型的大学,充满了生气,充满了希望,为共产党培养了无数的好干部。
>
> 陶行知先生不只办一个社会大学,还在重庆、上海等地办了育才学校,在南京办了晓庄师范学校,江苏办了新安小学。他办学校的目的是要学生得到真才实学,具有进步思想,成为推进社会向前发展的人才。在抗日战争期间的重庆,怎样才算进步思想,第一,是拥护共产党领导的抗日战争和它提出的一切救国主张;第二,是争取民主,反对国民党的法西斯专制。育才学校、社会大学都是具有这种进步思想。这和陶行

---

① 艾芜:《艾芜全集》第18卷,四川文艺出版社、成都时代出版社2014年版,第346页。
② "他",应是"她"。

知先生的进步思想分不开的。他就是一心一意拥护共产党，竭力争取民主。这也是人所共知的。

在陶行知先生的大力培养下，学生不只具有进步思想，而且还实际加入共产党，成为共产党员。有的还组织游击队，配合解放军，有力地打击国民党的反动统治。像育才学生徐相应等人，在华蓥山搞武装暴动，就是显著的一例。有的在城市里搞宣传活动，遭到逮捕、屠杀，例如社会大学的学生高力生烈士，就是一个优秀的共产党员。他对社会大学的行政工作，出力最多。其他我不认识的，还不知有多少。

总之，我们今天应把陶行知先生办学校的优良的校风、学风及他个人的生活作风，继承到手，而且还应该发扬光大，这对社会主义的教育一定是大有益处的。①

艾芜与洪深被辱事件

1946年的洪深被辱，是抗战胜利后发生在重庆的一个较为轰动的事件。关于事件的始末，《洪深年谱长编》对此有过概述：

3月2日，复旦大学农艺系学生壁报《谷风》，刊登了揭发反苏游行是国民党发给每人五角钱去玩一趟的内幕。特务学生恼羞成怒，竟将壁报主编庄明三同学拘捕，迫令他跪在草坪前，并决定举行公审。洪深、潘震亚、张志让等教授对特务无视国法校规，气得冲进教务处仗义执言，却遭到特务学生的辱骂、扔砖击打。有一位郑北田同学在出事的晚上，随许多教授和同学们去慰问洪深教授，洪先生激愤动情地对大家说："当时我看见那位同学伏在地上，没有看见他的脸，还有一位带枪的兵守在

---

① 江苏省陶行知教育思想研究会编：《纪念陶行知》，湖南教育出版社1984年版，第297—298页。

他旁边，我立刻就想起枪毙人的情形了。假若那时候我不问不闻，提着打字机低头走过，我觉得这才是耻辱，我一辈子都会不安的。他们当时叫打，我并不怕呀！就是打死，我也还是要说话的（。）读圣贤书，所为何事？"

3日，校内学生学术团体联合组成抗议暴行后援会，五十余位教授为维护学府尊严，拟罢教以示抗议。4日，《新华日报》发表短评《这成什么样子》。5日，复旦留渝校友亦成立抗议暴行后援会，支持洪深教授和进步学生。同时，《新华日报》不断报导①事实真相，并受到中国民主文化教育促进会、中国民主宪政促进会及陪都文化界郭沫若、茅盾、冯乃超、田汉、阳翰笙、沈起予、马思聪、艾芜、聂绀弩、黄芝冈、赵铭彝、陈白尘、洗群、王冶秋、王亚平、端木蕻良、柳倩、葛琴、梅林、李兰②、史丹、陶行知、邓初民、翦伯赞和臧克家等的关怀和致函慰问。……反动派不顾社会舆论谴责，每晚都有特务分子持枪包围洪深在北碚夏坝的住所，监视达一个月之久。为此，洪深气得后脑小血管破裂，遗留了脑神经病，致使健康受到很大的损害。

国民党当局对于复旦大学发生的暴行事件，最终草草了结：肇事学生仅只带头殴打洪深的但家瑞一人被开除，检查学生书信的郁寄重③记一大过，并将揭露内幕的进步学生以"所载言论有污蔑师生爱国运动"的罪名亦被开除。洪深愤而辞职表示抗议。④

事件发生后，各地多种报纸均有报道。现将当时《新华日报》与《中央日报》的有关报道移录于后，或可有助于全面认识这一事件。

---

① 报导，今作报道。
② "李兰"，《新华日报》作"李雩"。
③ "郁寄重"，《新华日报》作"郁重寄"。
④ 古今、杨春忠编：《洪深年谱长编》，中国戏剧出版社2009年版，第313—315页。"古今"即顾嘉谷。引文原有页下注，未录。

一 《新华日报》的相关报道

"中华民国三十五年三月四日 新华日报 星期一 第三版",有报道《复旦强暴学生横行不法,殴辱教授侮蔑同学,张志让等五十余教授表示为维护学府尊严,不惜罢教,三十余学术团体联合组成抗议暴行后援会》:

▲本市消息 北碚复旦大学农艺系一年级学生庄明三,因主办谷风壁报,刊登对学生游行有所评论的文章,于前天(二日)被该校少数强暴学生朱文柱、但家瑞、马兆椿、杨志固、侯震宇、吴世[藏]、张司建、韩文、王力任等人,辱骂、捕捉、迫令罚跪,且决定举行公审,且被搜查,掳走信件笔记。胡文淑、潘震亚、张志让等教授劝阻无效,反遭辱骂,洪深教授并因劝解而遭殴打,对该少数强暴学生的侮辱师长,蔑视校纪,破坏国法的行为,该校教授们及同学们非常愤慨,当晚有五十余教授决定:如学校当局对此事件不合理解决,则坚决罢教,以示抗议。学生所组织的三十余学术团体,于昨天(三日)下午联合组成一对该事件的后援会,慰问洪深教授及被辱骂的潘震亚教授等,并对教授罢教表示声援。同学又向学校当局提出控诉,抗议书在昨日上午的短短时间内就有五百余人签名,下午仍在继续签名中。昨早晨该校司法组同学出布告,向洪、潘教授等表示慰问之意,但该布告不久即被人撕去。该校一般同学对此种情况,莫不表示愤慨。现志该少数强暴学生逞凶时的情形如下:二日晨,谷风壁报主持人庄明三同学被朱文柱等人抓去质问辱骂,该报受什么人支持?什么人投的稿件?这时训导长曾来劝阻,不听。张志让教授来劝阻,也不听。张教授乃去找训导长,希望学校方面能负责阻止。[据]负责训导方面表示:让他们质问完了,再带到训导处去。但朱文柱等质问毕,又将该生拖在登辉堂门前旗杆下罚跪,并决定下午二时举行公审。复有潘震亚、胡文淑两教授经过该地,觉得此种做法,有欠妥当。乃向前劝止,也被辱骂。半小时以后,洪深教授也经该地,因劝阻无效,乃进登辉堂去

找训导长和事务长，训导长说：我拦不住。洪教授打开窗子又向朱文柱等劝说，同学对游行有所批评，并不是党派问题，劝他们不要这样做。肇事人等立即骂洪教授，并说他是共产党，骂声、打声齐起，有人用石头向洪深教授打去，又有人要推窗子去打，并高呼要"公审洪深"。后经训导长向行凶学生劝抚说："下午二点钟再说罢"，才把洪深教授和庄明三同学带走。当天下午二时，朱文柱等召开大会，宣布要公审庄明三和洪深，宣布后又询问："有反对的请举手"，当时有人举手，值主席又声令："举手的举高一点！"在此时，就有同学站起来问：是不是能讲话？答覆："没有色彩就行。"这位同学就说，这件事应由学校方面来负责处理才好。话犹未了，打声又起。但因多数同学对此事表示愤慨，公审大会未能如期举行。该逞凶的学生等仍不甘心，决定于昨晚再召开公审大会。校方对此事亦无法处置，仅出布告，让同学们安心，静候该校校长章益回校处理一切。（H）

同版，还有一则消息《郭沫若茅盾等慰问洪深教授》：

▲本市消息　陪都文化界郭沫若、茅盾、田汉、阳翰笙、沈起予、马思聪、艾芜、聂绀弩、黄芝冈、陈白尘、洗群、王冶秋、冯乃超、王亚平、力扬、端木蕻良、柳倩、葛琴、赵铭彝、梅林、李鹭、史丹等二十余人，为复旦大学少数目无法纪份子辱打该校老教授洪深事，特致函慰问洪深先生，原函如下：

浅哉先生：

　　惊闻先生仗义执言，横遭殴辱，同人不胜愤慨，特函慰问，敬祈为国为民珍重，并颂

［道］安。

（H）

更有短评《这成什么样子?!》：

暴行从街头发展到堂堂的最高学府了！

复旦大学的一位编壁报的学生，被"罚跪"，据说还要被"公审"。洪深、潘震亚、张志让、胡文淑教授，或被殴打或被辱骂。干这些事的，是一些在大学里"读书"的人。

学校里有言论自由吗？应该有，然而没有！壁报上发表一点意见，谁不同意，尽可用口说，用笔写，为什么不这样做，而干出专制野蛮的"罚跪"的事来？人身自由又在那里？

学校里的学生应该尊师，然而，就有学生"殴师""骂师"，而被殴的被骂的，正是反对用"罚跪"来压制言论自由的教授！

这种"学生"，成什么样子？学校弄到这般地步，成了什么样子？

我们慰问被殴打被辱骂的教授，和被"罚跪"的学生，我们痛心国立大学里竟发生这样的暴行！

学生和教职员必须有民主自由，学校必须有民主的校风，尊师的校风。学校里决不能容许法西斯暴徒暴行。学校当局应该赶快对这些行暴的少数学生，予以应有的处分。我们奉劝这些少数学生：学校是读书的地方，还是好好的读书吧，学学民主精神吧，学法西斯是没有前途的。更警告法西斯派，你们自己往死路上走好了，还要陷害青年，威逼青年，拖着青年走死路，是不会成功的。青年是爱国的，是坚决反法西斯，坚决为民主而奋斗的。

5日，《新华日报》第三版继续刊发相关报道。其一，《复旦发生殴辱教授侮蔑同学事件后，强暴学生继续横行：马宗融教授等仗义执言，必需处罚肇事学生。洪深教授说：如校方不能处理，将诉诸舆论》：

▲本市消息　北碚复旦大学少数有特殊背景的学生，于三月二日发生殴辱教授，侮蔑同学事件后，犹继续横行，利用学生自治会及游行同学名义，大出布告：要求严惩受辱的庄明三同学，质问洪深教授，否认自己的暴行，并企图利用学生自治会名义，召开大会，后来看见反对的同学太多（签名抗议者已达七百余人），才未开会。章益校长于三号午前

返校，手谕训导处暂时停止学生一切会议，午后即召集教授会议。章校长表示"双方均有政治背景"，弦外之音，显有左袒肇事学生之意。教授林一新竟称此种暴行为"爱国游行"后的最高潮，应当原谅。谷风壁报指导人胡文淑教授听到这段话，不禁蒙头大哭。王思复、马宗融、张志让诸教授仗义执言，认为必需处罚肇事学生，并指责训导员孙道远，居然会同肇事学生，非法搜查同学信件笔记，孙道远当场否认，但他当时打的收条还在胡文淑教授手中可作证。洪深教授更说：如学校不能处理，本人即赴重庆，诉诸舆论。又说："本人自民国十四年即入国民党，不怕什么色彩不色彩的大帽子。"章校长最后表示：三方面的学生都要处罚。即：一、因写文章而被罚跪的学生，二、出手抓人的学生，三、殴辱教授的学生。大多数同学都不满意因写文章而已遭凌辱的同学还要受处分，认为实在有欠公允。（H）

又讯：昨日上午北碚方面来电话：殴辱洪深教授的但家瑞已开除，其余留待教务训导会议处理。（H）

其二，《复旦特殊学生殴辱教授，各方人士深表愤慨：中国民主文化教育协进会特去函慰问，复旦留渝校友决组后援会》：

▲本报特讯　中国民主文化教育事业协进会，对复旦少数特殊学生，无法无天，任意殴辱洪深等教授及同学庄明三事愤慨异常，特去函慰问洪深等教授。原函如下：

浅哉、文淑、震亚、明三诸先生：

惊闻先生等被"党棍子"所收买的"学棍子"所辱殴，同人等痛感切肤，恨入骨髓！尚望先生等早日康复继续为民主事业而奋斗！

谨此慰问即祝

早痊！

中国民主文化教育事业协进会
三月五日

▲又讯　留渝复旦校友鉴于母校特殊学生横行不法，愤怒异常，并即成立抗议暴行后援会，以示抗议和声援。(H)

6日，《新华日报》第三版又有报道《复旦暴行事件草草了结：肇事学生仅一人被开除，一人记大过，而写文章的同学反被开除。洪深教授辞职》：

▲本市消息　关于复旦大学少数学生辱打该校教授洪深与凌辱非法检查复旦同学《谷风》编者庄明三等事，复旦大学学校当局对此事处理办法，已于昨天公布：带头打洪深教授的学生但家瑞处以开除处分，在布告中对于该生打洪深教授的越轨举动，有这样一段评语："系由《谷风》壁报所载言论，有污蔑师生爱国运动之处，致令少数学生于群情愤激之际，有侮辱学生，进而有侮辱师长之轨外行动，虽曰以至纯洁之事，受不可忍之诬，感情激动，不无可原"等等，至于对非法检查同学书信的郁重寄，记一大过了事。而对受了罚跪侮辱的庄明三同学，不但没有得到丝毫慰藉，而且在布告中，还说本来应该记过，因为姑念前次（罚跪）受刺激而原谅之。在《谷风》上写了一篇文章的蒋当翘同学，也以"所载言论有污蔑师生爱国运动"的罪而开除了。现在据说洪深教授已辞职，正在典卖东西，准备他去。复旦大学训导长芮宝公也正在"引咎辞职"。(H)

次日，《新华日报》第三版再刊《中国民主宪政促进会慰问洪深等教授；作家臧克家，对洪深教授被强暴学生殴辱，深表愤慨》：

▲本市消息　复旦大学特殊学生殴辱洪深等教授及污蔑同学事件发生后，各界人士非常关切。中国民主宪政促进会及作家臧克家等特致函慰问。

民主宪政促进会在给洪深、潘震亚并转张志让、周谷城、靳以、张明养、胡文淑、马宗融、王思复等教授的信中说："国政失纲，亿兆流离及生机残破日加深刻化中，不幸阴霾侵入教育神圣机构。特殊份子，不求真理，受人鼓煽，辱及师友，实属可耻可哀。际此国内外民主力量

［启］导中国脱离封建法西斯黑暗、转向民主之关头，爱国青年自应奋发策励，站在时代前线，共同保卫国父统一民主革命领导及政治协商会议之伟大成果。而甘为反动鹰犬，仇视正义及破坏国内外民主和平之丑类，实应同申讨伐。谨此慰问，并愿为［诬］公后盾。"

诗人臧克家在给洪深信中说：

"惊悉先生横被殴辱，不胜愤慨！民主世界，到处打手横行，人民世纪，好人处处挨打！法律等于具文，自由成为'特殊人物'的专利品。堂堂学府，竟成行凶之所，莘莘学子，竟在师长身上施威，学术之庄严何在，教授之尊崇何有，但正义自在人心，此种现象，实为最后之回光。尚望先生本以往战斗精神，为民主而努力。"

至11日，还有《陶行知、邓初民、翦伯赞慰问洪深等教授》的报道，见诸《新华日报》第二版：

▲本市消息 二日复旦大学特殊学生暴行事件发生后，各界人士甚为关切，今陶行知、邓初民、翦伯赞三先生去函慰问，原文如下：
浅哉震亚文淑诸先生：

惊闻先生等以劝阻少数特殊学生之暴行横遭侮辱，浅哉先生并被凶殴，师道尊严，扫地尽矣，如此教育，岂不率天下而禽兽也，特电慰问，毋任愤慨。

陶行知 邓初民 翦伯赞

二 《中央日报》的有关报道

关于北碚学生步行至渝市参加反苏游行的情况，"中华民国三十五年二月二十三日 中央日报 星期六 第二版"的报道《北碚三千余学生，今日来渝游行，昨晚徒步抵沙坪坝》云：

【中央社讯】北碚各校学生三千余人，本拟参加昨日渝市学生大游行，惟因交通关系，未能赶到，定今日来渝，游行大会昨晚八时假中法比瑞同学会招待记者，由侯震宇主席，及复旦大学何德鹤教授报告称："北碚国立复旦大学、国立江苏医学院、国立体育专科学校、国立戏剧专科学校、私立立信会计学校等五校，为要求苏联立即撤兵，切实履行中苏友好条约，原拟赶来参加今日渝市各校大游行，采取一致行动，于今晨五时出发步行八十公里，因交通关系，今晚到达沙坪坝，借宿中大及重大两校，定明晨七时出发，至国民政府、国民参政会，及外交部三处请愿，并作示威游行，除五校全体同学及部份教授外，兼善中学及重庆女师亦将赶来参加。"

次日，则有"本报记者"赵浩生的专题报道《更感人的场面——北碚区学生的示威游行》发表于《中央日报》第三版：

  像一首越写越壮丽的史诗，像一把越烧越狂烈的野火，陪都学生的爱国游行，昨天，有更伟大的行动，有更感人的场面。

  从北碚，从青木关，从歌乐山，戴着星月，踏着崎岖山路，夜露沾湿衣服，风尘覆满全身，磨破了脚踵，累陷了眼眶，然而，真挚热烈的祖国爱在支持着他们，忘却辛苦，忘却疲劳。八十多公里长途，不分昼夜的跋涉，本身就是一个使人感泣的壮举。

  北碚的各学校，是二十一日晚赶到沙坪坝，坝上的学生，在游行极度的疲劳后，擦干他们的汗珠，揩掉那残留眼角的泪痕，以更亲切的热情，来接待这些远来的兄弟。

  青木关的中大附中，是二十二日晚八时动身，昨天早晨四点钟到沙坪坝，歌乐山的江苏医学院及高级护士学校，助产学校，医师训练班，是昨天清晨三点钟动身，在大队将出发前举行升旗礼的时候到达。

  在沿着嘉陵江的石板小路上，到处都有着那鼓[励]的、安慰的在跋涉中解颐的标语："当心下坡！""不前进就要落伍，走！为甚么要休息?""No pain no gain, the beauty waiting, no for① away——""先爱祖国,后爱你!"……年青人经过的地方,虽然是在古老的石板路上,也会开花的。

七点钟,大队从沙坪坝出发,小龙坎化龙桥一带居民,有前晚特地赶到城内买来鞭炮,用大竹杆挑起来,为他们送行,欢呼的民众,在街道左右,砌成了两道人的墙壁。大队行进到化龙桥菜市附近的转湾②处,因为群众过于拥挤,一个豆腐摊被挤倒了,同学上去给那位发鬓斑白的主人道歉,表示愿意赔偿。主人抚着那位交涉的同学的肩膀笑了,连连的说:"没来头!没来头!你们进城去爱国,听说东北都要丢了,我们还要这几十块豆腐做啥子?"他眼眶里泪光在闪,那位交涉的同学感动的抓着老人的手,民众在向他们鼓掌。

十点多钟,大队到达牛角沱。

上清寺十字路口的民众万头攒动,每个人都提起脚跟,睁大眼睛向牛角沱的方向遥望。

"来了!来了!"一个站在储汇大楼窗口的女孩子在喊,雷鸣一样的鼓掌声爆发了。

大队来了,最前面,是一个与马路同样宽的红色长横标,复旦大学章益校长拄着手杖,在这旗下庄严的走着,后面,是教授队伍。林一民教务长,领导高呼口号,今天,他们站在同学们的前头,领导着呐喊了,在爱祖国的感情上,他们与年青的同学们一样狂热。在需要呐喊,需要行动的时候,他们是会走在青年人的前头的。千万市民,用最狂热的掌声,献上对他们的崇敬!

学生的队伍更壮大,大家都挥动着上面印有红色"收复东北!"口号的小旗,"收复东北!"正是我们流过多少血泪要争取实现的口号!今天,是更高高的举起,更雄壮的喊出,这是最热烈的一次,也应该是最后的

---

① "for","far"之误。
② "转湾",亦作"转弯"。

一次了。

这队伍的本身，充满着各种光色。复旦、苏医、沪医学校，是激昂中有着沉重，立信、国体、重师、医训等校，是无限奔放。中大附中、复中、助产、兼善等校，是一团天真，剧专的口号通过艺术的训练叫出来最激动感情，音乐院的歌声常赢得民众和全体游行同学的鼓掌，护士学校的白制服光洁耀目，她们职业的光荣标记也是她们战斗的戎装。

从上清寺到国府，走进那巍然矗立着四个水门汀巨柱的国府大门，队伍排列在广场上，更大的口号声，在这里爆发，是谁在那广场中心的大旗杆上，贴上一张"勿忘东北同胞，誓死收复东北！"的标语，沸腾的民意，全民的决心，随着这高杆升腾，让天上的流云，戴着这如火如荼的热情，飞向东北罢！给那四千五百万受难的同胞，带去温暖，带去声援。东北同胞们！每一个中国人谁会忘记你呵！

大队在广场上狂呼，代表们拿着大家提出的口号，谒见吴文官长当面提出，总主席何德鹤教授率领［着］各代表走出，在播音机前向大家报告："吴文官长完全接受了我们的要求，立刻出来给我们讲话。"全体欢呼鼓掌。

吴文官长诚挚致词，并向大家慰劳以后，全体席地午餐。

游行开始，沿路市民自动设茶水站，公共汽车管理处在筹备专车，为这爱国游行队伍服务，是大家同感光荣的事。

昨晚，他们（有）的乘车返校，有的借宿在求精中学，陪都市民，都会给他们昨夜的睡眠□过。

3月7日，《中央日报》第三版以《复旦学生纠纷解决，两肇事学生开除学籍》报道了这一事件的经过：

【中央社讯】三月二日上午，复旦大学发生之学生纠纷自章益校长回校处理后，五日已告解决，肇事学生均已分别惩处。兹志该校发表之经过情形如下：纠纷起于学生蒋当翘用笔名"冷眼"在谷风壁报上登载下列两段文字：

"据云：'世界最民主国'××部主办游行示威，先生发该国国币五千、卡车相送。

学生不参加游行要开除，教授扣薪金二月。当今之世，学生教授何其难当也……"

经若干同学于三月二日上午十时左右贴出对该壁报质问启事后，即有学生多人聚集，群情愤激，遂将主编该壁报之学生庄明三带至大礼堂质问，并在登辉堂前罚跪。是时训导处力予制止，再三劝导无效，在感情激动之际，并有极少数学生对劝导之师表有侮辱行为，后经竭力劝导始散，学生庄明三亦早由训导长送入课室内休息。此事发生时，适该校章校长因公在渝，闻讯后，即于次晨赶回校中，当即谕令学生静候学校查明事实，分别依章处理。是日（三日）下午召开教授谈话会，大体意见一致，乃于四日上午纪念周席上，由张①校长对全体学生剀切训话，其要点为：学校纪律必须维持，肇事学生必须惩处，学生应尊敬师长，同学间应和睦相处。出席纪念周师生一千余人，鼓掌表示接受。下午举行训导会议，决定将肇事学生但家瑞（拖拉同学罚跪、并侮辱师长之学生）、蒋当翘（污蔑文字之作者）开除学籍，学生庄明三为谷风壁报负责人，原负连带责任，姑念其已受刺激，免予处分。其余有关学生分别情节轻重，予以惩戒，并布告谆［嘱］学生应本亲爱精诚之精神，永维学校之令誉。此事即告结束。

3月12日，《中央日报》第三版刊发了《给郭沫若先生的一封公开信》，末署"复旦学生王居哲手上 三、五、午后"，此处不录。

三 艾芜的《洪深被辱有感》

对此事件，艾芜除联名致函慰问外，还有专文《洪深被辱有感》予以

---

① 复旦大学时任校长为章益，故此处"张"或当作"章"。

申讨。该文发表于《中原·文艺杂志·希望·文哨联合特刊》① 第一卷第四期（第1—2页），"中华民国三十五年三月三十日出版"，"全集"无收。其文如下：

  洪深先生不仅以文章知名，且以仗义敢言，见义勇为，见称于世的。在好些年前，上海租界内，一家电影院，演出侮辱华人的外国片子，许多人看了，敢怒而不敢言，但洪深先生却挺立起来，发出洪亮的声音，当场提出抗议，立即得到观众的响应，因而遭到外国巡捕的逮捕，然而这一英勇的壮举，由此震动了全国，博得了无数人的敬爱。

  今天洪深先生住在并非帝国主义者统治的租界，而是在一个人民求民主，政府也不得不口称还政于民的自己国土上头，而且偕是在一个讲求学理的最高学府里面，但他也看见了，一个年青的中国人，一个正受他教育的学生，被人侮辱且被人损害。他的痛心，他的悲愤，自必更甚于当年影片上外国人所制造的侮辱华人事件。当然洪深先生更非出来仗义执言不可。

  外国巡捕的逮捕人，乃是奴才奉行帝国主义者的命令而已，但他们尚不敢对被捕者随便加以辱骂和殴打。不幸最高学府的"学生"，却对于教授的劝告，竟公然报以辱骂，且向之投掷石块，这就不能不叫人震惊，以至于忿怒了。

  但一个学校里面，平日既然纵容一部份特殊学生，腰插手枪，欺压同学，威胁教师，则其强迫同学罚跪，向教师辱骂殴打（投击石头），就并非偶然的不幸现象了，而实是一个反民主危害人权的严重事件，若不将特殊份子扫数②革出，就定会经常发生的。

  洪深先生今天虽然受到了辱骂，被人投击了石块，但他仗义执言的英勇行为，却更使人感到鼓舞，更使人感到敬爱。

---

 ① 该刊编辑兼发行：中原社、文艺杂志社、希望社、文哨社；总经售：重庆三联书店（重庆民生路七十三号）；分销处：联营书店（成都、汉口、重庆）。
 ② "扫数"，全部、全数。

几乎是与此同时,该文又发表于《文汇半月画刊》① 创刊号(第19页),"民国卅五年四月一日出版",但文字、标点差异较大,故再录:

> 洪深先生不仅以文章知名,且以仗义敢言,见义勇为,见称于世的。在好些年前,上海租界内,一家电影院,演出侮辱华人的外国片子,许多人看了,敢怒而不敢言,但洪深先生却挺立起来,发出洪亮的声音,当场提出抗议,立即得到观众的响应,因而遭到外国巡捕的逮捕,然而这一英勇的壮举由此震动了全国,博得了无数人的敬爱。
>
> 今天洪深先生住在并非帝国主义者统治的租界,而是在一个人民求民主,政府也不得不还政于民的自己国土上头,而且还是在一个讲求学理的最高学府里面,但他也看见了,一个青年的中国人,一个正受他教育的学生,被人侮辱且被人损害。他的痛心,他的悲愤,自必更甚于当年影片上外国人所制造的侮辱华人事情。当然洪深先生更非出来仗义执言不可。
>
> 外国巡捕的逮捕人,乃是奴才奉行帝国主义者的命令而已,但他们尚不敢对被捕者,随便加以辱骂和殴打。不幸最高学府的学生却对于教授的劝告,竟公然报以辱骂,且向之乱投石块,这就不能不叫人震惊,以至于愤怒了。
>
> 但一个学校里面,平日既然默许一部份特殊学生,腰插手枪,欺压同学,威胁教师,则其强迫同学罚跪,向教师投击石头,就并非偶然的不幸现象了,而实是一个反民主危害人权的严重事件。将校内特殊份子,若不加以革除,就会经常发生的。
>
> 洪深先生今天虽然受到人辱骂,被人投击石块,但他仗义的英勇行为却更使人感到鼓舞,感到敬爱。

---

① 该刊发行人:严宝礼;编辑人:余所亚;出版者:文汇报馆。

《高尔基的小说》始末

"民国卅五年七月十五日",《萌芽》第一卷第一期①,发表了艾芜的《高尔基的小说》(第36—37页)。《艾芜全集》第十四卷之"文学创作谈"收录,但文字、标点、段式小异,故据《萌芽》创刊号再录:

> 高尔基在他四十多年的创作上,表现出了非常丰富的成绩,单就小说的种类讲就有浪漫主义的作品,现实主义的作品,新现实主义的作品。
>
> 高尔基初期的小说,是属于浪漫主义的,但读了之后,并没有使人脱离现实,忘记现实,到是使人愈对社会不满,渴慕自由,希望新的生活,他初期小说中的人物,都是轻视社会中的成法,反对一般因袭见解的。像托尔斯泰写的安娜卡列尼娜为了自由的爱,而在上流社会失掉了地位,竟弄到悲惨的自杀。可是我们来看高尔基写的玛尔华,她却不管别人的非难,她要爱哪一个就爱哪个。如像海鸥一样,要飞到什么地方就飞到什么地方,谁也不能阻挡她的路。陀思杜也夫斯基写的偷窃东西的人,即使没有受到法律的打击,但在心灵上也会起着不安的痛苦。可是我们来看高尔基所写的窃贼流浪汉,却又以偷窃自夸的了。《草原上》里面那个流浪汉,在饿极了的时候,要抢木匠的面包偕说这样的话,他有,我没有,为什么我不该拿他的,高尔基所写的窃贼流浪汉,不仅轻视所有构②这种成法,且也不把世人所宝贵的金钱放在眼里。他们有钱的时候,比任何人都要慷慨。在《哲父卡士》里那个窃贼,讨厌一个农民的爱钱样子,竟把所有的钱,通通的丢给他。他们又极看不起上流社会的人物,像《曾经为人的动物》里面,克华尔达非常唾弃他的做房主的

---

① 编辑兼发行者:中华全国文艺协会重庆分会;总经售:三联书店重庆分店(重庆民生路七三号)。
② "构"为衍字。

富商。那个富商见一个穷房客死了，假惺惺的摸着钱袋说他愿捐点安埋钱，克华尔达便嚷起来，你敢拿你的脏钱埋这诚实的人吗，看我不撕碎你！高尔基在初期的小说里，不只是歌颂自由歌颂反抗而已，他偕赞美为大众谋幸福而牺牲的英雄。在《老太婆伊则格尔》内，一个传说中的人物"但科"，在黑暗的森林中，领导人民到有阳光的原野里去，他竟然撕开自己的胸膛，挖下心来做火炬，照耀出一条光明的大路。

至于高尔基的现实主义的小说，是有着严峻的批评的态度。有一次托尔斯泰听见一个少女告诉他说她读了安娜卡列尼娜，对于那些跳舞的场面很感兴趣，而且为之神往，他不禁眉头皱了起来，觉得这在作品的教育意义来说，算是一种失败，因他并不愿意跳舞的场面，去使读者沉迷。高尔基对于现实，却作着无情的批判，揭破资本主义野兽一般面目，血腥残酷的实质。他指出旧社会怎样埋没人的性格，怎样摧残自由思想。他的描写现实的作品，绝不会使人对于那种腐烂的生活，私下感到艳羡。《福玛·高狄耶夫》一书内，那个伏尔加河的富商史楚洛夫，经过高尔基的描写，你就可以看出，他曾富有，却是在血腥粪秽里生长出来的。他的旅馆里的小房间，简直会叫读者闻到一般臭味。高尔基借福玛高狄耶夫责备资产阶级。"你们不是建设生活，你们创造了一个地狱，你们用自己的手造成了龌龊的丑恶。……你们用别人的手做工。因为你们的'大'事业，有多少人流了鲜血。就是在地狱里也没有你们的位置。……不是在火坑里，而是在粪坑里在滚沸的粪坑里，你们将要受着惩罚，你们的行为，是没有赎罪的时候了。"

高尔基在小说上不只是暴露黑暗（,）单单严峻地批判现实，他偕从社会里面指出光明的路，描写革命的新人物。屠格涅夫也在小说《前夜》里面，写过革命人物殷沙洛夫，但那却不是俄罗斯人，而是一个保加利亚的国民，并且也只是一个民族主义的革命者。高尔基则在《母亲》一书内，不仅写出真正俄罗斯的革命人物而且偕是道地的无产阶级出身的前进战士巴威尔来。《母亲》是一本新现实主义的作品，亦即是一本社会主义，现实主义的作品。里面用艺术的手腕，描写工人有组织的斗争，并表现出社会主义思想全部的力量。它鼓舞无产阶级的革命意识，证明无产阶级在革命斗争中的领导作用，用革命的方法，通过自己的专政，曾给劳苦的人民带来解放。

通观高尔基的小说，其所以能由浪漫主义一直走到新现实主义，自然最重要的一点乃因他的浪漫主义并非使人忘记现实，而是一直在"强化人们的生活的意志，在人们的心中，唤醒对现实一切压迫的反抗心"（高尔基对浪漫主义的注语），同时也由于他从小就经过艰难的生活，熟悉劳动人民的痛苦，明白他们的优良和长处，并热爱他们，希望他们处境变好，因为不断地注意现实，想改变现实，既然注意现实想改变现实便会看出能够改变现实的主要动力来——即是无产阶级所进行的革命。再更重要的一点，是他能把他的笔和他的生命，都拿来参加无产阶级革命的事业，努力写他们所需要的作品。这也就是高尔基小说所以伟大的地方。

该文后被多次转载。一是《时代杂志》第六年第二九期（总第一六七期)[1]附刊[2]"高尔基研究"第二十三期之"高尔基和我们"（第35页），改题为《读高尔基的小说》，"民国卅五年七月二十七日出版"。二是罗果夫、戈宝权合编《高尔基研究年刊》（1947年），上海时代书报社出版。年刊分为："高尔基和当代""高尔基和我们""高尔基研究在苏联""回忆高尔基""中国作家对于高尔基的作品的研究与介绍""高尔基作品中译的研究与批评""高尔基文学遗产中的新资料""评介"及附录等。艾芜一文收入第五部分（第161—152页），仍题"读高尔基的小说"。三是《友谊》半月刊[3]第二卷第十二期，1948年6月15日出版。《读高尔基的小说》收入该期"纪念伟

---

[1] 发行人：匪开莫；编辑人：苏商时代出版社；总经售：苏商时代出版社（上海斜桥弄七十号）。该刊"每星期六出版"。"高尔基研究"第23期发文有：《论文学创作的技术》（高尔基作，戈宝权译）、《读高尔基的小说》（艾芜）、《科诺华洛夫（一）》（高尔基作，白寒译）。

[2] "附刊"，附带刊载；副刊。

[3] 关东中苏友好协会编印。

大革命文学导师高尔基逝世十二周年"① 特辑（第 3 页）。

"全集"收录时，题下有注"在高尔基逝世十周年纪念会上一个简短的发言"，这为探究其写作背景提供了宝贵的线索。《20 世纪中国抗战文化编年》即有条目：

> 6 月 18 日高尔基逝世十周年。中苏文化协会与"文协"重庆分会举行纪念会。阳翰笙任主席并致辞说：一、高尔基是全世界革命文学的鼻祖，是新现实主义的第一个成功的伟大作家。我们要好好地系统地学习，锻炼自己，提高自己。二、高尔基是一个无产阶级出身的人，在沙皇时代，他是被剥去了一切受教育机会的人。但他意志坚强，百折不挠，终于获得了最高的文化教育，并以其文化成品去教育他人，推动革命。做人和做文分不开。从做人方面说，他更是我们活的模范，活的榜样。三、高尔基是苏联卓越的承先启后的伟大作家。他的作品反映了十月革命前后两个时代的生活。要从这些作品中去了解苏联的真实生活，也只有如此才可以说真正做到了中苏文化交流，邦交从而也才能得以更加亲密巩固。致辞后郁文哉、聂绀弩、端木蕻良、艾芜作了研究报告。之后就是朗诵和唱歌。②

再看当时的报道。"中华民国三十五年六月十九日 新华日报 星期三 第三版"有《中苏文协和文协分会开会，纪念高尔基十周年祭》：

> ▲本市消息　昨晚七时，中苏文协及中华文艺协会重庆分会，为高尔基逝世十周年举行纪念会，到八十余人。由阳翰笙主席，报告纪念高尔基的意义，高尔基一生最大的贡献，值得我们学习的，是他艰难困苦的奋争，在文学上开创了一个新世纪的革命文学，一面是对旧的沙皇时代的专制黑暗横暴作了尖锐的批判与反［映］，一面对新的人民的时代，

---

① 这是封面题名。目录作"纪念革命文学导师高尔基逝世十二周年"，内文作"纪念文学导师高尔基逝世十二周年"。

② 文天行编著：《20 世纪中国抗战文化编年》，四川辞书出版社 2015 年版，第 360—361 页。

新的劳动阶级作了伟大的号手，我们在今天应学习高尔基文学的遗产，深刻的从高尔基□①光辉作家的研究而增强中苏两国文化的合作及对苏联的认识。继由郁文哉，聂绀弩，端木蕻良，艾芜报告高尔基作品的研究，及王亚平朗诵《海燕》，邓晓晖朗诵《钟》，苏绘李恩琪合诵《死神与少女》，及谢纵□等唱《囚徒之歌》。（H）

同年7月，《中苏文化》月刊（渝版）第十七卷第五、六期合刊②也有报道《高尔基逝世十周年纪念晚会：一九四六年六月十八日在重庆中苏文化协会》（第4页）：

> 在陪都举行苏联革命文豪高尔基逝世纪念会，这是第八次了。这次晚会的主办者是中苏文化协会和中华全国文艺界协会重庆分会。
>
> 晚会预定七时开始，座位因大多数文化界人士已经离开重庆，只预备了五六十席。但五时以后，就有很多青年男女冒着大雨赶来。一部份后到的文化界人士，在已被三倍于预定席位的会众占领的文化沙龙里，就找不到插足之地了。到会人士有阳翰笙，董每戡，沈起予，沙汀，聂绀弩，艾芜，何其芳，向林冰，力扬，卢鸿基，端木蕻良，周文，李文钊，郁文哉，萧蔓若，柳倩，焦敏之，朱海观，王亚平，丁易，禾波，杨荣国等先生。
>
> 阳翰笙先生致开会辞，给高尔基的文坛地位和革命精神作了一个扼要的评介后，并希望大家通过对高氏的研究去认识苏联，了解苏联，藉以加强中苏两国的文化合作与民族友谊。继由郁文哉先生演讲《怎样纪念高尔基》，并建议把六月十八日这天作为每年检讨高尔基研究和中苏友谊的日子。次由王亚平先生朗诵《海燕》，诗人的音调更激发了听众的情绪。在聂绀弩先生用轻松的口吻作了《廿六个男与一个女》的研究报告

---

① 笔者所查阅的《新华日报》影印版及胶卷，此处均极模糊，故缺字存疑。下同。
② 编行者：中苏文化协会杂志委员会（重庆中山路二〇六号）；经售处：各大书店；印刷者：时代印刷出版社（重庆大同路三十二号）。

后，即由中华剧艺社的苏绘先生和李恩琪女士朗诵《少女与死神》，通过他俩的演剧家的声带，大家倾听着爱如何战胜死的故事。端木蕻良先生《谈谈高尔基的小说》，紧紧找住①了上一节目，发辉②了爱战胜死这个主题，并剖析了高氏颂扬母性的巨著《母亲》。随着邓晓晖先生的《钟》的朗诵，就由艾芜先生顺着浪漫主义——批判的现实主义——社会主义的现实主义这条线索作了《高尔基小说研究》的报告。末仍由邓晓晖先生等合唱《囚徒歌》，整个的会场情绪被这二重唱③镇抑住了。

十时，主席宣布晚会结束，大家从这个洋溢着文艺气氛的沙龙，恋恋不舍地冒着夜雨踏上了街头。（记者）

艾芜与二十世纪八十年代的抗战文学研究
——一次访问记与两次会议

1980年6月16日至19日，中国抗战文学讨论会在法国巴黎举行，参加的代表来自法国、美国、英国、联邦德国、民主德国、加拿大、意大利、荷兰、中国香港等国家和地区，巴黎大学东方语言学院中文系主任于如扬主持，讨论的中心是中国抗日战争时期的文学运动。受此激发与促动，中国大陆地区的抗战文学研究也开始勃兴。同年11月21日至24日④，四川省社会科学研究院、重庆市文联、西南师范学院，在重庆联合召开抗战文艺讨论会，并成立"重庆地区中国抗战文艺研究学会"，推选沙汀、艾芜为名誉会长，选举方敬为会长，廖永祥、王觉为副会长。学会常设机构在四川省社会科学院文

---

① "找住"，或为"抓住"。
② "发辉"，"发挥"，在原有基础上的发展。另有"发晖"，意谓阐发。
③ 所谓"二重唱"，结合《新华日报》的报道，应该是由邓晓晖和谢纵□两位完成。
④ 文天行：《是终点，也是起点》，吴野、文天行主编《大后方文学史》，四川教育出版社1993年版，第655页。

学研究所内。①

随着研究工作的推展，不久，便有"黎明"对艾芜进行了采访。访问记以《艾芜谈抗战时期的文艺活动》为题，发表于《抗战文艺研究》1982年第1辑（总第二辑），"全集"无收。鉴于该刊并不常见，故附录全文：

> 春节前夕，我们拜访了艾老。
>
> 艾老住在《四川文学》编辑部后院的一排普通青砖平房内。
>
> 已入古稀之年的艾老面容清癯，但精神还健旺。虽然他的颜面上明显地留有出国访问长途奔波的倦容，却早已伏身案头专心写作了。看见我们进来，他很有些不舍地停住笔，推开堆积在大园②桌上的书刊，腾出一角可供谈话的天地，热情地用清茶来款待我们，并一一回答了我们提出的各种问题。
>
> 问：艾老，请给我们谈谈"中华全国文艺界抗敌协会"（简称"文协"）的情况。
>
> 答："文协"是一九三八年三月廿七日在汉口正式成立的，这个成立大会我没有参加。我是三八年十月多才到武汉，不久就去长沙了，直到一九四四年我才又去重庆。
>
> 问：能给我们谈谈分会的情况吗？
>
> 答：至于分会的情况，我只比较熟悉桂林。桂林"文协"分会成立时我正在那里。当时那里不是有个《救亡日报》，由夏衍、林林他们在主编吗？他们都不直接出头搞分会这个事情，而是找王鲁彦他们来承头。
>
> 哦，桂林"文协"分会成立时还有一段小插曲。国民党有个文化人叫盛成，他是专门写政论文章的（他以前也写过小说《我的母亲》），想把"文协"桂林分会抓在他手里。但是我们都不支持，我们支持主张抗日的王鲁彦。结果国民党想抓"文协"桂林分会没有搞成。

---

① 游藜：《一次讨论抗战文艺研究的聚会——兼记重庆地区中国抗战文艺研究学会的成立》，《抗战文艺研究》1981年第1期，第6页。
② "园"，应作"圆"。

问：能不能谈谈筹备桂林"文协"分会的具体情况？

答：前不久"桂林八路军办事处纪念馆"和"桂林文化城陈列馆筹备处"的几个同志也专程来问过，我同他们详细谈了。他们那里有记录。

记得是当时的《救亡日报》付刊①主编，现在北京的"对外文化协会"付会长林林同志来找我商量筹备分会事宜，我们就共同拟定了一个桂林"文协"分会的理事候选人名单。

问：桂林"文协"怎么开展活动的？

答：主要是用开座谈会的形式来开展活动。要了解开座谈会的详细情况，可以找司马文森他们在桂林办的一个刊物《文艺生活》来看，那上面有关于开座谈会的报道和记录。

问：请谈谈您到重庆后所了解的"文协"总会的活动情况。

答：到重庆后，"文协"的理事会我都没有参加过。去开会的主要是老舍、巴金、邵力子和茅盾等人。郭老那时不是负责第三厅（后来是"文化工作委员会"）吗？"文协"的中心活动就在郭老那里。但代表"文协"直接出面的还是老舍他们。

问：您怎么去重庆的？

答：一九四四年秋天，日冠②展开"打通大陆交通线"的新进攻，国民党军队大溃退，我是逃难到重庆的。

我们算是"文协"会员啰，逃到重庆没有地方住就住进了"文协"，一家人"占领"了它一间会议室。梅林在当秘书，他把会议室腾出来让我们一家人住。其实也无所谓什么腾啰，把椅子这些搭起来当床睡就是了。

当时"大后方"有两个文化中心——重庆和桂林，湘桂逃难到重庆的文化人很多。后来我才知道，是"西南联大"的学生为了帮助这批逃

---

① "付刊"，应作"副刊"。以下同。用"付"同音替代"副"，出现于1977年11月20日所公布的第二批简化字。后虽被废除，但仍部分残留于一段时期内的出版物和印刷品。
② "冠"，"寇"之误。

难的文化人，募了一笔钱交给"文协"，"文协"用这笔钱才又增修了一点草房。桂林逃难来的文化人去了就住在那里，也就是张家花园嘛。

问：请艾老再谈谈"文协"与国民党顽固派作斗争的情况。

答："文协"总会在重庆与国民党顽固派的斗争情况，我还知道一点。是一九四四年底还是一九四五年初，这个具体日子我记不清了。国民党阴谋组织一个全国性的"著作人协会"，妄想用它来代替"文协"。成立大会的地址就选在重庆上清寺，就是现在广播电台所在的地方。开会那天，沙汀、我都去了。在会上夏衍他们提出了一个提案，好象①是演话剧不要通过国民党审查。这个提案没有通过。夏衍在会场上一招手，沙汀、我，还有好多人就都退出去了。结果这个会没有搞成！

问：请艾老谈谈研究抗战文艺应注意的问题。

答：要研究抗战时期的文艺创作，应该多收集抗战时期出的文艺刊物和书籍，收集以抗战为题材的戏剧、小说、报告文学、诗歌……，收集起来研究。现在外国人研究中国抗战时期的文学史很活跃，他们也是从作品入手来研究的。

问：正想请艾老谈您那段时间进行文艺创作的情况。大家对您的《秋收集》《荒地集》合《丰饶的原野》评价都是很高的。

答：《丰饶的原野》的内容不是写抗战的，它是《春天》与《落花时节》两个中篇的合编，应该是属于另一个时期的作品。

《秋收集》和《荒地集》，是收有不少以抗战为题材、表现抗战内容的作品。

不过，当时也不能说是很明确地意识到了怎样使文艺创作为抗战服务。当时形成了一种思潮：报纸的编辑约稿要求尽量是以抗战为题材的；读者想看到的文艺作品也是以抗战为内容的；作者自己创作也极力想表现抗战，以鼓舞人民，反抗日寇。我们都是在这种强大的抗日思潮中进行创作的。

---

① "好象"，现作"好像"。以下同。用"象"同音替代"像"，也是第二批简化字的残留。

那时不是曾经有过一场辩论吗？有人主张文艺创作"与抗战无关"，我们都是反对这种论调的。在民族存亡的生死关头，文艺创作怎么能与抗战无关呢？一定要与抗战有关！凡是作品都要与抗战有关，不能写"与抗战无关"的作品。

问：能不能具体谈谈象《某城纪事》《纺车复活的时候》《秋收》《意外》这些比较著名的短篇是怎样围绕文艺为抗战服务进行创作的？

答：这些作品的产生主要是受抗日思潮的影响，这个抗日思潮很早就开始形成了，在一九三一年"九·一八"事变后就开始形成了。

当然，这个思潮的形成，是与党的领导、党的政策的推动分不开的。一九三二年中央苏区就对日宣战，一九三三年党在苏区发表宣言主张联合抗战，一九三五年又发表了著名的《八一宣言》。当时全国的工人、农民和各阶层人民都主张抗战。上海《申报》主笔史量才，就是因为有抗日倾向，才被蒋介石暗杀了嘛！

有一件给我留下很深印象的事：

一九三八年我是在湘南宁远县度过的。县城里的政治气氛很反动，城墙上刷着"攘外必先安内"的大标语。在小学校里只要一提到"蒋委员长"，学生们就"轰"地一下都站起来。可是我暑假到离县城只有二三十里路的一个镇子天堂墟去，感到的气氛就完全不一样了。天堂墟是一九三四年红军长征时曾路过并住了几天的一个镇子。一进镇口，就看见小学校的墙上有红军长征路过时刷下的大标语：

"北上抗日！"

"打倒汉奸卖国贼蒋介石！"

每个字都有箩筐那么大，保留得完完整整清清楚楚。

走进镇里，看见住户人家的墙上还有红军写下的其它标语。从这件事可以看出，主张抗日是得到全国人民拥护的，抗日思潮是早就形成了的。

在这个抗日思潮推动下，当时进步的文化人创作自然而然都找抗日题材,以鼓励人民抗日。比如我自己一九三三年(或者一九三四年)在上海时,就写过一个《咆哮的许家屯》,内容是写被压迫的中国人起来反抗侵略。东北来的作家也写了反映抗战的《八月的乡村》等。可见,"芦沟桥事变"前大家就注意找抗日的题材。"芦沟桥事变"后当然更是这样了。我的那几篇小说,就是在这个抗日思潮的推动下构思、写作的。

问:您在上海期间,还写过其它什么反映抗战的作品?

答:写过反映上海抗战的小说《光荣的死》。这篇小说我自己都一直没找到,记得好象是发表在阿英编的一个什么刊物上。还写过《八百勇士》《难民收容所速写》《两代人》《两个伤兵》等。

问:这些作品都是写在"七七"事变以前吗?

答:是的。

问:您在"芦沟桥事变"以后,还写过一部《芦沟桥演义》?

答:啊!那是芦沟桥事变刚刚发生后在上海写的,很不成样子的。

芦沟桥事变后,《大公报》一个记者陆诒到芦沟桥实地采访,并写了通讯。陆诒回来,夏衍组织文艺工作者开了个座谈会,请他作报告。陆诒讲完,夏衍就对张天翼、沙汀和我说:"你们几个合起来一人写一段,写个《芦沟桥演义》怎么样?"我们三个就一个写事变前,一个写事变中,一个写事变后,合作写了个《芦沟桥演义》。这个东西写我们是写完了,但因为它完全是根据陆诒的报告加以想象发挥的,又是三个人凑起来的,到底是不成样子的。报上虽然登过我们几个合写《芦沟桥演义》的消息,但这个东西后来发表没有,我就不知道了。不过,这也可以说明:当时文艺界极力想创作鼓舞抗日情绪的作品,力争为挽救民族危亡做一点贡献。

问:您到武汉又写了什么作品?

答:我在武汉只呆了四五十天,给《大公报》付刊写过东西,名字记不起来了,可能后来都收进集子了。

问:离开武汉后呢?

答：离开武汉，我就去了长沙。在长沙只住了半个多月，没有写什么东西。在长沙八路军办事处，我听了徐特立的报告《中国向何处去》，印象很深。

这以后我就去了宁远县，三八年春节都是在那里过的。我在宁远县住了一年，写了中篇《江上行》，是通过从镇江到汉口坐船逃难的一群人的遭遇来反映抗日战争的。

离开宁远，我就到了桂林。桂林的刊物相当多，《广西日报》《救亡日报》都约稿，我在桂林又一直住到一九四四年秋，所以写的以反映抗战为题材的作品很多，但有些作品自己都搞忘了。比如我的一个有关抗战文艺活动的发言，登在《当代文艺》一卷四期上；还有几首反映抗战的诗，登在《中国诗坛》《中学生战时半月刊》上。这些连我自己都忘记了，还是桂林的同志收集了复印好给我寄来的，真要谢谢这些同志！

当年我们在抗战文艺思潮之中的创作活动，除了直接写抗战外，还有争取民主、反对黑暗，以及反映国民党大后方官僚腐败的作品，这也是为抗战服务的。比如：

一个赤膊的汉子，

跳在街上骂：

"哪个敢封住我的嘴巴！

哪个不让我自由讲话？"

他拳头一扬，

"来，我跟他打在脸上！"

哈，别看轻这个粗鲁的人，

真该做我们的先生，

因为他不可及的地方，

便是具有敢说敢骂的精神！

我这首小诗就是反对国民党的压制的！

问：艾老这段时期的创作很丰富。据您自己回忆，以抗战为题材的创作，收进集子的一共有多少？

答：让我翻一翻手头的书。哦，这两部长篇小说《故乡》上下集、《山野》，是日本朋友才借去制版后寄回来的，是以抗战为题材的。中篇小说有一部《江上行》。短篇小说集有《黄昏》《冬夜》《荒地》《秋收》。还有巴金编的我的短篇小说集《萌芽》《逃荒》等，里面也有一些反映抗战的作品。

除了这些小说之外，这一期间我还写了一些散文，也与抗战有关。其中有的也收成了散文集子，如《杂草集》就是这样的。

问：您能不能在百忙中抽出时间，写点回忆录？

答：是要写的。经过今天谈话，我考虑可以写一写《抗战文艺思潮是怎样形成的》，《桂林期间文艺界活动情况》也可以作为一个题目写。我准备把这两个题目合在一起写一篇回忆录。我正在修改《南行记续篇》，还有部长篇小说《春天的雾》也要赶完。《当代》《十月》等都约了稿，有些已经答应了人家一年多了。还有些书寄来要我作序，年谱寄来要我订正……所以时间上可能要晚一点。回忆录这个东西也是需要闲点儿时好好想一想才能写的。比如今天我谈得就很仓促，有很多情况可能就不准确。总之，回忆录我一定写，只是时间上要晚一点儿。①

对于这次访谈，艾芜的日记有如下记载：1982年1月13日，"四川省社科院文学研究所王大明来约稿"②。1月18日，"下午文学研究所王大明来，说抗战时期文学情形"③。"黎明"当是王大明的笔名。

访问记中提到"桂林八路军办事处纪念馆"和"桂林文化城陈列馆筹备处"的同志专程来访，日记亦载其事。1981年4月8日，"刚开始要写小说了，来了两位从桂林来的女客人。她们是桂林文化展览馆的同志，采访抗日

---

① 黎明：《艾芜谈抗战时期的文艺活动》，《抗战文艺研究》1982年第1期，第12—15页。
② 艾芜：《艾芜全集》第18卷，四川文艺出版社、成都时代出版社2014年版，第366页。
③ 同上书，第367页。

时期史料。既然远道而来，理应接待。一上午谈不完，还约明天下午再谈"。"桂林来的客人，一位叫刁紫梦，一位叫左超美"。① 4月10日，"下午刁紫梦与左超美来，再谈抗战时期的桂林文化情况。送她们《艾芜近作》各一本"②。由此可见，访问记中的"他们"应改作"她们"。刁紫梦后在"四川省抗战文艺学术讨论会"上，曾提交论文《抗日时期艾芜作品初探》及《艾芜作品目录》，并有《抗战时期艾芜在桂林的生活和创作》一文，发表于《抗战文艺研究》1983年第1期（第34—40页）。

访谈中，艾芜的回忆也有不确之处，如关于《芦沟桥演义》的撰写一事，毛文就曾做出订正，认为：

> 这段回忆与事实尚有出入。该文③中所说沙汀、张天翼和艾芜合写《芦沟桥演义》一事，事实上即是《华北的烽火》中的三章，并不存在另有三人合写的《演义》，这事已请教过艾老并得到证实。陆诒是《新闻报》记者，《新闻报》是从1937年7月15日开始报道芦沟桥前线战况，题为《芦沟桥事变前后之种种》，8月4—8日发表了陆诒于7月29日自保定发出的连载通讯《在抗战的前线》（一——四），最近陆诒也有回忆文章谈到他是8月中旬以后回到上海的。而上海《大公报》自7月9日起，就开始登载由范长江、王芸生等记者自前线陆续发回的通讯如《芦沟桥事件之成因》《北方的烽火》《芦沟桥畔》等文章。话剧剧本在7月21日就已创作完成，而《华北的烽火》，据茅盾所述也开始于事变发生后不久，到8月份已大部分告竣。两书的主题和题材如此相近，说明他们所根据的素材来源是相同的。因此，根据报上的通讯或请从前线归来的记者作报告提供情况都是可能的。④

---

① 同上书，第294页。
② 同上书，第295页。
③ 即《艾芜谈抗战时期的文艺活动》。
④ 毛文：《抗战文艺史上的光辉篇章——关于〈保卫芦沟桥〉和〈华北的烽火〉》，《抗战文艺研究》1984年第4期，第95页。

再来看"两次抗战文学会议"。这里指四川省抗战文艺学术讨论会和中国文联参观访问团在成都的抗战文艺座谈会。

一是"四川省抗战文艺学术讨论会"。相关报道，有一略一详两则。现分别录之：

报道一：四川省抗战文艺学术讨论会在成都召开

四川省抗战文艺学术讨论会于1982年12月7日至12日在成都召开。重庆地区中国抗战文艺研究学会和四川省社会科学院文学研究所主持了这次讨论会。对于抗日战争时期国统区的文艺究竟应当如何估价，是这次讨论的重点。与会同志普遍认为，国统区抗战文艺是无产阶级领导的抗日民主的文艺，是"五四"新文艺的继承和发展，是世界反法西斯文艺的一翼，在历史上有过巨大的贡献。此外，大家还就党对抗战文艺的领导，"中华全国文艺界抗敌协会"和它的一些分会的历史，以及郭沫若、茅盾、老舍、曹禺、艾芜、肖①红、巴人、路翎等人在抗战时期的生活和创作等问题进行了探讨。大会共收到学术论文38篇。

会议期间，老作家艾芜、马识途到会讲了话。他们在讲话中，结合抗战时期的亲身经历，追述了党对国统区抗战文艺的领导，肯定了国统区抗战文艺的不可磨灭的历史功绩。②

报道二：抗战文艺学术讨论会在成都召开

一九八二年十二月七日——十四日，四川省社科院文学所和重庆地区中国抗战文艺研究学会，在成都召开了中国抗战文艺学术讨论会，来自全国各地十二个省（市）的一百一十余名代表参加了会议。

这次会议共收到学术论文三十五篇。代表们进行了大会小会讨论，主要问题有：

---

① "肖"，当作"萧"。
② 廖全京：《四川省抗战文艺学术讨论会在成都召开》，《社会科学研究》1983年第1期，第86页。

一、许多论文都强调了党的领导是抗战文艺取得重大成就的基本原因之一。周永林、赵明、刘杰以及刘安章同志的文章专门论述了毛主席、周恩来同志对抗战文艺的具体思想指导与组织领导,刘安章认为,周恩来同志促成了文艺界抗日民族统一战线的形成,对国民党反革命的文化政策进行了针锋相对、有理、有利、有节的斗争,巩固和扩大了文艺统一战线;抗战后期,周恩来同志在艰难困苦中引导国统区文艺界人士投身于民主运动,为贯彻《讲话》精神,以毛泽东文艺思想指导抗战文艺,作出了重大的努力。

万一知同志认为,党之所以能有效地领导桂林抗战文艺运动,一是当时党的文艺政策表达了文艺工作者的心声,是广大文艺工作者乐于接受和迫切需要的;二是当时党的文艺创作政策符合文艺创作的规律,不去干涉和包办文艺创作的具体活动,充分相信和尊重广大革命文艺工作者的觉悟和工作。这些都是我们今天应该总结和继承发展的。

二、对于国统区抗战文艺运动究竟应该如何估价,是这次会议的重要议题。马识途同志指出:以重庆为中心的国统区和以延安为中心的解放区以及以上海为重点的沦陷区(包括香港、南洋)的抗战文艺活动,都是全世界反法西斯文艺活动的重要组成部份,国统区抗战文艺是对"五四"新文化运动和三十年代中国左翼文艺运动的继承和发展,它继鲁迅之后树起了郭沫若这第一面旗帜,团结一大批进步作家,做出了不可磨灭的历史贡献。

廖永祥同志对国统区抗战文艺"右倾"论提出了异议。苏光文同志追述了"右倾"论的由来,并结合具体文艺现象全面否定了这一错误观点。

杨业瑞同志在发言中从四个方面谈了抗战文艺的成就:1. 抗战时期文艺与现实和群众有了更加紧密的联系;2. 抗战时期文艺队伍有了巨大发展和进步;3. 抗战文艺对培养新中国文艺人才有着不可磨灭的功绩;4. 党的坚强领导和统一战线的作用是抗战文艺取得巨大成就的根本原因

所在。华忱之教授在发言中强调地指出，抗战文艺是我国现代文学史上的三个高潮之一，其规模之大，时间之长，动员人数之广，现实意义之重大，作品之丰富，都远远超过了"五四"新文学运动和三十年代左翼文艺运动。遗憾的是抗战文艺在中国现代文学史上的这一页，还有待于我们认真去写。

三、关于中华全国文艺界抗敌协会及其各地分会的活动，是这次会议讨论的第三个中心。"抗敌文协"上承"左联"，下接建国后的第一届文代会，是党所领导的一个极其重要的全国性文艺团体，其历史之长，参加的作家人数之多，影响之大，在中国现代文学史上都是绝无仅有的。可惜的是由于种种原因，过去对它研究得十分不够。这次会上，文天行同志的论文《"文协"概述》，对"总会"的全部历史和活动做了评述。吴从发同志和王开明同志分别对"文协"昆明分会及其会刊《文化岗位》和"文协"成都分会及其会刊《笔阵》做了介绍。其他同志的发言中也交流了对文协桂林分会的研究成果。这些研究都填补了现代文学史研究中的一个重要空白。

这次学术讨论会，在集中对上述三个问题进行探讨的基础上，还研究了许多作家在抗战中的创作活动和作品。此外，对抗战话剧运动，抗战木刻运动，"七月诗派"、"孤岛"文学，抗战中的文艺论争以及抗战文艺中的某些逆流都进行了讨论，提出很多有价值的见解。

最后，在闭幕式上，老作家艾芜作了重要报告。他根据自己的亲身经历谈到，国统区的抗战文艺活动始终是在党的领导下开展的，这主要体现在三个方面：即党在组织上的领导，团结抗日统一战线政策的领导和在文艺思想上的领导。他还提出应该建立我们自己的文艺美学观点，正确评价抗战文艺作品，依据时代精神分析抗战文艺作品，以此来写文学史。①

---

① 王大明：《抗战文艺学术讨论会在成都召开》，《文谭》1983年第2期，第2页。

此外，尚有董兴奇的综述，其中提到："关于艾芜同志，有的同志作了专题发言。艾芜在这一时期，致力于抗战文艺活动，参加'文协'桂林分会工作，创办、主编刊物，同时辛勤笔耕。有的同志指出，一九三九年到一九四四年在桂林期间，是艾芜创作生涯的黄金时代。"①

对于此次会议，艾芜日记亦有相关记载。12月6日，"许可晚上来访，他从重庆来参加抗战文艺研究会的学术会的"②。11日，"未写作。为参加抗战文艺学术会准备发言稿"。"廖永祥来谈抗战学术会上的讨论，曾提出抗战文艺协会'左倾③'、抗战文艺作品艺术性不高等等问题，是否做一回答"④。12日，"上午休息。继续为发言作准备"。"下午二时半，王大明坐车来接，到实业街第三招待所。在抗战文艺学术讨论会上发言一时半，回答一些问题。问到《纺车复活的时候》及《山野》是代表作，可否谈写作的动机及经过。又谈《秋收》的发表影响及后来修改情况，又问对抗战初期有写赞扬国民党下级军官英勇抗战的作品，有何看法"⑤。13日，"下午河南省开封河南师范大学中文系教师张永江来访，说他们大学中文系设有研究我的作品的小组，要我回答一些问题。他说，他们认为未改的《秋收》比改了的好。又广西师范学院（在桂林）中文系的万一知和南宁广西社科院的顾绍柏、杨益群来访，也说抗战文艺问题，他们也是参加抗战文艺学术讨论会的。《重庆日报》编辑许可来访。人民文学出版社郑延顺来访"。⑥ 1983年2月24日，"王大明来，将前次记的我在抗战文艺座谈会上的发言交我校对。我没有校，只要他提出可疑之点，加以更正"。⑦ 发言稿是由王大明根据录音整理，刊于《抗战文艺研究》1983年第2期。《艾芜研究专集·艾芜的生平和创作》与《艾芜全集》均有收录，题作《党领导下的大后方抗战文艺运动——在四川省抗战文艺学

---

① 董兴奇：《四川省抗战文艺学术讨论会综述》，《抗战文艺研究》1983年第1期，第12页。
② 艾芜：《艾芜全集》第18卷，四川文艺出版社、成都时代出版社2014年版，第460页。
③ 根据此前对国统区抗战文艺的看法，此处的"左倾"，疑是"右倾"之误。
④ 艾芜：《艾芜全集》第18卷，四川文艺出版社、成都时代出版社2014年版，第460页。
⑤ 同上书，第461页。
⑥ 艾芜：《艾芜全集》第18卷，四川文艺出版社、成都时代出版社2014年版，第461页。
⑦ 艾芜：《艾芜全集》第19卷，四川文艺出版社、成都时代出版社2014年版，第12页。

术讨论会上的发言》。其中，谈到《秋收》时，艾芜的回答是：

> 刚才同志们问，我那个《秋收》为什么后来把它改了一下。因为当时不能明写国民党部队里有这样一个人。你说有这么一个人，作品发表就成问题，所以只能含糊地说，只是解放后才把他改明确了一点，成了现在这个样子。我还是那句话，如果要写抗战时期的作品，就一定要找抗战时期的材料来参考。当然，写抗日战争，党领导的根据地和八路军、新四军及国统区的人民斗争是主要的，但也可以写国民党的兵士或下级军官的抗战。他们有的是党组织领导的，有的是党的思想领导的。邝继勋这些人值不值得写？我认为是值得写的。①

关于《纺车复活的时候》：

> 同志们问到《纺车复活的时候》。《纺车复活的时候》还是从湖南取材写的短篇小说。我在湖南住了一年，抗战期间好多题材取材于湖南。纺车复活了，就是农村确实活跃起来了，因为外国的棉布都来不到了嘛。土布纺织是农村手工业，发展起来了，有点喜气洋洋的意思。那时的看法就是这样，觉得这也值得写。我们中国一直受帝国主义的压迫，一直是洋货倾销市场，只有抗战时洋货来不到了，农民有这个喜悦。我自己看到农民喜悦，确实自己心里感到愉快，就是这样写的。②

关于《山野》：

> 《山野》这篇小说，就是广西的题材。广西那边也有游击战争，小股的。他们参加过的人把这个情形向我讲过，我根据讲的材料来写的。有人说要重印，我还要改写它。

---

① 艾芜：《党领导下的大后方抗战文艺运动——在四川省抗战文艺学术讨论会上的发言》，《抗战文艺研究》1983年第2期，第6—7页。
② 艾芜：《党领导下的大后方抗战文艺运动——在四川省抗战文艺学术讨论会上的发言》，《抗战文艺研究》1983年第2期，第7页。

《山野》是一面写一面发表，那时候就是这样，写得粗糙。《山野》第一次发表在《笔部队》，是东北作家孙陵编的。发表几期之后，他就说后头不要发表了，他写启事是什么"奉命停止登载"。《山野》以游击队为主，国民党的队伍退了，只剩下农民和一些烧炭的工人，他们自己组织起来抗战。国民党看到就不行了。孙陵后来到台湾去了。他依靠广西韦挚堂，韦是广西国民党青年团的一个负责人。孙陵开始是依靠韦永成，他们是在第五战区认识的。孙来桂林，所以办这个杂志就是依靠韦永成，但更主要的是依靠韦挚堂。这个《山野》，胜利后我把它改了个名字《战斗的山村》，在《时事新报》登载。登载不久又"奉命停止"，原因还是老"问题"。有的同志评论说，是写得比较概念一点，大部分材料都是听来的。我认为原因不在这里，因为写历史小说就是没经历过嘛，所以不能说作家没有经历就不能写好。像姚雪垠没有跟李自成打过仗，他也能写。《山野》粗糙的原因是准备工作不够。这个作品匈牙利人翻译了，我收到过一个本子。《山野》的难度在哪呢？这是写一天的事情，二十多万字只写一天的事情，所以这里头有它的难度。现在花城出版社写信来要，四川人民出版社也打算出，我说要修改才行，因为现在有这个条件，可以坐下来慢慢修改。《纺车复活的时候》国民党当局审查后没有意见，《山野》出来就意见大了，所以两次都停止刊载。[①]

二是1983年中国文联参观访问团在成都的抗战文艺座谈会。

报道：中国文联参观访问团在蓉座谈抗战文艺

　　五月上旬，以阳翰笙同志为团长的中国文联参观访问团在成都参加了两次抗战文艺座谈会。阳翰笙、陈白尘、葛一虹、戈宝权、凤子、范用、陈舜瑶等出席了会议。

　　参加座谈会的单位还有省委宣传部、四川省社会科学院、省文联、

[①] 同上书，第7、15页。

四川大学、四川师范学院、四川人民出版社、四川日报、成都日报等十余个单位的同志。

两次座谈会均由四川省社会科学院院长陈文同志主持。

在座谈会上，阳翰笙、陈白尘、葛一虹、戈宝权、凤子等发表了许多重要意见，归纳起来，有如下方面：

一、对抗战文艺的估价。大家认为，在民族解放的伟大斗争中，抗战文艺在动员群众、组织群众方面是作出了贡献的；而在促进我国新文艺的健康发展上，也有很大的功绩。阳翰笙说：笼统地说抗战文艺右倾，是站不住的，是不对的；但在某个时期，在某些同志的作品中，有不好的倾向，那是存在的。陈白尘从戏剧方面也谈到这个问题。他说，有人说抗战戏剧，特别是在一九四一年以后右了，恰恰相反，皖南事变后不仅没有右，还是戏剧的黄金时代，发挥了重要的战斗作用。

二、党的领导。葛一虹说，国统区的抗战文艺运动一直是在党的领导下进行的。党的领导主要有三种方式：思想领导、组织领导、统一战线领导。许多同志说，在国统区恶劣的政治条件下，党领导的抗战文艺运动那么有力地配合了抗日战争和民主斗争，领导艺术是很高明的。

三、分期问题。陈白尘说，抗战文艺的分期要考虑与"左联"的衔接。上限可从"左联"解散算起。下限也不是止于日本投降，还应该有尾声。阳翰笙、陈白尘、戈宝权等都谈到，"九·一八"以后就有反对日本帝国主义侵略的作品，但那不是抗战文艺，是抗日文艺。当然，抗战文艺和抗日文艺是有联系的，但也有区别。

四、民族形式的讨论。葛一虹说，解放后出版的许多文学史对抗战时期民族形式的讨论评价是不公正的，采取了对争论的双方各打五十大板的态度。他说，党曾作过反对复古主义的指示。这正是他执笔为文批评民间形式是民族形式的中心源泉的原因。他坚持的是：民族形式的源泉是生活。

五、资料抢救。陈白尘说，抗战时期纸质很坏，有的已不让查阅了。

图书馆是否可搞一套复制副本？葛一虹、戈宝权说，死资料要抢救，活资料更应抢救。从事过抗战文艺的老同志年纪都大了，而且不少已逝世，要抓紧时间访问。如不访问，许多问题是搞不具体、搞不清楚的。

参观访问团对四川的抗战文艺研究作了充分肯定。他们说，四川搜集了大量资料，又写出了一批论文，还出了杂志《抗战文艺研究》，成绩是巨大的，在全国先走了一步，打了先锋。

据悉：参观访问团在蓉抗战文艺座谈会上的发言，将在今年《抗战文艺研究》第四期上刊登。①

《抗战文艺研究》1983年第4期的"抗战文艺座谈会特辑"，发文八篇，计有：阳翰笙《关于抗战文艺》，罗荪《值得纪念的抗战文学运动》，陈白尘《抗战文艺与抗战戏剧》，葛一虹《对抗战文艺研究中几个问题的看法》，戈宝权《抗战文艺的国际交往与党对抗战文艺的领导》，凤子《呼吁和建议》，黎本初《奉赠阳翰笙同志诗三首》，徐迺翔《抗战时期文学发展的几个特点》。

又据文天行《是终点，也是起点》，5月6日和7日，中国文联参观访问团"连续在成都参加了两次抗战文艺座谈会，并且作了长篇发言"②；"5月中旬，到了乐山，访问了郭沫若故居，并参加了座谈会"③；5月下旬，"在重庆又参加了抗战文艺座谈会"④。

中国文联参观访问团此行，在艾芜日记中也留下了记载。5月2日，"上午八时半，乘车到金牛宾馆看阳翰笙、陈白尘、凤子、戈宝权、葛一虹、陈舜瑶等人。十时半回来"⑤。4日，"上午陈白尘、戈宝权、凤子等人来访，同

---

① 伍毅师：《中国文联参观访问团在蓉座谈抗战文艺》，《文谭》1983年第6期，第2页。
② 吴野、文天行主编：《大后方文学史》，四川教育出版社1993年版，第661页。
③ 同上书，第662页。
④ 吴野、文天行主编：《大后方文学史》，四川教育出版社1993年版，第662页。对中国文联参观访问团的重庆之行，《抗战文艺研究》1983年第5期亦刊发组文三篇：阳翰笙《在第三厅和文化工作委员会》、谷莺《诗十首》、凌文远《送别阳翰老兼赠陈白尘、葛一虹、戈宝权、凤子等文艺界的前辈们》。
⑤ 艾芜：《艾芜全集》第19卷，四川文艺出版社、成都时代出版社2014年版，第25页。

在庭院内摄影留念"①。5 日,"下午到金牛坝同全国文联以及阳翰笙为团长的代表团座谈四川文艺情况"②。9 日,"四点四十分,同李维嘉、叶石、李少言去金牛坝宾馆。今晚四川省委杨汝岱、杨析综、聂荣贵和谭启龙设宴招待阳翰笙为团长的访川代表团。我们应邀参加这个宴会"③。

---

① 同上。
② 同上书,第 26 页。
③ 同上书,第 26—27 页。

辑四　书信绎读

艾芜与彭桂蕊的文字交

1948年4月15日,《人物杂志》"沪版第三年第三、四期合刊"[①] 曾刊发《苦斗成功的作家艾芜》(第40—42页,《艾芜研究专集·评论文章目录索引》存目)。目次中,作者署"桂蕊·周曙"。组文有两篇,主要讲述艾芜在昆明和缅甸时期的生活与创作,不乏参考价值:

一　红十字会的工友（彭桂蕊）

为了憎恨丑恶的现实,为了要想解除内心里莫名的苦闷,为了要寻求一个美丽的天地,让自己有半工半读的机会,一个朴实勤苦的年青人,像吉卜西人一样,在一九二五年的秋天,从他的故乡——四川新繁县,单身飘泊到山国云南的省城昆明市。

生活的鞭子,逼着他不能不找工作做,然而干什么好呢?虽然做什么在他都不成问题。文的方面如写字教书,武的方面如挖地挑担,都随

---

① 发行人:张如愚;社址:上海华山路四五四号;重庆办事处:重庆南纪门韩家巷九号;沪版总经售:中国图书杂志公司(上海福州路三八四号);各地总经售:联营书店(重庆),中外出版社(北平),群益书店(自贡),嘉陵文化书店(南充)。

来不拒，然而来到这举目无亲的异乡，并无一个熟人，谁来助他一臂之力呢？因此他被逼得想去当人力车夫，想去做厨子，但，都因为没有地保及保证金而不可能，甚至连一双旧鞋子都被人偷了，这真是"越穷越见鬼，越冷越刮风"了，因此饿肚皮的事，便成了家常便饭。但"天无绝人之路"，不久他终于在无意中碰到了一个乡亲，把他介绍到翠湖边的红十字会里去当一名工友。藉此维持生活。

当工友，这在一般对生活的意义没有澈底认识清楚的青年人，恐怕要认为是一种下贱的事吧？但是在他看来倒无所谓，相反的，倒是认为没有正当职业，要依赖别人，不能自食其力才真正可羞。因此对于服侍客人，打扫地面这类打杂工作，他都乐于从事，不辞辛苦的去做。同时，在一个不知上进的人，既然当了工友，终日已累得精疲力竭了，那里还有时间和心绪，去读书，去学习其他的知识和技能呢？即使得到一点血汗换来的工钱，还有点空闲和多余的精力，也往往是走嫖，赌，逍遥的路子上去了。可是他却不然，他在白天利用空闲，总是潜心地研究哲学，有时也读文学书，刊物之类，而且一得空就把杂记本放在膝头或桌上，学习写作，有时写诗，有时写散文，有时也练习小说，有时只记录些飘忽的幻想，见过的人物，或有趣的方言土语，民歌小调，风景速写之类，晚上还要到武成路达文学校补习英文。因为他是这样的上进努力，所以职务虽只是一个工友，却很少有人敢于轻视他。

恰在这时，云南作家马子华梅绍农诸先生，正在昆明组织了一个文学团体，名为云波社，并出版了一种文艺刊物名为《云波》，他便以他的真名汤爱吾，投寄了一篇小说到云波社去。为恐石沉大海，还在稿末附注了这样的几个字："如不能用，请退寄红十字会交汤爱吾收为盼！"马子华先生等读了他所投寄的小说后，觉得题材极现实新鲜，别开生面，富有异国情调，而描写却又生动而深刻，实在不是当时云南的文艺工作者所能写出的，好奇心驱使着他们，他们便带着原稿，亲自到昆明红十字会去访问汤爱吾先生。

然而他们找遍了整个红十字会的房间，问了许多着西装革履，和穿长衫的人，都摇摇头说："不知道，大约不在这里吧！"始终没有看见汤爱吾先生的影子。他们每个人都觉得很诧异，稿子末尾明明写着昆明红十字会，除了这一个红十字会，难道还有第二个红十字会不成？想来汤爱吾先生不致于和他们编者先生开玩笑吧！事实上也没有写一个假地名的必要啊！但是为什么又会找不着他呢？这个谜儿真叫他们猜不透！

他们失望地叹息着，从内院走了出来，这时一个身材不甚健壮高大的，工友模样的年青人，正站在大门外，抬头凝视着蓝天，仿佛在沉思似的。马子华先生等因为找不着这位急欲一见的汤爱吾，便随口问他一句："喂，门房！你可知道汤爱吾先生在那间房间？"那个年青人沉默着，仿佛没有听见似的。马先生等再加以追问，他才微笑了一笑，用手指着他的胸膛道："就是我！你们几位先生找我有什么事吗？"几位编者都有点不相信，再问一句道："真是你吗？"

这怎能不令人诧异呢！那样出色生动的好文章，章①会出自一个工友的手，然而他们说明了找他的意思以后，他兴奋的跑进他寝室，拿出他的底稿来一对，题目，署名，笔迹，和他们带来的，并无丝毫的差别，他们这才真正相信了。马上，一个个抢着和他握手，对他的艰苦奋斗，表示敬慰之意，并希望他以后多多地为《云波》撰稿。然后才欢欣地和他握手告别。

此后，他们便常和他往来，成了朋友，并介绍他认识了更多的爱好文艺的朋友，他所寄去的许多文章，不论诗歌，小说，散文，……都替他登了出来，在经济上也给了他一些帮助。但他终于是憧憬着新鲜而艰苦的漂泊生活，因此，在昆明约住三年左右，他便又由云南，流浪到缅甸去了。

这就是由《南行记》这本小说，而跨上了中国文坛，与沙汀先生一起享了盛名的名小说家艾芜先生！现在他的作品，已经有二十余册之多，

---

① "章"，"竟"之误。

而且有一部分已译为日文，英文及世界语了！艾芜先生的成就是不凡的。

三十七年春天，于滇边。

二　他做了和尚的厨子（周曙）

艾芜在成都省立第一师范读了两年后，不得不因为贫穷而辍学。

当时蔡元培先生，在北平发表了一篇劳工神圣的文章，使这位未来的作家鼓起了离开家庭的勇气，于是，在一九二五年的秋天，他带着一点可怜的路费踏上了到南洋去作"华工"的途程。

到了昆明，他用完了最后一枚铜板，他徘徊在街头，饥饿的火焰在肚子里燃烧，这使他感到恐惧了。

之后，在红十字会里，找到了一名小工的差事，经过一年的辛苦节储，他又踏上了去南洋的路。

走到八莫（,）所有的钱，又用光了。他不得不受雇于那条贯通中缅的荒野的古道上，做着扫马粪和招待旅客的工作，这样勤苦的度过了三个月，才算到达了仰光。

仰光，并没有摆着软绵绵的沙发接待这位从远方辛苦而来的青年。椰子林吹起的热风，更不适宜于生长在四川的人，他病了。困居在华侨叫做五十栈路的腾越（,）狠心肠的老板，把他逐出了，他咬紧牙龈昏迷迷的提着包袱，靠紧了栈房的墙头痛哭，幸而遇到了一个印度车夫，同情他这不幸的遭遇，自动的把他送到仰光大医院去，经过医师的诊断后，他被院方发觉付不出住院费，又叫这车夫把他拖走。

这时候，一位云南籍的侨胞，才把他领到一位和尚同胞那里去，经过再三的哀求，他留住那里了。

这位和尚——万慧法师，是谢既量[①]的三弟，曾经在复旦大学毕业，

[①] "谢既量"，应是"谢无量"之误。万慧法师（1889—1959），俗姓谢，名善，字希安，祖籍四川乐至，生于安徽芜湖（其父谢维喈时任知县），为谢无量异母弟。

并留学过日本,因失恋而落入空门。当时,正为一位英国教授补习中文,每月收入很微。艾芜先生的病好以后,就为他做煮饭,挑水的事。

偶然一次,万慧法师,在艾芜的日记里面,发现了他的写作才能,便常常鼓励他写作。

当时,《仰光日报》编刊的陈兰星,是万慧法师的好朋友,艾芜每次写的文章,都由陈先生付稿费,于是在《仰光日报》上随时就有他的作品出现。

之后,在《仰光日报》,他作了校对,后来又编副刊,从此,他正式开始了写作生涯,一九三〇年春,缅甸的食米被英国统制,农民痛苦万分,艾芜在他主编的副刊上为农民大声疾呼,这当然不是殖民地的统治者所能容许的,于是他被捕,一个月后被驱逐出境。

他含着满腔的热泪,投入了祖国怀抱。在上海同老友沙汀见了面(,)这时他便开始成了一个职业作家。直到今天。

艾芜,那张满脸胡髭的朴质面孔加上永远穿着的半旧不破的布衣服,就仿佛标志着这位灵魂的工程师过去所受的"屈辱",然而,艾芜却从来没有"屈伏"过,他经得起磨炼和考验,忍得住贫苦和困厄,他生长在老百姓当中,也永远同老百姓站在一起,默默地,不断的"耕耘"!

《人物杂志》创刊于"三十五年一月"。此为"作家特辑之一",该栏目发文五篇:《苦斗成功的作家艾芜》;《被遗忘的晚唐诗人聂夷中》(公盾);《从书简看鲁迅》(赵文朴);《"啼笑皆非"林语堂》(鲁殊);《为"解放黑奴"呼吁的女作家——哈利皮邱》,末署"(文译)"。其间,还有田舍(即彭桂蕊)辑的"作家趣事"七则。

"民国三十七年四月二十四日",该文为《现实文摘》第二卷第六期[①](第17—18页),转载。末署"(摘自四月一日人物杂志)"。其时间有误,当

[①] 发行人:张延龄;主编:骆长德、陈光宗;出版:现实文摘社;发行所:龙山书局(成都祠堂街廿五号);经售处:全国各大书局。"逢星期六出版"。

是"四月十五日"。

两文所记，可与艾芜的《墨水瓶挂在颈子上写作的》及其《我的青年时代》互证。彭文提到艾芜有许多文章，包括诗歌、小说、散文，发表于《云波》，这一线索，很值得追寻。至于"云波社"，范泉主编的《中国现代文学社团流派辞典》也有词条：

  云波社　1924年5月，昆明东陆大学（今云南大学）文科一班学生自发组织成立了同人性质的文学社团云波社，这是云南最早出现的纯文学社团。1925年5月创刊了《云波》月刊，梅绍农任主编，李纤为小说、散文编辑。这时，没有固定社址，社员集会，大都在东陆大学学生宿舍204号寝室，《云波》编辑部也设在这间寝室里。他们没有发表宣言，只是表示建社目的是为了"团结爱好文艺的青年，从事新文艺的研究、学习、创作和出版刊物"（《云波》创刊号）。这年秋，艾芜流浪到昆明，也与云波社同人来往，参与活动，为《云波》写作品。第2年，《云波》影响渐大，才在昆明小西门内的一条小巷里租了两间平房，作为社址和《云波》杂志的编辑部。《云波》第一期是4开一张的小报，后改为32开以至16开的刊物。

  云波文学社的社员，后来发展到20余人。他们经常聚集在一起，讨论新文化和新文学的有关问题。社员的作品，除在《云波》发表，也向外地刊物投稿。如梅绍农就曾在上海创造社的《洪水》《幻州①》和复旦大学的《白露》等刊物上发表过新诗作。云波文学社的活动，历时3年余，后因同人星散，于1927年停止活动。原拟搜集云南传统花灯剧和各县流行的山歌等活动，都未能实现。

  云波社成员的主要作品有：梅绍农、李纤创作的剧本《妙香国的崩碎》，1926年曾在东陆大学礼堂公演3天，演员都是云波社社员。马子华在《云波》上发表了不少诗和散文。这些新诗大多收入在他于三十年代

---

① "幻州"，应作"幻洲"。

出版的诗集《坍塌的古城》。梅绍农于1925年8月以彝族民间传说为题材创作的长篇叙事诗《奢格的化石》，发表于同年的《云波》。1926年，梅绍农创作了诗剧《平行线的悲哀》，发表在上海复旦大学出版的《白露》半月刊创刊号。此外，艾芜流浪昆明期间，于1925年秋，为《云波》写了抒情短诗《湖畔》。

云波社的主要成员有：梅绍农、李纤、尹润溥、杨定之、周泳先①、夏钟岳、马子华等，艾芜也曾参加过云波社的活动。②

而彭桂蕊，据异天、戈德主编的《中国当代艺术界名人录》，其简历如下：

【彭桂蕊】（1917—1990）字耀秋，笔名田舍。云南临沧人。1938年毕业于云南省立昆华师范，先后在双江简师及缅云师范任教，兼编辑员，并参加中华文艺界抗敌协会、闻一多领导的"联大新诗社"。在30~40年代，对文艺创作兴趣浓厚，致力于著述，并与郭沫若、艾芜、臧克家等通讯联系，艾芜为其散文集题签《迎春桥头》，臧克家为其诗集题签《神舟渡》。写下了不少的新诗、小说、散文、报告文学等，散见于《新诗讯》《文学评论》《今日文艺》《当代诗歌》及上海、重庆、江西等报刊。小说《卧龙先生》受到艾芜的称赞，新诗《荒村炉边》收入《四十年代诗选》。80年代将集有的40多个著名作家的信件，以作家书简《南鸿北雁》书名出版。③

《南鸿北雁》的正式印行，是在1990年4月15日，题名《南鸿北雁（作家书简）》，署"彭桂蕊辑"，印行者：临沧县图书馆。其中收艾芜信五函，据写作时间，分别为："1939年×月×日"，"1979年6月8日于成都"，"1979年9月14日于成都"，"1979年10月3日于成都"，"1983年12月14日于成都"。《艾芜全集》第15卷"书信"收三封，即"1939年×月×日"，"1979年6月8

---

① 周泳先，或作周咏先。
② 范泉主编：《中国现代文学社团流派辞典》，上海书店出版社1993年版，第164—165页。
③ 异天、戈德主编：《中国当代艺术界名人录》，中国国际广播出版社1994年版，第1443页。

日于成都","1979 年 10 月 3 日于成都"。现据《南鸿北雁》补录两封:

其一

桂蕊同志:

不久以前,曾住医院,出院后仍服中药。医生要我少看书,少写作。你的来信,我看了。有些稿子交编辑部,由他们处理。

我这里还有小说选,现送你一本,请查收。邮票退还。

此致

敬礼

艾芜

1979 年 9 月 14 日于成都①

其二

桂蕊同志:你好!

正如你说的,忙于写作,要稿的刊物又多,欠的文债不少,应回的信,一直拖了下去。再加来的信,天天有,只能择要的回答一下,大都是谈文艺问题的。

你寄的《金沙江文艺》早收到,谢谢!

我在文化大革命中损失不少书,自己写的书也丧失了。你那里还有《杂草集》吗?如有,请寄我看看,准备再印。

我今年曾到四川、云南交界的渡口,那是金沙江边的新城市,参观访问,颇有收获。

回信迟了,请原谅!

祝你身体健康

艾芜

1983 年 12 月 14 日于成都②

---

① 彭桂蕊辑:《南鸿北雁(作家书简)》,临沧图书馆 1990 年印,第 9 页。
② 同上书,第 9—10 页。

最后再来看"1939年×月×日"函。该信最早见于卫明编《当代作家书简》（上海普及出版社，一九四三年七月）的第三辑"实践的抒发"（第78—80页），题作《开拓南国的文艺荒原》，末署"艾芜　六月一日桂林"，有"编者按：'偕'字为该地'还'字土语"。其文字、标点、段式，与《南鸿北雁》和《艾芜全集》不一致处甚多。据龚明德先生见告，"《艾芜全集》15卷5—6页的致彭信写于1939年6月1日，此处为底稿"，"实寄出的该信""多出几百字，异文也多"①，并在《〈艾芜全集〉"书信卷"尚待完善》已作移录②。《艾芜全集》所录者，与《南鸿北雁》同，写信时间，则径作"1939年"，且补充了两条注释："①彭桂萼（1917—1990），云南临沧籍诗人。②民家，白族的异称。"

艾芜此信，从日期来看，已可确定为"六月一日"，但其年份则存有疑问。信中云："你作品中讲的地名、如云州，我在十三年前，就曾经在那里住过一夜"，"我是一个人，从漾渡蒙化罗球公郎一路走去的"③，时间既是"十三年前"，路线也很明确；再据黄莉如、毛文的《艾芜年谱（一九〇四年至一九四九年九月）》，一九二七年三月，艾芜"告别了好友王秉心、陆万美、周泳先，独自离开昆明去缅甸。途经禄丰、舍资、祥云、弥渡、云州、顺宁、永昌、腾越、干崖，进入缅甸克钦山，最后到了傍伊洛瓦底江的大商埠八莫"④，如此推算下来，其时间应以1940年为宜。

对艾芜的回函，《萼香蕊实亦芬芳——文学名家给彭氏兄弟书简评点》的著者张汝德、刘绍彬，曾"挑出1939年和1979年⑤写的两封作为代表"，"对彭桂萼与艾芜先生的文情、友情"有过"一番评说"，⑥ 读者自可参见。题中

---

① 2017年2月21日致笔者的手机短信。
② 《艾芜研究》编委会编：《艾芜研究》第一辑，四川大学出版社2017年版，第258—259页。
③ 卫明编：《当代作家书简》，上海普及出版社1943年版，第78页。
④ 黄莉如、毛文：《艾芜年谱（一九〇四年至一九四九年九月）》，《四川大学学报》编辑部编《四川大学学报丛刊第十二辑：四川作家研究》，四川人民出版社1982年版，第83页。
⑤ 参照后文，其具体时间应是6月8日。
⑥ 张汝德、刘绍彬：《萼香蕊实亦芬芳——文学名家给彭氏兄弟书简评点》，云南民族出版社2007年版，第46页。

所谓"彭氏兄弟",是指彭桂萼、彭桂蕊。桂萼为兄,即艾芜 1979 年 6 月 8 日信中的"你哥哥"。施之厚主编的《云南辞典》中有介绍:

> 彭桂萼(1908~1952),字小甫,临沧人。东陆大学预科毕业。先后任缅宁中学校长、双江简易师范校长。1937 年,参加中英南段国界勘界工作。抗日战争时期,任中华文艺界抗敌协会昆明分会理事。1949 年任缅宁县长,响应起义,改任缅宁临时军政委员会主任委员,后任缅宁文化教育整理委员会主任、缅宁各族各界人民代表会议副主任。1952 年因假"暴动案"被杀,后平反。著有《双江》《西南边城缅宁》《边地之边地》《天南边寨耿沧澜》《震声》《边寨军笳》《澜沧江畔的歌声》《怒山的风啸》《后方的岗位》等。[1]

此外,艾芜在日记中,也有关于彭桂蕊的记载,如 1983 年 12 月 14 日,"下午回彭桂蕊信"[2]。又 1984 年 7 月 4 日,"寄《谈小说创作》给云南的彭桂蕊"[3]。

从黄绰卿谈到《阿黄》与《一封无法投递的信》
——也说《冬夜》和《艾芜创作集》

黄绰卿(1911—1972),"缅甸华侨报人、翻译家。字羡初,笔名阿黄。祖籍广东台山,出身于仰光华侨工人家庭。当过排字工人。通过自学成才,撰写多篇诗文。早年参加华侨进步活动。抗日战争期间任国民党赴缅作战军队翻译,抗日胜利后任《新仰光报》副刊《伊江潮》专栏编辑 1958 年随旅缅华侨观光团回国参观访问。1967 年回国定居。主要著作有《朱波吟草》、《感

---

[1] 施之厚主编:《云南辞典》,云南人民出版社 1993 年版,第 669 页。
[2] 艾芜:《艾芜全集》第 19 卷,四川文艺出版社、成都时代出版社 2014 年版,第 76 页。
[3] 同上书,第 129 页。

甄集》(诗集)、《黄绰卿诗文选》,以及翻译缅甸作家索基、敏杜温、吴登佩敏等的小说《蒲甘市集》《汪伯伯你骗我!》《断桨记》等"。①《艾芜资讯》第十一期(二零一七年二月二十日印),刊有贺宏亮的《黄绰卿怀念艾芜的诗文》(第1—2页)。作者在《艾芜研究专集》之外,又从《黄绰卿诗文选》(郑祥鹏编,中国华侨出版社,一九九零年十二月)摘录"三件与艾芜有关的诗文材料",即《艾芜的漂泊曲》《沙汀来信隐称艾芜入号子》和《蛮暮关帝庙有怀汤道耕兄》,从中可见二人深挚的友情。

对黄绰卿,艾芜亦有许多文字述及,如《阿黄——回忆琐记》。据《艾芜研究专集·艾芜著作系年(1931—1983)》,"阿黄(散文)《中流》(上海)2卷2期,1937年4月。收入《冬夜》,桂林三户图书社,1943年版"②。《中流》半月刊,编辑人:黎烈文;发行人:张鸿飞;出版者:中流社(上海四马路世界里内);总经售:上海杂志公司(四马路三二四号);印刷者:太平洋印刷公司(上海白克路群寿里十一号)。该期于"中华民国廿六年四月五日出版"。《阿黄》居首篇(总第85—86页)。《冬夜》,著者:艾芜;发行者:三户图书社;发行址:桂林中北路第一〇七号;印刷者:青年印刷厂;版期:"民·卅一九四三年五月桂初版";印数:三〇〇〇。《冬夜》后来又改称《艾芜创作集》。发行人:贺尚华;发行者:新新出版社;总经售:上海书报杂志联合发行所(上海福州路三七九弄十二号);"中华民国卅六年十月初版"。收入"新新创作丛书"。其版型与《冬夜》无异,甚至内文页眉的书名仍作"冬夜"。

该文收入《艾芜全集》第八卷"短篇小说"(第274—276页),或因所据版本不同,异文不少,现从《中流》录之:

"在舢板上呵,老大哥,
我们挨着肩头并坐,

---

① 《东南亚历史词典》编辑委员会编:《东南亚历史词典》,上海辞书出版社1995年版,第364页。
② 毛文、黄莉如编:《艾芜研究专集》,四川文艺出版社1986年版,第603页。

划开了逆流的江波。
你唱着马来亚的情歌,
我吹着峇①尔玛的口哨,相和。
在船舱底呵,老大哥,
那里热得像蚂蚁上锅。
吃苦的不单是我们几个,
在茫茫的洋海里过活,
还有我们的工友许多。
生命值得什么!
明天是赤道上经过,
又在浪潮里消磨。
向兄弟们报个讯息呵,
我们正空着肚皮挨饿!
(按:'全集'此处无空行)
故乡是南中国的荒岛,
归去荷起生锈的铁锄,
再来干他妈的一伙!
旧世界正焚烧着,
我们的生命,(按:'全集'无标点)就是一把火。"

　　这首新诗,题名《江上》(按:"全集"无书名号),不管技巧还有些粗燥(按:"全集"作"粗糙"),但流露出的健康气息,却使我喜欢。作者是位排字工人,名叫阿黄。生长在缅甸仰光,祖宗在过的中国,他还没有到过。小时候,只进过(按:"全集"作"个")小学校,但尚未毕业,就因做木工的父亲,无法维持家计,便到一家外国铁工厂去做学徒。随后改习排字。喜欢读书,便在手

---

① "峇",音 bā。

指头接触铅字这个期间养成的。我在这里，不是介绍他的诗，倒是怀念他这么一个艰苦上进的朋友。

我和他认识是在八年前，那时他还不到二十岁，只是一个胖胖的大孩子，终天赤着足（按："全集"作"脚"），在《仰光日报》的排字房里面（按："全集"无"面"），（按："全集"无标点）弄得双手污黑。有时脸上，鼻子上，也染着自己的指印。晚上便回到一间旧楼房做家的地方，挤在衣箱碗柜之间，凭着一盏母亲夜缝的洋油灯，将当天报馆里丢下的校样之类，取出来下细的（按："全集"作"地"）读。最使他感到兴趣的，就是报纸上的副刊，因为副刊都是剪刀编成的，在香港（按："全集"有顿号）上海等地人所呼吸到的文化养气（按："全集"作"氧气"），他也有福享到。

他住的街房虽然旧，也没电灯，但位置却在市中心闹热（按："全集"作"热闹"）地方。从黄昏就开始，一直玩到次日早上的那些赌博俱乐部，便都挨他那里不远。许多工人，沉醉其中，浪费掉（按："全集"无"掉"）他们的光阴和工钱。但他都（按："全集"作"却"）从没去过，这不能不说是他的读书嗜好，把他打救了。同时从他那里我更明白一个人要预妨（按："全集"作"预防"）外来不好的诱惑，先养成良好的嗜好，确是一剂顶好的注射。另外，和他的性情，也很有关系，诚实，静穆，不好哇啦哇啦地多讲话，交际范围也不随便拉得很广，整年整月，老是那一套：做工，（按：表列举时，"全集"改用顿号。下同）读书，学习写作。

他交的朋友，据我（按："全集"有"所"）知道的，差不多都是从艰苦中，不断求上进的人。一个替人烧饭兼管货仓，闲时则自修的老段，我已在《申报·文艺专刊》内提到了他。另一个则是溙，也是排字工人，常常喜欢研究哲学，闹着人生到底该怎样呀一类的问题，把人弄得很瘦的。因为努力的原因，现已在缅甸教着华侨小学了。阿黄曾纠合这批朋友，在《仰光日报》的（按："全集"无

"的")副刊上,办一个周刊,叫做(按:"全集"作"作")《椰风》,大家都在业余时间内,抽暇写作,其中阿黄算是写得顶多,诗歌,小说,速写,随笔,论文,样样都有。凡是国内文化界有什么举动,他便(按:"全集"无"便")在《椰风》上,设法反映出来。像手头字和新文字等等的提倡,仰光地方的青年,不但引起了注意,而且还努力实行起来。至于国内前进刊物,为文介绍则是常事。有时他还要同别家报纸副刊笔战(仰光共有三家华侨报馆),应付许多麻烦的事情。这周刊一共办了九十多期,支持的时间,将及两年。他在这两年间白天排字,疲乏的晚间,还能做那么多的事,不能不使我惊羡起来,觉得一个人肯为文化事业效力,只要有恒,倒不一定须要若何的地位,以及充份(按:"全集"作"充分")的时间。

《椰风》最后遭到缅甸政府禁止,便是尾后一期,登了他一篇题做(按:"全集"作"作")《铁匠》的诗歌。至于前面一篇《江上》,(按:"全集"无标点)是从《椰风周刊》第四十九期上随手抄录下来的。

我想起先前所遇到的人物,好些都使我忧郁,使我摇头,但一回忆到一些上进的工人朋友,像阿黄一类的,则又令人生起莫大的欢欣和鼓舞了。因为言辞上所预约的光明,总不及人生自身表现出来的,蹋(按:"全集"作"踏")实些,生动些。

《冬夜》和《艾芜创作集》均收文十四篇,分五辑。第一辑:一、《穿破衣服的人》,"一九四二年九月十七日桂林";二、《穿破衣服的人及其亲戚》,正文作《穿破衣的人和他的亲戚》,"一九四二年九月廿七日"。第二辑:三、《快活的人》,"一九三五年";四、《七指人》;五、《老段》,"一九三五年";六、《阿黄》(第72—76页)。第三辑:七、《老好人》,"一九四二年";八、《逃难中》,"一九四二年三月四日桂林"。第四辑:九、《蠍子塞山道中》,正文有副题"由云南的顺宁赴永昌山间","一九三二年";十、《罂粟花》,"一九三四年";十一、《瘴气的谷》,"一九三四年";十二、《瞎子客店》,"一九三五年"。第五辑:十三、《牧歌》,"一九三四年";十四、《冬夜》。

据《艾芜研究专集·艾芜著作系年(1931—1983)》,一、《瘴气的谷》(小说),署名"吴岩",刊"《申报·自由谈》,1935年3月21、22日。收入《山中牧歌》,上海天马书店,1934年版"①。

二、《快活的人》(小说),发表于"《中流》(上海)创刊号,1936年9月5日。收入《冬夜》"以及"《南行记》,作家出版社,1963年11月新版"②。

三、《七指人》(小说),"《申报·文艺专刊》63期,1937年1月29日。《月报》(上海)1卷2期,1937年2月"③。《月报》④该期出版的具体时间为2月15日。《好文章》第六期转载,1937年3月10日出版。

四、《老段》(小说),"《申报·文艺专刊》65期,1937年2月19日。《好文章》(上海)7期,1937年4月"⑤。《好文章》该期出版的具体时间为4月10日。

五、《瞎子客店》(小说),"《申报·文艺专刊》73期,1937年4月16日。收入《南行记》,作家出版社,1963年新版(1980年4月新版有增删)"⑥。该文亦在《好文章》第九期发表,1937年6月10日出版。

六、《逃难中》(小说),"《文艺杂志》1卷3期,1942年3月"⑦。具体出版时间为3月15日。

七、《老好人》(小说),"《新工人》(桂林)1卷9、10期合刊,1942年5月"⑧。《新工人月刊》(社长:蒋士亦)该期的出版时间为5月1日。

---

① 毛文、黄莉如编:《艾芜研究专集》,四川文艺出版社1986年版,第596页。
② 同上书,第601页。
③ 同上书,第602页。
④ 社长:夏丏尊;编辑者:胡愈之、孙怀仁、邵宗汉、胡仲持、叶圣陶;开明书店出版。
⑤ 毛文、黄莉如编:《艾芜研究专集》,四川文艺出版社1986年版,第602页。
⑥ 同上书,第603页。
⑦ 同上书,第615页。
⑧ 同上。

八、《穿破衣服的人》（小说），"《文学创作》1卷2期，1942年10月"[①]。具体时间是10月15日。

九、《穿破衣的人和他的亲戚》（小说），"《文化杂志》（桂林）3卷3期，1943年1月"[②]。具体为1月10日出版。

"全集"在"冬夜"题下，收文八篇：《穿破衣服的人》《穿破衣的人和他的亲戚》《阿黄》《老好人》《逃难中》《蝎子寨山道中》《冬夜》《游荡汉》。其中，将《蠍子塞山道中》改为《蝎子寨山道中》。"塞"有"要塞"之意，"寨"可作"山寨"来解。不过，这一地名，在正文中未见出现。究竟是"蠍子塞"还是"蝎子寨"，尚待确认。《游荡汉》有副题"回忆琐记之二"，"原载上海《大公报》一九三六年四月二十七日"，但《艾芜研究专集·艾芜著作系年（1931—1983）》却作"天津"《大公报》[③]。该文原未入集，系后来补入。"全集"在编纂时，篇目遗漏甚多，虽有"全集"之名，实则更像是"选集"，这不能不说是一个重大的缺憾。

上文中的"溱"，指黄兆溱，即黄重远。1949年后曾任云南省归国华侨联合会副主席。"民国卅四年五月出版"的《进修月刊》一卷三期的"文艺"栏（第81—83页），曾发表艾芜的《一封无法投递的信》。《艾芜全集》第十五卷"书信"收录（第16—18页），改题为《致黄重远》，但文字、标点不一致处较多，因事关黄绰卿，故再录：

  前几天接到一个在缅甸失踪的友人的来信，因其生活令人感动，便写了一封无法投递的信。我信中所讲的两个友人（按："全集"有逗号）都是由排字工人努力自修，（按："全集"无标点）而在缅甸从事文化事业，集资在曼德里开办报馆的。

  重远：你和另一个友人在柳州城头，送我一家人去独山的时候，在快要开走的火车上，匆匆一握手，就行分别，以后便没有再见面了，而

[①] 毛文、黄莉如编：《艾芜研究专集》，四川文艺出版社1986年版，第616页。
[②] 同上书，第617页。
[③] 同上书，第600页。

至今也得不到一点儿你的消息。

你是从缅甸仰光逃亡回来的,但你那个广东台山的故乡,也遭到了(按:"全集"无"了"字)敌人的侵略,已没法子欢迎你这海外归来的受难者了。而你却能用你不懈的努力,惹起(按:"全集"作"战胜")疾病(伤寒病)的辛勤(按:"全集"作"辛苦"),勉强在陌生的柳州,可以托下足(按:"全集"作"脚")来,(按:"全集"用分号)而不料去年,又尽失所有的,被迫离开。现在你是逃难到什么偏僻的(按:"全集"无"偏僻的"三字)地方去了呢?尽我所能推测到的,你也许到了你家人先行疏散去的融县侨民开垦区吧,然而,那地方不是也有敌骑到过,而且至今偕(按:"全集"作"还"。下同)被蹂躏着么?

没有一点消息,留给我的,只是一些梦也似的回忆。

先前我们在桂林的时候,一谈到缅甸的朋友,总常常为绰卿那个朋友焦虑,(按:"全集"用顿号。以下表示列举时,原文的逗号,"全集"均改用顿号)担忧,当敌人从腊戌(按:"全集"作"腊戍")打过来的时候,他的母亲,岳母,带着他的一儿一女先走一步,而他和他的妻子以及另外的两个孩子,为了收拾一些不忍丢弃的东西,错过搭车的机会,便被迅速赶到的敌人,(按:"全集"无标点)拦截在八莫,和八莫一同沦陷,受到蹂躏了。我们尽我们所能做到的,从各方面所(按:"全集"无"所"字)能打听来的消息,(按:"全集"无标点)都是"存亡莫卜","生死不知"。

他的六十岁的母亲和岳母,也因为广东台山故乡的沦陷,只好带着孙儿孙女,(按:"全集"无标点)在柳州漂泊,得点微少的救济金,度着悲哀的老年的日子,(按:"全集"为句号)后来又被遣到融县侨民开垦区去拿锄头,自耕自活。我逃难到柳州的时候,听见你说他们(按:"全集"改为"她们"。下同)年老力衰,无法耕种生活,已把绰卿的孩子,(按:"全集"无标点)送了人了。这是我和你都感到痛苦的。现在敌骑踏到(按:"全集"作"踏在")那里,他们两位老人家怎么样了呢？

　　我如今住在离重庆十八公里的乡下了，土墙茅屋，位在（按："全集"作"位于"）半山腰上，远山、流水、田野、村庄、（按："全集"改为逗号）都像画也似地（按："全集"作"的"）摆在窗前，生活上算是比较安稳一点，但心情却并不宁静，常常为远方失掉消息的朋友担忧，为沦陷区中受难的熟人焦虑。

　　前几天，忽然转来绰卿的信了（按："全集"无"了"），他偕活在八莫的，这真是天大的喜讯！我读着信，高兴得情不自禁地想："我要立刻写信告诉重远的，并要他转达跟绰卿的老母和岳母"。可是一转瞬，现实的记忆就袭来了，真想不到，我们共同怀念的友人，脱离敌人的压迫，有了信息的时候，而你却又在敌骑的践踏中失了踪了。这是日本法西斯送给我们的（按："全集"无"的"）一个多么令人难以忘掉的痛苦！

　　可是，不管你能不能收到，我这一封信却是非写不可的，（按："全集"作句号）不然心上（按："全集"作"心里"）就像压个石头而（按："全集"无"而"）不能抛开的一样（按："全集"作"抛开样"）的难受，同时我也希望你在什么地方能够碰巧看得见。

　　绰卿的来信，是三月十五（按："全集"有"日"）在缅甸（按："全集"无"缅甸"）八莫写的①，他（按："全集"无"他"）信中向我报告了他的生活，（按："全集"为句号）他说："在这两年半中，我个人和事业上的损失，充满了泪痕和仇恨。我逃亡，隐匿，我披发佯狂，我做过鱼贩，赌徒，屠户，牧者，及旅行商等生活"。你瞧，这个以排字工人出身，自修而做到编辑副刊，且能自办报馆的文化工作者，在敌人侵占的外国地［方］，过着多么悲惨的生活！（按："全集"用逗号）但他并不颓丧，也不消极，反而向敌人复仇起来（按："全集"作"复起

---

　　① 笔者在查阅资料时发现："中华民国三十四年二月二十日 中央日报 星期二 第三版"曾发表黄绰卿的《掸族研究》（上），包括"西南夷族"和"掸族史略"；次日，发表《掸族研究》（下），主要内容为"掸族的区域"。

仇来")。(按:"全集"用逗号)他说:"现在我是一个军人!"而且,我相信他会成(按:"全集"作"成为")一个好的军人,因为他接着说:"但我并未忘记我出[身]是一个工人,是一个文化工作者,我的身上永远带着笔和书的"。

这个十三四年没有见面了的老(按:"全集"无"老")朋友,多么使人感到鼓舞,而且多么增加我们做人的勇气。我希望你,如果是在敌人的铁蹄底(按:"全集"无"底")下过日子,也拿出绰卿一样的勇气来吧!更希望你也和绰卿一样,身上永远带着笔和书吧!

我们中国人有种不好的看法,总把常常亲近笔和书的人,看成无用的书呆子。但不知道亲近笔和书的另一方面,偕能成为人生更有用更英勇无比的战士,(按:"全集"为句号)好的书,它(按:"全集"作"总")可以改变我们的头脑,增加我们的毅力,把我们的精神完全武装起来,(按:"全集"为句号)我常常感谢那些纪录(按:"全集"作"记录")在社会中为正义而战斗的文章,我常常感谢那些说明宇宙人生真理而又给人光明道路的书册。同时我更愿意把我见到的或是(按:"全集"无"是")听到的,为正义而勇猛战斗的英勇事迹,甚至我自己(按:"全集"无"自己")经历过的,(按:"全集"无标点)一点点值得使人鼓舞的小小事情,随时用笔写了下来,希望也能够去增加别个做人的勇气和毅力。

这是人在这个时代,须要(按:"全集"作"需要")好好的(按:"全集"作"地")活起来的所不可少的原素(按:"全集"作"元素")!我们这个社会常常不知不觉地使人自私,使人卑鄙,使人贪婪,使人冷酷,时时刻刻都有(按:"全集"无"有")变成旧势力的俘虏的可能。我回到我四川的故乡以来,见到听到的幼年时候一些纯洁的朋友,变得多么使人忧郁!其实他们并不坏,只是多半都做了旧势力的俘虏罢了。因此,在这个环境内我忽然接着(按:"全集"作"接到")绰卿远自异国的来信,不难想像(按:"全集"作"想象")得出我是多么地欢喜！

　　现在是轮到我和绰卿共同怀念你的时候了！他在这次信上也提到了你，他没料到你在桂林已和我见过而且一同怀念到他，他只以为你在日本法西斯打下缅甸的时候，就已失了踪了。但他却偕了解你，认为你处在艰难困苦的环境中，也能奋斗出来的。所以他最后说："这位体弱气壮的老友，我希望能在战场上相见（按：'全集'作'见面'）。"

　　日本法西斯灭亡的命运，虽已明明白白摆在我们眼前了，但他最后偕会在我们的大陆上大大挣扎一番的，正如一条恶狗，逼到尽头的时候，他偕会凶猛地掉转头来，咬人两口。因此，我也并不以为我目前的生活，就很可以苟安的了，我也随时警惕着的，而且准备大家亦如绰卿所希望的——能在战场上相见。

一九四五年四月九日于重庆

　　艾芜此信，感情浓烈，沉郁悲愤中夹着鼓舞，渗着希望。开首一段，相当于"题记"。"全集"将其移入注释，并标明"艾芜原注"。受信人"重远"，"全集"恢复了全名"黄重远"。该文作为信件，要素齐全，以《致黄重远》为题，独立成篇，自然可行。对于此信，《艾芜研究专集·艾芜著作系年（1931—1983）》有系："一封无法投递的信（散文）《进修月刊》1卷3期，1945年5月"[1]。不过，将之视为"散文"，还是不甚准确。《进修月刊》，编辑者：进修月刊社（昆明兴隆街一〇九号）；发行者：孙起孟；总经售：进修出版社（昆明福照街二〇四号，重庆临江顺城街廿二号，西昌中正东路二三九号）。该文后又收入《进修文选》[2]，"中华民国三十四年十月上海初版"。

　　"一九七九年三月二十日于成都"，艾芜曾写下《悼念华侨诗人、翻译家黄绰卿》，就抗战时期的情形，有如下叙述，可与信中的内容互证：

---

[1] 毛文、黄莉如编：《艾芜研究专集》，四川文艺出版社1986年版，第622页。

[2] 其编辑者：进修月刊社，发行者：进修出版教育社（总社昆明），总经售：生活书店（重庆、上海）。该书分为"编前""短论""学习与修养""专论""职业指导""现代列国志""各科常识谈座""文艺""书评""座谈资料""随感录（P. H.）"。《一封无法投递的信》即收入"文艺"（第167—170页）。

抗战期间我同黄绰卿中断了联系，但一遇见缅甸回来的华侨，总要打听黄绰卿的消息。听说日本帝国主义进攻仰光，黄绰卿就带领老母妻子儿女，逃到中缅交界的山区，过上流离痛苦的生活。到底住在什么镇市，什么山村，却不知道，因而无法通信。

抗战胜利了。我住在重庆南温泉乡下，有一天，接到由中华文艺界抗敌协会转的信，打开一看，是黄绰卿写的，真令人高兴异常。而且他的信上还说，他已到重庆。我立即去看他，这才知道他从仰光逃难的详细情形。他的老母亲带着他的一个孩子，和一群缅甸华侨先逃到广西的一个县里。他和他的爱人甄采兰带着另外几个孩子，随后逃到八莫。后来甄采兰病死，孩子也有夭折的。在这段时间，曾有一支中国军队会合从雷多公路来的美军，并和缅甸的游击队一起，在滇缅边界的崇山峻岭中，打退了侵占缅甸的日寇。他不顾家庭的困难，在那支中国军队中，从事缅甸语言的翻译工作，对抗日战争是有功劳的。抗战胜利了，他不愿意留在这支中国军队里，因为他一直是站在工人阶级的立场，相信社会主义和共产主义的，帮助翻译工作，无非完结抗日战争的一种爱国任务而已。

后来黄绰卿写的长诗《丽江行》，表明他在抗日战争中，具有工人阶级的坚定立场。[①]

再谈艾芜致"苏联友人"书

"中华民国二十九年八月十二日 救亡日报 星期一 第四版"的副刊"文化岗位"，发表了艾芜的《给苏联友人》，其文如下：

[①] 艾芜：《艾芜全集》第13卷，四川文艺出版社、成都时代出版社2014年版，第130—131页。

最敬爱的苏联友人：

我是中国的一个文艺工作者。凡是你们有机会读到我这封信的，我都愿意这样热烈的称呼你们。我从许多事实上看来，明白你们肯同被压迫被侵略的民族做朋友，而且好些年来，你们就向我们中国伸出一只友谊的手。我从地图上，看见你们的国家，就是我们的隔壁邻居，简直感到一种莫大的快慰！至于你们的作家普希金、莱蒙托夫、果戈理、屠格涅夫、托尔斯泰、陀思杜也夫思基、契可甫、高尔基、① 等人以及现存诸位作家，则都对于我们文艺工作者，有着最深最大的影响。

现在我要告诉你们的一件事，就是我们中国老百姓，在这三年的抗日战争期间，都已深切地认识你们是我们中国的友人了。虽然我国报纸上，并没有说你们运多少飞机，送多少空军人员，借多少款子给我们，但每个人却把你们帮助我们抗日的宝贵消息，一人传十，十人传百，散播开去，同时一般老百姓，他们已知道谁在侵略我们，就自然要问，世界上偕有哪个国家在帮助我们，因此，你们的友谊，便像树根深入泥土似的，生长在每个人的心里了。当千千万万的老百姓，看见你们义勇的空军人员，架着飞机出现在我们天空的时候，看见你们英勇的军事顾问，随着我们军队翻山越岭的时候，真是有说不出的欢忻和鼓舞啊！

现在我们抗战了三年，偕要拼命打下去。希望你们再尽量地帮助我们。我敢说，中国老百姓，头脑虽是简单，心地却很纯洁，恩怨看得异常分明，绝不会对仇敌，认贼作父，对友人，忘恩背义的。末了，谨致最敬礼！

艾芜 一九四〇年八月八日

这封信的抬头虽是"苏联友人"，但并不明确，而是一种泛指。从性质上讲，这有别于个人间的私信，属于公开信一类。该信属于"中国人民向苏联民众写信运动特辑之二：桂林文艺界同仁给苏联的书简"，目的在于"响应中

---

① 原文有顿号。

苏文化协会号召"。

"特辑"共收七封信件，"编排以姓氏笔划为序"，首封即艾芜之信，余者依次是：《我们精神上永远在一起的》，抬头："敬爱的朋友"，宋云彬，"一九四〇年八月七日夜于桂林"；《致绥拉菲摩维支》，抬头："敬爱的绥拉菲摩维支先生"，"谷斯范上 八、七"；《简单的信——写给苏联劳动人民》，林山；《致苏联友人》，抬头："敬爱的苏联友人"，孙陵，"一九四〇·八·七"；《致苏联人民》，抬头："敬爱的苏联人民朋友们"，阳太阳敬启一九四〇·八月八日；《寄苏联诗人们》，抬头："伊里奇史太林所赞美的苏联的诗人们"，"高咏八月八日，一九四〇年桂林"。"写信运动"持续了较长一段时期，并向社会各界扩散，反映在《救亡日报》上，此后还登载了《重庆文化界同人致苏联友人书》（1940年8月19日，星期一，第四版），抬头为"苏联的伟大领袖斯大林先生及亲爱朋友们"；《给苏维埃大众朋友的一封信》（1940年8月29日，星期四，第四版），抬头为"敬爱的苏维埃同志们"，"中国广西省桂林市八桂镇幼稚园同人谨上"；《桂林文艺界同仁给苏联的书简》（1940年9月9日，星期一，第四版）①；《关于中苏文化交流的两封信》（1941年1月25日，星期五，第四版）② 等。

艾芜此信后来又被"选载"。龚明德在《尚待完善的〈艾芜全集〉"书信"卷》（以下简称"龚文"）中有过介绍："在一份并非难找的当年重庆出版的《中苏文化》文艺特刊上，一组题为《中国作家致苏联人民书（选载）》的书信专辑，九人中第一个写给'苏联人民'的'中国作家'就是艾芜，他的这封书信，时间也有，为'一九四〇年八月八日'"，并做了"照录"。③ 不

---

① 此为"响应中苏文化协会号召""中国人民向苏联写信运动特辑之三"。其中包括中华全国文艺界抗敌协会桂林分会《致苏联作家们》、中华全国木刻界抗敌协会《致苏联木刻作者》、孟超《给苏联文艺工作者》、李育中《给苏联文艺理论工作者》、陈残云《给江布尔先生》、黄药眠《希望两民族文学的交流》、新波《让敌人在我们面前消灭》。
② 两封信是指：其一，《苏联作家协会外国联络委员会副主席亚布莱丁先生致中苏文化杂志编辑同人书》，末署"一九四〇年·六月·莫斯科"；其二，《中苏文化杂志编辑部同人［覆］亚布莱丁先生并致苏联作家协会书》，末署"一九四〇年一□月十日·重庆"。
③ 龚明德：《尚待完善的〈艾芜全集〉"书信"卷》，《现代中文学刊》2014年第6期，第109页。

过,对于龚文的介绍,仍可进一步加以完善。

首先是发表的刊物。龚文仅说是"《中苏文化》文艺特刊",其出版时间则不详。该期封面作"中苏文化·文艺特刊",但其版权页却是"中苏文化半月刊·文艺特刊","民国三十年一月一日出版",编行者:中苏文化协会(重庆中一路一七〇号);总经售:生活书店(重庆民生路七十三号);分售处:全国各大书局;印刷者:建中印刷公司;中苏文化协会杂志委员会:主任委员:王昆仑;副主任委员兼主编:侯外庐;副主任委员:翦伯赞;委员:梁寒操、郭沫若、何汉文、戈宝权、邓初民、沈志远、周一志、郑伯奇、洪瑞钊、曹靖华、韩幽桐、林苑文、程元斟、狄超白、葛一虹、潘天觉、李陶甄、赵克昂、陈希豪、叶兆南、郁文哉、西门宗华。

其次,《中国作家致苏联人民书(选载)》,共有九位作者,依次是茅盾、艾芜、草明、郭沫若、潘梓年、冯乃超、安娥、黄药眠、罗荪。从这一顺序来看,艾芜并不是"第一个写给'苏联人民'的'中国作家'",但茅盾的书信,正文中又未出现。其所刊位置,是在《本刊新年献礼》之后的彩页第一页,题名《茅盾先生致苏联作家书墨迹》。其余七封,分别是:第三封,致"亲爱的女工杂志编者和亲爱的女工们","草明、七、廿五、一九四〇";第四封,致"敬爱的罗科妥夫先生","你的诚挚的 郭沫若 十一月三日";第五封,致"亲爱的全苏联朋友们","潘梓年谨上十月革命廿三周年纪念日";第六封,致"苏联各民族的朋友们","冯乃超九月二十八日";第七封,致"苏联的作家朋友们","安娥一九四〇年十二月十二日";第八封,无抬头,黄药眠;第九封,致"亲爱的苏联文艺界的朋友们","罗荪十二月十二日在重庆"。

再次,《中苏文化·文艺特刊》在"选载"时,较之《救亡日报》,其字句、标点均略有变动。而龚文据《中苏文化·文艺特刊》所做的"照录",又出现了几处走样的地方。如"现在的诸位作家",原文作"现存的诸位作家";"说不出的欢欣和鼓舞",原文作"说不出的欢圻①和鼓舞";"偺要拼命

---

① 参照《救亡日报》,"欢圻"应作"欢忻"。

茅盾光生致蘇聯作家書墨蹟

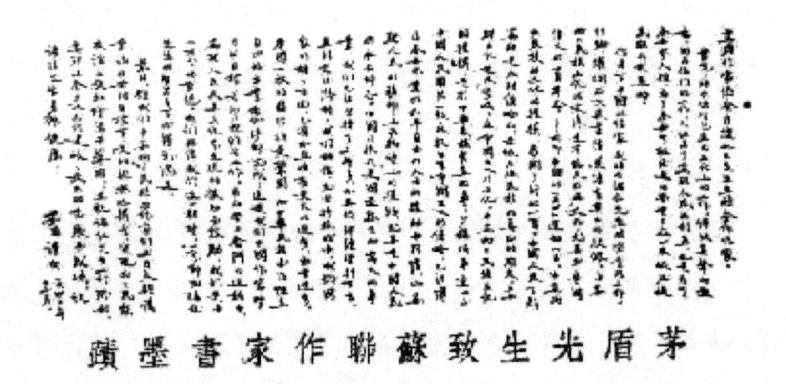

打下去",原文作"偕要併(并)命打下去";"再尽量的帮助我们",原文作"再尽量地打下去"。其中,"欢圻"和"併(并)命",应是原文的失误,但移录时径改,未加说明,多少有点失真了。

最后,读者对于"写信运动",或是不甚了了。"文艺特刊"在紧随《中国作家致苏联人民书》之后,发表了《苏联作家致中国作家并郭沫若先生的信》,其中包括:《苏联作家协会的来信》(末署"苏联作家协会主席团委员巴甫连科、苏联作家协会外国部副主席亚布莱丁同启","一九四〇年七月三十一日于莫斯科"),以及《国际文学编者罗可托夫的来信》①。两信之前,有四个段落的介绍性文字,相当于"编者按",从中可了解其来龙去脉:

> 自从我国抗战以来,社会主义国家的苏联,曾给与我们以很大的物质上和精神上的帮助,而苏联的出版界则出版了许多关于中国文艺的书籍,报纸杂志上也常有介绍中国抗战文艺的文字及作品的翻译等,从这些书籍和文字中,我们就可以看出苏联人民是如何同情及援助我们的抗战了!
>
> 在书籍方面,我们可以随便举出苏联国家科学院出版的《中国》文

---

① 《救亡日报》1940年12月24日(星期二)第四版亦刊载,题作《苏联作家致郭沫若先生的信》,并有编者语:"自从郭沫若先生为《中苏文化》杂志苏联文学专号所写的《中苏文化之交流》一文发表后,在苏联文艺界引起了一个很大的反响。郭先生的文章不仅被译为俄文,刊载于《文学报》中,同时也有作家写文章和信来响应他的号召,现将苏联作家巴甫连科、亚莱丁及罗可托夫等人写给他的信发表,并希望我们全国作家与苏联的作家们发生密切的联系,使得两国在文化的联系上得到进一步的发展!"

艺论文集，萧军的《八月的乡村》，萧三的《中国短篇小说集》及诗集《湘笛》，通于民族诗人西瓦沙的诗集《一幅中国画》，苏联作家哈玛堂的《大愤怒》，作家佛拉也尔曼关于中国的短篇，以及音乐出版局编译的《中国民众歌曲》等。

在报章杂志方面，如苏联作家协会的机关报《文学报》及俄英德法各种文字版本的《国际文学》，则经常刊载中国作品的翻译，据最近苏联友人来信，第七八两期合刊的《国际文学》（俄文版）即出有一中国抗战文艺特辑，有矛盾①与张天翼等人的作品，罗果夫的论文及其他照片多帧等。在《文学报》纪念我国抗战三周年的一篇文章中（舍尔盖也夫作），也有这样的一段话："在三年的民族解放斗争中间，中国的作家尽了很大的工作。茅盾曾这样说过：'作家们描绘出中国人民的英勇，坚决和觉醒，描绘出中国人民的希望，描绘出它准备牺牲，以及它对于最后胜利的信心。'……七月七日，在中国抗战的第三周年的这一天，中国的作家们和剧作家们，可以这样勇敢地说，他们已完成了他们天才的同伴鲁迅先生的遗言，他们已和人民密切地相联系着，他们为人民而写作，用人民的语言，并且写关于人民的事迹。"

自从郭沫若先生为《中苏文化》杂志苏联文学专号所写的《中苏文化之交流》一文发表后，更在苏联文艺界引起了一个很大的反应。郭先生的文章不仅被译为俄文，刊载于《文学报》中，同时也有作家写文章和信来响应他的号召，现特征求得郭先生的同意，将苏联作家巴甫连科、亚布莱丁及罗可托夫等人写给他的信发表于此；并希望我们全国作家能与苏联的作家们发生密切的联系，使得两国在文化的联系上得到进一步的发展！再，本期郭沫若先生致苏联作家之信即答覆罗可讬②夫先生之惠书，请参看。

---

① "矛盾"，当作"茅盾"。
② "讬"，同"托"。

自此不难看出：艾芜等中国作家致信苏联作家，起因在于郭沫若所写的《中苏文化之交流》一文，获得苏联作家的响应；目的则是"希望我们全国作家能与苏联的作家们发生密切的联系，使得两国在文化的联系上得到进一步的发展"。

《致范用》三简

2015 年 9 月，范用先生生前所编的《存牍辑览》，终于由生活·读书·新知三联书店正式出版。范用（1923—2010）是著名的出版家，有关其生平，此处不赘。该书"编者说明"写于 2009 年，其中范用写道：

> 由于长期从事出版工作，与文人作家交往，积存了一批书信。今选编一卷付梓，不过十一，亦雪泥鸿爪也。
>
> 其中叶圣陶、巴金、唐弢、黄裳部分书信，曾分别编入《叶圣陶文集》（一九九四年版）、《巴金全集》（一九九四年版）、《唐弢文集》（一九九五年版）、《来燕榭书札》（二〇〇四年版）。余为首度编次。

此书辑有艾芜的三封书信。既是"首度编次"，则艾芜三简以前还未正式披露过。现录于下：

一

范用同志：

您来看我们，真是高兴！我们忘不了，日寇侵略我们的祖国，逃到柳州，在困难时候，您给我们的帮助。那天下午，没空陪您同游草堂，感到很是歉然。十多年没有见面了，真想多谈些时候。有机会到北京，一定来看您。

近又收到您寄来的《论语新探》和《论黑格尔的逻辑学》，使我先睹为快，至为感谢！

　　　　洛峰、林辰、适夷、许觉民诸位同志，谢谢他们的问候，知道他们
　　　身体健康，极为高兴。
　　　　问候您的爱人丁仙宝同志。祝您
　　　身体健康！
　　　　王蕾嘉附笔问候您和丁仙宝同志

$\hspace{20em}$艾芜
$\hspace{15em}$一九七六年三月卅一日于成都①

　　艾芜与范用的交谊始于桂林。范用在《相约在书店》（载1996年10月29日《文汇报》）回忆说："30年代他就是三联书店（读书生活出版社、生活书店）的老朋友，我们是1942年在桂林认识的，他住在郊外观音山，生活清苦。初次见面，他杀了一只自己养的鸡招待我，那一年我刚满20岁，他长我18岁，我叫他'汤先生'（艾芜本名汤道耕）。"信中所言"柳州"事，据黄莉如、毛文《艾芜年谱（一九〇四年至一九四九年九月）》，1944年"夏天，日本侵略军占领衡阳前夕，桂林进行大疏散，遂率全家六口人逃难。在司马文森的帮助下，搭上了由桂林开往柳州的火车，在柳州住了四十多天。衡阳失守后，离柳州经独山到了贵阳。在贵阳住了半月左右，又经遵义到了重庆，时已中秋。此次，全家在旅途辗转流离三个多月，生活极为困难，幸好不断得到党的帮助，才得以渡过难关。（离开桂林时，从邵荃麟处得到二千元。在柳州时，从周钢鸣处得到一笔钱。困居贵阳时，又从李亚群处得到三千元。这些钱都是党为救济湘桂逃难文化人而拨的专款。）"② 1978年9月13日（一说为"十四日"），时值三联书店成立三十周年，艾芜"于北京西石油部招待所"写下《衷心的祝贺》，其中谈道："一九四四年在桂林准备逃难，躲避日本法西斯的侵略，因为带着四个孩子，无法携带别的东西，曾把准备印书的一点纸，寄在桂林读书出版社的负责人范用同志那里。到了柳州，无以为生的时

---

① 范用编：《存牍辑览》，生活·读书·新知三联书店2015年版，第31页。
② 黄莉如、毛文：《艾芜年谱（一九〇四年至一九四九年九月）》，《四川大学学报》编辑部编《四川大学学报丛刊第十二辑：四川作家研究》，四川人民出版社1982年版，第95页。

候,范用同志在逃难紧急之际,还设法送给我一笔钱,我因此得以维持全家六个人一时的生活。这是书店的同志和作者,在艰难的岁月中,结成了极为深厚的情谊,不会磨灭的。"① 至于范用到成都看望艾芜一事,因艾芜该年日记缺失,具体时间,暂不可考。另外,信中提到的两本书:《论语新探》为赵纪彬(向林冰)著,人民出版社1976年2月出版;《论黑格尔的逻辑学》,张世英著,较为切近的版本是上海人民出版社1972年8月版。

二

范用同志:

你好!惊悉北京强烈地震,你和你的一家人,都平安无恙吗?一些熟人都好吗?得便,请告知,以释悬念!敬祝

健康!

艾芜

一九七六年七月卅日成都②

三

范用同志:

你好!承你托陈翰伯同志带来的食品,业已收到,至为感谢!四川去年今年连续旱灾,要靠外省调粮接济。在成都没什么东西可以买来送你,很是抱歉!现在"四人帮"粉碎了,省委可以不再受干扰,能够大力抓农业和工业,四川大有希望。此致

敬礼!问候丁仙宝同志

蕾嘉问候你们好

艾芜

一九七六年十二月十八日成都③

---

① 艾芜:《艾芜全集》第14卷,四川文艺出版社、成都时代出版社2014年版,第292—293页。
② 范用编:《存牍辑览》,生活·读书·新知三联书店2015年版,第32页。
③ 同上书,第32页。

此信《全集》收入，但文字却略有不同：

范用同志：

你好！承你托陈翰伯同志带来的食品，业已收到，至为感谢！

四川去年今年连续旱灾，要靠外省调粮接济。在成都没什么东西买来送你，很是抱歉！现在"四人帮"粉碎了，省委可以不再受干扰，能够大力抓农业和工业了。四川大有希望。

问候丁仙宝同志。蕾嘉问候你们好。

艾芜
1976 年 12 月 18 日　成都①

关于这些书信原件，汪家明在《存牍辑览》的《编后记》中有所交代："信函原稿，已捐上海出版博物馆。捐去之前，三联书店老一辈书籍设计家宁成春先生与朋友一起做了精心翻拍。"

《当代作家书简》"致艾芜"的三封书简考释

《当代作家书简》，"民国三十二年七月初版"。据版权页，其编者：卫明；校者：知勉；发行者兼出版者：普及出版社；总经售处：会文堂书局（桂林桂西路九十四号）；经销处：衡阳会文堂书局，贵阳正风书店，重庆陪都书店，成都科学书店，昆明光明书局，柳州国风书店。普及出版社，封面作"上海普及出版社"，但实际上其出版地是桂林。

全书分五辑："为战斗与苦难所承受的""创作的讨论""实践的抒发""挚情底心声""真理的回响"。共收三十四封书信，每函都起有标题。其中最后一辑的两封：洪遒的《呈给十个演剧的同志》和杨伊的《真理的回响》，

---

① 艾芜：《艾芜全集》第 15 卷，四川文艺出版社、成都时代出版社 2014 年版，第 161—162 页。

（一）为"前书"，（二）为"覆信"，故目次将杨伊的信标注为"【附：真理的回响】"。目次之后，刊鲁迅语："我们读作家的一封书信，比读作家的一篇作品还容易得到了解。"另有编者在桂林于 4 月 4 日①，即"天使的佳期——儿童节"，以书信形式所作的《题记》，表明其目的在于：希望读者通过这些作家的书信，"能够看到不易透过的真实性格的表现"，因为书信"能流露出毫无矫作形式的主观情操"，"它从灵魂深处发出热情的呼吸，起有最真实战斗的作用"。"它寄与同一理想者护疗着为时代苦恼的精神状态，不致成为残废。即使为抗战献身而受牺牲创伤，也得到不寂寞地挚慰底摸抚"，"使我们加倍地鼓起勇气，执着战斗的盾牌，走向胜利的明天"。②

《现代作家书简》收录艾芜书信一封，即致彭桂蕊的《开拓南国文艺荒原》；与此同时，艾芜作为受信人，亦有三封，均置于第四辑"挚情底心声"。此三者，尚未引起研究者的充分关注，现略作考释。

张天翼：如果印一份这样的复信

艾芜：

　　巴金有了复函，说童话改好尽管寄去。现在放在桂林的一部份还未寄来，无从动手修改。已去函催他快寄。寒假后学校要搬场，大概新校址不是在长沙就是在衡阳。迁校前还打算写一篇谈描写人物的意见的文字寄《抗战文艺》，蓬子来信催过好几次了。《文艺工作》月刊那里也欠了一笔债，按照索稿的先后，则替"抗文"写了一篇之后，还想替"文工"写一篇。那里你有稿子寄去没有？

　　这一向无事忙。结束功课，改学生的文卷，过年等等。还有一大堆稿要校阅，一大堆信要复。许多来信，所提到的问题都差不多：学文艺要读什么书？怎样取材？怎样写？诸如此类。详复必须长信，而每封信都写得差不多。我忽发奇想，如果印一份这样的复信，就方便多了。人

---

① 应是出版年的 4 月 4 日。
② 卫明编：《当代作家书简》，上海普及出版社 1943 年版，《题记》第 4 页。

· 335 ·

家来信时，只要寄一份给他，时间上岂不大经济了么？我的太太劝我不如写公开信。看到丰子恺先生在《中学生》上写音乐方面的文字以作复信，这办法倒很好。你给文供社写的册子，我希望多谈点具体的写作上的问题。

借了几部 J. Conracl① 的作品。以前看他的小说，觉得他写得乱糟糟，看不下去。现在耐心读去，倒颇欢喜他了。虽然宿命论的气味太浓，但的确是真实的。他比哈代伟大得多。

计划中的长篇，巳②记下了几个人物。如果你我住在一起，那我们可以常常谈题材，人物，等等，那就有趣极了。最好的生活就是，写作，读书，有同行朋友在一起撩天。

得西彦信，知葛琴荃麟到了国新社，想已晤面。

本地各乡都有龙灯，有些龙灯队还舞狮子或"船灯"。"船灯"是扮演一对夫妇划船，且歌且舞，如果拍成有声电影，那也该是很出色的片子。演者都是农人，业余能演得这么熟练而且入情入理，真令人惊异。有些则不免表演得过火一点，然亦不失为很高明的民众艺术，只是"肉的色彩"太浓了些。桂林乡下有玩灯的没有？

祝福

翼上　二月十日③

据《题记》，该书"征求到郭沫若，熊佛西，张天翼，鲁彦，等诸家十五封未经过发表的信件"④，而张天翼的信件，入收者仅此一封，故完全可以认定：这封致艾芜的信件，系首次发表。

关于此信所谈内容，现参照沈承宽、黄侯兴、吴福辉所编《张天翼生平与文学活动年表》，逐一分解：

---

① 应作 "J. Conrad"，1857—1924。译作"康拉德"。
② "巳"，"已"之误。
③ 卫明编：《当代作家书简》，上海普及出版社1943年版，第105—106页。
④ 同上书，《题记》第4页。

"寒假后学校要搬场"。1939年5月,张天翼"赴溆浦大潭北平民国学院任教,开设文艺习作课"①。正因为如此,信中才有"结束功课,改学生的文卷"之说。1941年,"随民国学院迁宁乡"②。据《湖南省档案馆指南》,私立北平民国学院自抗战爆发后,曾"先后南迁河南开封,湖南长沙、益阳、溆浦、宁乡、安化等地。抗战胜利后,迁返宁乡"③。由此可以初步判断,张天翼写这封信的时间是1941年2月10日,地点则是在溆浦大潭。

"巴金有了复函,说童话改好尽管寄去。现在放在桂林的一部份还未寄来,无从动手修改"。1940年10月28日,张天翼曾致信以群,"谈到这一时期自己的写作情况说:'写了一个长篇童话《金鸭帝国》即《帝国主义的故事》之第一部'。'我自己很喜爱这部稿子,觉得可以破童话界的纪录','现在我们中国确需要少年文艺读物,而我又对此热感兴趣'。并陈述自己的计划:打算续写《金鸭帝国》第二部,在酝酿一个长篇,准备研究中国旧小说和鲁迅作品等"④。因此,信中的"童话",即《金鸭帝国》。1942年1月15日,《金鸭帝国》第一、二卷开始发表,"全文未完,在《帝国主义的故事》第一部的基础上改写"。"《文艺杂志》一卷一期——一卷六期。至次年11月1日。原拟续作并修改,后因病,终未完稿"⑤。

"迁校前还打算写一篇谈描写人物的意见的文字寄《抗战文艺》"。1941年"11月10日起,谈创作问题的长篇论文《谈人物描写》,于《抗战文艺》七卷四、五期合刊—七卷六期连载。至次年6月15日载毕。结合创作实际,从多方面地探讨了人物描写在创作上的重要性,以及如何更好地进行人物描写等问题"⑥。1942年9月,"《谈人物描写》由重庆作家书屋出版单行本"⑦。"年表"此处有误,《谈人物描写》是书名,论文则为《谈人物的描写》。该

---

① 沈承宽、黄侯兴、吴福辉编:《张天翼研究资料》,知识产权出版社2010年版,第27页。
② 同上书,第28页。
③ 湖南省档案馆编:《湖南省档案馆指南》,中国档案出版社1996年版,第170页。
④ 沈承宽、黄侯兴、吴福辉编:《张天翼研究资料》,知识产权出版社2010年版,第27—28页。
⑤ 同上书,第28页。
⑥ 同上。
⑦ 同上。

文末署"三十年四月三日",应是其终稿的时间。至于《文艺工作》方面,"年表"未记载相关信息。今检《百年中文文学期刊图典》,《文艺工作》有两种:一是民国三十七年(1948)五月二十日创刊,刊别不详,仅出一期。孙陵编辑。五洲书报社发行,出版地上海。① 二是民国三十七年(1948)七月一日创刊。半月刊。工作社编辑、发行,出版地成都。终刊情况不详。② 从时间和刊别上看,均与信中的"《文艺工作》月刊"不符。该刊最终应是未能面世。所幸《现代作家书简》,也为此提供了佐证。第100页郭沫若致张煌的信中,谈道:"《文艺工作》早已流产,稿件已全部发还或转投别处矣。"由此可知,发其端者,或许与郭沫若有关。不过,该信仅署"十,六",年份不详,刘政江《郭沫若致〈创作季刊〉张煌的两封佚书》直接认定为"1942年"③,但《创作季刊》是初名,正式名称为《创作月刊》,1942年3月15日创刊,编辑人张煌,创刊号即发表郭沫若的论文《今天创作底道路》。因此,郭沫若此信的写作,应在1941年。

"我的太太劝我不如写公开信"。1942年9月1日,张天翼"发表长篇创作经验谈《一封信》(又名《张天翼的一封信》),桂林《文学批评》创刊号。后由《文艺知识连丛》第一集转载,改名为《答编者问》。结合个人创作实践,向初学写作者阐述写作知识"④。"年表"此处亦不确切。"《文艺知识连丛》第一集",封面作"《文艺知识连丛》第一集之一",至其版权页,才有书名《喇叭》。其编辑人:史伍、冷火、何传、青苗、郁天、秦牧;发行者:雪风出版社(北平东四牌楼八条七十号,上海吴淞路五百九十四号);代表人:刘元之;总经售:商务出版公司(上海吴淞路五九二号)。"一九四七年四月十五日出版"。题名《答编者问(创作经验谈)》。信中提到丰子恺在《中学生》上谈音乐的文字,应即丰子恺"民国廿九年六月十三日于贵州遵

---

① 陈建功主编:《百年中文文学期刊图典》(上),文化艺术出版社2009年版,第371页。
② 同上书,第372页。
③ 刘政江:《郭沫若致〈创作季刊〉张煌的两封佚书》,《郭沫若学刊》2006年第3期,第90页。
④ 沈承宽、黄侯兴、吴福辉编:《张天翼研究资料》,知识产权出版社2010年版,第28页。

义"所作的《告音乐初学者》，发表于《中学生：战时半月刊》第三十四期（第15—19页），1940年11月5日出版。该文开门见山谈道："近来常有初学音乐青年人写信来问我音乐的门径。我——答覆，苦未能详"，"这篇文字，原是我最近改订《音乐入门》时新作的一章。现在先在这里发表，或者可以给初学音乐的青年一点便利，而使我少写几封回信"①。

"计划中的长篇"。这与致以群信中所谈到的长篇，应是同一部。但张天翼后因"突发肺结核病（已进入第三期）"②，力不从心，最终恐搁浅。

"葛琴荃麟到了国新社"。据《邵荃麟生平及著译年表》，1941年"1月下旬，一家辗转达到桂林"③。所谓"国新社"，是"国际新闻社"的简称。"抗战时期在中国共产党领导下的通讯社。1938年10月20日由中国青年新闻记者学会部分会员在长沙创办。总社设在桂林，重庆、香港、上海和解放区均设有分支机构。向国内及海外华侨报纸发布通讯稿。1941年皖南事变后，在国民党统治区的通讯机构被封闭；1942年香港沦陷前，在香港的机构仍向海外华侨报纸发稿。"④ 其桂林总社的负责人为胡愈之、范长江等人。邵荃麟、葛琴的公开身份是"国新社"记者。

最后回到信中有关艾芜的情况。一是《文艺工作》那里，"你有稿子寄去没有？"既然该刊胎死腹中，所以约稿一事，自然不了了之。二是"你给文供社写的册子"，即艾芜的《文学手册》。该书在1940年12月13日完稿，1941年3月出版。

臧克家：灵魂底拥抱

艾芜兄：

信收到，这个信到你眼底时，《向祖国》也许可以出版了。前寄《古树的花朵》收到了没有？这是我的一个尝试，你对它的意见如何？

---

① 丰子恺：《告音乐初学者》，《中学生：战时半月刊》第34期，1940年11月5日，第15页。
② 沈承宽、黄侯兴、吴福辉编：《张天翼研究资料》，知识产权出版社2010年版，第28页。
③ 邵荃麟：《邵荃麟全集》第8卷，武汉出版社2013年版，第268页。
④ 《辞海》编辑委员会编：《辞海：文化体育分册》，上海辞书出版社1981年版，第41页。

《泥土的歌》几时印好？这集小诗我自己颇喜爱它，有一些朋友也有同感。因为我是一个道地的乡下孩子，我了解乡村，热爱农民，所以写来也特别亲切一点。

　　在重庆住久了，生活太乱，雪垠今天下乡逃避去了，静不下来是很难写东西的。此地一些朋友为了批评空气太沉闷，正在用力鼓荡它。祝好！

克家　二月十二日①

　　首先来看三本诗集的出版情况。按臧克家信中的描述，《古树的花朵》已经出版，《泥土的歌》正在出版，《向祖国》即将出版。据刘福春、徐丽松编《中国现代文学总书目·诗歌卷》，《古树的花朵》为"东方文艺丛书之一，叶以群、臧克家、田仲济编辑。重庆东方书社1942年12月初版。长诗。前有《序》一篇"②。《泥土的歌》，"今日文艺丛书第十二种，黎丁主编。桂林今日文艺社1943年6月初版"。分三辑：第一辑"土气息"，收十九首；第二辑"人型"，收十八首；第三辑"大自然的风貌"，收十八首。有序句。③从这两本书的出版时间来看，臧克家的这封信应该是写于1943年的2月12日，地点在重庆。

　　关于《向祖国》，其版本有舛误。从版权页来看，发行者为三户图书社，地址：桂林中北路一〇七号，1942年4月初版，但其书名页的出版时间，则赫然为1943年。据臧克家信中所谓"这个信到你眼底时，《向祖国》也许可以出版了"，可以推知：《向祖国》的出版时间，应是1943年4月。版权页的标注，或许是排印有误，或者是另有它故。

　　由于《泥土的歌》和《向祖国》都是在桂林出版，所以臧克家才向艾芜打听其进展情况。这从另一角度，也反映出艾芜的乐于助人。

---

　　① 卫明编：《当代作家书简》，上海普及出版社1943年版，第117页。
　　② 刘福春、徐丽松编：《中国现代文学总书目·诗歌卷》，知识产权出版社2010年版，第185—186页。
　　③ 同上书，第190—191页。

信中，臧克家向艾芜询问对于《古树的花朵》的意见，至于艾芜如何作答，目前已不得而知。不过，信中的另一人物（姚）雪垠，却在1944年3月10日，致信臧克家，谈及对其诗歌尤其是《泥土的歌》的看法。信件后以《现代田园诗》为题，发表在熊佛西主编的《当代文艺》第一卷第五、六期合刊（第19—27页），1944年6月出版。"雪垠今天下乡逃避去了"，据《姚雪垠年谱》，姚雪垠是在1943年"2月抵重庆，住张家花园文艺界抗敌协会内"①。从此信亦可推知，其具体到达时间，当在12日之前。

最后要补充说明的是，在2002年时代文艺出版社出版的《臧克家全集》第十一卷"书信"中，此信失收，故可视为臧克家的佚简。

田涛：设计长篇"多地层"的报道

艾芜兄：

一月七日的信敬悉。熊佛西也有信来，知道《灾魂》一稿已设法通过，也希望能将该稿收进集子里去。

兹再寄上拙作：《麦穗》《射手》《巷战》《黄疆山》四篇，这几篇中有的是凑数的，但又有什么办法呢？致于书名则请我兄斟酌办理可也。后记只有去掉。

近来我在写长篇，名"地层"，预计廿万字，取材农民游击队……。

近况如何？见你在"文杂"有长篇连载，未悉该长篇已否完稿，此处东方书社（已出者有臧克家长诗《古树的花朵》）颇愿接印你的长篇，不知我兄肯否赐允？祝好！

田涛　元月十七日②

这封信的写作年份较好确认，即在《古树的花朵》出版之后，《当代作家书简》出版以前，这样，唯一可选择的年份，便是1943年。因此，其具体时

---

① 姚海天、俞汝捷主编：《姚雪垠文集》第20卷，人民文学出版社2011年版，第606页。
② 卫明编：《当代作家书简》，上海普及出版社1943年版，第119页。

间，可断定为 1943 年 1 月 17 日。至于写信地点，信中有"此处东方书社"一语，东方书社初设重庆七星岗金汤街十二号，后迁民生路二二四号；而田涛是在皖南事变后，便转到重庆①，据其 1980 年 12 月所作《我的小传》，田涛寓居重庆是从 1942 年至 1946 年，其间，曾在上海法学院万县分院任教②，故此信的写作，亦在重庆。

  信里提到的"文杂"，据万忆、万一知编著的《广西抗战文化史料汇编·第一辑·文艺期刊卷》（人民日报出版社，二零一三年一月），抗战时期，在桂林出版的期刊中，有《文艺杂志》《文学杂志》和《文化杂志》，这三者，似均可简称为"文杂"。但有艾芜长篇连载的，则是《文艺杂志》。该刊 1942 年 1 月 15 日创刊于桂林。王鲁彦主编，覃英发行，文艺杂志社出版，桂林东方书店（后为三户图书社）总经售。至三卷三期，因王鲁彦病重，于 1944 年 4 月停刊。同年 8 月，王鲁彦去世。1945 年 5 月 25 日，由荃麟在重庆复刊，出新一卷一期。其刊头上写：创办人王鲁彦，发行人覃英，主编人荃麟。新一卷出版三期后，1945 年 9 月终刊。前后共出四卷十八期。

  艾芜的长篇名《故乡》，分六期连载。具体而言，其一至五，刊第二卷第一号（第 2—9 页），"民国卅一年十二月十五日出版"；六至十二，刊第二卷第二号（第 56—65 页），"民国卅二年一月十五日出版"；十三至十六，刊第二卷第三号（第 94—101 页），"民国卅二年三月十五日出版"；十七至二十一，刊第二卷第四号（第 100—110 页），"民国卅二年五月二十日出版"；二十二至二十五，刊第二卷第五号（第 75—84 页），"民国卅二年十月一日出版"。二十六至二十九，刊第二卷第六号（第 88—96 页），"民国卅二年十一月一日出版"。

  田涛向艾芜所寄文稿，目的是为了结集出版。其出版事宜，仿佛是艾芜在代劳奔忙，即便集子的书名，也是请艾芜"斟酌办理"。但该小说集不知何

---

  ① 北京语言学院中国文学家辞典编委会编：《中国文学家辞典：现代》第一分册，四川人民出版社 1979 年版，第 96 页。
  ② 徐州师范学院《中国现代作家传略》编辑组编：《中国现代作家传略》下集，四川人民出版社 1983 年版，第 58 页。

故，未见相关的出版信息。不过，四篇文稿中，有三篇已经发表：《射手》作于"一九三九四月武当山"，发表在茅盾主编的《文艺阵地》第四卷第一号（总第1233—1235页），"民国三十八年十一月一日出版"；《巷战》发表于孙陵主编的《自由中国》新一卷第二期（第35—42页），"三十年七月十五日出版"；《黄殭山》，原题作《黄礓山》，发表于《自由中国》新一卷第五、六期合刊（第33—36页），"民国三十一年一月桂林初版"。《麦穗》则后来发表于《文艺杂志》第二卷第六期（第32—38页）。至于《灾魂》，如信中所说，"已设法通过"，发表于熊佛西主编的《文学创作》第一卷第五期（第22—35页），"中华民国三十二年二月十五日出版"。

而信中田涛正写的长篇《地层》，又名《焰》，1944年7月由重庆东方书社出版，列入"东方文艺丛书"。其间，部分篇章，曾有过发表，如《鬼迷沟——"地层"之一部》，发表于《文学创作》第二卷第三期（第22—34页），"中华民国三十二年七月一日出版"；《地层——长篇"地层"之一部》发表于《时与潮文艺》第二卷第四期（第37—46页），"卅二年十二月十五日出版"。

辑五　他人笔下的艾芜

黄果夫《艾芜与沙汀》

民国"三十二年三月十日",《杂志》第十卷第六期(复刊第八号)①,曾发表黄果夫的《艾芜与沙汀》一文(第59—64页),记述了艾芜寓居上海时的一些生活片段。文字轻灵活泼,语多俏皮幽默。现录之:

> 民国廿四年的冬季,我住在法租界金神父路底,靠近打浦桥附近的一个衖堂里,面对着我小亭子间窗口的一间厢房中,住着一对年近卅岁的夫妇。
>
> 每晚,我工作疲乏归来时,从小小的窗框中望过去,总可以在那昏暗的灯光下,瞧见一个瘦长个子,苍白面孔,尖下巴的人,伏在一张临窗的写字台上,兴冲冲地工作着,他的旁边坐着一个和他同样瘦长个子的女人,在默默地读着书。
>
> 照例,我的眼光和他们的视线接触时,那个坐在一边默默地读书的女人,就立刻机警地将那蒙着灰尘,而又残破的窗帘放下了,只能隐隐

---

① 编辑者:吴诚之;发行者:杂志社(上海山东路二九〇号);印刷者:建东印刷公司(上海汇山路五九九号);分发行处:街灯书报社(上海河南路三〇八号)、建国书店(南京中山东路)、新国民书店(苏州护龙街七〇〇号)。

地瞧见他们在窗帘后蠕蠕移动的影子。

每次遇着这样的情景时，我内心便深深地感到痛苦，觉得不应该在这清夜，惊扰了他人的工作，不论这工作是属于那一类性质的。

当时，正是暴风雨酝酿着的时代，在这种欲雨不雨阴霾密布的环境下，只有感到恐惧，威胁，每个文化工作者都特别提高他们的警惕心而小心翼翼地工作着，生活着，当时，我就是其中的一人！我怕人们惊扰我，但是越怕人惊扰，越会引起人们的注意，就像我注意对面窗子里那一对夫妻似的，虽则我的注意，并没有其它作用，仅仅是好奇心而已。

然而，我的内心也不得不深切地感到惭愧的，所以每当我的视线和他们接触，而红着面孔低下脑袋时，心中想着他们该要如何地不安啊！

为了避免使他们感到不安，每晚归来时，总是先在黑暗中偷偷地瞧着对面房间里的窗帘放下来没有，然后才将自己房中的电灯扭开，有时候，瞧见他们的窗帘没有放下时，便索性不打开自己房中的电灯，不做工作，就这么地和衣睡在床上了，以免引起对方的惊异。

然而，我越是小心翼翼的，越是引起了人们的不安，因为我鬼鬼祟祟的行动，是更加引起人们的猜疑了。

这样，有一天，一大早，一个姓王的朋友把我从睡梦中推醒了。

"呵！××，你知道对面窗子里，住着的人是谁吗？"

我说，"我不知道！大概也是一个干文化工作的吧？"

"不知道，他就是新进作家，在文学月报上发表《人生哲学的一课》的艾芜啊！"

"呵，艾芜！"我猛的从床上坐起来了。

"是的，是艾芜，××，下次你可不要再注意人家了，人家在怀疑你呀！"

"人家在怀疑我，怀疑我什么？我又不是……"我有一点光火了。

我的朋友赶紧止住了我的气，他说："××不要光火，你每天不是在注意人家吗？你把灯火关了，偷偷地从窗缝中瞧人家吗？"

我这才恍然大悟，原来我的朋友所说的我注意人家的事，正是我胸中每日所感到苦恼的事呵！我的面颊立刻红了起来，我声音颤慄①地高嚷着："××，我不是注意他，我把灯火关熄，原是怕引起了他的注意！我要向他解释去，我不是……"

猛的，我从床上立起来了，我要求我的朋友给我介绍认识他。我要向他去表白一番。可是我的友人拒绝了我，他拒绝我的原因，并不是不愿为我介绍，而是他也不认识他。

原来艾芜在发现对面亭子间中的我在注意他的时候，就四下去打听，瞧瞧有没有人认识住在对面亭子间中的年青的单身的小伙子，这个小伙子也仿佛和自己一样是同命运干着文化工作的人。后来他问到了沙汀，沙汀再问我的朋友王君，然后再由这位姓王的朋友转达我。

沙汀，我认识他已久，可是我们并不十分接近，只是互相知道吧了。第一次认识他是在一个文艺座谈会上。记得那天讨论的题目，是关于"文艺大众化"的问题。

这一个矮小个子，满面冷静，而内心实含着无限热情的人，给我的印象是永远不能泯灭的。他对"文艺大众化"的问题是绝对拥护和主张的，可是，他不接受人们批评他的作品不够通俗化的主张，他说文艺创作的形式是自由的，尽可利用各种不同的创作方法，而达到他所要达到的目的。那天，和他辩论的有周起应等人，一直有四五个钟头之久。他仿佛有很多的意见，但说不出来，最后是辩得面脸通红，青筋毕露，口沫四溅……结果，是不欢而去了——独自个儿气冲冲地离开了座。

据说那天沙汀回去之后，他是哭了，尽管各自的意见不同，但在态度上尽可以和缓一点，而不应该太过火了。于是，当天晚上他回忆起白天辩论的情景时，立刻从床上爬了起来，当夜跑到周起应的家中，以及其它的朋友那里去道歉了一番。

事后，这一场辩论，曾被某小报发表出去了，而且大事渲染了一下，

---

① "颤慄"，亦作"颤栗"。

说是沙汀与周起应几乎大打出手，以致于沙汀表示不再参加周起应等人主催①的文艺座谈会，而弄得外间议论纷纷。

沙汀的个性与他的作品，恰巧相反，他的性格是爽朗明快，戆直天真，他的作品却是沉郁结实扭捏执拗不大通俗，而带点欧化的东西。一个高中程度的学生还不大看得懂他的作品，他的作品与艾芜的作品在作风上大不相同，与巴金的作品更其不同。周起应在批评沙汀的作品一文中说："……把生活，工作，知识的种种经验，以及智与力与爱全部点画不差的刻到作品上去的，真是很少很少的，然而，人类的成就在于他能点点画画，人类的失败也就在他们懒于点点画画，一笔不苟且的完成，就仿佛一支漏水的细筛，不仅工作，生活，自身由筛孔里面漏泻，有时候就是连人也会漏出去的，自从能够在筛子里面保存下来的，我们可以想像这是金砂，这个金砂才是真正由各种生活，工作等等经验以及智与力与爱的结晶，这种结晶，我们在沙汀的作品中，可以细细的摸索到……"

这批评，可以说是对沙汀的作品的批评是再合适不过的了。然而，这种结晶，不是夸大的说，又岂是一个平常的中学生所能了解的呢？

由于我和艾芜的这点小小的误会，更由于我的朋友王君的介绍，我开始进一步的认识沙汀。

沙汀那时住在辣斐德路桃源邨的一间客堂中。他的房间的布置很简单，一张床，和一张写作的台子，以及几大箱子的书籍，其余便是被扔在床头或者台子底下的报章杂志以及一些龌龊的衣服而已。

他本人不修边幅，一年四季老是那一套洋装，但他有时也喜欢穿长衫，因此，我们不时也能瞧见他穿着一件蓝布大褂，摇摇摆摆地出现在桃源邨中，这种寒伧而且带点稀有的打扮，是特别引起人们注意的。

沙汀似乎不大愿意人常到他的家中去，很少有朋友被他招待在他的屋子里坐上廿分钟的，好像自己的屋子里藏着几许秘密似的，他说房间

---

① "主催"，不可解，疑是"主持"之误。

是休息与工作的地方，除了睡眠与写作外，就不能有其它，他说如果要招待朋友闲谈或者讨论一些什么问题，那尽管到咖啡馆去，没有钱上咖啡馆，那末马路上也是很好的招待朋友的地方。因此每一个朋友到他家中去，刚踏进房门，还没有坐下来时，便被他嚷住了：

"呵！××，我们好久不见了，去去去，我们到马路上去走走！"

于是，他立刻穿上了外衣，领你到马路上去散步，一走便是好几个钟头，从来没有表现过一点不耐烦或者敷衍的态度，这种热情与精神却是没有第二人及得上的。

第一次，我同姓王的朋友到他家去时，也曾经如此被他"热情"地招待过，这以后，好多次的拜访，也都是如此。因此很少是留在他的家中。我们常常散步的地方，是在杜美路与祁齐路之间，那些僻静的街道上的一粒沙子和一块石头，都是我们所熟习的，当他瞧见了普希金的铜像时，他便会高声朗诵起普希金的诗歌来。他瞧着黄昏的杜美路的那一头，有一两个白俄在踱着方步时，他就会一口咬定这是古老的莫斯科的黄昏的街景。他看见一个流浪的老白俄时，就想起了杜斯妥益夫斯基笔下常常提到的一些顽固而又悲惨的老年人的命运来，他遇着了携着一匹小狗或者握着一根手杖的年青的淑女或绅士时，他就会一口咬定："这些都是果戈里小说中的人物啊！"

总之，诸如此类的例子，真是数不胜数。

我们一面徜徉着，一面闲谈着，真是天下之大，无事不谈，但是，在我们的谈话中，却很少谈到他的身世，他尽可能地避免人们问到他的家庭的状况，但有时候，在谈到杜斯妥益夫斯基，契可夫等人的作品时，也多少透露出他的身世，譬如说他憎恶他封建的大家庭，于是他就痛责《被侮辱的与被损害的》中的那个顽固的老年人。他同情与他同样为家庭不容而在上海流浪，当着学校教师的一个姐姐，因此他便同情《被侮辱的与被损害的》中那个女主人翁的命运。于是他便常常地滔滔不绝地称赞这个女主人翁的性格是如何地善良，以及她是如何地坚忍和刻苦，而每次谈到这些时，都是眼眶红红的，一直到他的第一颗泪珠从眼眶中夺出来时，他这才恍然大悟似的，赶紧把话题移到另一问题上去，好像这些人物的命运，都与他无关。

因此每次谈到这些问题时，他的结尾便是："××，你要熟读杜斯妥益夫斯基的作品，尤其是《被侮辱的与被损害的》这一部书，还有《罪与罚》，还有法捷也夫①的《毁灭》，还有绥拉菲谟维支的《铁流》，还有契可夫等人的短篇小说，这些作品读百次也不算多的。"

真的，他对于我的文艺爱好，是有着莫大的影响的。

除此以外，人们就不能知道沙汀较详细的身世了，只有人们还知道他已经结过婚，还有一个孩子，不过那时他的太太不在上海，他只是一个人孤单的生活吧了！

我在认识沙汀的五个月之后，我才认识了艾芜。在这期间，我们虽则彼此住在一条弄堂里，窗子面对着，日夜碰着头，但是从没有招呼过。

我曾经几次要求沙汀给我介绍，但都被他婉词拒绝了。他怪轻声地，拍着我的肩膀说："××，你可知道，艾芜是一个胆子小的人呀！不，是一个仔细而又谨慎的人，是不大喜欢交际的人，他不像我，不大愿意多认识陌生人！"

像这样的话，我听过不止一次，最后，我有点光火了，我怪俏皮地说："呵！是吗？不愿意会见陌生的人，大概是有点骄傲吧？"

沙汀一听到我这一句话，立刻从座位上跳起来说："那里的话，不是骄傲，不是骄傲！"他有点急了，紧握着我的手说："艾芜真是一个好人，一个忠厚而又虚心的人，他不愿意多认识人，实在是不会交际的原故，而且他说的一口云南话，也不是我们容易听得懂的。××，你如果不相信，我立刻就替你介绍去！"

他说着，便拖着我的手，立刻要我同他到艾芜家中去，为我们介绍。我这时虽则因为错怪了好人，而感到难为情，但为了要认识艾芜心切，

---

① 今作"法捷耶夫"。

也只好将计就计，便兴奋地和沙汀一同到他的家中去。

记得那时已是深夜十二点多钟了，街道上冷清清地，只有几个洋车夫在懒洋洋地徜徉着，我们一口气地穿过了几条街，到了艾芜家时，艾芜夫妇已经在甜蜜的睡乡中了。

弄堂中灯火已熄，阒无人声，我们瞧着那关闭着的大门，那放下窗帘的黑暗的窗子，那从窗子眶①中漏出来的甜蜜的鼾声。我便拉着沙汀的衣角说：

"我们明天再来吧！别要吵了人家的清梦啊！"

"呵，那里的话，没有问题的，艾芜是没有一点臭架子的，闹醒了又有什么关系！"

他说着便乒乒乓乓地敲起门来，高嚷着："老艾，快开门！是我，是我呀！"

艾芜听了他的声音，几乎来不及下床似的，穿着一身单挂②裤，赶紧跑到楼下来开门，把我们迎了进去。这时，虽则已是春天，但在这冷清清的深夜，仍是有点寒峭的。

当我们紧握着手时，一股热情通过了我们的感觉，我们这才知道友情的可贵，真挚！

没有等到坐定下来，沙汀便一口气地将我们的来意一起爽直地说出来了，当这位忠厚的老实人，听到别人误会他骄傲时，一副惶惶然恐惧而又惭愧的心情，真不知道怎样才好，他满面通红，露出他一口凸出的牙齿，笑嘻嘻地笔直地立在那儿。

我向他说了许多抱歉的话，解释了一番误会。那天晚上，我们一直谈到了天亮，才各自归去。

这以后，我就算正式认识艾芜了，接触的机会也就多了。

从长时间的谈话中，我知道他穷苦出身，并不像沙汀那样家中有钱，

---

① "眶"，"框"之误。
② "挂（掛）"，或当作"褂"。

也不像沙汀那样是一个大家庭，从小便失去了父亲母亲，中学毕业后，便一直在云南和四川的深山间流浪着，做过苦力，做过小学校的教员，更做过人家公馆里的门房……《人生哲学的一课》就是他自己的写照，在这里，他不知道尝过多少人间的苦味，饱经了多少的风霜，生活增加了他人生的知识，经验，以至于他长成。

因此，他在性格方面，并没有沙汀那样地爽朗，也没有沙汀那样地天真，他有的便是朴实，淳厚，农民的作风和农民的性格，他没有高深的"学识"，也没有受过上等人所授的教育，他有的便是生活的热力，奋斗的经验，和一长串的苦难，磨折。因此，在他的作品中，没有讨厌的洋化作风，没有执拗的难以使人了解的感情，有的只是亲切，真实，人间的温暖和苦味……而使得成千成万个青年感动，沉醉。

茅盾在批评艾芜的作品时说道："……你们几乎难以想像这个作家的作品，是在怎样的情形中产生的，他在云南的深山中出卖着自己的劳力，一面像牛马般地工作着，一面从怀中掏出他那一本记事簿子，随时地录下了他的感情和他的劳力……"

"你们更难想像①到一个人在生活的折磨下，还要学习，还要不断地求知的那种心境和精神！……"

真的，他的大部份的作品，就在这种情形下写成的，然而，这种染着浓厚的血和肉的作品，又怎么不叫人们读了感动和爱好呢？

他在上海的生活很苦，夫妇俩完全以靠卖文过活，有一个时期，朋友们看他的生活太苦，介绍他到南市某中学去教书，后来为了环境关系，过了不到两个月的粉笔生活，便自动辞职了。到了二十五年的冬季，他们有了一个孩子，因为母亲太弱的原故，孩子生下地，母亲的乳汁便断绝了，于是夫妻两个在维持自己的生活外又增加了孩子一个月十多元的牛奶费。

那时，能够常常在经济上帮助他的，只有沙汀，然而那一点经济力量，也是微乎其微的。没有办法，他只好埋头写作，日夜地写作，到处

---

① "想像"，今作"想象"。

托人介绍稿子。

有一天下午,沙汀来找我,他一见我面,便很痛苦地说道:"呵,我对不起艾芜!"

"为什么?"我不胜惊异地问。

"我没有借钱给他,他的孩子又缺少了买牛奶的钱!"他颤慄地说着。

"那么,为什么不借给他呢?你没有钱吗?"我问。

"不,我有钱,我气愤他!"他的脸上真有一点气愤的样子。

"不借钱,还要气愤人家吗?那是为了什么呵?"我有一点埋怨他的意思。

于是,沙汀便从头至尾向我解说这件事。原来沙汀气他的,是前些时艾芜给了曾今可①一篇稿子,叫做《我们的伙伴》,最近在《新时代月刊》发表出来了。那时曾今可正在提倡什么"国家事,管他娘,打打麻将"的所谓解放词,文坛上的人,对他都没有好感,所以沙汀气艾芜不该将稿子给《新时代月刊》发表,不该和曾今可来往。

沙汀告诉我这件事后,便大骂:"他妈的,真是无耻,什么是'国家事,管他娘',什么是解放词,他妈的,真是无耻!"

等了一会,沙汀又好像忏悔地说道:"老艾,真是好人,我明知道他和曾某人的来往不是为了一笔稿费,也不是存心要和他来往,还不是这个无耻的东西要死缠着他吗?"那时我就常常看见曾今可出现在他的家中,向他索稿子,他将稿子给他拿去发表,还不是为了"好人"这两个字吗?

---

① 曾今可(1901—1971):曾用名曾国珍。笔名有君荷、金凯荷等。江苏泰和人。早年留学日本。回国后参加北伐,在军中从事政治工作。1931 年在上海创办新时代书店,出版《新时代》月刊,并在该刊提倡"解放词"。抗战胜利后赴台北,任《申报》驻台特派员。曾任台湾《正气月刊》编辑,又任台湾省文献委员会主任秘书以及委员。1971 年病逝。主要作品有:长篇小说《死》(新时代书店 1932 年版)、短篇小说集《爱的逃避》(新时代书店 1931 年版)、《法公园之夜》(马来亚书店 1931 年版)、《诀绝之书》(新时代书店 1932 年版)、《玲玲的日记》(儿童书店 1932 年版)、《一个商人与贼》(新时代书店 1933 年版),以及诗集《爱的三部曲》(1931 年)、《落花》《小鸟集》(1933 年),散文集《今可随笔》(1940 年)、《两颗星》等。参见徐迺翔主编《中国现代文学词典》第一卷"小说卷",广西人民出版社 1989 年版,第 223 页。该词条为钦鸿撰写。"江苏泰和"应作"江西泰和"。

第二天，艾芜还是捧着一束稿子，到沙汀家中来，笑嘻嘻地向他请教，对于借钱"碰壁"的问题，毫不介意，这也是一个"好人"的心情和气魄。

前年，听说艾芜从西北到了桂林，在桂林仍旧是卖文过活，仍旧当中学教员……。香港战争未爆发前，亦曾到过香港，最近听说仍旧在桂林。

沙汀，艾芜，他们的近况，就不是我所能知道的了。

该文后收入《人物种々①》（杂志丛书之三），第59—68页，杂志社（地址：上海山东路二九〇号）"三十二年十一月十五日出版"②。黄曼群、马光裕编《沙汀研究资料》（知识产权出版社，2009年4月）有节录，《艾芜研究专集》的"评论文章选辑"与"评论文章目录索引"则均未见收。作者黄果夫，生卒年月不详。曾任上海师范大学金融教授③。善写人物，其《记茅盾》④，形神毕肖。此外，另有《牯岭——今岁之夏》⑤《苏州印象》⑥等文字传世。

文中提到艾芜《我们的伙伴》发表于曾今可主编的《新时代月刊》，此或系作者误记。今查，《新时代》⑦所刊艾芜作品有二：其一是《我们的友人》，发表于第四卷第三期（第31—45页），"中华民国二十二年四月一日出

---

① "々"为叠字符号。原书名如此。
② 该书编纂者：杂志社编辑部；经售处：街灯书报社（上海山东路二九〇号）、建国书店（南京太平路大行宫口）、新国民书店（苏州护龙街七〇〇号）。
③ "上海师大教授"一说，见于孙豹隐《文坛散论》（未来出版社1997年版，第331页）等；"金融教授"一说，见于杨琪《艺术学概论》（高等教育出版社2003年版，第127页）。
④ 发表于《杂志》第九卷第五期，"三十一年八月十日出版，三十一年八月廿日再版"。
⑤ 发表于《政治月刊》第六卷第三、四期合刊，"中华民国三十二年十月一日出版"。刊名为汪兆铭题。社长：袁殊；编辑委员：鲁风、费一方、吴哲非、唐学明、吴志英、许衡之；发行者：政治月刊社（上海河南路三〇八号，南京中山东路太平路口）；总经售：上海街灯书报社、南京建国书店、苏州新国民书店。
⑥ 此为该刊"春游苏州特辑"之十。发表于《杂志》第十二卷第六期（复刊第二十号），"三十三年三月十日出版"。
⑦ 编辑者：曾今可；发行者：新时代月刊社（上海武定路紫阳里一七七号）；发行所：新时代书局（上海武定路一九十弄六七号）。

版";其二是《小伙计》（第11—18页），发表于第四卷第四、五期合刊，"中华民国二十二年五月一日出版"。

　　艾芜与沙汀，素有"双星并曜"之说。"舒乙称他们'像一对文学孪生兄弟，在中国现代文坛上占有重要的地位，放着特殊的光彩'。这种奇异的文学孪生现象出现伊始就引起人们的普遍好奇"，而"黄果夫《艾芜与沙汀》等就是论及两人关系较早的文章"，不过，"那时批评界对他们的认识常常流于表面，即使文学史家也仅仅是以并列的手法来称呼他们，往往热衷于指出他们的相同或相似，而极少从更深的层次上论及他们的差异"。[①]

从《文人小记：记艾芜》说开去

　　1948年5月5日，《幸福世界》第二卷第五期[②]（总第十七期）刊有森园的《文人小记》，所记者，有老舍、艾芜、黎烈文、王任叔四人。其中，《记艾芜》文字如下：

　　　　四川一省，似乎是出产文人最多的地方，过去的如司马相如，杨雄[③]，李白，苏轼，杨慎等，都可算是一代大家。当代据我所知道的，则有郭沫若，巴金，赵景深，康白情，金满成，李劼人，阳翰笙，沈起予，艾芜，沙汀等。而目前最显得出的，当推艾芜和沙汀两位。沙汀最近写作不多，艾芜则仍本着擅长乡村描写的作风写出了许多动人的小说。
　　　　艾芜曾流浪过许多地方，尤其是西南各省。他做过小学教师，报馆

　　[①] 徐瑞岳主编：《中国现代文学研究史纲》下册，江苏教育出版社2001年版，第1221页。该书辟有专章《艾芜研究：在山峡中不断探索其独特魅力》，其中认为毛文、黄莉如选编的《艾芜研究专集》、廉正祥创作的《艾芜传——流浪文豪》和谭兴国《艾芜评传》三书，是"检索资料和发现新意的阶梯"，"具有不可替代的资料和学术价值"（第1221页）。
　　[②] 其编辑者：汪波；发行人：冯葆善、罗斌；出版者：环球出版社［上海（十一区）南京路慈淑大楼五二八号］。
　　[③] "杨雄"，"扬雄"之误。

校对，小公务员等等，他完全不隐瞒他这一段悲苦的历史，逢人便这样说："啊，我那时在当校对。"当他虽已成了名，一点也不掩饰自己的身世。他对人的诚恳和谦和，在现今作家群中是少见的。每一个客人去相访，他亲自招待倒茶，谈话坦白诚挚，流露着真挚的感情。听说在桂林时，有许多老妪和小孩都认得他。

他原名汤道耕，艾芜是他的笔名。现在的年龄，大概已到四十左右了。身躯弱小，面容瘦削苍白，眼光坚定而略带感伤哀怨，微微儿有一点儿暴牙，终年穿着一件旧长衫，头发也很少梳理的日子，想不到这个瘦小的人，却蕴藏着丰富的创作生命力。在中国，专靠写作为职业的恐怕只有他一个。我所知道若干的作家中，有的是靠学校里的薪水，有的是出版公司里有股份，像他这样全凭着一枝笔负担一家五六口的生活，可说是国内的凤毛麟角了。我猜想每月他至少要写五万字以上，月月要写这许多字，实在是一件不容易的事，号称多产作家的巴金，对他也要望尘莫及而自叹不如了。也许因为营养不良吧，艾芜的几个孩子都是瘦弱不堪。中国的一个成名作家生活如此贫苦，这社会实在太对不起他了。若和国外的作家相比，真是不能以道里计算。

他的创作我读得很多，都是结实，平稳，冲淡和富人情味。他的作风，我认为只有显克微支差可比拟。战时写下的《春天》，《纺车复活的时候》等，很得大后方人士的传诵。我最欢喜他早年所写的一篇《山峡中》，里面写一个野女孩，又妩媚，又健康，又泼剌，又可爱。这篇作品，听说已译有英日两国的文字，友人张友松也读过这篇小说，赞不绝口，以为其艺术上的技巧，不下于俄国高尔基。

这位作家对朋友的事很热心，常常为了朋友的事义务奔跑，弄得满头是汗，从不出一句怨言。夫人很能干，是一个大学生。他连年住在川中，没有外出。去秋曾到上海，有很多文艺朋友开着会欢迎他。[①]

[①] 森园：《文人小记》，《幸福世界》第2卷第5期，1948年5月5日，第89页。

《记艾芜》的主要观点，可从两方面加以概括。首先，就艾芜其人而言，"诚恳""谦和"，虽然"瘦小"，"却蕴藏着丰富的创作生命力"。就艾芜创作来说，则是"擅长乡村描写"，"结实，平稳，冲淡和富人情味"，其"作风"，"只有显克微支差可比拟"。

不过，文中部分说法，有待辨析。如"战时写下的《春天》，《纺车复活的时候》"一说，并不完全准确。《春天》的写作，是起于1936年春，同年12月1日终笔。次年1月，由上海良友复兴图书公司出版。

其次，关于张友松，需略作介绍。张友松（1903—1995），原名张鹏。湖南醴陵人。北京大学肄业。曾任上海北新书局编辑。创办春潮书局，任经理兼编辑。与鲁迅交厚，见诸《鲁迅日记》者，达114处。抗战期间，在重庆创办过晨光书局。1951年9月，到北京参加英文版《中国建设》的编译、采访和组稿工作。1954年后，转人民文学出版社从事专业翻译。"反右"运动开始，回乡下老家教书。1984年，与老伴投奔女儿一家，偏居成都郊外。后在贫病交加中去世。一生译著宏富，尤以马克·吐温作品的翻译闻名。张友松称誉《山峡中》的艺术技巧，"不下于俄国高尔基"，这既是至高的然而也是中肯的评价。

最后，文中提到艾芜"去秋曾到上海，有很多文艺朋友开着会欢迎他"，其初抵上海时，《骆驼文丛》新一卷第二期①的"文坛消息"曾以首条宣告："小说家艾芜旬前由渝抵沪，正忙于觅屋，奔波不堪。"② 该期出版于"民国三十六年九月十五日"，相较于艾芜实际到达时间而言，这一消息还是滞后了许多。而《文艺春秋》第五卷第二期（1947年8月15日出版）刊首的报道《迎艾芜·黎烈文》，则可为"欢迎会"参证。现录其相关部分：

> 最近，艾芜先生自重庆来上海，黎烈文先生自台湾来上海。文艺春秋社在本月十日下午三时，约请了经常为本刊执笔的作家李健吾、许杰、

---

① 该刊编辑：青苗；发行：骆驼文丛社；社址：北平东四八条七十号。每月十五日出版。
② 《文坛消息》，《骆驼文丛》新1卷第2期，1947年9月15日，第16页。

臧克家、碧野先生等作陪，举行了一次小小的茶聚，以示欢迎。

这次茶聚历时三小时。大家不拘形式地谈了一些文艺界的琐事：谈到莎士比亚的翻译问题，谈到重庆文化界的现状，谈到台湾新旧文化的交替，谈到老舍和曹禺在美国，谈到叶君健（马耳）在英国出版的《山村》，谈到中国作家的饥饿状态，谈到郭沫若和周学普的两个《浮士德》译本，谈到现阶段话剧运动的趋向。谈话在非常欢洽的空气中行进。尤其是健谈的李健吾先生，幽默而响亮的语调常常引得四座腾笑。

艾芜先生是在上月二十七日自重庆搭轮来上海的。他并没有和家属同来，因为他自知上海的生活并不容易。他告诉我们重庆的物价和上海比较，大约是一与五之比。重庆的铅印业排工费每千字不过数千元，而上海竟达四万三千元；上海吃一次客饭，要相当于重庆吃两天的客饭。在这样的情势下，他是准备独个人耽在上海了，而且如果居住问题不得解决，生活问题无法应付的话，他打算仍然回到重庆去。

……

现在，当本刊出版的今天，黎烈文先生又搭轮回到台湾去了。我们一面祷祝他旅途的平安，和回到台湾以后产生大量的译品；一面希望留在上海的艾芜先生，能够不为经济所逼，安心地写下作品，为贫弱的中国文艺界增添宝贵的活力和光辉。

文艺春秋社
欢迎词：本社
摄影：翟立林 叶德馨

文字之外，尚有照片四帧：其一为"艾芜先生（右）与黎烈文先生合影"；其二为"茶聚一角（左艾芜，中黎烈文，右许杰）"；其三："聚谈一景（自左起：李健吾，臧克家，碧野）"；其四："聚谈二景（自左起：碧野，艾芜及臧克家，黎烈文，李健吾及许杰，范泉，翟立林）"。《文艺春秋》编辑者：永祥印书馆编辑部（上海福州路三八〇号）；主编人：范泉；发行者：永祥印书馆股份有限公司；发行人：陈安镇。

此后,《谷雨文艺月刊》九月号的"文化消息"又有报道:"小说家艾芜,已自重庆搭轮抵沪。黎烈文在台湾台北市台湾大学执教,八月初,来上海旅行,已于八月十八日返台。"① 该期出版于"三十六年九月一日"。

《文艺春秋》报道的相关内容,同样见诸范泉的《记艾芜——一个苦了一辈子、写了一辈子的作家》:

> 1947年8月10日,我以文艺春秋社出面,邀请重庆来的艾芜和台湾来的黎烈文,在南京路新雅酒家茶聚,请经常为《文艺春秋》月刊执笔的李健吾、许杰、臧克家、碧野等作陪,由翟立林、叶德馨录像,历时三小时。大家不拘形式地谈了重庆文化界的现状、台湾新旧文化的交替、莎士比亚的翻译、老舍和曹禺在美国的情况、叶君健在英国出版的《山村》、郭沫若和周学普的两个《浮士德》译本、现阶段戏剧运动的趋向、中国作家的贫苦和饥饿。这次茶聚的照片,发表在《文艺春秋》第5卷第2期上。

> 艾芜谈到了上海的生活水平远比重庆高;重庆和上海的物价大约是一与五之比,重庆的铅字排工费每千字不过数千元,而上海竟高达四万三千元。上海吃一次客饭,相当于重庆吃两天的客饭。②

同月,艾芜在致沙汀的信中也说:

> 至于谈到物价,那就吓人,从内地来的人,简直觉得到了外国一样。重庆与上海的生活程度,刚好一与五之比。上海猪肉一万五千,重庆只消三千;牛肉一万,重庆只消两千;客饭一客,五千五百,重庆只消一

---

① 《文化消息》,《谷雨文艺月刊》九月号,1947年9月1日,第18页。从《编后》来看,九月号应是其创刊号。发行人:梁上余(原刊模糊难辨,或有误);主编人:思达、范蕾、毕彦;发行者:谷雨文艺杂志社(广州惠爱西路吉东路二号贰楼)。"每月一日出版"。至十月号,增加了社长黄学勤,无发行人、发行者,改谷雨文艺杂志社为出版者。据十一、十二号合刊,该社已迁往广州市维新中路三三五号。自1948年1月号,始称"第四期"。

② 范泉:《记艾芜——一个苦了一辈子、写了一辈子的作家》,《新文学史料》1995年第4期,第24页。

千。动身时，有些难过，到了上海，看看物价，又觉得家留在重庆也好。

……上海房子不易租，要有顶费①。一个朋友花千把万顶了一弄房子，房租却最便宜，每月只五六万元。②

艾芜最终未能在上海久居。其"逗留的实际时间，从 1947 年 7 月 27 日抵沪，到 1948 年 1 月 7 日搭轮计算，不过半年"③。据黄莉如、毛文所编《艾芜年谱（一九〇四年至一九四九年九月）》，艾芜初到上海时，"住在大场乡下"；是年十一月，即又"移居江苏南汇县乡下"④。

不过，艾芜回到重庆后，当地的物价仍是其不堪承受之负。"民国三十七年七月廿五日"，马来西亚槟榔屿《现代周刊》（*The Modern Weekly*）复版第一一四期⑤的"文化广播"（第 8 页）中说：

艾芜在渝近函沪上友人，内云："重庆物价高涨吓人，米黑市一千二百万一石，还买不到米，这真叫人活不了，上海想必更高，不知你们怎样过活？稿费，编辑费，都该增加。……"

至于艾芜与李健吾的交往，艾芜在回忆芦焚时，谈到"芦焚在三十年代开始发表小说，并没有引起我的注意。后来李健吾用刘西渭的笔名评论芦焚的《里门指记⑥》，连带讲到我的《南行记》，才注意到芦焚"⑦。李健吾认为，"我们今日有了沈从文先生的《湘行散记》，艾芜先生的《南游记⑧》，把我们带进他们各自记忆里的传奇然而真实的世界"；"他们利用某一个机会，生活里某一段经验，从一个地方或者一个社会，提取他们的人物，故事，语言和

---

① 顶费，转让或取得企业经营权或房屋租赁权所付出的钱。
② 艾芜：《艾芜全集》第 15 卷，四川文艺出版社、成都时代出版社 2014 年版，第 36 页。
③ 范泉：《记艾芜——一个苦了一辈子、写了一辈子的作家》，《新文学史料》1995 年第 4 期，第 25 页。
④ 黄莉如、毛文：《艾芜年谱（一九〇四年至一九四九年九月）》，《四川大学学报》编辑部编《四川大学学报丛刊第十二辑：四川作家研究》，四川人民出版社 1982 年版，第 98 页。
⑤ 该刊印刷兼发行：现代日报社有限公司；办事处：槟城椰脚街卅二至卅六号，信箱第二十号。
⑥ "里门指记"，当作"里门拾记"。
⑦ 艾芜：《有关作家的回忆》，《新文学史料》1995 年第 4 期，第 11 页。
⑧ 《咀华二集》原文如此，当作"南行记"。

颜色。他们从乡野出来，如今便把乡野送给我们。一份厚礼：这里活着的是博爱，是人类最深也最原始的情绪"①；"也就是这一点共同的命运，这种永生的人类的同情，把《南行记》，《湘行散记》和《里门拾记》挽在一道，证明我们的作家有一个相同的光荣的起点：无论远在云南，鄙在湘西，或者活在破了产的内地……"②

1983年12月，艾芜在《怀念李健吾》一文中，忆及两人的会面：

> 我同李健吾同志第一次见面，是一九四七年的上海。他同郑振铎编辑《文艺复兴》杂志。我们在《文艺复兴》编辑部的招待宴上见过面，谈过话，我又到他家里去看过他。我的三个中篇小说《乡愁》《我的青年时代》《回家》，都在《文艺复兴》上发表的。当时作者和编者的关系都很融洽，在思想上没有什么多大的距离，作品所表达的意见、观点，健吾同志都毫无犹豫地接受了，用编者的勇气担当下来。这是使我高兴的。③

如上所述，既是"第一次见面"，则《文艺复兴》编辑部的招待宴，当在文艺春秋社的欢迎茶聚之前，也即是说，在1947年8月10日以前，两人已经有过聚谈。

在《幸福世界》二卷五期的《编辑后记》中，汪波曾预告："下期起封面将别具风格"。至第二卷第六期，即总第十八期（1948年6月25日出版），封面已无"世界"二字。自此，《幸福世界》蜕变为《幸福》。1949年3月25日，《幸福》第二十六期，刊有杨和的《"文学"与"文季"的作家们：张天翼·陈白尘·艾芜·沙汀·芦焚》。其中首先谈道：

> 与《现代》相对峙的《文学》与《文学季刊》里的那些年轻小说家是较严肃的一群，大都能感应他们那时代的严重气息，作品里也有着许

---

① 毛文、黄莉如编：《艾芜研究专集》，四川文艺出版社1986年版，第395页。
② 同上书，第396页。
③ 艾芜：《艾芜全集》第13卷，四川文艺出版社、成都时代出版社2014年版，第157页。

多生活上与社会学上的凸出。他们的现实主义曾伴着当时沉重的密云期的政治形势肃清了当时流行的霉烂轻浮的抒情主义，为以后的抗战文学准备了坚实的基础。①

对于艾芜，则有这般评价：

《南行记》使艾芜在文坛上成了传奇人物，自说当过工役的人竟写出这么秀丽的文字；《芭蕉谷》是更传奇的故事，也更洗炼②，深厚，使他成为沈从文之外的最好的游记家；而《故乡》那样庞大而真切的素绘更发展了他的冷静的观察力与平衡的心灵，使我们知道我们已经有了一个广阔的平面画的天才。《人生哲学的一课》只是朴素的报告，但给我们打开了中国地理上的一角，最被文坛所漠视的西南角。《山峡中》与《松岭上》带给我们两个传奇的人物：野猫子与老醉鬼，都是完整而虎虎有生气的，野猫子身上尤有奇幻的美的光辉，仿佛东欧的吉卜西女人。《洋官与鸡》跟《我诅咒你那么一笑》那样真切的殖民地生活的素描在当时是奇异的存在，但我更爱《芭蕉谷》里那些清晰的野人山里的生涯。《故乡》该是中国长篇小说里最好的收获之一。难得的是作者只谦卑地轻悄悄地写着，完全平铺直叙，真淳淡泊，没有持③才的傲慢与恶俗的过分发展，笔致细致而洗炼，安排均匀又平衡，我爱余峻廷母子的冲突，廖进伯家的祝寿，雷志恒与余峻廷的谈话那个画面，那个边远的小县城的风貌简直是一幅静物画。余峻廷与廖进伯写得最完美，而余老太婆，雷志恒，雷老金，徐松一们也写得颇凸出。在这里我找不出不自然的浪费的笔墨，一切都逐渐地展开，有条不紊，入情入理。④

---

① 杨和：《"文学"与"文季"的作家们：张天翼·陈白尘·艾芜·沙汀·芦焚》，《幸福》第26期，1949年3月25日，第26页。
② "洗炼"，今作"洗练"。
③ "持"，"恃"之误。
④ 杨和：《"文学"与"文季"的作家们：张天翼·陈白尘·艾芜·沙汀·芦焚》，《幸福》第26期，1949年3月25日，第27—28页。

杨和其人，待考。从其文笔与见识来看，应非等闲之辈。署名"杨和"的文章，有：《在轰炸中生活》，发表于浙江《新青年》第五卷第三、四期合刊，"民国三十年三月十五日出版"；《"七月"与"希望"》，发表于上海《春秋》"第六年第二期"，"中华民国卅八年二月廿日出版"；《漫谈文学研究会：从茅盾·郑振铎·丁玲·沈从文到巴金·靳以》（附图、照片），发表于《幸福》第二十五期，"中华民国三十八年三月一日出版"；等。

上引《幸福》第二十六期，其编辑者：沈寂；发行者：冯葆善；出版者：春秋出版社［上海（9）黄河路（派克路）七十八号］（《幸福》自第二十五期，因环球出版社解散，由冯葆善另组春秋出版社出版）；承印者：美灵登有限公司。

后　　记

本书的编撰，纯属偶然。

2014年，时值艾芜诞辰一百一十周年，由四川文艺出版社和成都时代出版社联合出版的《艾芜全集》问世。编者伍松乔先生对此有所介绍：

> 《艾芜全集》共19卷、近千万字，是至今能够收集到的艾芜全部作品、书信、日记的集大成，是对艾芜文学遗产科学、完整、全面的总结，也是对中国现代文学、巴蜀文化一次意义重大的发掘、梳理，具有极高的文化价值。
>
> 全集在对已有的出版物汇总、校正之外，更对大量从未发表的手稿资料进行了艰苦的搜集、整理、勘对、注释，首次披露出版的168万多字日记、450多封信件、两部剧本和60多张老照片等，存留至今已是难得，公之于众更是功德无量。尤其是种种原因三次南行未发表的作品、民国作品里1949年后未入任何选本的作品，全集均原文实录，按严家炎的话说，更是"中国文学的惊喜和幸事"。[①]

"全集"的编纂与出版，为艾芜研究奠定了资料始基，自然功不可没，但也留下诸多缺憾。其甫一面世，即遭遇批评。一批学殖深厚的专家、学者，决意拾遗补阙，进一步完善"全集"，并立志在此基础上，深化拓展艾芜研

[①] 伍松乔：《倾听他的心跳——〈艾芜全集〉编毕有感》，《四川文学》2014年第12期，第47页。

究。于是，在 2016 年初，笔者收到张放（笔名"张叹凤"）师的电邮与短信，邀约加入"艾研"的行列；不久，又有龚明德先生定期寄赠相关资料。受此感召，笔者遂由最初的逡巡不前，开始慢慢踅入这片园地。

不可否认的是，作为中国新文学史上的一位重要作家，艾芜得到的关注与研究，还远远不够。说是"冷寂""荒芜"，似乎也不过分。因此，等到笔者推门而进，蓦然惊觉，居然还有这么一片广阔丰茂的学术处女地。兴奋之余，便一边漫游，一边采拾，虽是信马由缰，但大抵还是以抗战时期为范围，有时也不免逸出界外。全书按内容粗分五辑："作品集及有关评论""集外文拾补""人物与事件""书信绎读""他人笔下的艾芜"。这些文章只是随意点染，留白之处甚多，相关研究，还有待同人诸君，齐心努力。

当下的学术研究，满篇满纸都是理论，虽炫人眼目，却让人望而生畏。有鉴于此，徘徊于中西文化之间的李欧梵，也不免发出诘问："理论于我有何'用'?"他主张理论应该退居幕后，作为背景存在；所反对者，是"理论挂帅"。[①] 笔者平日亦常读一些高头讲章，期盼能提升自己的学理性，但在行文时，这些术语、概念却总从脑后纷纷退却，流于笔端的，还是一些日常用语，所以写出来的文章，浑身上下，通体内外，洋溢的是一派散文气质。而在本书中，编著者的文字也简约至极，几乎不作评判，其目的，只是希望通过穿针引线，将过往的断烂朝报，编织成眼前的灿烂云锦，借以呈现文献内在的本真与内蕴的价值。

与此同时，当下学风的空疏，也为多人诟病。时有学者基于错误的文献和错误的文本，洋洋洒洒，作长篇大论，其逸兴遄飞，差不多快要绝尘而去，但因错在原点，最终只能是谬以千里，无所归依。胡适曾云："'日读误书'是一可怜。'日读伪书'是更可怜。'日日研究伪的假设'是最可怜。"[②] 傅斯年亦有名言，开示治学的不二法门，即"上穷碧落下黄泉，动手动脚找东西"。本书所引文字，既不转借他著，也未假手他人，俱由笔者直入原始资

---

① 参见李欧梵《理论于我有何"用"?》，《读书》2017 年第 6 期，第 35—43 页。
② 转引自赖建诚《为什么井田制不易运作?》，《南方周末》2017 年 5 月 25 日 C28 版。

料，一字一句得来，允称"真材实料"。

书中部分文章，曾经龚明德教授之手，或载于《艾芜研究》第一辑，或在《艾芜资讯》刊印，此次出版，多有补充、修订与完善。

感谢明德先生，提携后学，不遗余力，其长者之风，令人感怀；本书部分文字，乃是针对其行文疏失，有所指摘，但先生不以为忤，其君子之风，更令人钦仰。

感谢叹凤老师，引导笔者进入艾研领域，并抽暇赐序。其奖掖与策励，催人奋进，不敢懈怠。

由于笔者在单位承担或参与的工作较多，琐事猥杂，虽初入"艾研"门径，却因力不从心，不得不时走时停，时停时辍，对于知我厚我的明德、叹凤二师，实在是愧恧不已。

熊飞宇
2017年6月12日，重庆市抗战文史研究基地